Robert und Valerie Davies

Das BLV TERRARIEN BUCH

Einrichtung, Technik, Tiere

Mit über 300 fachkundigen Antworten
auf Praxisfragen

Übersetzung und Bearbeitung
der deutschen Ausgabe: Dr. Siegfried Schmitz

BLV

Inhalt

(Übersichten über die jeweils behandelten Themen bzw. Artengruppen finden Sie auf den Seiten 10, 46, 138 und 160)

Die Deutsche Bibliothek –
CIP-Einheitsaufnahme
Das **BLV-Terrarien-Buch :**
Einrichtung, Technik, Tiere ;
mit über 300 fachkundigen
Antworten auf Praxisfragen /
Robert und Valerie Davies.
[Bearb.: Dr. Siegfried Schmitz]. –
München ; Wien ; Zürich : BLV 1998
Einheitssacht.: The reptile &
amphibian problem solver <dt>
ISBN 3-405-15405-7

BLV Verlagsgesellschaft mbH
München Wien Zürich
80797 München

Titel der englischen Originalausgabe:
THE REPTILE & AMPHIBIAN
PROBLEM SOLVER

Devised and produced by
Andromeda Oxford Ltd.,
11–15 The Vineyard,
Abingdon, Oxfordshire
OX 14 3 PX, England

Deutschsprachige Ausgabe:

Fachredaktion: Professor Malcolm Peaker

Übersetzung aus dem Englischen:
Dr. Siegfried Schmitz

Lektorat: Dr. Friedrich Kögel
Herstellung: Peter Rudolph
DTP: Satz + Layout Fruth GmbH, München
Einbandgestaltung: Studio Schübel, München
Fotos auf dem Umschlag,
Vorderseite: Wothe (Grüner Leguan)
Rückseite: Reinhard-Tierfoto (Baumsteiger, Erdnatter)
Buchrücken: Reinhard-Tierfoto (Ritteranolis)

Printed in Hong Kong / China
ISBN 3-405-15405-7

Vorwort

Es ist schwer zu erklären, warum die Haltung von Reptilien und Amphibien so faszinierend ist. Diese Tiere hatten (und haben noch immer) einen »schlechten Ruf«, und man begegnet ihnen vielfach mit Vorurteilen, Angst und Abscheu. Das ändert sich inzwischen, da immer mehr Menschen die Anmut und Formenvielfalt der Tiere zu würdigen wissen. Manche Halter fühlen sich zu einer bestimmten Art hingezogen, deren Erscheinungsbild oder Lebensweise es ihnen angetan hat; andere möchten sich lediglich ein »Stückchen Natur« ins Wohnzimmer holen.
Wie dem auch sei, die Terrarientiere erfreuen sich einer rasch steigenden Beliebtheit. In den letzten beiden Jahrzehnten ist über sie mehr Literatur erschienen als in den voraufgehenden hundert Jahren. Spezielles Zubehör, Fertigfutter und Nahrungszusätze haben die Pflege und Zucht vieler Arten erleichtert, deren Haltung und Vermehrung früher als unmöglich galt. Im Sinne des Naturschutzes wird heute der Handel mit zahlreichen Arten streng überwacht. Solche Beschränkungen werden mit der Zeit noch zunehmen, und deshalb ist es dringend geboten, Zuchtpopulationen in Gefangenschaft aufzubauen.
Viele Arten sind leicht zu pflegen, doch selbst der erfahrenste Terrarianer wird zuweilen vor Probleme gestellt. Man muß sich seiner Verantwortung bewußt sein, bevor man sich ein Tier anschafft. Eine unzureichende Vorbereitung hat Leiden für die Tiere und Enttäuschung für den Halter zur Folge. Die Betreuung von Reptilien und Amphibien (vor allem deren Ernährung) ist kompliziert; Kinder, denen solche Tiere anvertraut werden, müssen von Erwachsenen beaufsichtigt werden. Außerdem ist es ratsam, einen einschlägig bewanderten Tierarzt ausfindig zu machen, ehe man ihn in einem Notfall braucht.
Der Informationsgehalt dieses Buches beruht auf Fragen, die uns während unserer vieljährigen terraristischen Praxis, in unserer Eigenschaft als Dozenten und Experten und als Verfasser eines Ratgeberteils in einer Fachzeitschrift gestellt worden sind (oder die wir uns selbst gestellt haben). Das erste Kapitel, »Was man vorher wissen sollte«, betrifft sowohl Reptilien als auch Amphibien. Es folgen vier weitere Kapitel, je zwei für die beiden Tiergruppen; das jeweils erste informiert über die praktischen Aspekte der Terraristik, während das zweite die einzelnen Arten und deren Haltungsansprüche behandelt. Die Terrarienmaße werden in Länge × Breite × Höhe angegeben, nicht, wie bei Aquarien üblich, in Litern. Dies entspricht der größeren Auswahl an vorfabrizierten und nach Maß angefertigten Behältern, die heute verfügbar sind.
Als langjährige Pfleger und Züchter haben wir beide sehr viel Freude und Erfolg mit diesen faszinierenden Tieren erlebt. Unser Buch wird hoffentlich dazu beitragen, daß die Leser in der Terraristik die gleiche Befriedigung finden wie wir.

ROBERT UND VALERIE DAVIES

Was man vorher wissen sollte

Reptilien (Kriechtiere) und Amphibien (Lurche) gelten im allgemeinen nicht als typische »Heimtiere«, die uns ihre Freundschaft und Zuneigung schenken, obwohl manche recht zahm werden und, wie ihre Halter versichern, einen individuellen Charakter besitzen. Sie verlangen mehr Pflegeaufwand als Katzen, Hunde und andere beliebte Kleintiere, weshalb Sie die Probleme, die vielleicht auf Sie zukommen, gründlich bedenken sollten, bevor Sie ein solches Tier erwerben. Der Wunsch, daß man mal »etwas anderes« halten möchte, reicht nicht aus – der Neuigkeitseffekt nutzt sich schnell ab. Fragen Sie sich, wieviel Platz und Zeit Sie für Ihr Hobby aufwenden können, und bedenken Sie auch die Kosten: Beleuchtung, Heizung, Futter, Zubehör, etwaige Tierarztrechnungen, vom Terrarium selbst und dessen Ausstattung ganz zu schweigen.
Bevor Sie ein Tier mit heimnehmen, sollten Sie sich vergewissern, daß Sie es regelmäßig und artgerecht ernähren können. Ein spontaner Einstieg in unser Hobby ohne entsprechende Vorbereitung hat vernachlässigte Tiere und frustrierte Tierhalter zur Folge.

Rechtliche Bestimmungen
Der Handel mit Reptilien und Amphibien und deren Haltung werden durch nationale und internationale Gesetze und Abkommen geregelt. Die Vorschriften sind von Land zu Land (und selbst innerhalb eines Landes) unterschiedlich und werden häufig geändert. Sie dienen vor allem dem Schutz von bedrohten Arten. Die meisten Staaten haben Gesetze erlassen, die die heimische Tierwelt schützen sollen und die Haltung von gefährlichen Tieren einschränken.
Der internationale Handel unterliegt den Bestimmungen des Washingtoner Artenschutzübereinkommens, kurz CITES genannt (Convention on International Trade in Endangered Species – Übereinkommen über den internationalen Handel mit gefährdeten Arten). Reptilien und Amphibien werden hier nach dem Grad ihrer Gefährdung eingestuft, und der Handel mit ihnen wird durch ein Genehmigungsverfahren reguliert. Die Europäische Union hat 1997 eine zusätzliche Verordnung beschlossen, die die Einfuhr bestimmter Arten unterbindet. Darüber hinaus ist es hierzulande und in vielen anderen Ländern verboten, fremdländische Arten in der freien Natur auszusetzen. Angesichts der komplizierten Vorschriften, die überdies immer wieder überarbeitet werden, ist es vernünftiger, sich rechtzeitig zu informieren, als einen Gesetzesverstoß zu riskieren. Auskünfte erteilen die jeweils zuständigen Naturschutzbehörden. Seien Sie besonders vorsichtig, wenn Sie daheim oder im Ausland wildlebende Tiere einfangen wollen: Die in Europa heimischen Reptilien- und Amphibienarten stehen grundsätzlich unter Schutz.

Wissenschaftliche Namen
Die Wirbeltiere werden in Klassen unterteilt: Säugetiere, Reptilien, Amphibien usw. Die Klassen gliedern sich wiederum in Ordnungen, Unterordnungen, Familien, Gattungen, Arten und Unterarten.
Die meisten wissenschaftlichen Namen bestehen aus zwei Wörtern: Das erste bezeichnet die Gattung (eine Gruppe von miteinander verwandten Arten), das zweite die Art. Manchmal kommt noch ein drittes Wort hinzu; dann haben wir es mit einer Unterart zu tun, einem Tier, das sich von anderen Vertretern der Art leicht unterscheidet und in einer bestimmten Region vorkommt. Der Gebänderte Feuersalamander beispielsweise wird wissenschaftlich *Salamandra salamandra terrestris* genannt. *Salamandra* ist der Gattungsname, *salamandra* bezeichnet die Art (Feuersalamander) und *terrestris* die gebänderte Unterart des Feuersalamanders. Einige wissenschaftliche Namen sind »künstliche« Bildungen, doch viele beziehen sich auf Körpermerkmale (*Crotaphytus collaris* = Halsbandleguan) oder auf Orts- oder Personennamen (*Varanus gouldii* = Goulds Waran).
Viele Reptilien tragen mehrere volkstümliche Namen, sogenannte Trivialnamen. Felsenpython, Felsenschlange, Hieroglyphenschlange und Assala bezeichnen allesamt dasselbe Tier: *Python sebae*. Allein der wissenschaftliche Name ist international verbindlich und unverwechselbar. Deshalb werden in diesem Buch den Trivialnamen stets die wissenschaftlichen Benennungen beigefügt.

◀ Diese prachtvolle Unterart der Gartenboa *(Corallus enydris enydris)* ist noch nicht als Nachzucht erhältlich. Sie ist ziemlich aggressiv und schwer zu ernähren (siehe S. 110).

Die Auswahl der richtigen Art

Bevor Sie ein Terrarium kaufen oder bauen, sollten Sie sich darüber im klaren sein, welche Arten sie halten möchten. Die Wahl der Tiere steht ihnen frei, doch dabei sollten Sie folgendes bedenken:

Größenwachstum: Leguane, große Schlangen und manche Schildkröten entwachsen sehr bald ihrer ursprünglichen Behausung und sind dann oft schwer zu »handhaben«.

Arten aus gemäßigten oder tropischen Breiten: Tropische Arten benötigen im Terrarium eine zusätzliche Heizung und sind in der Haltung teurer. Arten aus Trockengebieten gedeihen nicht recht in einer naturgegebenen hohen Luftfeuchtigkeit.

Futteransprüche: Manche Leute schrecken davor zurück, Reptilien mit lebenden Kleinsäugern zu füttern.

Wesenseigenschaften: Viele Arten sind friedfertig, andere jedoch bekannt für ihr ungestümes, unzähmbares Wesen. Für sie braucht man unter Umständen spezielle Vorrichtungen. Die Säuberung des Terrariums kann dann zu einem Alptraum werden.

Einzeltier oder Paar: Falls Sie sich für ein Pärchen entscheiden, um damit zu züchten, stellt sich die Frage, ob sich die beiden vertragen oder außerhalb der Paarungszeit getrennt untergebracht werden müssen. Können Sie gegebenenfalls ein zusätzliches Terrarium bereitstellen?

ANMERKUNG: Zuchtversuche sollten Sie nur nach gründlicher Überlegung unternehmen. Fragen Sie sich, ob Ihre Erfahrung für die Betreuung des Geleges und der Jungen ausreicht und ob Sie in der Lage sind, eine größere Zahl von Tieren zu pflegen. Wenn Sie nicht züchten wollen, halten Sie besser keine Paare, die sich womöglich von selbst fortpflanzen. Beschränken Sie sich auf männliche Exemplare.

Anschaffung

Zwei Regeln sind zu beherzigen: Kaufen Sie nie spontan, sondern informieren Sie sich vorher gründlich, und kaufen Sie nie aus Mitleid, denn der Erwerb eines kranken Tiers bringt nur Verdruß, Unkosten und Enttäuschung. Außerdem verewigt man dadurch die mißlichen Zustände im Tierhandel. Schauen Sie sich mehrere Zoogeschäfte an, um die Verhältnisse vergleichen zu können. Achten Sie auf gepflegte, geräumige Anlagen, korrekte Temperaturen und saubere Trinkgefäße. Führt der Händler eine gute Auswahl an Zubehör und Futter? Dürfen Sie die Tiere untersuchen, und werden Ihre Fragen zufriedenstellend beantwortet? Der Kauf per Telefon und über den Versandhandel kann ebenfalls mit Risiken verbunden sein, weil den Tieren der Transport oft nicht bekommt. Erkundigen Sie sich nach Garantien.

Die meisten Reptilien und Amphibien in den Zoohandlungen sind nach wie vor Wildfänge. Viele Terrarianer haben etwas dagegen und möchten nur Nachzuchten halten. Wenn Sie darauf bestehen, verringert sich das Artenangebot. Einige Arten stammen neuerdings aus sogenannten »Tierfarmen«, doch sowohl der Begriff als auch die Praxis sind umstritten. In Gefangenschaft gezüchtete Terrarientiere brauchen wahrscheinlich ständig eine »Blutauffrischung«, damit die genetische Vielfalt erhalten bleibt.

Ärger vermeiden

Für den unerfahrenen Terrarianer ist es schwierig, erkrankte Tiere zu erkennen. Selbst solche, die ge-

Die Zustände in einem Zoogeschäft sind entscheidend für die Gesundheit der Tiere. Die Behälter sollten sauber, ausreichend groß und nicht überfüllt sein. Wer sich vor dem Kauf gründlich umschaut, erspart sich manchen Ärger.

sund erscheinen, können schon wenige Tage nach dem Kauf zusehends verfallen. Beobachten Sie das auserwählte Tier eine Zeitlang, und lassen Sie sich, wenn möglich, vorführen, wie es frißt. Achten Sie auf:

Munterkeit: Vorsicht ist geboten bei einem Tier, das reglos in einer Ecke liegt und die Augen geschlossen hält (Schlangen und einige Geckos haben keine Augenlider und können deshalb die Augen nicht schließen). Bemühen Sie sich nicht zu sehr, eine Reaktion auszulösen – selbst ein krankes Tier bewegt sich vielleicht, wenn es provoziert wird. Träges Verhalten am Tage ist bei vielen Schlangen und bei nachtaktiven Echsen normal. Niedrige Temperaturen können ebenfalls für die Bewegungsarmut verantwortlich sein.

Hautschäden: Achten Sie auf offene Wunden, Schorf, Blasen, Schwellungen, entzündete Bauchschuppen und (bei Schildkröten) auf Risse im Panzer. Alte Narben sind bei Wildfängen etwas Natürliches. Wenn sie sauber verheilt sind, beeinträchtigen sie nicht die Gesundheit.

Augen: Sie sollen leuchtend und klar sein, frei von Entzündungen, Milben oder Zecken. Eine milchige Verfärbung infolge Häutung sollte auch auf dem Körper sichtbar sein. Schildkröten mit geschlossenen, geschwollenen Augen sind krank.

Abmagerung: Echsen und Schlangen, die an Austrockung leiden oder nicht fressen, verlieren Fett aus dem Schwanz oder Körper. Solche Exemplare sollte man meiden. In den schlimmsten Fällen stehen das Rückgrat und die Beckenknochen (wo der Schwanz in den Rumpf übergeht) deutlich vor, und auf dem Schwanz erscheinen Furchen. Ein weiteres bedenkliches Zeichen ist ein eingefallener Unterleib mit lockeren Hautfalten.

Manche Echsenweibchen bekommen allerdings Falten nach der Eiablage, und einige Echsenarten wirken korpulent, wenn sie sich sattgefressen haben, doch zwischen den Mahlzeiten scheint sich ihre Haut zu lockern. Das gilt etwa für Grüne Leguane, Halsbandleguane und Chuckwallas.

Nase und Maul: Ausscheidungen oder Blasen deuten auf eine Atemwegserkrankung hin, die auch ein Schnaufen (nicht zu verwechseln mit Zischen) hervorrufen kann. Rote Flecken oder eine käsige Substanz im Maul, oft in Verbindung mit einer Schnauzenverletzung, sind ein Zeichen für Mundfäule. Meiden Sie Tiere mit gummiartigen oder geschwollenen Kiefern.

Kloake (After): Größere Kotansammlungen an der Kloake könnten auf eine Enteritis hindeuten. Überprüfen Sie den Behälter auf lockere, wäßrige, schleimige, blutige oder von Würmern befallene Exkremente.

Gliedmaßen und Schwanz: Kaufen Sie keine Tiere mit beschädigten Gliedmaßen. Schildkröten sollten einen kräftigen Druck auf die Hand ausüben. Die Fesselung der Beine vor dem Transport kann Schäden verursachen – achten Sie auf Querfurchen an den Gliedmaßen.

Eingewöhnung

Ein neuerworbenesTier steht oft unter Streß. Es soll sich in Ruhe eingewöhnen können und darf nicht alle paar Minuten hervorgeholt und herumgezeigt werden. Leben bereits andere Tiere im Terrarium, sollten Sie den Neuzugang so lange in einem Quarantänebehälter unterbringen, bis Sie sich davon überzeugt haben, daß er gesund ist, und behalten Sie ihn nach dem Einsetzen im Auge.

Ist das Tier ausgetrocknet, kann eine Rehydrationstherapie mit Elektrolyten oder Probiotika notwendig werden. Futter kann angeboten werden, wird aber anfangs vielleicht nicht angenommen. Bei besonders nervösen Tieren empfiehlt es sich, die Vorderseite des Behälters abzudecken.

Der Umgang mit Terrarientieren

Früher oder später müssen Sie die Neuerwerbung anfassen. (Amphibien sollte man nur anfassen, wenn es unbedingt nötig ist; siehe dazu auch S. 140/41). Reptilienwildfänge werden mit der Zeit oft zugänglicher, doch manche bleiben widerspenstig; jüngere Exemplare lassen sich leichter zähmen, aber selbst das handzahmste Reptil beißt gelegentlich zu. Fassen Sie die Tiere vor und nach der Fütterung möglichst nicht an, und verwenden Sie bei Schlangen stets eine spezielle Zange – eine hungrige Schlange kann nach der sich bewegenden Hand schnappen. Benutzen Sie beim Umgang mit unberechenbaren Schlangen einen Gabelstock oder einen Schlangenhaken, oder ziehen Sie dicke

Nachzuchten	*Wildfänge*
Verringern nicht die freilebenden Bestände ✓	Verringern die freilebenden Bestände
Sind an eine künstliche Umwelt gewöhnt und leiden deshalb weniger unter Streß ✓	Können durch Fang, Transport usw. gestreßt oder geschädigt werden
Werden seltener krank oder von Parasiten befallen ✓	Können an Krankheiten oder Parasiten leiden. Passen sich nicht so leicht an das Leben im Terrarium an – können sich selbst verletzen, vor allem wenn sie adult gefangen werden
Lassen sich eher anfassen – dadurch verringerte Beißgefahr ✓	Lassen sich womöglich nie anfassen – erhöhte Beißgefahr
Sind an Terrarienfutter gewöhnt ✓	Verweigern manchmal das Futter, besonders wenn es sich um Nahrungsspezialisten handelt
Ihr Alter ist bekannt ✓	Alter unbekannt – möglicherweise alte Tiere mit geringer Lebenserwartung
Sind vielleicht Inzuchttiere, die von blutsverwandten Eltern abstammen	✓ Inzuchten nahezu ausgeschlossen

Auch wenn Sie eine Schlange aus dem Terrarium nehmen, sollten Sie beide Hände benutzen, um das ganze Tier abzustützen; es fühlt sich dann sicherer und läßt sich leichter anfassen.

Junge Schildkröten lassen sich ohne weiteres anfassen. Man darf sie jedoch nicht zu kräftig drücken, weil ihr Panzer noch relativ weich ist. Lassen Sie das Tier nicht vor Schreck fallen, wenn es nach Ihrem Finger schnappt!

Handschuhe an. Die günstigste Zeit ist der frühe Morgen, wenn die Schlangen noch kalt sind; sie genießen dann die Wärme der Hand. Machen Sie keine Greifbewegungen, vor allem nicht in Richtung Kopf. Heben Sie eine Schlange nie am Schwanz auf; stützen Sie vielmehr den ganzen Leib ab, und folgen Sie mit der Hand den Bewegungen des Tiers. Manche Echsen werfen den Schwanz ab, wenn man ihn ergreift oder wenn sie erschreckt werden. Nehmen Sie kleine Echsen in die Hand, legen Sie den Mittelfinger unter die Kehle und den Daumen (nicht zu fest) auf den Nacken. Bei größeren Exemplaren umfaßt eine Hand den Hals, wobei jeweils ein Finger die Kopfseiten hält, während die übrigen Finger und der Daumen die Vorderbeine fixieren, ohne sie nach oben auf den Rücken zu drehen; die andere Hand legt man auf oder unter den Körper des Tiers, und zwar möglichst weit hinten, damit es am Kratzen gehindert wird. Einen langen Schwanz kann man unter dem Arm einklemmen.

Kleine Schildkröten ergreift man mit Fingern und Daumen am Panzerende. Große Schildkröten werden mit beiden Händen in der Körpermitte gefaßt – außer Reichweite der Krallen und der Kiefer, die an einem langen, beweglichen Hals sitzen.

F & A...

◆ *Wie erkenne ich, ob eine Schlange vor kurzem gefressen hat?*

Eine Ausbuchtung des Körpers ist ein gutes Zeichen. Halten Sie die Schlange fest, und fahren Sie mit den Fingern behutsam über ihre Unterseite. Wenn der Bauch »nachgibt« und sich konkav anfühlt, hat das Tier längere Zeit keine Nahrung aufgenommen.

◆ *Sind salzige Ablagerungen um die Nasenlöcher von Echsen ein Krankheitszeichen?*

Nein. Da Echsen sehr wenig Wasser ausscheiden, werden ungelöste Salze durch die Nasenöffnungen abgesondert.

◆ *Woran erkennt man, daß eine Schildkröte hungert?*

Die Weichteile sind dann tief in den Panzer eingezogen. Kaufen Sie keine Schildkröten, die den Kopf hängen lassen oder ständig zurückgezogen haben. Wird ein gesundes Tier angefaßt, sollte es den Kopf rasch einziehen und kräftig mit den Hinterbeinen strampeln.

◆ *Ist es bedenklich, ein Tier zu kaufen, das sich häutet?*

Die Häutung ist ein natürlicher Vorgang. Wenn die Haut sich gelöst hat und offensichtlich abgestreift wird, gibt es keine Probleme. Falls jedoch die Haut milchig erscheint und die Häutung noch nicht begonnen hat, ist das Tier in schlechter Verfassung und sollte gemieden werden.

◆ *Ist der Erwerb eines trächtigen Weibchens problematisch?*

Hier ist Vorsicht geboten. Trächtige Importtiere sterben häufig vor oder kurz nach der Eiablage. Eierverhaltung kommt häufig vor, und bei lebendgebärenden Arten werden die Jungen oft tot geboren.

Die Pflege von Reptilien

Bei der Haltung von Reptilien geht es vor allem um ein Grundproblem: Wie erreichen wir, daß die uns anvertrauten Tiere stets gesund und munter bleiben? Als erstes muß man ihre körperlichen Bedürfnisse befriedigen. Dazu gehören ein angemessenes Raumangebot, saubere Unterbringung, richtige Temperatur, Feuchtigkeit und Tageslichtmenge, Geborgenheit und gute Ernährung.

Diese Forderungen kann der angehende Terrarianer ohne große Mühe erfüllen, wenn er sich einigermaßen informiert und die von erfahrenen Tierhaltern erarbeiteten Anweisungen befolgt. Die notwendigen Informationen sollte man sich beschaffen, bevor man zum erstenmal ein Zoogeschäft betritt oder Anzeigen studiert, um sich ein geeignetes Tier auszusuchen. Der Erwerb und das Heimbringen des Tiers sollten der letzte, nicht der erste Schritt sein.

Will ein Tier in Gefangenschaft nicht recht gedeihen, macht man oft Streß dafür verantwortlich, einen Zustand, der bei einem Reptil schwer zu definieren ist. Wie beim Menschen kann Streß auch hier zwei Formen annehmen: körperlich und mental. Beide hängen eng zusammen. Streß kann entstehen, weil physische Bedürfnisse nicht beachtet werden, aber auch als Reaktion auf Überbesatz des Terrariums, auf fehlende Sicherheit oder auf Schikanierung oder Einschüchterung durch Mitinsassen. Streß blockiert nachweislich die Fortpflanzung und beeinträchtigt das Immunsystem und fördert dadurch Krankheiten. Schädliche Organismen können vorhanden sein, die keine Probleme verursachen, solange das Tier nicht unter Streß gerät. Folglich sollte der Terrarianer von Anfang an darauf bedacht sein, zur Streßvermeidung optimale Haltungsbedingungen zu schaffen.

Grüner Leguan *(Iguana iguana)* – siehe S. 82.

Was ist ein Reptil?

Reptilien oder Kriechtiere gibt es seit rund 315 Millionen Jahren, und sie haben sich an fast alle Lebensräume mit Ausnahme der Dauerfrostgebiete angepaßt. Reptilien sind wechselwarme (poikilotherme) Tiere, die ihre Körpertemperatur durch die Umgebungswärme und nicht durch die aufgenommene Nahrung aufrechterhalten. Deshalb können sie auch dort leben, wo das Futter knapp ist. Heliotherme (»sonnenwarme«) Tiere regulieren ihre Körpertemperatur dadurch, daß sie in die Sonne oder aus der Sonne gehen.

Ein trächtiges Chamäleonweibchen *(Chamaeleo minor)*. Die variable Färbung, die verliebte Männchen abschrecken soll, entsteht durch Pigmentbewegungen in den Chromatophoren.

Die wechselwarme Natur der Reptilien und ihre sehr unterschiedlichen Lebensräume sind wesentliche Faktoren, die bedacht werden müssen. Wüstenbewohnende Reptilien gehen in einem Regenwaldterrarium zugrunde – und umgekehrt. Reptilien aus kühleren Klimazonen überwintern in der kalten Jahreszeit und werden im Frühling wieder munter (siehe »Zucht«, S. 35–37). Einige Arten bringen lebende Junge zur Welt, doch die meisten legen Eier.

Schuppenträger

Schuppen sind das Hauptkennzeichen der Reptilien. Eine große Ordnung heißt Squamata, die »Geschuppten«. Schuppen schützen vor Freßfeinden und vor Austrockung. Sie sind bei den Schlangen in gleichmäßigen Reihen auf dem Rücken und an den Seiten angeordnet; andere Schuppen können gekielt, glatt oder stachlig sein. Bei Echsen sind die Schuppen aufgewölbt, stachlig, plattenförmig, glatt oder gekielt, und ihre Anordnung ist unregelmäßiger.

Die meisten Arten und die größte Gestaltenvielfalt weisen die Echsen auf. Sie können gedrungen und flach bis sehr langgestreckt sein oder eine Zwischenform zwischen den beiden Extremen darstellen wie die Eidechsen und Leguane, die vielfach als »typische« Echsen angesehen werden. Die Gliedmaßen fehlen, sind verkümmert oder gut entwickelt und können mit Haftzehen versehen sein. Der Schwanz ist lang und peitschenförmig bis kurz und dick. Praktisch alle Echsen speichern Fett in ihrem Schwanz.

Klassifikation der Reptilien

Ordnung	Trivialname	Familien	Gattungen	Arten
Chelonia (Testudines, Testudinata)	Schildkröten	13	75	244
Squamata (Unterordnung Sauria oder Lacertillia)	Echsen	16	383	3750
Squamata (Unterordnung Amphisbaenia)	Doppelschleichen	4	21	140
Squamata (Unterordnung Serpentes oder Ophidia)	Schlangen	11	417	2390

Diese Zahlenangaben sind Annäherungswerte und werden zuweilen revidiert. Die anderen Ordnungen, Rhynchocephalia (Brückenechsen) und Crocodilia (Krokodile), wurden weggelassen, da sie in diesem Buch nicht behandelt werden.

Ein Brauner Wasserpython *(Liasis fuscus)*. Die Haut der Schlange dehnt sich aus, um Nahrung, Eier oder heranreifende Nachkommen aufzunehmen. Das glatte Schuppenkleid galt früher als undurchlässig, ist es aber nicht.

Schildkröten und Schlangen sind, was ihre Körpergestalt, nicht aber ihre Körpergröße angeht, jeweils ziemlich einheitliche Tiergruppen. Schlangen haben einen langgestreckten Leib und keine äußeren Ohren, Augenlider und Gliedmaßen. Mit ihrem »ausklinkbaren« Unterkiefer können die meisten Arten vergleichsweise große Beutetiere verschlingen. Zudem sind die beiden Kieferhälften nur durch ein elastisches Band miteinander verbunden und können somit abwechselnd unabhängig voneinander bewegt werden, so daß ein Futterbrocken gleichsam durch den Hals »marschiert«. Da den Schlangen das Brustbein fehlt, das bei anderen Tieren den Brustkorb zusammenhält, können sich die Rippen so ausweiten, daß die Beute mühelos zum Magen wandern kann.

Schlangen und die meisten Echsen »riechen« Moleküle, die sie mit der ausgestreckten Zunge aus der Luft aufnehmen und zum Jacobsonschen Organ im Mundhöhlendach weiterleiten, mit dessen Hilfe Freßbares erkannt, Geschlechtspartner identifiziert und Beutetiere aufgespürt werden.

F & A ...

◆ *Haben alle Reptilien Schuppen?*

Ja, sogar die Schildkröten; deren Panzer ist mit großen Schuppen (Schildern) bedeckt. Die Schuppen und die anderen äußeren Hautschichten werden in regelmäßigen Abständen abgestoßen (Häutung) – ein Merkmal aller Reptilien. Reptilienschuppen bilden eine zusammenhängende, mehr oder weniger regelmäßig gegliederte verhornte Oberhaut.

◆ *Besitzen alle Reptilien ein Jacobsonsches Organ?*

Nein, nur Schlangen und Echsen. Je häufiger ein Tier züngelt, desto besser ist das Organ entwickelt.

◆ *Warum haben Wasser- und Landschildkröten unterschiedliche Schuppen?*

Die meisten wasserlebenden Arten haben flache, stromlinienförmige Schuppen, damit sie schneller schwimmen oder sich in den Schlamm einwühlen können; die meisten terrestrischen Arten schützen sich durch höhere Schuppen vor Druckeinwirkungen.

◆ *Wie wechseln Chamäleons ihre Farbe?*

Chamäleons und einige andere Reptilien besitzen Chromatophoren (pigmentgefüllte Zellen) in der unteren Hautschicht. Durch Nervenimpulse oder Hormonveränderungen können sich die Pigmente verschieben, und dadurch entsteht ein Farbwechsel.

Unterbringung – das Terrarium

Die Wahl des Terrariums richtet sich nach dem Typ, der Größe und der Zahl der Insassen und nach dem verfügbaren Platz in der Wohnung. Manche Terrarianer bevorzugen ein Standardaquarium, doch es sind auch Standardterrarien im Handel, oder man kann sich ein Terrarium nach Maß selber bauen. Bei fabrikmäßig hergestellten Modellen sind die Belüftungsvorrichtungen festgelegt, doch bei einem Eigenbau kann man Belüftungsgitter in beliebiger Größe vorsehen. Das Gitter muß so engmaschig sein, daß die Insassen und Futtertiere nicht entweichen können, gleichzeitig aber so stabil, daß es den Krallen und dem Gewicht der Tiere standhält. Aluminiumgeflecht ist weich und nicht sehr widerstandsfähig. Es sollte für Feuchtterrarien ebensowenig verwendet werden wie Zink. Fliegendraht ist eine Alternative, und ein galvanisiertes Geflecht ist brauchbar, sofern keine Grillen als Lebendfutter verwendet werden. Treibhausabdeckungen aus Plastik sind gut für die Belüftung, zersetzen sich aber mit der Zeit und können von größeren Schlangen und Echsen durchstoßen werden. Eine freie Luftzirkulation durch seitliche Belüftungsstreifen ist günstiger als ein Gitter im Dach; wenn mehrere Terrarien nebeneinander aufgestellt werden sollen, kann man die Belüftungvorrichtungen auch in der Rückwand oder Vorderfront anbringen.

Ein Terrarium muß ausbruchsicher sein: Viele Reptilien, insbesondere Schlangen, können Abdeckungen aufzwingen oder sich durch Löcher hindurchzwängen. Auch lebende Insekten entkommen zuweilen und werden in der Wohnung zur Plage. Das Terrarium muß leicht zu reinigen und zu pflegen sein. Bei einem Modell mit Frontscheiben können die Insassen leicht herausspringen und kleine Exemplare oder Futtertiere durch die Lücke zwischen den Scheiben entwischen. Ein Behälter, der von oben zugänglich ist, läßt sich zwar schwerer sauberhalten, ist aber sicherer. Man sollte aller-

Fertigterrarien gibt es in verschiedenen Ausführungen. Ein Kunststoffaquarium mit Deckenbelüftung und integrierter Beleuchtung oder Heizung (ganz oben) ist preiswert, aber nicht gerade ideal – die heiße Lampe könnte die Abdeckung zum Schmelzen bringen! Ein einfacher Holzkasten (unten) eignet sich nur als Trockenterrarium, ein Glasbehälter (rechts) sowohl als Feucht- wie als Trockenterrarium.

Terrarienhygiene

Die regelmäßige Pflege umfaßt folgendes:

- Beseitigung von Exkrementen
- Entfernen von ungefressenem Futter und abgestoßenen Hautfetzen
- Desinfizieren der Einrichtung (siehe unten)
- Täglich Erneuerung des Trinkwassers

Tiere, die in Quarantäne oder krank sind, sollte man bei den Pflegemaßnahmen als letzte versorgen.

Desinfektion

Im Handel sind spezielle Desinfektionsmittel für Vivarien, aber eine dreiprozentige Lösung Haushaltsbleiche oder eine fünfprozentige Ammoniaklösung erfüllen ebenso ihren Zweck. Meiden Sie Desinfektionsmittel auf Phenolbasis. Alles Zubehör, vor allem die Reinigungsutensilien, sollten jeweils desinfiziert werden, wenn man sie in verschiedenen Terrarien verwendet. Das Mittel muß mindestens 20 Minuten lang einwirken, bevor es abgespült wird. Poröses Material muß man besonders gründlich behandeln – Erhitzen im Backofen ist effektiv, aber nicht immer möglich. Nach der Desinfektion werden Behälter und Zubehör sorgfältig abgespült, denn sonst könnte das Mittel später austreten und die Tiere vergiften. Stark verschmutzte Einrichtungsgegenstände sollten möglichst ersetzt werden.

dings bis zum Boden hinablangen können.
Blenden, die an der Vorderseite oben und unten angebracht sind, kaschieren die Beleuchtung und schirmen das Licht ab. Eine breite untere Blende, versehen mit Scharnieren, läßt sich aufklappen und erleichtert den Zugang und die Säuberung des Bodenbelags oder Substrats. Sie hindert auch Echsen daran, das Glas zu zerkratzen.
Wenn eine größere Zahl von Reptilien untergebracht werden soll, läßt sich der verfügbare Platz durch ein Regalsystem oder durch unterteilbare Behälter am besten ausnutzen. Im ersten Fall werden die Terrarien auf einem Bord neben- oder übereinander aufgestellt. Im zweiten Fall handelt es sich um einen großen Behälter, der in mehrere Einzelboxen unterteilt wird. Werden die einzelnen Boxen separat beheizt, steigt die Wärme von unten nach oben an. Es kann deshalb notwendig sein, zwischen den Reihen eine Isolierschicht anzubringen, oder man kann mit unterschiedlichen Heizquellen experimentieren (siehe »Haltung und Beleuchtung«, S. 18/19). Die Temperaturen entscheiden unter Umständen darüber, in welcher Reihe ein Tier untergebracht wird. Beim Regalsystem werden häufig glasklare Plastikbehälter verwendet, vor allem für Schlangen und deren frischgeschlüpfte Jungen. Ein Glasterrarium muß auf einer mindestens 6 mm dicken Styroporplatte stehen, damit der Boden keine Sprünge bekommt. Nach der Einfüllung des Bodenbelags oder des Wassers darf das Terrarium nicht mehr bewegt werden, denn es besteht Bruchgefahr.

EIN SELBSTGEBAUTES TERRARIUM

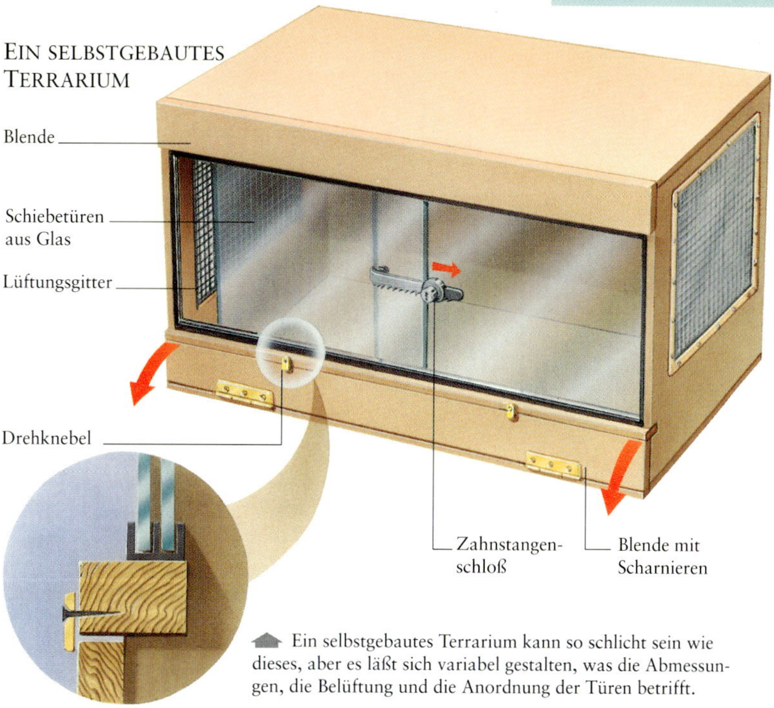

Ein selbstgebautes Terrarium kann so schlicht sein wie dieses, aber es läßt sich variabel gestalten, was die Abmessungen, die Belüftung und die Anordnung der Türen betrifft.

Die Einrichtung eines Aquaterrariums

Manche Arten benötigen zwei Lebensräume innerhalb eines Terrariums. Der Fettschwanzgecko (siehe S. 72/73) verlangt beispielsweise einen trockenen und einen feuchten Wohnbereich, und einige Schildkröten brauchen einen Land- und einen Wasserteil. Man kann sich die Sache einfach machen, indem man die beiden Substrate nebeneinander anordnet; Plastikschalen erleichtern das Herausnehmen und die Erneuerung des Substrats. Oder man trennt die beiden Bereiche durch eine schmale Glasscheibe, die unten in das Terrarium eingeklebt wird. Ist ein Wasserteil vorgesehen, muß die Scheibe etwas höher sein als der Wasserspiegel. Nachdem man die Trennscheibe eingepaßt hat, müssen die oberen Kanten abgeschliffen werden, bevor sie mit Silikonkleber befestigt wird.

EIN AQUATERRARIUM

Verschiedene Minibiotope können in einem Terrarium untergebracht werden, wenn man es durch eine am Boden und an den Seiten mit Silikon eingeklebte schmale Glasscheibe unterteilt. So entstehen ein getrennter Land- und Wasserteil.

Eine Dosenschildkröte *(Terrapene ornata)* in einem Freilandterrarium. Eine aufwendige Anlage ist vielfach nicht nötig; Dosenschildkröten begnügen sich auch mit einer flachen Wasserschale.

Freilandhaltung von Reptilien

Freilandterrarien sind seit vielen Jahren beliebt. Es kann ein eingezäuntes Rasenstück sein, ein kleiner Steingarten mit einer Umfassungsmauer oder ein volierenartiges Maschendrahtgehäuse. Das natürliche, ungefilterte Sonnenlicht ist eine Wohltat für viele Reptilien, aber die Anlage eines Freilandterrariums muß sorgfältig geplant werden, wenn es funktionieren soll. Es muß ausbruchsicher sein und Räuber zuverlässig abhalten; die Mauern oder das Drahtgeflecht müssen so tief in den Boden versenkt werden, daß sich weder die Insassen noch etwaige Freßfeinde darunter hindurchwühlen können. Durch eine innen überstehende Mauerkrönung aus glattem Material oder eine an der Innenwand angebrachte Plastikregenrinne wird das Herausklettern der Reptilien verhindert. Eine Abdeckung aus Maschendraht schützt vor Angriffen von oben, durch Greifvögel, Katzen, Hunde usw. Schattenplätze und höhlenartige Verstecke schützen vor allzu starker Sonneneinstrahlung; Reptilien müssen stets die Möglichkeit haben, ein kühleres Plätzchen aufzusuchen.

Viele Besitzer von Wasser- oder Sumpfschildkröten halten ihre Tiere in einem Gartenteich mit Sonnenterrassen oder einem Landteil und reinigen womöglich das Wasser mit einer Filteranlage. Die Einfriedung muß ausreichend hoch sein – manche Schildkröten sind sehr geschickte Kletterer. Teichwannen aus Kunststoff oder Fiberglas und Filtersysteme sind in Gartencentern erhältlich. Teichfolien sind weniger geeignet, denn sie könnten von den Krallen größerer Schildkröten beschädigt werden.

Die Auswahl der Insassen hängt vom Klima ab; benutzen Sie dabei Ihren gesunden Menschenverstand. Sind die Winter streng, die Sommer kühl und die Regengüsse heftig, müssen die Tiere unter Umständen ins Haus umquartiert werden, doch widerstandsfähige Arten wie die Schnappschildkröten (siehe S. 124/125) können draußen überwintern, wenn ihnen überschwemmungssichere, frostfreie Überwinterungsplätze zur Verfügung stehen (zur Überwinterung siehe »Zucht«, S. 34–37). Im Winter muß der Teich möglicherweise abgedeckt werden. Eine ausreichende Dränage ist auch im Sommer notwendig.

F&A…

◆ *Welche Materialien eignen sich für ein Terrarium?*

Das hängt vom Feuchtigkeitsbedarf der jeweiligen Art ab. Bei einem feuchten Substrat verrotten Sperrholz- oder beschichtete Spanplatten sehr schnell; diese beiden Materialien eignen sich deshalb nur für Trockenterrarien, die allenfalls täglich leicht übersprüht werden. Glas, Fiberglas und Kunststoff sind dagegen feuchtigkeitsbeständig, leicht zu reinigen und bieten zudem Parasiten und Bakterien keine Versteckmöglichkeiten. Alle Verbindungen müssen mit einem Aquarienkitt versiegelt werden – nicht mit Dichtungsmitteln für Küche und Bad, die Fungizide enthalten.

◆ *Darf Lack für Terrarien verwendet werden?*

Ungiftige Lackfarben sind für trockene Terrarien geeignet. Bootslacke enthalten einen molluskenabtötenden Zusatz, der austreten könnte.

◆ *Ist es ratsam, das Substrat in einer Glas- oder Plastikschale unterzubringen?*

Unter der Schale kann sich infolge des Sprühens Feuchtigkeit stauen. Muß in einem Holzterrarium ein feuchter Bodenbelag eingebracht werden, sollten der untere Teil der Wände und der Boden mit Plastikfolie oder Glas ausgekleidet werden, sofern der Behälter gegen Nässe abgedichtet ist.

◆ *Warum sind die einfachen Plastikterrarien nicht zu empfehlen?*

Sie sind zu klein, zerkratzen und verfärben sich leicht, und die Anbringung von Licht- und Wärmequellen ist schwierig – es ist fast unmöglich, ein Wärmegefälle herzustellen (siehe »Heizung und Beleuchtung«, S. 18/19), und wenn die Kunststoffabdeckung zu heiß wird, kann sie schmelzen. Sie eignen sich höchstens als provisorische Unterkunft oder für die Unterbringung von kleinen, nachtaktiven Reptilien, die nicht viel Licht und Wärme brauchen und sich mit einer kleinen Heizmatte zufriedengeben. Sobald die Plastikwände zerkratzt sind, können Insekten an ihnen hochkrabbeln und entweichen. Bei flachen Behältern, die oft für Schlangen empfohlen werden, sind die Abdeckungen nicht stabil genug und können von den Insassen aufgestoßen werden. Frischgeschlüpfte und kleine Schlangen können durch die Lüftungsschlitze entkommen.

◆ *Ist ein Gewächshaus für Reptilien geeignet?*

Die Temperaturen in Gewächshäusern schwanken erheblich – bei heißem Wetter können sie zu einer Todesfalle werden. Ein Gewächshaus, das teilweise Schatten abbekommt, läßt sich verwenden, wenn ein paar Glasscheiben durch Belüftungsgitter ersetzt werden. Selbst dann ist es ratsam, die Höchst- und Tiefsttemperaturen längere Zeit zu kontrollieren, bevor man die Tiere einsetzt. Im Winter kann schon ein wenig Sonnenlicht die Temperaturen über das Maximum ansteigen lassen, das überwinternde Reptilien vertragen. Glas filtert außerdem die lebenswichtigen ultravioletten Strahlen aus.

◆ *Sind transportable Terrarien für Reptilien geeignet?*

Im Handel sind Drahtkäfige auf Rädern oder Rollen, die vor allem für Leguane verwendet werden. Man kann sie in die Sonne und in den Schatten rollen, doch wichtig ist ein schattiges Dach, da ständige starke Sonneneinstrahlung den Tod der Tiere herbeiführen kann.

◆ *Welche Probleme gibt es bei der Freilandhaltung von Reptilien?*

Abgesehen von der Temperaturüberwachung und dem Schattenbedarf, kann auch die Fütterung zu einem Problem werden, da sich Futtertiere leicht verkriechen oder davonmachen können – benutzen Sie also Näpfe oder füttern Sie von Hand. Entwichene Reptilien sind oft kaum wieder einzufangen. Es ist Ihre Pflicht, dafür zu sorgen, daß sie nicht ausreißen – und daß sie nicht von anderen freigelassen werden können. Freigelassene Terrarientiere überleben meist nicht in einer fremden Umgebung; wenn doch, können sie zu einer Plage werden (siehe Agakröte, S. 164/165). In vielen Ländern, auch bei uns, ist die Aussetzung von Reptilien verboten, und wenn ein solches Tier einen Menschen verletzt, ist das Unheil noch größer. Mittlerweise hat es sich allgemein herumgesprochen, daß die Liebhaberhaltung von Reptilien nicht sonderlich gefährlich ist, aber wenn große oder wehrhafte Exemplare aus Unachtsamkeit freikommen, reagiert die Öffentlichkeit oft hysterisch, und das könnte dazu führen, daß unser Hobby immer mehr reglementiert wird. Jede Freilandhaltung muß deshalb absolut sicher sein.

◆ *Kann man ein Reptil in einem kleinen Terrarium halten und ihm Auslauf gewähren?*

Das ist keine gute Idee. Jede Unterkunft sollte so geräumig sein, daß sich die Insassen ausreichend körperlich betätigen können. Große Reptilien, die in der Wohnung frei umherlaufen dürfen, könnten andere Heimtiere oder ein Kind angreifen. Außerdem könnte das Reptil durch offene Türen oder Fenster entkommen.

◆ *Sind Schüsseln eine geeignete Unterkunft für kleine Schildkröten?*

Sie wurden früher gern für junge Rotwangen-Schmuckschildkröten verwendet, sind aber in der Regel viel zu klein. Babyschildkröten brauchen einen ausreichenden Schwimmraum mit einer Wassertiefe, die mindestens doppelt so groß ist wie die Panzerhöhe der Tiere, und einen Stein zum »Sonnenbaden«. Werden sie im Haus gehalten, sollte man über dem Becken eine Wärmelampe und eine Leuchtstoffröhre anbringen. Wenn die Schildkröten heranwachsen, benötigen sie ein größeres Aquarium.

◆ *Kann man mehrere Reptilienarten in einem Gemeinschaftsterrarium unterbringen?*

Ja, wenn man sie nach ihrer Verträglichkeit sorgfältig ausgewählt hat, doch am besten ist es, die einzelnen Arten getrennt zu halten. Dadurch werden Schikanan, Kannibalismus und Nahrungskonkurrenz weitgehend ausgeschlossen.

Heizung und Beleuchtung

Werden Reptilien nicht bei der richtigen Temperatur gehalten, sind Krankheiten und schließlich der Tod die Folge. Manche tropische Reptilien benötigen eine ziemlich konstante Temperatur, andere sind an eine nächtliche Abkühlung und vielfach an niedrigere Temperaturen im Winter angepaßt. Die Temperaturen im Terrarium werden durch die Umgebungs- oder Raumtemperatur beeinflußt. Bei heißem Wetter kann die Temperatur über den zuträglichen Pegel ansteigen, falls der Raum keine Klimaanlage hat. Im Winter ist der Raum tagsüber warm, aber nachts kalt, und das Terrarium muß dann vielleicht auch in der Nacht geheizt werden. Meiden Sie bei der Wahl des Standorts Heizkörper und Fenster mit starker Sonneneinstrahlung, weil dort zuviel Wärme entsteht. Ein überheiztes Terrarium wird zu einer Todesfalle für die Insassen.
Manche Terrarianer geben einer Licht- und Wärmequelle oberhalb des Behälters den Vorzug. Wärme und Licht werden dann durch eine Abdeckung aus engmaschigem Drahtgeflecht in das Terrarium abgestrahlt. Ein ideales Terrarium sollte so geräumig sein, daß ein Temperaturabfall mit einem warmen und einem kühlen Bereich entstehen kann, damit die Tiere ihre Körpertemperatur selbst regulieren können, indem sie zwischen den beiden Zonen hin und her wandern. In einem kleinen Behälter entwickelt sich sehr bald eine gleichmäßige Wärme, in der es den Insassen zu heiß werden kann. Bringen Sie zur Kontrolle der Temperaturen an beiden Enden des Terrariums ein Thermometer an.

Eine Heizplatte mit eingebautem Thermostat strahlt die Wärme nach oben ab. Wird sie unter einer dicken Bodenschicht verwendet, kann der Heizer durch einen Hitzestau beschädigt werden.

Heizmethoden

Die Beheizung eines Terrariums richtet sich nach den jeweiligen Umständen. Wenn Sie mehrere Terrarien besitzen, ist es vielleicht einfacher, den Raum zu heizen und notfalls einzelne Behälter zusätzlich zu beheizen. Eine solche Raumheizung wird häufig bei Schlangen verwendet, doch viele Echsen und Schildkröten benötigen außerdem eine Wärmelampe. In einem geheizten Zimmer verzichtet man manchmal auf einen Leuchtkörper für die einzelnen Terrarien, weil man die Zimmerbeleuchtung für ausreichend hält. Wärme ohne Licht führt jedoch dazu, daß tagaktive Reptilien träge werden; zusätzliches Licht ist dann erforderlich.
Die einfachste Form der Heizung ist eine normale Glühlampe, die durch einen Thermostaten geregelt wird. Diese Methode ist relativ »primitiv«, erfüllt aber ihren Zweck bei vielen Schlangen und Echsen,

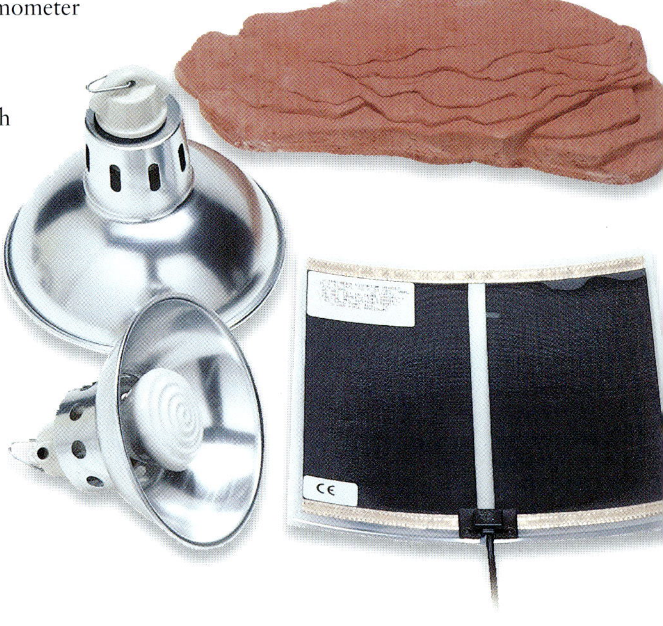

Infrarotlampen (links), beheizte Steinattrappe (oben) und Heizmatte (rechts). Dies sind »unsichtbare« Wärmequellen. Tagaktive Reptilien brauchen zusätzlich eine Beleuchtung, denn ein dunkles Terrarium ist unnatürlich und hemmt die Nahrungsaufnahme.

Terrarienheizer

Infrarotlampen

Keine Lichtabgabe – nur Infrarotstrahlen. Sehr heiß. Meist große Wattstärken. Geeignet für große Terrarien und Nachtheizung.

Heizmatten

Kein Licht – nur Infrarotstrahlen. Geeignet als Nachtheizung und »Bauchwärmer«. Feuchtigkeitsschutz, verschiedene Wattstärken und Größen. Unbedingt Gebrauchsanweisung befolgen! Kann auch außerhalb des Terrariums angebracht werden.

Heizplatten

Ähnlich wie Heizmatten. Können im Bodengrund verlegt oder an der Decke des Terrariums installiert werden. Kein Licht – nur Wärmestrahlen. Einseitig isoliert.

Heizfolie

Dünne, flexible Heizplane. Wird auf oder unter dem Boden des Terrariums verlegt.

Röhrenheizer

Unterschiedliche Längen und Wattstärken. Werden sehr heiß, eher geeignet für große Terrarien (Gewächshaustyp).

Heizkabel

Flexible Plastikkabel mit Kaltzuleitung. Unterschiedliche Längen und Wattstärken. Geeignet als Boden-, Luft-, Ast- und Wasserheizung.

Wärmelampen

Verschiedene Typen im Handel. Geeignet für Tag- und Nachtbetrieb.

Heizbänder

Geringe Wattzahl, häufig verwendet für Schlangennachzuchten in Regalsystemen.

Wärmesteine

Felsimitationen aus Kunststoff, die von innen elektrisch beheizt werden. Empfehlenswert ist der neuerdings unter dem Markennamen »Reptile Stone« angebotene Wärmestein, der einfach auf den Terrarienboden aufgelegt wird.

Aquarienstabheizer mit Thermostat

Kann in einem Schildkrötenbecken installiert werden, wenn das Wasser durch die Lampe nicht ausreichend erwärmt wird. Auch geeignet für den Wasserteil eines Aquaterrariums. Muß evtl. durch eine Verkleidung vor Bruchgefahr geschützt werden.

zumal bei nacht- und dämmerungsaktiven Echsen. Ideal ist ein Punktstrahler, der konzentriert Wärme und Licht abgibt. Verschiedene Typen von Wärmelampen und Bodenheizungen (Heizkabel, Heizplatten und Heizmatten oder Folienheizer) sowie vielerlei einschlägiges Zubehör sind im Zoohandel erhältlich. Beim Kauf sind die Form und die Abmessungen des Terrariums und der Wärmebedarf der Insassen zu berücksichtigen.
Starke Wärmequellen benötigen eine Schutzvorrichtung, um den Kontakt mit den Tieren zu verhindern. Schlangen ringeln sich gern um eine Glühbirne, vor allem wenn sie nicht an der Decke, sondern an einer Wand angebracht ist. Schutzhauben für Infrarotlampen sind im Handel – für andere Lampentypen, an denen sich die Reptilien verbrennen könnten, kann man eine schützende Abdeckung aus Maschendraht selber basteln. Es empfiehlt sich, Lampen und auch Leuchtstoffröhren mit spiegelnden Reflektoren auszustatten, weil dadurch die Wirksamkeit der Strahlungswärme und des Lichts noch erhöht wird. Vermeiden Sie aber eine Überhitzung des Behälters möglichst durch eine Thermostatregelung.

Temperaturkontrolle

Auf dem Markt sind unterschiedliche Kontrollsysteme, von einfachen Thermostaten bis zu aufwendigen Modulen, mit denen die Tages- und Nachttemperaturen, Warnanlagen, Anzeigen für Maximal- und Minimaltemperaturen, Dämmerungsphasen, die Synchronisation der Beleuchtung usw. elektronisch gesteuert werden können. Solche Systeme kann man sogar von einem Computer

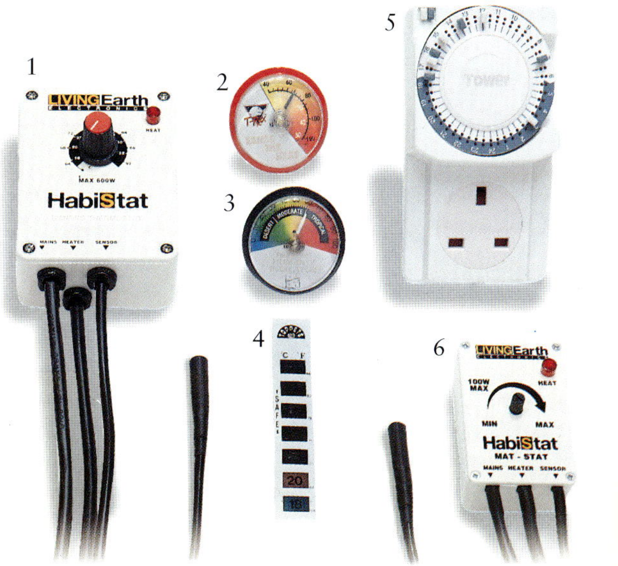

Verschiedene einfache Geräte für die Temperaturregelung: 1. Thermostat mit Meßfühler für Wärmelampen, 2. Temperaturmesser zum Ankleben, 3. Feuchtigkeitsmesser zum Ankleben, 4. LCD-Thermometer zum Ankleben, 5. 24-Stunden-Zeitschaltuhr, 6. Temperaturregler für Wärmequellen ohne Lichtabgabe.

überwachen lassen. Die meisten modernen Thermostaten arbeiten sehr präzis und werden außerhalb des Terrariums installiert; ein Meßfühler registriert die Temperaturen im Behälter. Das Risiko, daß ein eingeschalteter Temperaturregler defekt wird und »verrückt« spielt, läßt sich durch einen Überhitzungsschutz vermeiden, der im Falle eines Falles die Stromzufuhr unterbricht. Die Nachtabsenkung der Temperatur ist besonders wichtig und sollte regelmäßig überprüft werden.
Billige Thermometer sind oft ungenau, sehr viel zuverlässiger dagegen die modernen Digitalthermometer mit Meßfühler, wie sie speziell für Vivarien hergestellt werden. Man bekommt sie in jedem Zoofachgeschäft. Maximum-Minimum-Thermometer eignen sich hervorragend für die langfristige Kontrolle von Temperaturveränderungen.

Beleuchtung

Wenn sich Reptilien in der freien Natur sonnen, absorbieren sie ultraviolettes Licht (UV-Licht) – einen der Bestandteile des Sonnenlichts. Es ist für tagaktive Reptilien lebensnotwendig, doch wie groß ihr Bedarf ist, ist nicht genau bekannt. Die Erfindung von Leuchtstoffröhren, die die gleichen Komponenten wie das Sonnenlicht enthalten, hat die Pflege vieler Arten, deren Haltung früher als allzu schwierig galt, erheblich erleichtert. UV-Licht muß durch ein Gitter ins Terrarium gelangen oder in ihm bereitgestellt werden; seine Strahlen können Glas nicht durchdringen. Neuere Forschungen lassen vermuten, daß manche Reptilien UV-Licht sehen können.
Es gibt drei Arten UV-Licht. UVA regt bei Reptilien angeblich den Appetit an, fördert die Aktivität und stimuliert das Paarungsverhalten. UVB spielt eine Rolle bei der Synthese von Vitamin D3, das seinerseits zum Kalziumstoffwechsel beiträgt. Nach Ansicht einiger Experten sind Vitamin-D3-Gaben (mit entsprechenden Kalzium- und Phosphormengen) ein gleichwertiger Ersatz für UV-Licht, aber Experimente beweisen, daß Reptilien, denen UV-Licht vorenthalten wird, auch bei solchen Nahrungszusätzen schlecht gedeihen. Eidechsen, die im Freien bei natürlichem Sonnenlicht gehalten werden, brauchen im allgemeinen keine Zusatzstoffe außer Kalzium. UVC-Licht ist für alle Lebewesen extrem gefährlich.
Nicht jede UV-Strahlung fördert die Synthese von Vitamin D3. Achten Sie beim Kauf eines Leuchtkörpers auf die Wellenlänge von 260–315 nm im UV-Bereich. Manche Lampen werden als für Reptilien geeignet angepriesen, doch fehlt ihnen die UV-Komponente. Soweit bekannt, erzeugen Wärmelampen kein UV-Licht, auch wenn auf dem

Auf diese Punkte sollte man achten

- In einem großen Terrarium sind zwei schwache Wärmequellen besser als eine starke, doch sorgen Sie für ein Temperaturgefälle.
- Installieren Sie die Wärmequelle so sorgfältig, daß kein Feuer entstehen kann. Halten Sie Abstand zu den Einrichtungsgegenständen, und beachten Sie das Material des Terrariums.
- Lampenfassungen aus Keramik sind sicherer und langlebiger als andere.
- Die Heizung muß auf die Größe des Terrariums abgestimmt sein; berücksichtigen Sie also auch die Umgebungstemperatur.
- Rüsten Sie alle Heizquellen mit einem Thermostaten aus. Selbst der kleinste Heizer kann sich überhitzen.
- Theoretisch erwärmen Infrarotheizer (Matten oder Platten) nicht die Luft, sondern nur die angestrahlten Oberflächen, aber die Lufttemperatur kann durch Konvektionsströme ansteigen, wenn sich die Flächen erwärmen. Tiere, die auf einer Matte oder Platte liegen, können einen Hitzestau erzeugen. Nur Geräte mit geringer Wattzahl eignen sich als »Bauchwärmer«.
- Falls Sie kein erfahrener Heimwerker sind, sollten Sie neue Installationen stets von einem Elektriker ausführen oder überprüfen lassen.

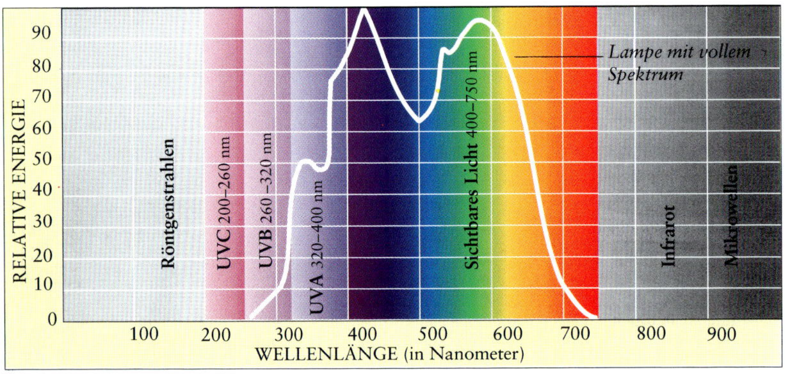

Die Wellenlängen des natürlichen Lichts werden in Nanometer (nm) gemessen. Ultraviolett ist der Bereich des Spektrums zwischen 400 und 320 nm (UVA) und zwischen 320 und 285 nm (UVB). UVC ist sehr gefährlich für lebende Organismen. Bei 700 nm beginnt das infrarote Licht. Eine Beleuchtung mit vollem Spektrum umfaßt sowohl sichtbares als auch ultraviolettes Licht – UVA und UVB, die für die Gesundheit der Reptilien von entscheidender Bedeutung sind.

Terrarien mit Leuchtstoffröhren und gewöhnlichen Glühbirnen. Rote und blaue Parabollampen (unten) erzeugen punktuelle Wärme unterschiedlicher Temperatur und eignen sich als Nachtheizung.

Etikett von einem »vollen Spektrum« die Rede ist. Besorgen Sie sich, wenn möglich, eine Spektralanalyse für die Leuchtstoffröhren und Lampen, und vergleichen Sie die Werte. Manche Leuchtstoffröhren sind in unterschiedlichen UV-Stärken für unterschiedliche Reptilientypen lieferbar. Die Kaufentscheidung sollte sich an der jeweils gehaltenen Art und deren Herkunft orientieren. Im Zweifelsfall können Sie sich von anderen Terrarianern, die dieselbe Art mit Erfolg pflegen, beraten lassen; erkundigen Sie sich vor allem nach der täglichen Beleuchtungsdauer (Photoperiode). Die Verwendung einer Leuchtstoffröhre mit falscher Lichtzusammensetzung kann den Tieren schaden. Die Beleuchtungsdauer läßt sich mit einer Zeitschaltuhr regulieren. Tauschen Sie die Röhren nach 6–12 Monaten aus, weil dann ihre Wirksamkeit nachläßt. Die größte Wirkung erzielt man bei einem Abstand von etwa 30 cm, doch UV-Licht kann auch von glatten Flächen reflektiert werden.

Sicherheitsvorkehrungen

Starke Infrarot- oder UV-Lampen können Verbrennungen oder Augenschäden zur Folge haben. Verwenden Sie nur vivarientaugliche Leuchtstoffröhren. Legen Sie im Terrarium Versteck- und Schattenplätze an. Vermeiden Sie es, längere Zeit in eine UV-Lampe zu starren – bringen sie vorsichtshalber eine Blende an (siehe »Unterbringung«, S. 14/15). Beachten Sie bei der Installation die Warnhinweise auf der Verpackung. Wenn Sie keinerlei Risiko eingehen wollen, dann erstehen Sie eine fabrikmäßig hergestellte Terrarienabdeckung, die bereits mit den richtigen Beleuchtungskörpern bestückt ist. Eine Warnung zum Schluß: Besprühen Sie nie elektrische Einrichtungen, vor allem dann nicht, wenn sie heiß sind!

F& A...

◆ *Welcher Thermostattyp ist für Lampen am besten geeignet?*

Bei einfachen Geräten mit Ein- und Ausschaltmechanismus erfolgt der Wechsel von Helligkeit und Dunkelheit abrupt; das ist unnatürlich und belastet womöglich die Terrarieninsassen. Dimmer-Thermostaten schwächen das Licht ab, sobald die vorgegebene Temperatur erreicht ist.

◆ *Brauchen alle Reptilien ultraviolettes Licht?*

Nur tagaktive Tiere benötigen es unbedingt. Schlangen, die sich von Nagetieren ernähren, sowie nacht- oder dämmerungsaktive Echsen kommen anscheinend gut ohne UV-Licht aus, doch den Echsen sollte man entsprechende Futterzusätze verabreichen, um das fehlende Vitamin D3 zu kompensieren. Manche nachtaktive Arten kommen jedoch, wenn ihnen eine UV-Quelle zur Verfügung steht, tagsüber hervor und »sonnen« sich ein Weilchen. Dieses zusätzliche Licht tut ihnen offensichtlich gut.

◆ *Sind neben den Leuchtstoffröhren noch andere Lichtquellen erforderlich?*

Gewöhnliche Glühlampen liefern sichtbares und infrarotes Licht, das Wärme für die »sonnenbadenden« Reptilien erzeugt und deren Körpertemperatur erhöht. Dunkelstrahler, die hauptsächlich UVA (und sehr wenig UVB) abgeben, sind beliebt, aber sie erzeugen kaum Helligkeit und müssen deshalb durch »weißes« Licht ergänzt werden. Dunkelstrahler scheinen bei manchen Arten die Nahrungsaufnahme zu hemmen, weil sie die Farbe des Futters verändern.

◆ *Wo sollte die Beleuchtung angebracht werden?*

Sowohl der Spotstrahler als auch die Leuchtstoffröhre sollten über den Bereichen im Terrarium angebracht werden, die sich für »Sonnenbäder« eignen, so daß die Insassen von beiden Lichtquellen profitieren können.

Die Einrichtung des Terrariums

Ein geschmackvoll eingerichtetes Terrarium wirkt sehr attraktiv, doch praktische Gesichtspunkte dürfen nicht vernachlässigt werden. Wegen des mit der Pflege des Terrariums verbundenen Zeitaufwands begnügen sich manche Terrarianer mit einer spartanischen Einrichtung: Zeitungspapier als Bodenbelag, eine kleine Box als Versteckplatz und ein Aststück oder ein Stein als Sonnenbank. Das erleichtert die Reinigungsarbeit, die Suche nach etwaigen Eiern und die Beseitigung von Abfällen und toten Tieren. Manche Reptilien, insbesondere Schlangen, gedeihen in einer solchen Unterkunft und pflanzen sich sogar fort. Anderen Arten genügt eine so hygienische Unterbringung nicht, während ein abwechslungsreich gestaltetes Terrarium ihre Lebensqualität erhöht. Eine schwer zu beweisende Theorie besagt, daß vor allem Echsen die optische Vielfalt der Einrichtung als wohltuend empfinden – mit anderen Worten, wenn sich ihren Augen vielerlei Dinge darbieten, »merken« sie nicht, daß ihr Lebensraum begrenzt ist. Ein gut eingerichteter Behälter sollte zumindest Kletter- und Versteckmöglichkeiten enthalten. Auch dem Terrarianer gefällt wahrscheinlich eine natürlich wirkende und ästhetisch reizvolle Ausstattung besser.

Natürliche oder künstliche Materialien

Natürliche Einrichtungsgegenstände (Pflanzen, Zweige, Erde, Sand und Moos) sehen besser aus, sind aber aus hygienischer Sicht bedenklich. Neben diesen allgemein verfügbaren Dingen bieten die Fachgeschäfte eine große Auswahl an Korkrinden, Treibholz, Aststubben und sandgetrahlten Holzstücken an, die das natürliche Gesamtbild vervollständigen können.

Künstlicher Dekor wirkt vielleicht befremdlich, ist aber viel einfacher zu reinigen. Aststücke (nicht harzhaltig), Erde und Moos beherbergen zuweilen eigene Schädlingsökosysteme; manche Schädlinge werden zwar von Reptilien gefressen, aber andere können sich unkontrolliert vermehren. Dieses Problem kann man dadurch lösen, daß man die Äste und sonstige Holzteile entrindet und abschrubbt, doch dann sind sie weniger ansehnlich und möglicherweise zu glatt für Kletterübungen. Erde und Sand lassen sich durch Erhitzung sterilisieren, und Moos kann man gründlich auswaschen, doch werden Nährstoffe beseitigt und die Moospflänzchen oft abgetötet. Steine sind nach einiger Zeit verschmutzt und müssen häufig abgebürstet werden; poröses Gestein, etwa Kalktuff, läßt sich besonders schwer sauberhalten. Manche natürlichen Materialien sollte man lieber nicht zu reinigen versuchen, sondern wegwerfen und durch neue ersetzen.

Pflanzen im Terrarium

Mit Pflanzen läßt sich ein Terrarium attraktiv und naturnah einrichten, und sie werden seit langem für bestimmte Arten gern verwendet. Der Behälter muß einige Zeit vor dem Einsetzen der Tiere komplett eingerichtet sein, damit sich die Pflanzen schon gut eingewöhnt und ihren endgültigen Platz gefunden haben. Ein bepflanztes Terrarium muß ausreichend hoch sein – erkundigen Sie sich nach der Wuchshöhe der Pflanzen, bevor Sie sie einbringen. Umgeben Sie die Pflanzgefäße mit Steinen, damit sie einen festen Stand haben. Töpfe in einem flachen Bodengrund kann man mit halbrunden Korkrindenstücken kaschieren.

Eine Bepflanzung ist nicht unproblematisch. Vegetarisch lebende Arten bedienen sich an den Pflanzen, große Reptilien beschädigen sie mit ihrem Körpergewicht oder ihren Krallen, und grabfreudige Tiere entwurzeln sie. Die Bewässerung der Pflanzen erhöht den Feuchtigkeitsgehalt im Terrarium; deshalb sollte man bei Wüstenreptilien

1

2

3

4

Verschiedene Substratmaterialien sind in Zoogeschäften und Gartencentern erhältlich.

Substratmaterialien (Bodenbelag)

MATERIAL	VORTEILE	NACHTEILE
Zeitungspapier	Billig, staubfrei, saugfähig. Leicht zu ersetzen. Praktisch für Quarantänebehälter.	Unansehnlich. Schlägt Falten, wenn feucht. Tiere können sich darunter verfangen. Ungeeignet für wühlende Arten. Lebendfutter kann sich darunter verstecken. Reptilien zerknüllen es gern.
Teppich (waschbar) **Kunstrasen**	Gewisse Saugfähigkeit. Läßt sich leicht nach Maß zuschneiden. Waschbar, leicht zu verlegen.	Wirkt unnatürlich, ungeeignet für grabfreudige Arten. Fleckenentfernung schwierig, wird schnell verschmutzt. Bei Teppichen oft lose Fäden, mit denen sich Tiere erwürgen können.
Aquariumkies* (erhältlich in unterschiedlicher Körnung)	Wirkt recht natürlich. Kann zur Wiederverwendung ausgewaschen werden. Kann die Eiablage an der falschen Stelle verhindern. Erleichtert den Wasserabzug.	Schwer – Austausch schwierig. Nicht saugfähig. Muß vor Wiederverwendung gründlich gewaschen und sterilisiert werden.
Sand* (verschiedene Sorten, auch staubfreie Sande sind im Handel, z. B. Vogel- oder Spielkastensand)	Natürliches Aussehen, punktuelle Verschmutzung leicht zu beseitigen. Geeignet für wühlfreudige Arten aus Trockengebieten.	Manche Sorten werden staubig, große Mengen lassen sich nur schwer austauschen. Nicht wiederverwendbar. Wird durch Feuchtigkeit fest – meiden Sie gewöhnlichen Bausand; er ist völlig unbrauchbar. Nehmen Sie auch keinen scharfkantigen Sand.
Lehm **Laubstreu*** **Zerkleinertes (gemahlenes) Torfmoos** **Pflanzerde**	Natürliches Aussehen, hält die Feuchtigkeit. Geeignet für wühlende Arten mit geringem Feuchtigkeitsbedarf. Praktisch für bepflanzte Terrarien.	Muß zur Abtötung von Insekten unter Umständen sterilisiert werden. Verfestigt sich bei zu großer Feuchtigkeit.
Torf*	Natürliches Aussehen, leicht (wenn trocken). Hält die Feuchtigkeit.	Wenn feucht, bilden sich Säuren und feste Klumpen. Im trockenen Zustand sehr staubig. Eigentlich kaum zu empfehlen.
Rindenspäne* ** (unterschiedliche Größen)	Wirkt attraktiv, angenehmer Geruch.	Kann Splitter und Insekten enthalten. Große Stücke nicht sehr saugfähig. Schmutzstellen schwer zu entfernen. Ungeeignet für grabfreudige Arten.
Holzspäne* **	Attraktives Aussehen, leicht saugfähig.	Kann Splitter oder scharfkantige Stücke enthalten. Ungeeignet für grabende Arten. Austausch von großen Mengen schwierig.
Luzernepellets** (hauptsächlich bei Leguanen verwendet)	Verschlucken angeblich ungefährlich. Leidlich saugfähig. Wenn trocken, lassen sich Schmutzstellen leicht entfernen.	Teuer, wenn größere Mengen benötigt werden. Zerkrümelt, wenn feucht, wird staubig.
Staubfreie Hobelspäne ** (hauptsächlich für Schlangen)	Attraktives Aussehen und angenehmer Geruch. Saugfähig, Verschmutzungen leicht zu beseitigen.	Selten völlig staubfrei.
Maiskolbengranulat **	Attraktiv, Schmutzflecken leicht zu entfernen.	Kann verschluckt werden. Ungeeignet für grabende Arten.

** Verschluckte Partikel können sich im Darm festsetzen. ** Verschimmelt, wenn das Material feucht wird.*

5

6

7

1 Torfmoos
2 Rindenspäne
3 Komposterde
4 Maiskolbengranulat
5 Sand
6 Kies (grobkörnig)
7 Kies (feinkörnig)

Ein Rotkehlanolis *(Anolis carolinensis)* in einem bepflanzten Terrarium. Die Pflanzen sind nicht nur Dekoration: Viele Reptilien nehmen Trinkwasser lieber von Blättern als aus Näpfen auf.

ganz auf lebende Pflanzen verzichten – nehmen Sie statt dessen Plastikpflanzen.
Da Zimmerpflanzen wohl irgendwann einmal mit Pestiziden behandelt worden sind, sollte man sie gründlich mit Wasser absprühen und die obere Bodenschicht auswechseln.
Terrarienpflanzen brauchen Licht, auch wenn die Terrarientiere es nicht brauchen. Die Beleuchtung ist zuweilen unzureichend, so daß die Pflanzen in die Höhe schießen oder absterben; gewisse Gewächse können sich ungebührlich ausbreiten und andere ersticken oder beschatten. Pflanzen, die nicht recht gedeihen, sollten entfernt werden. Das ist einfach, wenn sie eingetopft sind, während Pflanzen, die direkt in den Bodengrund gesetzt worden sind, ein wirres Wurzelgeflecht ausbilden, das bei einer Neueinrichtung nur schwer zu beseitigen ist.
Ein sachkundig und ästhetisch reizvoll eingerichtetes Terrarium ist eine wahre Augenfreude. Entscheidend ist jedoch, daß nur gesunde, parasitenfreie Reptilien – möglichst nach einem Quarantäneaufenthalt – eingesetzt werden, denn sonst müßte die gesamte Ausstattung sterilisiert und vielleicht sogar erneuert werden.

Künstliche Lebensräume

Reptilien bewohnen trockene Wüsten ebenso wie Regenwälder – und zahlreiche Zwischenformen zwischen diesen beiden Extremen. Wenn man ein Terrarium (abgesehen von dem spartanisch-hygienischen Typ) einrichten will, muß man sich über die speziellen Bedürfnisse der künftigen Bewohner informieren und ihren Lebensraum entsprechend gestalten. Die wichtigsten Faktoren, die es zu bedenken gilt, sind: Temperatur, Feuchtigkeitsgrad, Materialeignung, Raumaufteilung und, bei baumlebenden Arten, die Höhe des Behälters. Ein Terrarium für Echsen läßt sich meist abwechslungsreicher einrichten als eines für Schlangen oder Schildkröten. Baumlebenden Schlangen kann man eine naturnahe Unterkunft bieten, doch Schildkröten ruinieren jede kunstvolle Inneneinrichtung.

Das trockene Terrarium

Reptilien aus Dürregebieten gehören in ein Trokkenterrarium mit einer lockeren, sandigen Bodenschicht, ausgestattet mit Steinen, Aststücken und Wurzelstubben. Tagsüber sollte die Temperatur hoch sein. Feuchtigkeit ist verpönt, abgesehen von einer kleinen Wasserschale. (Das gleiche Terra-

Halsbandleguane *(Crotaphytus collaris)* in einem Trockenterrarium. Die Einrichtung ist karg, aber attraktiv. (Das Foto entstand in einem Zoogeschäft; das Terrarium ist überbesetzt.)

rium mit einer niedrigeren Maximaltemperatur, einer größeren Wasserschale und ein paar Pflanzen, die nicht viel Feuchtigkeit brauchen, würde sich auch für Echsen aus gemäßigteren Breiten eignen.) Wasserschalen sollten auf einem flachen Stein stehen, damit sie nicht umkippen, wenn das Substrat durchwühlt wird.
Kleine »Feuchtigkeitsinseln« sind allerdings in der Fortpflanzungszeit vonnöten, und auch bestimmte Arten aus Trockenregionen müssen die Möglichkeit haben, sich zum Schutz ihrer Haut in eine leicht feuchte Bodenschicht einzugraben. Das ist jedoch schwer zu bewerkstelligen ohne eine Erhöhung der Luftfeuchtigkeit. Eine Lösung besteht darin, daß man einen Kasten mit feuchtem (nicht nassem) Substratmaterial in den Bodengrund versenkt. Der Kasten muß an einem Ende eine Einschlupföffnung haben und regelmäßig auf seinen Feuchtigkeitsgehalt überprüft werden. Viele Schlangen verlangen einen trockenen Waldboden; für diese Arten kann man den Sandbelag gegen Lehm oder Laubstreu auswechseln.

Das feuchte Terrarium

Ein lockeres Substrat aus Lehm, Laubstreu, Torfmoos oder anderen saugfähigen (aber nicht schimmelbildenden) Materialien ist für grabende und sogar einige baumlebende Arten geeignet, die ein wenig Feuchtigkeit brauchen. Lebende Pflanzen sind in einer solchen Anlage nützlich und dekorativ. Eine ausreichende Durchlüftung ist wichtig – die Feuchtigkeit sollte recht gering sein, denn sonst hätten wir es mit einem Regenwaldterrarium zu tun. Staunässe ist auf jeden Fall zu vermeiden. Für viele Reptilien ist es ideal, wenn der Bodengrund

F & A…

◆ *Welche Vorteile haben lebende Pflanzen?*

Pflanzen liefern Schatten, Sichtschutz, Klettergelegenheiten und Feuchtigkeit für Reptilien, die dergleichen brauchen. In einem richtig eingerichteten Terrarium läßt sich ein biologischer Kreislauf herstellen, in dem die Ausscheidungen der Tiere durch den Boden aufgearbeitet und von den Pflanzen genutzt werden. Das ist aber nur dann möglich, wenn das System nicht durch zu viele oder zu große Insassen überlastet wird.

◆ *Welchen Vorteil haben künstliche Pflanzen?*

Plastikpflanzen können ein kahles Terrarium schmücken und liefern Schatten. Außerdem sind sie abwaschbar und können dort eingesetzt werden, wo lebende Gewächse nicht in Frage kommen. Kleine Büschel können an den Wänden befestigt werden, oder man klebt die Stengel mit Silikon in Bohrlöcher in kleinen Kork- oder Holzscheiben ein, die man dann mit etwas Substrat kaschiert. In einem Trockenterrarium schaffen ein paar (ungefärbte) Trockenblumen einen reizvolleren Landschaftsausschnitt. Auch Fichtenzapfen, Zierkürbisse und andere Naturprodukte wirken recht dekorativ.

◆ *Wie verhindere ich, daß Äste oder Steine umfallen?*

Äste müssen dauerhaft befestigt werden, möglichst mit Schrauben an den Terrarienwänden. In einem Glasbecken werden die Aststücke so zurechtgeschnitten, daß sie stabil bleiben. »Felsformationen« lassen sich mit Silikonkleber fest zusammenfügen. Sorgen Sie für einige Versteckplätze in Form von Höhlen oder Spalten. Alle Steine sollten fest auf dem Boden aufliegen, so daß sie nicht in das Substrat einsinken und keine Tiere einklemmen oder gar unter sich begraben können.

nachts nahezu trocken wird. Um die richtigen Bedingungen zu schaffen, muß man ein wenig experimentieren. Eine Möglichkeit ist die Anbringung einer Trennscheibe im Untergrund, so daß im Substrat zwei unterschiedliche Feuchtigkeitswerte entstehen (siehe »Unterbringung«, S. 14/15). Grabende Arten zeigen oft eine Vorliebe für die eine oder andere Seite.

Regenwaldterrarium
Durch Erhöhung des Feuchtigkeitsgehalts lassen sich geeignete Lebensbedingungen für Regenwaldreptilien oder Arten aus feuchtgemäßigten Klimazonen schaffen. Der durchfeuchtete Bodengrund sollte täglich übersprüht werden, doch der Behälter muß dennoch gut durchlüftet sein, damit sich die Nässe nicht staut; viele Arten aus dem Regenwald benötigen im Terrarium nicht so viel Feuchtigkeit wie im Freileben. Auch viele Zimmerpflanzen gedeihen in der feuchten Atmosphäre.
Ein Tümpel oder ein Wasserfall erhöht die Feuchtigkeit und bereichert die Terrarienlandschaft. Der Tümpel kann eine schlichte Schale oder ein durch eine eingeklebte Glasscheibe abgegrenzter Wasserteil sein. Fest installierte tiefere Wasserbecken brauchen eine Filteranlage in Form eines Aquarieninnenfilters. Auch bei Filterung ist ein häufiger Wasserwechsel angezeigt.
Wird für den Bodenbelag Moos verwendet, dann sollte es regelmäßig ausgetauscht werden, vor allem wenn sich Schimmel zu bilden beginnt. Einen dauerhafteren Bodengrund kann man herstellen, wenn man zunächst eine 2,5 cm dicke Schicht aus grobkörnigem Kies und dann eine ebenso dicke Schicht aus Aquarienaktivkohle einbringt. Dann wird bis zur gewünschten Höhe Erde aufgefüllt, auf die eine 2,5 cm dicke Schicht Aquarienkies mittlerer Körnung und schließlich eine Moosdecke folgen. Setzen Sie etwaige Topfpflanzen in das Erdreich ein, bevor Sie obere Schichten aus Kies und Moos aufbringen. Die Mosschicht halten Sie so lange zurück, bis die Pflanzen ihren endgültigen Standort gefunden haben oder ausgetauscht wurden, falls sie nicht gedeihen wollen. Um zu verhindern, daß der Kies in die Erdschicht absinkt, kann man sie mit einem Plastiknetz abdecken. Ein solches System funktioniert sehr gut, sofern es nicht durch zu viele Insassen überfordert wird. Die Beseitigung von Schmutzstellen ist ratsam, aber dennoch können Exkremente durch den Kies hindurchsickern, wo sie von Bodenorganismen in Nitrate umgewandelt werden.

Schildkrötenterrarium
In der Wohnung gepflegte Schildkröten brauchen

Halbaquatische Schildkröten wie die Europäische Sumpfschildkröte *(Emys orbicularis)* müssen die Möglichkeit haben, sich auf dem Landteil richtig zu trocknen.

KÜNSTLICHER WASSERFALL

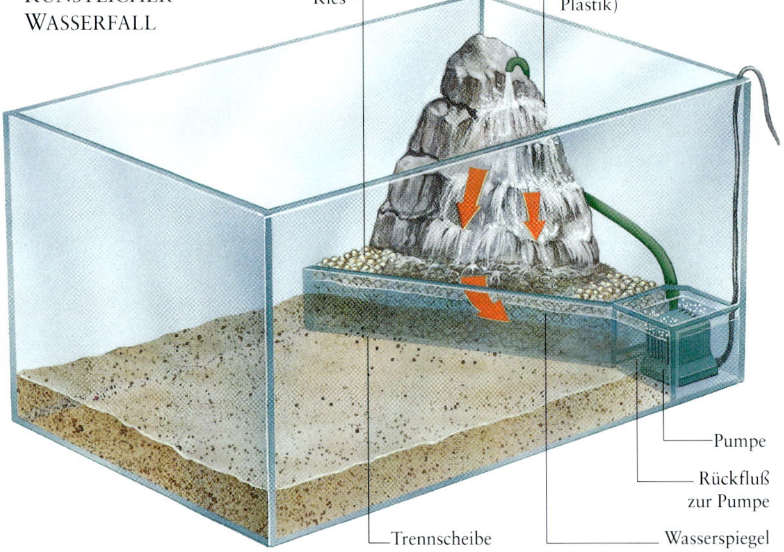

Einen Wasserfall kann man aus Steinen, Korkrinde, Plastik oder Treibholz bauen. Der Wasserschlauch wird oben auf dem Felsen befestigt.

sehr viel Platz. Arten aus Trockengebieten verlangen einen Sandboden, waldbewohnende Arten ein Gemisch aus Lehm, Laubstreu und Rindenmulch. Die schlichte Einrichtung läßt sich durch kleine Erhebungen etwas abwechslungsreicher gestalten. Lebende Pflanzen werden wahrscheinlich verspeist, falls man sie nicht an unzugänglichen Stellen unterbringt. Als Alternative bieten sich Plastikpflanzen an, mit denen man einen Schattenplatz einrichten kann. Erforderlich sind ferner eine Wärmelampe, eine Leuchtstoffröhre mit UV-Licht und ein Unterschlupf in Form eines vorn offenen Kastens. Hartkantige Gegenstände können den Panzer beschädigen, doch ein paar flache Steine oder Schieferplatten sind brauchbar und fördern die natürliche Abnutzung der Krallen. »Kletterfelsen« dürfen nicht zu mächtig sein, denn sie behindern die Fortbewegung auf dem Boden, und außerdem könnten die Insassen abstürzen und sich dabei verletzen.

Zur Unterbringung von Wasserschildkröten siehe »Unterbringung«, S. 16/17. Die vorstehenden Hinweise gelten aber auch für das Aquaterrarium oder die Freilandanlage. Ein Wasserteil sollte möglichst groß sein, damit sich die Tiere in ihm tummeln können und eine zu schnelle Verschmutzung verhindert wird. Wichtig sind aus dem Wasser ragende Steine oder ähnliche »Inseln«, die die Tiere erklettern und als Sonnenbank benutzen können.

Auf diese Punkte sollte man achten

- Der Typ, die Größe und die Zahl der unterzubringenden Tiere bestimmen die Baumaterialien und die Einrichtung des Terrariums und die Abstände, in denen es gesäubert oder neu eingerichtet werden muß.
- Ein zu starker Besatz überlastet die Anlage und bringt Hygieneprobleme mit sich.
- Der Feuchtigkeitsbedarf schließt die Verwendung bestimmter Materialien aus.
- Grabfreudige Reptilien benötigen einen speziellen Bodenbelag, und durch die Grab- oder Wühltätigkeit können andere Einrichtungsgegenstände zum Einsturz gebracht werden.
- Große, schwere Tiere verlangen eine robuste Ausstattung; eine zierliche oder kunstvolle Einrichtung würden sie sehr bald ruinieren.
- Baumlebende Arten brauchen zum Klettern Äste, Zweige oder Pflanzen. Bei pflanzenfressenden Arten sollte man in der Regel auf eine Bepflanzung verzichten.
- Nicht alle Materialien sind überall verfügbar, doch viele Fachgeschäfte bieten eine Auswahl an natürlichem und künstlichem Terrariendekor an.

Transpecos-Kletternattern *(Elaphe subocularis)* benötigen ein Trockenterrarium. Mit getrockneten natürlichen Materialien lassen sich ohne Feuchtigkeitszufuhr reizvolle Landschaften gestalten.

Futter und Fütterung

Die Reptilienhaltung ist sehr viel einfacher geworden, seitdem vorgefertigtes oder speziell gezüchtetes Reptilienfutter auf dem Markt ist. Vielerlei Futtersorten, von lebenden Insekten über gefriergetrocknete oder tiefgekühlte Nahrung bis zu Preßlingen (Pellets) und Dosenfutter, ist in Zoogeschäften oder über den Versandhandel erhältlich. Vor der Anschaffung eines Tieres sollte man eine brauchbare Nahrungsquelle ausfindig machen.

Die Reptilien lassen sich nach ihrem Futterbedarf einteilen. Viele Schlangen ernähren sich von Säugetieren, je nach Größe von nestjungen Mäusen bis Kaninchen, andere bevorzugen Vögel, Echsen, andere Schlangen, Insekten, Würmer, Frösche oder Fische. Einige wenige Arten sind Nahrungsspezialisten, die nur einen einzigen Futtertyp annehmen, etwa Vogeleier, Schnecken oder Salamander. Echte Spezialisten lassen sich meist nicht auf andere Kost umstellen und sollten nur gehalten werden, wenn man ihnen diese Kost regelmäßig bieten kann. Viele Echsen verzehren lebende Insekten und verschiedene andere Wirbellose. Einige große Echsen brauchen Kleinsäuger (Ratten und Mäuse) und Fisch. Daneben gibt es auch pflanzen- oder allesfressende Arten. Schildkröten sind Pflanzen- oder Fleischfresser; einige nehmen beide Futtertypen in unterschiedlichen Anteilen.

Viele Arten passen sich in der Ernährung bereitwillig an, doch die Umstellung auf eine ungewöhnte Kost kann problematisch sein. Schlangen – mit Ausnahme der Eierschlangen – verschlingen lebende Tiere. Das schreckt viele Terrarianer ab, doch die meisten Schlangen kann man an tote Futtertiere (aufgetaut aus dem Gefrierschrank) ge-

Eine Stutzechse *(Tiliqua rugosa)* verspeist ein buntes Futtergemisch. Bei solchen Allesfressern führt zuviel tierisches Eiweiß zu Fettleibigkeit, die das Leben verkürzt.

Diese Afrikanische Eierschlange *(Dasypeltis scabra)* hat soeben ein Vogelei verschlungen. Die Schlange zerquetscht die Eischale und würgt sie als kompakten Klumpen wieder aus.

wöhnen, vor allem wenn man deren Bewegung durch Herumwedeln mit einer Futterpinzette nachahmt. Das ist nicht nur appetitlicher, sondern auch sicherer; denn wenn man lebende Säugetiere längere Zeit mit Schlangen allein läßt, können sie die Reptilien verletzen oder gar umbringen.
Seit Einführung der künstlichen Nahrung sind Mangel- und Fehlernährung bei Reptilien weit verbreitet, insbesondere bei Echsen und Schildkröten. Viele Futtersorten sind arm an Kalzium und reich an Phosphor. Das kann zu stoffwechselbedingten Knochenkrankheiten wie Kalziummangel oder einem Ungleichgewicht von Kalzium und Phosphor führen. Auch andere Mineralien und Vitamine können fehlen. Das ideale Verhältnis von Kalzium zu Phosphor (Ca : P) wird für Reptilien gewöhnlich mit 1,5 : 1 bis 2 : 1 angesetzt. Der höhere Wert (2 : 1) gilt für Jungtiere und trächtige Weibchen. Diese Dosis erreicht man vielfach nur durch eine Kalziumzugabe. Multivitaminpräparate für Reptilien sind im Fachhandel erhältlich. Flüssige Präparate enthalten kein Kalzium, doch diesen Mangel kann man durch Sepiaschalen (pulverisiert oder kleingehackt) oder Kalziumkarbonatpulver ausgleichen. Vitaminzusätze, die für Säugetiere bestimmt sind, eignen sich nicht für Reptilien und sollten nicht verabreicht werden. Einige Hersteller bieten verschiedene Präparate für spezielle Zwecke an: Ergänzungsfutter für junge und trächtige Reptilien ist reich an Kalzium, und solches für Schildkröten enthält viel Vitamin A, C und E.

Natürliche Insektenkost

Lebendfutter in Form von Insekten, gesammelt in Hecken und Gärten, war früher sehr beliebt, doch heute befürchtet man eine Belastung durch Pestizide, und Teichinsekten können Parasiten auf wasserbewohnende Reptilien übertragen. Wenn Sie sicher wissen, daß die »Fanggründe« schadstoffrei sind, können Sie freilebende Insekten, sog. »Wiesenplankton«, als Futter verwenden. Potentiell gefährliche Insekten, etwa Bienen, Wespen und Bombardierkäfer, sollte man meiden. Verzichten Sie auf alles, was Sie nicht bestimmen können. Glattraupen, Spinnen, Grillen, Heuschrecken, Schnaken und grüne Blattläuse sind allesamt brauchbar. Setzen Sie Nackt- und Gehäuseschnecken und Regenwürmer ein paar Tage auf sauberes Moos, damit sie sich entleeren, und verfüttern Sie sie auf Salat oder sonstigem Grünzeug mit einer Kalziumzulage.

Pflanzliche Kost

Pflanzenfressende Echsen erhalten oft zuviel Protein in ihrem Futter. Viele solche Arten fressen auch Rind- und Hühnerfleisch, Nagetiere, Insekten und Katzen- oder Hundefutter; kleine Mengen tierisches Eiweiß bekommen zwar jungen Echsen recht gut, können aber bei älteren Exemplaren Nierenschäden verursachen. Für echte Vegetarier, etwa Grüne Leguane, wird ein Maximum von 15 % Protein für Jungtiere und von 5 % für Alttiere empfohlen, vorzugsweise in Form von pflanzlichem Eiweiß. Grünzeug für Pflanzenfresser (Echsen und Schildkröten) sollte nur an Stellen gesammelt werden, wo keine Pestizide ausgebracht wurden. Geeignete Pflanzen sind Löwenzahn, Saudistel, Klee, Wegerich, Kapuzinerkresse und Rosenblüten. Wenn man das Grünzeug kleinhackt und vermengt, verhindert man, daß sich die Tiere auf ein großes Stück ihres Lieblingsfutters stürzen und alles andere verschmähen. Eine vielseitige Ernährung mit verschiedenen Futterpflanzen muß sichergestellt sein.
Proteinhaltige Hülsenfrüchte können frisch oder als aufgetaute Tiefkühlkost verabreicht werden. Geeignet sind Linsen, Erbsen, Kichererbsen, verschiedene Bohnenarten sowie Luzerne. Abgesehen von der Luzerne sind diese Futtersorten kalziumarm, aber vitaminreich und sollten deshalb nur in Verbindung mit kalziumhaltiger Pflanzenkost oder Kalziumzugaben verwendet werden. Luzerne, Kresse, Brokkoliröschen und Karotten enthalten allesamt viel Kalzium, dessen Anteil jedoch schwanken kann (alte Mohrrüben weisen angeb-

lich mehr Kalzium auf als junge). Pflanzliche Kost mit einem guten Ca : P-Verhältnis umfaßt unter anderem gelbe Melonen, Rosinen, Orangen und Datteln. Die meisten Obst- und Gemüsesorten – jedoch kein Rhabarber – können zerkleinert zusammen mit den vorgenannten Pflanzenstoffen verfüttert werden.

Manche Futtersorten werden wahrscheinlich wiederholt zurückgewiesen. Bei wählerischen Tieren sollte man mit der Fütterung ein paar Tage aussetzen und es dann noch einmal versuchen. Nicht alle Pflanzenkost ist bekömmtlich – manche enthält Phytin- oder Oxalsäure, die Kalzium bindet, das dann von den Tieren nicht verwertet werden kann. Weizenkleie (die zur Fütterung von Mehlwürmern verwendet wird), Spinat, Mangold, Rote Bete und Hafer sollten nur in kleinen Mengen als Bestandteile einer abwechslungsreichen Kost verabreicht werden. Spinat mit seinem hohen Tanningehalt bindet Eiweiß, beeinträchtigt die Verdauungsenzyme und reduziert die Verfügbarkeit von Vitamin B12 und Eisen. Große Tanninmengen können die Leber schädigen; deshalb ist es besser, auf Spinat ganz zu verzichten. Oxalate (aus der Oxalsäure, die in Rhabarberblättern und Spinat vorkommt) können gefährlich sein: Große Dosen lösen Krämpfe aus, und geringere Mengen stören die Knochenbildung und fördern die Entstehung von Nierensteinen.

Sojabohnen, Erdnüsse und verschiedene Kohlsorten können, da sie wenig Jod enthalten, die Kropfbildung auslösen und sollten deswegen nur einen kleinen Anteil der Nahrung ausmachen. Wird davon zuviel verfüttert, sollte man dem Futter wöchentlich 2 mg Riementangpulver zusetzen.

Hälterung und Zubereitung des Futters

Eine gewisse Vorratshaltung ist nötig, wenn eine regelmäßige Fütterung gewährleistet sein soll. Die Verkäufer von Lebendfutter geben auf Wunsch gerne Auskunft, doch grundsätzlich sollte man folgende Regeln beherzigen. Grillen gehören in einen ausbruchsicheren Behälter, der an einem kühlen Platz zusätzlich Wärme braucht und gut durchlüftet werden muß – bei Feuchtigkeit würden die Tiere absterben. Ein altes Aquarium mit

Ein Tokeh *(Gekko gecko)* verspeist eine Heuschrecke. Bei solchen dämmerungs- und nachtaktiven Arten sollte das mit Vitamin- und Kalkpulver eingestäubte Futter am späten Abend verabreicht werden, denn je länger es ungefressen bleibt, desto mehr »Staub« geht verloren.

Kommerziell gezüchtete Futterinsekten

Schwarze Feldgrille *(Gryllus bimaculatus)*

Hausgrille, Heimchen *(Acheta domestica)*

Erhältlich in einer schwarzen, braunen und nicht zirpenden Form. Ein gutes Standardfutter für insektenfressende Arten. Hälterung bei 26–28 °C.

Wüstenheuschrecke *(Schistocerca gregaria)*

Wanderheuschrecke *(Locusta migratoria)*

Gutes Standardfutter in verschiedenen Größen. Teurer als Grillen. Können Pflanzen anknabbern, wenn sie nicht sofort gefressen werden. Hälterung bei 26 °C.

Wachsmottenlarven *(Galleria melonella)*

Werden gern genommen, machen aber »dick« – deshalb sparsam verwenden. Größere Mengen werden nicht richtig verdaut. Die Vollinsekten sind für viele kleine Echsen attraktiv. Hälterung bei 12–15 °C.

Tebos *(Chilecomadia moorei)*

Orangefarbene, weiche Nachtfalterlarven. Selten angeboten. Weiteres siehe Wachsmottenlarven. Hälterung bei 8–10 °C.

Mehlwürmer *(Tenebrio molitor)*

Larven des Mehlkäfers. Die harte Haut kann bei zu reichlicher Verfütterung den Verdauungstrakt schädigen und zur Verfettung führen. Die Käfer werden vielfach verschmäht. Hälterung bei mindestens 9 °C.

Büffelwürmer *(Alphitobius diaperinus)*

Kleine, selten angebotene Käferlarven. Weiteres siehe Mehlwürmer. Hälterung bei 10–15 °C.

»Königsmehlwürmer« *(Zoophobas morio)*

Keine echten Mehlwürmer, aber sonst ähnlich. Geeignet für größere Echsen, können aber kleinere Tiere beißen. Hälterung bei 15–20 °C.

Fruchtfliegen (*Drosophila*-Arten)

Flügellose und geflügelte, aber flugunfähige Spielarten im Handel. Gutes Futter für kleine Arten, auch junge Chamäleons, doch sehr bald ist gehaltvollere Nahrung notwendig. Nur als Zuchtansatz erhältlich; die Zucht muß man selber betreiben. Hälterung bei 26 °C.

einer Abdeckung und Lampe ist gut geeignet. Grillen brauchen auch Futter und Wasser (siehe unter »Magenfüllung« im Frage-und-Antwort-Abschnitt auf S. 33). Mehlwürmer, sogenannte Königsmehlwürmer, Büffelwürmer, Wachsmottenlarven und Tebos hält man in gut durchlüfteten Gefäßen bei der richtigen Temperatur, um die Verpuppung zu unterbinden (siehe nebenstehende Übersicht). Heuschrecken benötigen einen belüfteten Behälter sowie Futter und Wasser. Lebendfutter muß zur Verringerung des Infektionsrisikos stets hygienisch gehältert werden. Reinigen Sie die Behältnisse der Futtertiere regelmäßig. Tiefgefrorenes Futter wird wie für Menschen bestimmte Tiefkühlkost behandelt. Zerkleinern Sie Grünzeug auf einer sauberen Unterlage. Verfüttern Sie kein altes oder verfaultes Obst und Gemüse, und verabreichen Sie keine Futterbrocken, die für die Terrarientiere zu groß sind. Servieren Sie pflanzenfressenden Echsen das Futter in einem Napf. Benutzen Sie für Schildkröten ein flacheres Futtergefäß. Stellen Sie Näpfe oder Schalen auf einen flachen Stein, damit keine Substratpartikel ins Futter geraten und verschluckt werden; viele Pflanzenfresser zerren nämlich gern ihr Futter aus dem Napf. Im Freiland versenkt man die Näpfe in den Boden (für bodenbewohnende Arten) oder bringt sie in verschiedenen Höhen an (für kletternde Arten).

Lebendfutter wählt man nach der angemessenen Größe aus. Verfüttern Sie nur so viel, wie in kurzer Zeit gefressen wird; verschmähte Futtertiere sollten nicht im Terrarium bleiben.

Fertigfutter
Futtertabletten für kleine Wasserschildkröten gibt es schon seit vielen Jahren und haben sich als praktisch erwiesen, auch wenn manche Tiere sie nicht annehmen. Seit einiger Zeit ist Preß- und Dosenfutter für Leguane auf dem Markt, desgleichen Konserven für Tegus, Warane und Landschildkröten. Die neueste Errungenschaft sind »Würstchen« für Schlangen, Geckos und Skinke.
Solches Fertigfutter spart Zeit und ist leicht zu lagern, doch Langzeituntersuchungen seiner Tauglichkeit sind noch nicht abgeschlossen. Erste Tests zum Leguanfutter haben ergeben, daß es offenbar zu eiweißreich ist, denn es wurde für Leguane entwickelt, die in Farmen als Fleischlieferanten gehalten werden. Die Hersteller von Fertigfuttersorten versichern, ihre Produkte seien aufgrund wissenschaftlicher Erkenntnisse zusammengestellt. Sie sind jedoch teuer, vor allem Importwaren. Manche Reptilien verschmähen dieses Futter, sofern es nicht mit dem Geruch ihrer normalen Kost imprägniert wird.
Katzen- und Hundefutter sind zwar praktisch, dürfen aber nicht im Übermaß verfüttert werden, insbesondere nicht an pflanzenfressende Arten, denn sie enthalten allesamt zuviel Vitamin A und D, Fett und tierisches Eiweiß. Die Überdosierung von Vitaminen kann zu einer zu starken Kalziumabsorption und damit zu einer Mineralisierung des weichen Körpergewebes führen. Zuviel Kalzium ist selten problematisch, solange die Tiere nicht zuviel Vitamin D3 aufnehmen oder zuviel UV-Strahlung abbekommen. Ein Mangel an Vitamin A verursacht Augenbeschwerden, vor allem bei jungen Schildkröten, doch eine Überdosierung kann schwere Hautschäden zur Folge haben.

Mäkelige Fresser
Bei in Gefangenschaft gezüchteten Reptilien gibt es kaum Ernährungsprobleme. Will man die Tiere zum Fressen ermuntern, sollte man ihnen abwechslungsreiches Futter anbieten. Wenn sich eine Schlange nicht an Nagetierkost gewöhnen mag, kann man dadurch Abhilfe schaffen, daß man den Geruch der arttypischen Beute auf die Nager überträgt. Zu diesem Zweck können Sie beispielsweise eine Echse, Echseneier oder ein Küken tiefgefroren in Bereitschaft halten.
Schlangen, die nicht fressen wollen, muß man unter Umständen bei der Nahrungsaufnahme unterstützen oder zwangsernähren. Diese Methoden sollte aber nur ein erfahrener Terrarianer anwenden, nachdem er andere Ursachen der Nahrungsverweigerung ausgeschlossen hat. Öffnen Sie behutsam das Schlangenmaul, und schieben Sie das Futter hinein. Wird es nicht freiwillig angenommen, sollte es etwas tiefer hineingedrückt werden, bis der Schluckreflex einsetzt. Freßunwillige Schlangenbabys kann man mit einer kleinen Zerkleinerungspumpe ernähren, die eine nestjunge Maus zu Brei verarbeitet und in den Schlund preßt. Größere Pumpen können für größere Schlangen benutzt werden. Das hört sich drastisch an, kann aber Leben retten.

Trinkwasser
Manche Reptilien trinken im Freileben kaum und lecken nur hin und wieder ein paar Tautropfen auf. Im Terrarium nehmen einige Arten kein Wasser aus einem Napf auf, sondern bedienen sich an dem Wasser, mit dem die Pflanzen oder Wände besprüht werden. Pflanzenfresser trinken in der freien Natur nur wenig, da ihre Nahrung genügend Flüssigkeit enthält. Für Schildkröten und Echsen aus Trockengebieten sollte jedoch stets ein Wassergefäß bereitstehen, denn sie müssen trinken, um das Fehlen von feuchten Wühlplätzen zu kompensieren. Leitungswasser sollte gefiltert werden und 24 Stunden abstehen, damit das Chlor entweichen kann. Manche Terrarianer verwenden lieber Mineralwasser aus der Flasche.

Preßfutter: Obst- und Gemüsemischung für Leguane (links), schwimmfähige Futterstäbchen für Wassertiere (rechts). Wird solches Fertigfutter verschmäht, sollte man natürlichere Nahrung verwenden.

Afrikanische Spornschildkröten *(Geochelone sulcata)* verzehren Salat. Diese großen Pflanzenfresser brauchen stattliche Futtermengen, doch Abwechslung ist sehr wichtig. Die Nahrung muß viel Kalzium enthalten, damit ein gesundes Panzerwachstum gesichert ist.

F & A …

◆ *Kann man tiefgefrorenes Futter in der Mikrowelle auftauen?*

Nein. Gefrierfutter sollte man auf natürliche Weise auftauen lassen. Es muß völlig aufgetaut sein, bevor es verfüttert wird, und darf nicht wieder eingefroren werden. Gefrorener Fisch muß nach dem Auftauen einige Minuten lang bei 30 °C stehen, damit die Thiaminase zerstört wird, die die B-Vitamine angreift. Fisch, nestjunge Mäuse und Ratten kann man auch in lauwarmem Wasser auftauen.

◆ *Wieviel Vitamingaben brauchen Reptilien?*

Der Bedarf läßt sich nicht exakt benennen, doch auf den Verpackungen sind im allgemeinen Empfehlungen abgedruckt. Ältere Tiere brauchen weniger Vitamine und Mineralstoffe als jüngere Exemplare oder trächtige Weibchen. Eine Überdosis kann toxisch sein – geben Sie nie mehr als die empfohlene Dosis.

◆ *Wie verabreicht man Vitamin- und Mineralzusätze?*

Geben Sie die Futterinsekten, die eingestäubt werden sollen, zusammen mit dem Zusatz in einen Behälter oder Plastikbeutel, und wirbeln Sie sie so lange herum, bis sie bestäubt sind (vorgekühlte Grillen lassen sich leichter behandeln). Für Vegetarier wird das Pulver auf das Futter gestreut oder mit ihm vermischt. Viele Echsen und Schildkröten nehmen bereitwillig kleingestoßene Sepiaschale auf, und manche Echsen lecken gern mit Honig oder Obst vermischtes Ergänzungsfutter auf. Kranke Tiere versorgt man mit einem flüssigen Multivitaminpräparat, das mit einer Pipette oder Spritze eingegeben wird.

◆ *Was versteht man unter »Magenfüllung«?*

Die Verfütterung von Futtertieren, die kurz vorher gehaltvolle Nahrung bekommen haben, so daß die Reptilien von deren Magen- und Darminhalt profitieren und deshalb weniger Futterzusätze benötigen. Füttern Sie Mehlwürmer und Grillen mit Futterflocken für Aquarienfische, Milchpulver oder zerstoßenem Preßfutter, nachdem Sie dieses Futter vorher mit einem Multivitaminpulver zerstoßener Sepiaschale angereichert haben. Heuschrecken werden mit Luzerne oder Brunnenkresse »gemästet«.

◆ *Kann ich ein ungefressenes Futter einem anderen Tier geben?*

Nein. Sicherheitshalber sollte man solches Futter wegwerfen, auch wenn man das als Verschwendung empfindet.

◆ *Sind ungefressene lebende Grillen eine Gefahr für das Terrarium?*

Geben Sie nie lebende Insekten in größerer Zahl in das Terrarium; sie könnten die Insassen verletzen und ein etwaiges Gelege anknabbern. Wenn Sie nur wenige Tiere zu versorgen haben, können Sie sie mit Hilfe einer Futterpinzette gezielt ernähren. Manche Terrarianer kühlen Grillen ab und zwicken deren »Sprungbeine« ab, damit sie nicht aus dem Futternapf entweichen können. Das ist allerdings eine grausame Praxis.

Zucht

Was die Fortpflanzung angeht, unterscheiden wir bei den Reptilien zwei Typen: eierlegende (ovipare) und lebendgebärende (ovovivipare) Arten; bei den letzteren entwickeln sich voll ausgebildete Junge in einer Eihülle im Leib des Weibchens, die sich von Dotter ernähren. (Streng genommen, sind manche lebendgebärenden Reptilien vivipar: Sie gebären voll entwickelte Nachkommen, die im Muttertier herangereift und von ihm genährt worden sind.) Schlangen und Echsen sind entweder eierlegend oder lebendgebärend, während alle Schildkröten Eier legen. Je nach Art haben die Eier eine harte Schale oder eine weichere »Pergamenthülle«, die Feuchtigkeit absorbiert und mit dem Keimling mitwächst.

Geschlechtsbestimmung

Die Geschlechtsbestimmung ist bei Reptilien oft schwierig, vor allem für Anfänger. Nicht alle Arten zeigen äußerlich erkennbare Geschlechtsunterschiede. Wo sie vorhanden sind, spricht man von Geschlechtsdimorphismus. Wenn er durch Färbungsabweichungen gekennzeichnet ist, verwendet man dafür den Fachausdruck Geschlechtsdichromatismus. Er kommt häufig bei Echsen vor, selten bei Schildkröten und extrem selten bei Schlangen. Weil junge Echsen farblich häufig weiblichen Tieren ähneln, läßt sich bei ihnen das Geschlecht vor der Geschlechtsreife schwer bestimmen. Äußere Unterschiede sind etwas leichter zu erkennen, wenn mehrere Vergleichsexemplare zur Verfügung stehen. Bei einigen Arten ergibt sich die Geschlechtszugehörigkeit auch aus Verhaltensbeobachtungen. Manchmal ist aber eine Untersuchung der Geschlechtsorgane erforderlich.

Äußere Geschlechtsmerkmale

Schlangen

Die Geschlechtsunterschiede sind nur schwach ausgeprägt. Bei Männchen ist der Schwanz oft länger und am Ansatz dicker (wegen der Hemipenes). Die männlichen Tiere können auch schlanker gebaut sein als die weiblichen. Männliche Boas und Pythons haben längere Aftersporne als die Weibchen.

Schildkröten

Bei Landschildkröten schwankt die Größe der Männchen und Weibchen je nach Artzugehörigkeit. Männliche Wasserschildkröten sind vielfach kleiner und haben oft einen konkaven Bauchpanzer. Der Schwanz ist beim Männchen länger und an der Wurzel dicker. Die männliche Kloake ist weiter vom Panzer entfernt als die weibliche.

Echsen

Männchen sind gewöhnlich größer und schwerer gebaut und haben einen größeren Kopf und einen dickeren Schwanz; die Weibchen wirken oft plumper. Die Schwellung der Hemipenes ist vielfach deutlich zu erkennen. Männchen sind im allgemeinen farbenprächtiger als Weibchen, vor allem in der Fortpflanzungszeit oder wenn sie sich bedroht fühlen. Bei manchen Arten sind die Geschlechter unterschiedlich gefärbt. Männchen haben häufig Hörner, Kopfwülste, Nasenanhänge, Kehlsäcke und Fußwurzelsporne. Bei Weibchen sind diese Merkmale, falls vorhanden, zurückgebildet oder verkümmert. Die vergrößerten Schuppen vor oder hinter dem After sowie die After- und Oberschenkelporen (Präanal- und Femoralporen) sind bei den Männchen ausgeprägter oder fehlen beim Weibchen. (Nicht alle Arten besitzen diese Merkmale.)

Untersuchung der Geschlechtsorgane

Mit dieser Methode kann man das Geschlecht bei Schlangen und manchen Echsen bestimmen. Man drückt mit dem Daumen behutsam auf die Stelle hinter der Kloake und bewirkt damit beim Männchen eine Ausstülpung der Hemipenes, des paarigen Begattungsorgans. Das funktioniert am besten bei Jungtieren – bei adulten Exemplaren ist die Untersuchung schwieriger. Man kann sich auch einer gleitfähig gemachten Sonde bedienen, die in die Kloake eingeführt wird und unter vorsichtigem Drehen so tief wie möglich eindringt. Die Eindringungstiefe ist bei Weibchen viel geringer als bei Männchen, da bei letzteren die Länge der eingestülpten Hemipenes mißt. Die Penetration wird an den Schuppen auf der Schwanzunterseite abgelesen; bei vielen Schlangenarten ist die Penetrationstiefe (berechnet durch die Zahl der Schwanzschuppen) bereits dokumentiert. Die Untersuchung erfolgt mit einer Spezialsonde aus rostfreiem Stahl, deren Durchmesser sich nach der jeweiligen Art richtet. Als Gleitmitel verwendet man häufig Vaseline oder ein medizinisches Gel, die jedoch möglicherweise die Samenzellen abtöten. Aus diesem

Die Granit-Stachelleguane *(Sceloporus orcutti)* zeigen einen ausgesprochenen Geschlechtsdichromatismus. Die Bänderung ist beim Weibchen stärker ausgeprägt, aber das Männchen ist prächtiger gefärbt.

Geschlechtsunterschiede bei der Maurischen Landschildkröte *(Testudo graeca)*: Wenn man die Tiere von unten betrachtet, erkennt man, daß der Schwanz des Weibchens (links) weniger kräftig entwickelt ist. Das Männchen (rechts) hat einen längeren und dickeren Schwanz, den es bei der Kopulation unter den des Weibchens schieben kann.

Grund sollte man die Mittel nicht kurz vor der Paarung verwenden. Physiologische Kochsalzlösung ist eine empfehlenswerte Alternative.
ACHTUNG: Wenden Sie diese Untersuchungsverfahren nicht bei Echsen an, die ihren Schwanz abwerfen, denn sie könnten ihn dabei verlieren. Auf jeden Fall sollte man vorsichtig zu Werke gehen, da Dauerschäden nicht auszuschließen sind. Die Unterstützung durch einen erfahrenen Tierpfleger ist wünschenswert.

Fortpflanzungszyklen

Bei Reptilien aus gemäßigten Breiten ist die Fortpflanzung durchweg jahreszeitlich bedingt; sie wird im Frühjahr durch den Temperaturanstieg und die längere Tageslichtdauer stimuliert. In den Tropen kann die Paarung das ganze Jahr über stattfinden, oder sie wird durch eine Regenperiode nach einer Trockenzeit angeregt. Die meisten geschlechtsreifen Reptilien pflanzen sich alljährlich fort, doch es gibt Ausnahmen. Importtiere behalten oft das Fortpflanzungsverhalten aus dem Freileben bei und brauchen manchmal einige Jahre, um sich an die unterschiedlichen Jahreszeiten anzupassen.

Überwinterung

Die Überwinterung (Winterpause bei niedrigeren Temperaturen) ist für die meisten Arten aus der gemäßigten Zone eine Notwendigkeit, wenn sie erfolgreich züchten sollen. Die Herstellung der richtigen Überwinterungstemperatur kann zu einem Problem werden – sie ist oft der Grund, weshalb Gefangenschaftstiere sich so selten vermehren. Reptilien aus wärmeren, subtropischen Regionen brauchen im allgemeinen für kurze Zeit eine leichte Temperaturabsenkung (Winterabkühlung), während solche aus Äquatorialgebieten

Rotkehlanolis *(Anolis carolinensis)* bei der Paarung. Daß das Männchen seine Partnerin im Nacken packt, um sie niederzuhalten, ist bei vielen Echsen und manchen Schlangen üblich.

an ganzjährig ziemlich konstante Temperaturen gewöhnt sind und somit nicht überwintert werden müssen. Bei widerstandsfähigen Arten sollte die Überwinterungsperiode in Menschenobhut nicht so lange andauern wie in der Natur. Reptilien, die überwintert werden wollen, müssen vollkommen gesund sein. Viele Arten reduzieren automatisch die Nahrungsaufnahme, wenn der Winter naht, denn sie haben bereits genügend Fettreserven gespeichert, um die kalte Jahreszeit zu überstehen. Behalten Sie die normale Temperatur und Beleuchtungsdauer (Photoperiode) bei, und entziehen Sie den Tieren 2–3 Wochen lang das Futter, damit sie ihren Darm entleeren können. Verringern Sie dann allmählich die Temperatur und Lichtdauer.

Sobald die Temperatur abgesenkt ist, wird der Pflegling in einen belüfteten und vor Nagetieren und Ameisen geschützten Plastikbehälter gesetzt, der mit Torfmoos angefüllt ist. Bei manchen Arten muß das Moos leicht angefeuchtet werden, darf aber nicht naß sein. Stellen Sie den Behälter in einen Raum (Zimmer, Garage, Schuppen oder Keller), in dem niedrigere Temperaturen aufrechterhalten werden können. Vielleicht ist ein thermostatgeregelter Heizkörper notwendig, damit die Temperatur nicht zu stark absinkt. Schwieri-

ger ist die Regulierung der Höchsttemperatur, und manche Terrarianer nehmen Zuflucht zu Kühlschränken, kalten Speisekammern oder anderen Kühlsystemen. Tiere, die eine volle Überwinterung durchmachen, sollten völlig vom Tageslicht abgeschirmt bleiben, denn es würde sie irritieren, sobald die Temperaturen nur leicht ansteigen. Wenn sich jedoch das Reptil von sich aus zum Überwintern eingräbt, wie bei manchen Schildkröten üblich, spielt die Lichtmenge keine Rolle.
Inspizieren Sie die Tiere wöchentlich. Wenn die Winterpause vorüber ist, wird der ganze Vorgang nach und nach umgekehrt: Setzen Sie die Tiere ins Terrarium zurück; steigern Sie die Temperatur und Beleuchtungsdauer im Laufe von 2 Wochen auf Normalwerte, und nehmen Sie die Fütterung wieder auf.

Stimulierung des Fortpflanzungsverhaltens

Im Terrarium kann die Fortpflanzungszeit durch die Beleuchtung und Heizung reguliert werden. Reptilien aus wärmeren oder tropischen Klimazonen benötigen unter Umständen weitere Anreize, etwa die Trennung und Wiedervereinigung der Geschlechter, zusätzliches Besprühen oder (bei Regenwaldarten) ein künstlicher Regen in einem Beregnungsbecken (siehe dazu S. 154/155) mit einem guten Wasserabzug, damit es keine Überschwemmung gibt. Bei einigen Arten löst die Anwesenheit mehrerer Männchen das Paarungsverhalten aus, aber dabei kann es auch zu Rivalenkämpfen mit Verletzungen kommen.
Werden die Geschlechter zusammen gehalten, findet die Paarung statt, falls und wann die Bedingungen stimmen. Bei getrennter Haltung sollte man Männchen und Weibchen zusammenführen, wenn man die Zeit für gekommen hält. Bei Reptilien, die überwintert wurden, ist das Frühjahr offensichtlich die günstigste Zeit; andere Tiere paaren sich zu verschiedenen Jahreszeiten.
Die Paarungsbereitschaft wird vielfach angezeigt durch Unruhe (bei Männchen und Weibchen), durch Appetitmangel (hauptsächlich bei Männchen) und durch Intensivierung der Farben (bei manchen männlichen Echsen). Der Paarung geht ein Werbungsritual des Männchens voraus: Kopfnicken, Stoßen und Streicheln. Bei vielen Arten wird das Weibchen vom Partner im Nacken gepackt, während er einen seiner Hemipenes in ihre Kloake einführt. Kleine Verletzungen im Nacken sind normal, doch wenn das Weibchen nicht empfängnisbereit zu sein scheint, sollte man das Paar trennen, bevor größerer Schaden entsteht. Die Weibchen sind nicht lange empfängnisbereit – vielleicht nur ein paar Tage. Wird diese Chance vertan, kann die Paarung nicht gelingen. Männliche Schlangen sollte man zu den Weibchen set-

F & A...

◆ *Besteht ein Unterschied zwischen Überwinterung und Winterabkühlung?*

Bei der echten Überwinterung ist die Körpertemperatur des Tieres so niedrig, daß sein Stoffwechsel nur noch auf »kleinster Sparflamme« funktioniert. In diesem Fall ist Dunkelheit eine Wohltat. Bei der Winterabkühlung fällt die Temperatur nicht so extrem ab, das Tier ist lediglich träge, und eine Photoperiode ist erwünscht.

◆ *Kann man die Überwinterung ausfallen lassen?*

Sie wird empfohlen für alle Tiere, die in der Natur überwintern oder in Klimazonen mit einer ausgeprägten kalten Jahreszeit leben. Vergleichbare Verhältnisse sollte man in Gefangenschaft schaffen.

◆ *Wenn ich nur ein einziges Exemplar halten möchte, ist es dann egal, ob es ein Männchen oder Weibchen ist, und kann ich mir anderswo ein Reptil »ausleihen«, wenn ich züchten will?*

Der gemeinsame Besitz eines Pärchens ist durchaus üblich, da der Platzbedarf geringer ist. Viele Terrarianer fangen mit einem Einzeltier an. In diesem Fall sollte man am besten ein Männchen halten, denn manche einzeln lebende Weibchen legen unfruchtbare Eier, was Probleme mit sich bringt.

◆ *Wie lange dauert es, bis die Jungen schlüpfen?*

Die Brutdauer ist von der jeweiligen Art und auch von der Temperatur abhängig. Bei einem Gelege kann einige Zeit zwischen dem Schlupf des ersten und des letzten Jungen vergehen. Erhöhen Sie nicht die Temperatur, um den Brutvorgang zu beschleunigen; das könnte Mißbildungen oder sogar den Tod der Embryonen zur Folge haben.

◆ *Stimmt es, daß man Reptilieneier nie wenden darf?*

Im allgemeinen sind die Eier recht widerstandsfähig. Wenn man sie jedoch zur Inkubation aus dem Terrarium nimmt, müssen sie in der Position bleiben, in der sie gelegt wurden, denn sonst schlüpfen die Jungen vielleicht nicht. Manche Terrarianer markieren die Oberseite mit einem Stift.

◆ *Brauchen alle Eier Feuchtigkeit?*

Nein, nur die weichschaligen. Eier mit harten Schalen können auf einer Unterlage aus trockenem, grobkörnigem Sand erbrütet werden.

◆ *Was soll ich mit »verdorbenen« Eiern machen?*

Überprüfen Sie das Gelege alle paar Tage, und entfernen Sie alle Eier mit Anzeichen von Pilzbefall oder Fäulnis – es sei denn, sie kleben mit anderen Eiern zusammen; dann sollte man sie so belassen. Leicht verfärbte Eier können noch in Ordnung sein.

◆ *Sollte ich ein »Zucht-Tagebuch« führen?*

Solche Aufzeichnungen helfen Ihnen, Inzucht zu vermeiden. Außerdem können Sie Informationen sammeln, die die Überwinterungstemperatur und -dauer, das Datum der Paarung, die Trag- und Inkubationszeit, die Inkubationstemperaturen und die Größe der Nachkommen nach dem Schlüpfen bzw. der Geburt betreffen. Solche Angaben können sich als sehr wertvoll erweisen.

zen, weil deren Behälter den von ihren Moschusdrüsen erzeugten Duft bewahrt. Echsenweibchen sollte man dagegen zu einem Männchen setzen, weil dieses sich – wie im Freileben – mit Weibchen paaren möchte, die in sein Territorium eindringen. Wiederholte Paarungen sind in der Regel vorteilhaft und erbringen meist mehr fruchtbare Eier oder lebende Junge. Das Paar kann entweder beisammenbleiben oder über mehrere Tage hinweg täglich zusammengebracht werden, bis sich das Weibchen gegen weitere Kopulationen sträubt. Ist das Weibchen befruchtet worden, wird es wahrscheinlich eine Zeitlang mehr fressen, doch wenn die Geburt oder Eiablage näher rückt, nimmt der Appetit wieder ab. Es wird auch längere »Sonnenbäder« nehmen, vielleicht um mehr Kalzium zu bilden oder um die Entwicklung der Keimlinge zu beschleunigen.

Von der Eiablage bis zum Schlüpfen

Eierlegende Arten brauchen einen geeigneten Platz für die Eiablage, gewöhnlich einen feuchten (nicht nassen) Bereich des Substrats, der frei ist von Hindernissen wie etwa Steinen. Der Platz muß für das betreffende Tier groß genug sein und sollte durch eine Pflanze oder ein Aststück ein wenig abgeschirmt werden. Für Schlangen eignet sich eine Box mit feuchtem Vermiculit (Granulat), doch Echsen würden das Material beim Graben verstreuen. Manche Geckos kleben ihre Eier an Zweige oder Terrarienwände oder setzen sie einfach an einem versteckten Plätzchen ab – im lockeren Bodengrund oder sogar in Blumentöpfen. Nach dem Vergraben des Geleges planieren Echsen den Untergrund meist so geschickt, daß man ihm kaum noch etwas ansieht. Man muß trächtige Weibchen sorgfältig beobachten, damit einem der Zeitpunkt der Eiablage nicht entgeht; lose Hautfalten an den Körperseiten sind ein deutliches Zeichen. Wenn das Weibchen aus irgendeinem Grund keinen brauchbaren Eiablageplatz findet, kann es die Eier zurückhalten oder einfach irgendwo im Terrarium absetzen. Im letzteren Fall muß man sie schleunigst herausholen, um sie vor Austrocknung zu schützen. Es ist ungeheuer schwierig, im Terrarium für die dort abgelegten Eier die richtigen Bedingungen zu schaffen; deshalb ist es terraristische Standardpraxis, sie zwecks Inkubation zu entfernen. Spezielle Aufzuchtbehälter sind im Handel, aber man kann einen solchen »Brutkasten« auch selber bauen oder ein überzähliges Terrarium dazu verwenden. Manchmal genügt es schon, die Eier in einem warmen Raum unterzubringen, da ja die erforderliche Inkubationstemperatur von Art zu Art verschieden ist. Die Temperatur des Geleges muß sorgfältig überwacht werden; bei bestimmten Arten entscheidet sie nachweislich über das Geschlecht der

Fortpflanzungsprobleme

Paarungshemmnisse

- Unzureichende Reize
- Tiere zu alt oder zu jung
- Schlechte gesundheitliche Verfassung
- Fettleibigkeit oder Fehlernährung
- Falsche Jahreszeit
- Falsche Temperatur, Feuchtigkeit oder Beleuchtungsdauer

Eierverhaltung beim Weibchen

- Ausbleiben der Eier oder Jungen
- Tiere noch nicht geschlechtsreif
- Unzureichende Überwinterung bei untauglichen Temperaturen
- Schädigung der Samenzellen durch Toxine (Desinfektionsmittel, Insektizide)
- Verletzung der Hemipenes (Männchen)
- Überforderung durch die Zucht (Weibchen)
- Erfolglose Paarung infolge zu kleiner Terrarien
- Farbspielarten aus verschiedenen Regionen möglicherweise nicht kompatibel

Schlüpfende Everglades-Erdnattern *(Elaphe obsoleta rossalleni)*. Nachdem der Eizahn die Schale aufgeschlitzt hat, fällt er von der Schnauze ab. Alle Jungtiere der verschiedenen Erdnatter-Unterarten sehen gleich aus, doch später werden sie ihren Eltern immer ähnlicher.

Nachkommen. Eine temperaturgeregelte Vorherbestimmung des Geschlechts kann sich als nützlich erweisen, wenn ein Terrarianer mehr Exemplare des einen oder anderen Geschlechts nachziehen möchte. Grundsätzlich werden Eier bei einer konstanten Temperatur erbrütet, doch größere Zuchterfolge kommen oft bei einer nächtlichen Temperaturabsenkung zustande.
Für die Inkubation sollten die Eier behutsam entfernt und in einen Plastikbehälter mit ein paar kleinen Luftlöchern verbracht werden. Darin befindet sich Vermiculit in einer 5–15 cm dicken Schicht, je nach Größe der Eier. Andere Materialien werden manchmal verwendet, doch Vermiculit hat den Vorzug, steril und saugfähig zu sein. Das richtige Verhältnis Wasser : Vermiculit ist Ermessenssache – meist beträgt es 1 : 1 nach Gewicht, aber etwas weniger Wasser (0,8 : 1) ist empfehlenswert, vor allem für Echseneier. Bei zuviel Wasser können die Eier platzen, bei zuwenig austrocknen. Betten Sie die Eier behutsam in das Vermiculit, und zwar so tief, daß jeweils das obere Drittel unbedeckt bleibt. Gewisse Geckoarten legen paarige Eier, die zusammen erbrütet werden sollten. Schlangengelege bilden oft einen Klumpen und dürfen nicht getrennt werden. Vergraben Sie den gesamten Klumpen so, daß ein Teil der obersten Eier hervorschaut. Notieren Sie dann das Gewicht des Behälters. Wiegen Sie ihn regelmäßig, und fügen Sie gegebenenfalls lauwarmes Wasser hinzu, um das ursprüngliche Gewicht aufrechtzuerhalten.

Jungenaufzucht

Wenn den Jungen beim Schlüpfen noch Überreste des Dottersacks anhaften, sollte man sie in dem Behälter belassen. Nehmen Sie sie heraus, wenn der Dotter aufgezehrt ist oder abfällt. Lebendgeborene Jungtiere sollten so schnell wie möglich von ihrer Mutter getrennt werden, um sie vor Verletzungen oder Kannibalismus zu schützen.
Die Babys beider Reptiliengruppen sollten in kleinen Behältern aufgezogen werden, in denen sie mühelos ihr Futter finden können. Am besten hält man sie getrennt, um Raufereien und Einschüchterungsversuchen vorzubeugen. Werden sie gemeinschaftlich aufgezogen, sollte man zumindest die Exemplare, die nicht fressen und gedeihen wollen, gesondert unterbringen; wenn man sie nur zur Fütterung absondert, kann es passieren, daß sie die Nahrung wieder auswürgen, sobald sie in die Gemeinschaft zurückkehren. Das Temperaturmaximum sollte etwas niedriger sein als bei adulten Tieren. Verhindern Sie eine etwaige Austrocknung, vor allem bei Arten, die Feuchtigkeit brauchen.
Verabreichen Sie das Futter in so kleinen Portionen, daß die Tiere nicht ersticken. Manche Echsen- und Schildkrötenbabys fressen schon am ersten Tag, doch andere überleben einige Tage lang mit den vorher absorbierten Nährstoffen. Junge Schlangen nehmen keine Nahrung auf, bevor sie sich mindestens einmal gehäutet haben, für gewöhnlich etwa 7 Tage nach dem Schlüpfen oder der Geburt. In Einzelfällen können sie zwei oder gar drei Monate ohne Nahrung auskommen, und sie häuten sich mehrmals vor der ersten Mahlzeit. Solange sie Kot absetzen, zehren sie von ihrem Nahrungsvorrat; man sollte also nicht vorschnell mit der Zwangsfütterung (siehe »Futter und Fütterung«, S. 32/33) beginnen. In den allerersten Wochen nehmen Schlangenkinder manchmal nur solches Futter an, das mit dem Geruch der Vorzugsnahrung behaftet ist. Vorsicht ist geboten, wenn sich mehrere Schlangen auf denselben Futterbrocken stürzen, denn dann kann es zu Kannibalismus kommen. Aus diesem Grund tun viele Terrarianer gut daran, junge Schlangen einzeln in kleinen belüfteten Behältnissen unterzubringen.

Gesundheit und Krankheiten

Ist ein Reptil erkrankt, sollte man die Diagnose und Behandlung am besten einem Tierarzt überlassen. Man kann aber auch zunächst einen erfahrenen Terrarianer oder Zoohändler um Rat fragen. Nicht alle Tierärzte kennen sich mit Reptilienkrankheiten aus; deshalb sollten Sie einen einschlägig bewanderten Mediziner ausfindig machen, bevor Sie ihn dringend brauchen. Andere Terrarianer oder die Mitglieder eines Terrarienvereins können Ihnen vielleicht jemanden empfehlen. Eine Diagnose kann leichter gestellt werden, wenn der Besitzer des Tiers sich alle wesentlichen Punkte notiert hat: Datum der Anschaffung, Haltungstemperaturen, Beleuchtungsdauer, Ernährungsweise, Datum der Paarung und der Eiablage oder Geburt.

Was Sie selbst tun können

Reptilienhalter haben Zugang nur zu wenigen einfachen Medikamenten, etwa Jodtinktur, Wasserstoffsuperoxid, Augensalbe oder Augenwasser – all das bekommt man in jeder Apotheke. Reptiliengeeignete Antibiotika erhält man nur auf Rezept (übriggebliebene Antibiotika aus der Humanmedizin sind untauglich und können sogar gefährlich sein). Antibiotika können den Spiegel einiger Vitamine senken, insbesondere den von Vitamin K; deswegen wird vielleicht eine Multivitaminkur verordnet. Verwenden Sie keine Medikamente, die für Katzen und Hunde bestimmt sind.

Versorgen Sie kleinere Wunden sofort mit Jodtinktur oder einer Wasserstoffsuperoxidlösung. Achten Sie bei so behandelten Wunden auf jede etwaige Verschlimmerung. Bißwunden und Beinbrüche entstehen oft bei Kämpfen oder bei der Paarung, aber gebrochene Gliedmaßen können auch auf Kalziummangel zurückzuführen sein. Zu schweren Verbrennungen kommt es manchmal durch den Kontakt mit Wärmequellen, und Schildkrötenpanzer können bei einem Sturz oder einer Hundeattacke brechen. Für all diese Fälle ist der Tierarzt zuständig.

Außenschmarotzer

Blutsaugende Parasiten, Zecken und Milben, kommen bei Reptilien häufig vor. Viele Händler behandeln ihre Tiere, doch manche Parasiten werden übersehen und vermehren sich rasch. Parasiten übertragen Krankheiten; ein starker Befall kann Hinfälligkeit, Futterverweigerung, Hautschäden, ja sogar den Tod nach sich ziehen. Eine Behandlung

Ein von roten Milben befallener Rauhschwanzgecko *(Cyrtopodion scabrum)*. Selbst wenn man nur einen dieser Schmarotzer entdeckt, sind mit Sicherheit noch weitere vorhanden; eine entsprechende Behandlung muß eingeleitet werden.

mit Antibiotika ist gewöhnlich das Mittel der Wahl. Mehr als 250 Milbentypen können Reptilien befallen. Die gewöhnlichen Schlangenmilben sind winzige schwarze Organismen, die auf der Schlange umherkrabbeln, sich zwischen den Schuppen einnisten und sich in der Augenumgebung oder in der Kehlfurche unter dem Kinn ansammeln. Wenn sich eine Schlange im Wasserbecken zusammenrollt, werden die Plagegeister oft im Wasser sichtbar. Echsenmilben sind im allgemeinen rot bis orange und kleiner als die Schlangenmilben. Sie haben mehr Stellen, an denen sie sich verstecken können – zwischen den Zehen, in Hautfalten, Ohröffnungen, Achselhöhlen und in der Leistengegend. Kleine Verkrustungen zwischen den Schuppen oder trockene weiße Stellen auf dem Körper deuten auf Milben hin.

Befallene Tiere sollte man über einem Tuch oder einer Wasserschale behandeln, damit abgefallene Milben nicht ins Terrarium gelangen. Mit einem täglichen halbstündigen Bad in lauwarmem Wasser kann man einen Teil der Milben beseitigen, doch nicht jene, die am Kopf des Reptils sitzen. (Vorsicht: Langes regelmäßiges Einweichen kann

Hautkrankheiten verursachen!) Milbenansammlungen oder einzelne Milben lassen sich mit einem Klebestreifen abnehmen oder auch mit einem Wattestäbchen, das man in einem Insektenspray für Hunde- oder Katzenwelpen eingetaucht hat. Aus der Augenumgebung lassen sie sich manchmal mit verdünntem Augenwasser entfernen. Gehen Sie bei der nachfolgend beschriebenen Behandlung behutsam vor, denn einige Substanzen, die zur Milbenbekämpfung verwendet werden, können auch Reptilien schädigen:

1. Tragen Sie mit einem Tuch eine dünne Schicht des Welpen-Insektensprays auf den Körper des Patienten auf, und spülen Sie sie nach einer Minute unter lauwarmem fließendem Wasser ab. Augen, Nasenöffnungen und Schnauze bleiben unbehandelt.
2. Häufig werden Vapona-Strips eingesetzt, die allerdings Nebenwirkungen haben können. Das in den Strips enthaltene Dichlorphos verdampft und durchdringt das ganze Terrarium. Legen Sie einen schmalen Streifen in einen Behälter mit durchlöchertem Deckel, damit die Tiere nicht direkt in Kontakt mit der chemischen Substanz kommen. Stellen Sie den Behälter in das normal durchlüftete Terrarium, und zwar bis zu drei Wochen lang dreimal wöchentlich für jeweils drei Stunden.

Zecken sind größer als Milben und stehen, wenn sie sich mit Blut vollgesogen haben, vom Körper des Reptils ab. Unreife Zecken sind nicht so leicht zu entdecken; sie graben sich oft zwischen den Schuppen ein. Sie werden häufig mit Importtieren eingeschleppt, jedoch vielfach schon von den Händlern beseitigt. Auch Zecken sind Krankheitsüberträger. Am einfachsten entfernt man sie manuell: Greifen Sie die Zecke mit einer Pinzette, und ziehen Sie sie vorsichtig heraus. Das geht manchmal leichter, wenn man die Zecke vorher mit etwas Salatöl bestreicht oder sie beim Herausziehen dreht. Behandeln Sie die betroffene Stelle mit Jodtinktur, Wasserstoffsuperoxid oder antibiotischer Salbe.

Innenschmarotzer

Einzeller wie Amöben und Flagellaten sind bei Reptilien so häufig, daß man sie vielfach als ganz natürlich ansieht. Bestimmte Arten können jedoch gefährlich werden, vor allem geschwächten Tieren. Die Ansteckung erfolgt zumeist über den Kot eines infizierten Reptils. Die beste Prophylaxe sind eine gute Terrarienhygiene und Quarantäne. Reptilien können gegen krankheitserregende Protozoen resistent sein, sie aber auf Mitinsassen übertragen; das ist ein Argument, das gegen eine Vergesellschaftung von Tieren aus verschiedenen Herkunftsregionen spricht. Die Symptome sind unterschiedlich: Durchfall, Auswürgen des Futters und Blut oder Schleim in den Exkrementen. Hinfälligkeit, Abmagerung und der Tod sind die Folgen. Zur Bestimmung der verantwortlichen Organismen ist eine Kotuntersuchung angezeigt. Bei einer zu spät eingeleiteten Behandlung ist der Krankheitsverlauf

F & A...

◆ *Was sind die ersten Krankheitszeichen?*

Warnzeichen sind Lethargie und Nahrungsverweigerung. Manchmal halten die Tiere ihre Augen geschlossen. Andere Gründe für die Nahrungsverweigerung sind auszuschließen: falsche Temperatur, unvertraute Umgebung, gegenseitiges Schikanieren und Einschüchtern, ungewohntes, zu großes oder zur falschen Tageszeit angebotenes Futter, Austrockung, Trächtigkeit bei Weibchen, Paarungsstimmung bei Männchen.

◆ *Wie sicher sind Vapona-Strips?*

Die Sicherheit beruht auf der richtigen Anwendung. Entfernen Sie während der Behandlung das Wasser; wenn Sie es wieder einbringen, dann in einer kleinen Schale, in der sich die Schlangen nicht zusammenringeln können. Tauschen Sie den Bodengrund mindestens alle zwei Tage aus, und halten Sie das Terrarium sauber. Nach der letzten Behandlung müssen Sie den Behälter und die gesamte Einrichtung gründlich desinfizieren und auswaschen, um alle verbliebenen Milbeneier abzutöten, die die Dichlorphosdämpfe verschont haben. Dichlorphos ist ein organisches Phosphat; berühren Sie es nicht ohne Wegwerfhandschule. Halten Sie es von Kindern und Heimtieren fern. Behandeln Sie nicht mehrere Terrarien gleichzeitig, indem Sie einen einzigen Streifen im Raum aufhängen, denn der Dampf durchdringt nicht alle Terrarien gleichmäßig und kann sich in einigen gefährlich akkumulieren. Ein zu großer Strip könnte die Insassen schädigen oder gar töten.

◆ *Wie kann ich Wurmbefall feststellen?*

Untersuchen Sie Exkremente auf Eier, Larven und kleine Würmer. Bandwurmeier ähneln Gurkensamen. Saugwürmer gleichen kleinen, flachen Blutegeln und finden sich im Maul, in der Kloake oder im Kot. Blutige Ausscheidungen deuten auf Hakenwürmer hin, die mit bloßem Auge nicht zu erkennen sind. Lungenwürmer können Symptome wie bei einer Lungenentzündung hervorrufen – in einer Speichelprobe lassen sich Eier und Larven nachweisen.

◆ *Wie entdecke ich eine Eierverhaltung?*

Eine große Eiermenge zeichnet sich als Wülste an den Flanken des Weibchens ab. Es bleibt wahrscheinlich ständig bewegungsunfähig am Boden. Wenige Eier sind oft schwer auszumachen. Wenn sich das Tier ohne weiteres anfassen läßt, kann ein sanfter Druck die Eier zum Vorschein bringen. Das ist meist schwierig bei Schildkröten wegen des Panzers und bei solchen Echsen, die sich aufblähen, wenn sie angefaßt werden.

Eine Kornnatter *(Elaphe guttata guttata)* bei der Häutung. Heranwachsende Jungtiere häuten sich häufiger als adulte Schlangen. Eine Häutung geht auch der Paarung und der Eiablage voraus.

meist tödlich. Der Tierarzt kann ein wirksames Medikament verschreiben. Nach der Infektion und der Behandlung mit Antibiotika kann man mit Joghurt oder einem Probiotikum die Wiederherstellung einer normalen Darmfauna unterstützen.

Die durch parasitäre Protozoen verursachte Cryptosporidiose wird durch Kot übertragen. Ein Hauptsymptom ist eine feste Schwellung der Körpermitte, doch diese entwickelt sich manchmal erst in einem späten Stadium. Die Frühsymptome sind Nahrungsverweigerung, Lethargie, Auswürgen des Futters, Bronchialbeschwerden und Gewichtsverlust. Eine fachmännische Diagnose ist notwendig, gewöhnlich anhand von Kotuntersuchungen. Glücklicherweise tritt dieser Parasit außerhalb großer Zooterrarien nicht häufig auf, aber eine strenge Hygiene ist dennoch erforderlich. Die Eier (Oozysten) werden durch Hitze abgetötet. Infizierte Tiere sollte man durch den Gnadentod erlösen.

Mehrere hundert Wurmarten können unsere Reptilien heimsuchen. Die meisten leben im Darm, doch einige können, vor allem im Larvenstadium, auch durch das Gewebe wandern. Dadurch entsteht oft eine sekundäre bakterielle Infektion. Würmer konkurrieren mit dem Wirtstier um Nahrung und schwächen es dadurch, insbesondere wenn es ohnehin schon geschwächt ist. Ein schwerer Befall kann den Darm, die Atemwege oder andere Organe verstopfen. Manche Arten zerstören Gewebe und Organe im Wirt, und winzige Würmer können das Blut infizieren.

Wildlebende Reptilien sind regelmäßig von Würmern befallen. In mäßiger Zahl werden sie oft toleriert, doch schließlich verursachen sie doch Beschwerden. Einige Typen, unter anderem Saug- und Bandwürmer, benötigen einen Zwischenwirt. Sie gelangen in das Reptil, wenn es von Würmern befallene Beute frißt. Das kommt normalerweise in Gefangenschaft nicht vor, weil hier der Zwischenwirt fehlt. Andere Würmer werden unmittelbar mit verseuchtem Futter oder Wasser aufgenommen. Lebendfutter aus der Natur kann Würmer oder andere Schmarotzer enthalten. Sie sterben in der Regel ab, wenn das Futter einige Tage eingefroren wird. Die Larven von Haken-, Lungen- und einigen anderen Würmern verschaffen sich Zugang zu ihrem Wirtstier, indem sie dessen Haut durchbohren. Das jeweils geeignete Wurmmittel verschreibt der Tierarzt.

Häutung

Bei gesunden Reptilien verläuft die Häutung problemlos. Schlangen brauchen mehrere Tage, um ihre Haut in einem Stück (Natternhemd) abzustreifen. Bei Echsen löst sich die Haut in Fetzen ab, was meist schneller geht. Eine unvollständige Häutung ist meist auf zu große Tockenheit zurückzuführen. Um die tote Haut aufzuweichen, können Sie das Tier leicht mit Wasser besprühen oder es für ein paar Stunden in einen belüfteten Behälter mit feuchtem Moos oder Küchenpapier stecken. Bei Schlangen kann man dadurch etwas nachhelfen, daß man sie in ein feuchtes Tuch hüllt und einige Male hindurchgleiten läßt. Hautstücke, die haften bleiben, können sich infizieren und sollten abgezupft werden. Achten Sie bei Echsen vor allem auf die Füße und Ohrlöcher und bei Schlangen auf die Schwanzspitze. Schlangen ringeln sich während der Häutung oft im Wasserbecken zusammen, das so geräumig sein muß, daß das Wasser nicht überschwappt. Im Unterschied zu den Echsen nehmen Schlangen in diesem Zustand normalerweise keine Nahrung auf.

Fortpflanzungsprobleme

Eierverhalten (Dystokie) tritt bei Schildkröten häufiger auf als bei anderen Reptilien, kann aber auch bei Schlangen und Echsen vorkommen. Dabei kann ein einzelnes Ei oder ein ganzes Gelege zurückgehalten werden. Die Eier werden dann brandig oder platzen im Leib des Weibchens, was fatale Folgen hat.

Die Eierverhaltung sollte von einem Tierarzt behandelt werden, der vielleicht Oxytocin verschreibt, um die Kontraktionen auszulösen. Ist die Austrittsöffnung blockiert, ist ein Kaiserschnitt erforderlich, aber dieser Eingriff ist bei kleinen Reptilien meist nicht möglich. Man kann es auch mit Absaugen versuchen – ein Verfahren, das man allerdings einem Fachmann überlassen sollte.

Wenn bereits Eier vorhanden sind, können diese durch eine erneute Kopulation aufreißen. Männliche Schildkröten können sich sexuell sehr aggressiv gebärden, und deshalb sollte man trächtige Weibchen von ihnen fernhalten. Geplatzte Eier schädigen den Eileiter und verursachen eine Entzündung, die tierärztlich behandelt werden muß.

Ursachen der Dystokie (Eierverhaltung)

- Große, mißgestaltete oder miteinander verschmolzene Eier
- Blockierung durch verschlucktes und zusammengepreßtes Substratmaterial
- Verzögerung der Eiablage, weil ein dazu geeigneter Platz fehlt
- Hindernisse im Eiablageplatz, die das Weibchen veranlassen, ihn aufzugeben
- Störung durch den Tierhalter oder durch Mitinsassen
- Eine abnorm große Eierzahl
- Verschlingung der Eileiter
- Alter oder Erkrankung des Weibchens
- Fettleibigkeit, vor allem bei Schlangen
- Infektion der Fortpflanzungsorgane

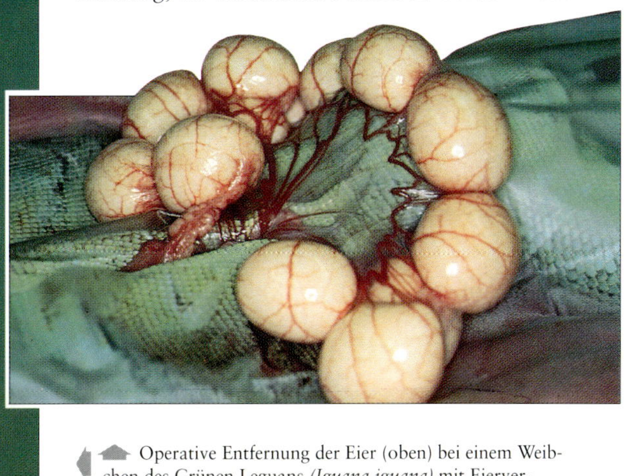

Operative Entfernung der Eier (oben) bei einem Weibchen des Grünen Leguans *(Iguana iguana)* mit Eierverhaltung. Die Röntgenaufnahme (links) zeigt die Eier im Körperinnern. Dies ist die zuverlässigste Methode zum Nachweis von zurückgehaltenen Eiern.

Verbreitete bakterielle Erkrankungen

ABSZESSE (Geschwüre)

Symptome: Innere und äußere Geschwüre, oft an Kopf oder Gliedmaßen. Zunächst kleine Schwellungen, die sich dann mit einer käseähnlichen Substanz füllen.
Erläuterungen: Verursacht durch Hautschäden, Zecken, falsche Ernährung oder zu feuchte Unterbringung. Beratung durch den Tierarzt.

MAULFÄULE (Infektiöse Stomatitis ulcerosa)

Symptome: Kleine Blutungen im Maul, bei denen sich ein käsiger Belag bildet – Kiefer und Mundschleimhäute beginnen zu faulen. Der Kopf schwillt an.
Erläuterungen: Häufig bei Schlangen, die sich das Maul an Glasscheiben verletzt haben.

BLASENKRANKHEIT (Schuppenfäule; Nekrotische Dermatitis)

Symptome: Kleine flüssigkeitsgefüllte Blasen, oft am Bauch, gefolgt von Geschwürbildung und Entzündung.
Erläuterungen: Verursacht durch Feuchtigkeit und Unsauberkeit. Verbesserung der Haltungsbedingungen und Behandlung mit Antibiotika.

ATEMWEGSERKRANKUNGEN

Symptome: Da Reptilien nicht husten können, treten infizierte Schleimbläschen aus Nase, Maul und Augen aus. Wasserlebende Reptilien können ihr Gleichgewicht im Wasser verlieren.
Erläuterungen: Oft verursacht durch zu niedrige Temperaturen und feuchte Haltung. Ähnliche Symptome entstehen durch Mangel an Vitamin A oder sogar Lungenwürmer.

Ein Grüner Baumpython *(Morelia viridis)* mit einer Atemwegserkrankung wird vom Tierarzt behandelt. Die Krankheit kann verschiedene Ursachen haben; eine exakte Diagnose ist unerläßlich.

SALMONELLOSE

Symptome: Akuter Darmkatarrh, Blutvergiftung (die Geschwüre verursacht) und Lungenentzündung. Kot oft dunkelgrün, mit Blut- und Schleimbeimengungen.
Erläuterungen: Reptilien können Salmonellen tragen und ausscheiden, ohne selbst infiziert zu werden.

PANZERFÄULE BEI SCHILDKRÖTEN

Symptome: Panzer zerfällt oder wird geschwürig.
Erläuterungen: Das Ausmaß der Schädigung schwankt zwischen 1 mm und mehreren Zentimetern. Häufiger bei Wasser- als bei Landschildkröten. Der Tierarzt verwendet eine Jod- oder Kaliumpermanganatlösung. Schwere Schäden sollten nach der Säuberung mit Epoxidharz und Fiberglaspflaster abgedeckt werden.

Ein Grüner Leguan *(Iguana iguana)* mit Schuppenfäule. Erste Hilfe ist eine Spülung mit einer milden keimabtötenden Seife.

Bakterielle Erkrankungen
Die Diagnose ist selbst für einen erfahrenen Tierhalter sehr schwierig und sollte dem Tierarzt überlassen werden. Viele Erkrankungen zeigen ähnliche Symptome: Magen-Darm-Beschwerden, Appetitlosigkeit, Lethargie. Ursache sind die allgegenwärtigen Bakterien, die teils Krankheitserreger und teils Opportunisten sind. Bakterien gedeihen überall, wo die Umgebung verschmutzt ist; deshalb kann die Bedeutung einer strikten Hygiene nicht genug betont werden (siehe »Unterbringung«, S. 14). Kleinräumige äußere Infektionen sprechen oft auf eine Jod- oder Wasserstoffsuperoxidlösung an, doch die meisten Infektionen müssen mit Antibiotika behandelt werden. Erkrankte Tiere sollten stets isoliert und so warm wie möglich gehalten werden, vor allem während der Antibiotikabehandlung.

Pilzinfektionen
Bei ganz oder teilweise im Wasser lebenden Schildkröten kann sich auf den Gliedmaßen ein watteähnlicher Aufwuchs bilden, verursacht durch eine Pilzinfektion, die oft in kleine Wunden oder Kratzer eindringt. Feuchtigkeit und schmutziges Wasser fördern die Ausbreitung. In leichten Fällen verschwindet die Krankheit oft, wenn die Tiere 2–3 Tage lang an einem trockenen Platz »richtige« Sonnenbäder nehmen können. Andernfalls ist tierärztliche Hilfe erforderlich. Die Haltungsbedingungen müssen verbessert werden, wobei vor allem auf die Wasserqualität zu achten ist.

Ernährungsmängel
Die häufigste ernährungsbedingte Erkrankung ist die Metabolische Knochenkrankheit, ein Begriff, der verschiedene Knochenkrankheiten, einschließlich Rachitis, umfaßt. Sie tritt am ehesten bei pflanzenfressenden Arten auf, insbesondere bei Landschildkröten und beim Grünen Leguan, kommt jedoch auch bei anderen Echsen vor. Selten trifft man sie bei säugetierfressenden Schlangen an, weil deren Nahrung »komplett« ist. Die betroffenen Tiere fressen oft gut und sehen rundlich aus, vor allem in der Umgebung der Hinterbeine, so daß die Krankheit meist schon weit fortgeschritten ist, wenn sie erkannt wird. Die häufigste Ursache sind zuwenig Kalzium und übermäßig viel Phosphor. Füttern Sie die Patienten nicht einfach mit zusätzlichen Vitaminen, denn das könnte gefährlich sein; ohne ausreichende Kalziumversorgung kann Vitamin D einige Beschwerden vergrößern und andere hervorrufen. Eine verzögerte Behandlung kann Mißbildungen und den Tod zur Folge haben. Konsultieren Sie unverzüglich den Tierarzt, wenn Verdacht auf eine Knochenkrankheit besteht.

Persönliche Hygiene
Wie andere Tiere können auch Reptilien Krankheitserreger auf den Menschen übertragen, doch solche Fälle sind selten. In den USA hat man zwar einen Ausbruch der Salmonellose auf Reptilien in Menschenobhut zurückgeführt, aber Menschen sind durch andere Haustiere stärker gefährdet. Terrarienhygiene, verbunden mit persönlicher Hygiene, kann der Krankheit wirksam vorbeugen. Waschen Sie sich stets die Hände mit einem antibakteriellen Mittel, nachdem Sie im Terrarium gearbeitet oder Reptilien angefaßt haben. Tragen Sie bei der Reinigung des Behälters Wegwerfhandschuhe und nötigenfalls eine Gesichtsmaske, damit Sie keinen Staub einatmen können. Kratz- oder Bißwunden sollten sofort mit einem Antiseptikum behandelt werden. Kleine Kinder dürfen Terrarientiere nur unter Aufsicht in die Hand nehmen und müssen sich hinterher wie Erwachsene die Hände waschen. Jeder Mundkontakt sollte unterbleiben.

Dieser Grüne Leguan *(Iguana iguana)* hat ein geschwollenes Bein, was auf eine Metabolische Knochenkrankheit hindeutet. Manche Formen sind behandelbar, sofern sie nicht zu sehr fortgeschritten sind, doch Vorbeugen – durch richtige Ernährung – ist besser als Heilen.

Metabolische Knochenkrankheit

Die Symptome sind:

- Zuckende Gliedmaßen
- Geschwollene Gliedmaßen
- Knochenbrüche (vor allem Beine)
- Lähmung der Hinterbeine
- Weicher, deformierter Unterkiefer
- Schwierigkeiten bei der Fortbewegung
- Ungewöhnliche Fortbewegung
- Zu einem »Grinsen« verengte Unterlippe
- Weicher oder deformierter Panzer (Schildkröten)

Reptilienarten

Leute, die sich Reptilien anschaffen wollen, denken oft automatisch an große, imposante Arten wie etwa Pythons oder Grüne Leguane – doch gerade deren Haltung ist umstritten. Es gibt jedoch viele andere Tiere, unter denen man wählen kann, wenn der verfügbare Platz in der Wohnung begrenzt ist oder wenn man sich nicht unbedingt auf spektakuläre Pfleglinge versteift. Exotische Arten haben ihren besonderen Reiz, aber gesetzliche Bestimmungen und ausgebeutete Wildbestände können zur Folge haben, daß auch gängige Arten schon bald selten werden.

Die allermeisten Reptilienarten tauchen im Tierhandel überhaupt nicht auf (und sollten es auch nicht). Die Tiere, die wir nachfolgend vorstellen, sind durchweg leicht erhältlich. Das bedeutet vielfach, daß sie in Gefangenschaft nachgezogen werden und daß wir über ihre Pflege und Fortpflanzung mehr oder weniger gründlich informiert sind. Viele sind für Anfänger geeignet, doch manche setzen mehr Erfahrung voraus. Einige Reptiliengruppen haben wir bewußt ausgeklammert: Warane, die großen Pythons, Giftschlangen und Krokodile, deren private Haltung strengeren Vorschriften unterliegt. Diese Tiere sollten ausschließlich den Experten vorbehalten sein.

Carolina-Dosenschildkröte *(Terrapene carolina)* – siehe S. 130.

Agamen FAMILIE: AGAMIDAE

Diese Familie ist in Südasien, Australien und Afrika verbreitet und umfaßt 30–40 Gattungen mit mehr als 300 Arten. Bei vielen Arten sind die Männchen prächtig gefärbt; Farbveränderungen kommen aber auch bei manchen paarungsbereiten Weibchen vor. Die Familie bewohnt vielfältige Lebensräume. Einige Arten wie etwa die Cochinchina-Wasseragame (siehe S. 54/55) ist im tropischen Regenwald beheimatet, während die anderen Arten, die in diesem Kapitel vorgestellt werden, allesamt aus heißen, trockenen Klimazonen stammen. Alle Mitglieder der Familie Agamidae sind tagaktiv und überwiegend bodenbewohnend, doch es gibt auch Fels- und Baumbewohner. Die meisten legen Eier, aber einige wenige asiatische Arten sind lebendgebärend. Das Abwerfen und Regenerieren des Schwanzes sind bei Agamen noch nie beobachtet worden.

Echte Agamen

Agama-Arten. Diese vielgestaltige, aus 60 Arten bestehende Gattung ist in Asien und Afrika weit verbreitet; eine Art lebt auch in Südosteuropa. Es sind grundsätzlich Bodenbewohner, doch ein paar Arten, etwa die Blaukehlagame *(Agama atricollis)*, leben teilweise auf Bäumen; andere Arten klettern ebenfalls gern. Alle Agamen sind ausgesprochen lebhaft und brauchen deshalb viel Platz. Verschiedene Formen besiedeln hauptsächlich Trockengebiete an Waldrändern, felsige Landschaften und Gebirgsregionen. Agamen werden häufig eingeführt, obwohl manche in Gefangenschaft nicht recht gedeihen. Andere hingegen, so etwa die Blaukehlagame und der Hardun *(A. stellio)*, haben sich als anpassungsfähiger erwiesen. Die kleineren Vertreter der Gattung werden etwa 25 cm lang, der Hardun erreicht eine Länge von 33–36 cm, und mit 38–41 cm gilt die Blaukehlagame als größte Art.

Die weiblichen Blaukehlagamen behalten auch in der Fortpflanzungszeit ihr olivgrünes Schuppenkleid mit schwarzer Marmorierung und einem dunklen Schulterflecken, während die Männchen einen blauen Rücken, eine leuchtend blaue Kehle, einen grünblauen Kopf und einen breiten gelbgrünen Rückenstreifen sowie den Schulterflecken besitzen. Das Männchen hat zudem 2 oder 3 Reihen mit 10–12 Präanalporen. Die Hardune sind grau bis fast schwarz gefärbt und hellgelb bis orange gefleckt. Die Männchen erkennt man an den 2 Rei-

Eine männliche Blaukehlagame *(Agama atricollis)* in ihrem natürlichen Lebensraum. Adulte Wildfänge sind nervös und brauchen einige Zeit zur Eingewöhnung. Frisch importierte Tiere sind meist von Parasiten befallen und müssen sofort behandelt werden.

hen Präanalporen, an der Mittellinie aus vergrößerten Schuppen am Unterleib und am etwas größeren Kopf. Sowohl Blaukehlagamen als auch Hardune lassen sich in Gefangenschaft erfolgreich züchten. Die Paarung findet gewöhnlich einige Wochen nach der winterlichen Abkühlung und der Wiederaufnahme der Normaltemperatur statt. Stellen Sie für die Eiablage einen Kasten mit einer 45 cm tiefen feuchten Sandschicht bereit. Das trächtige Weibchen benötigt als Einstiegshilfe meist eine kleine Rampe.

Ungefähr 30–45 Tage nach der Paarung legen die Weibchen beider Arten ihre weichschaligen Eier ab. Eine nächtliche Temperaturabsenkung um 5 °C verlängert die Inkubationszeit um 2–4 Wochen, und sie scheint auch zu bewirken, daß die Jungen größer und robuster ausfallen. Das Temperament der Jungtiere ist unterschiedlich. Hardune werden schnell zahm, aber junge Blaukehlagamen reißen das Maul auf und schnappen zu, wenn sie sich bedroht fühlen. Doch mit etwas Geduld kann man auch ihnen beibringen, Futter aus der Hand anzunehmen.

F&A...

◆ *Kann man Agamen in Gruppen halten?*

Blaukehlagamen, Hardune und Krötenkopfagamen hält man am besten paarweise oder zu dritt, da die Männchen manchmal aggressiv werden. Einige andere Arten leben in Gruppen mit einer Rangordnung, doch dafür wäre ein sehr geräumges Terrarium notwendig.

◆ *Ernähren sich alle Agamen ausschließlich von Insekten?*

Einige Arten nehmen auch süße Früchte und andere Pflanzenkost an – ein Versuch lohnt sich. Gelegentlich fressen sie nestjunge Mäuse, doch diese sollten nur einen kleinen Anteil der Nahrung ausmachen.

◆ *Wie werden frisch geschlüpfte Agamen aufgezogen?*

Bringen Sie die Jungen nach dem Schlüpfen in einem Terrarium mit den Maßen 60×30×45 cm unter, das ähnlich ausgestattet ist wie das der Alttiere. Die Temperaturen sollten etwa 2 °C niedriger sein, und eine leistungsfähige UV-Beleuchtung ist unerläßlich. Die Kleinen verspeisen bereitwillig kleines, mit Vitaminen bestäubtes Lebendfutter. Junge Hardune sind besonders verfressen.

◆ *Sind Agamenbisse giftig?*

In ihren Herkunftsländern hält man diese Echsen für giftig, doch das trifft nicht zu.

Terrarienhaltung
Blaukehlagame, Hardun und Krötenkopfagamen

TERRARIENGRÖSSE	Minimum für ein Paar oder Trio
Blaukehlagame	90×45×75 cm
Hardun	90×45×45 cm
Krötenkopfagamen	90×30×30 cm
SUBSTRAT	Staubfreier Sand
Krötenkopfagamen	8–10 cm tief
Andere	5 cm tief

EINRICHTUNG Stabil eingebettete Steine und Baumstümpfe. Verstecke aus Korkrinde. Steine morgens leicht besprühen. Kleine Wasserschale, außer für Krötenkopfagamen. Blaukehlagamen brauchen außerdem starke Kletteräste und etwas mehr Feuchtigkeit.

TEMPERATUR Licht mit vollem Spektrum (UVB) und eine Wärmelampe.

Krötenkopfagamen 30–35 °C an der kühlsten, 40 °C an der wärmsten Stelle; nachts 15 °C. Photoperiode: 12 Stunden.

Andere 28–30 °C an der kühlsten, 37–38 °C an der wärmsten Stelle, nachts 20–23 °C. Photoperiode: 14 Stunden.

WINTERABKÜHLUNG

Blaukehlagame 10–12 °C über 8 Wochen. Photoperiode: normale Tageslichtdauer.

Hardun 15–18 °C über 8 Wochen. Photoperiode: normale Tageslichtdauer.

Krötenkopfagamen 9 °C über 12 Wochen. Photoperiode: normale Tageslichtdauer.

FÜTTERUNG Abwechslungsreiches Lebendfutter (siehe »Futter und Fütterung«, S. 30/31), bestäubt mit Vitaminen.

INKUBATION In feuchtem Vermiculit.

Blaukopfagame 3–4 Gelege im Jahr mit 7–12 Eiern. Inkubation 90 Tage bei 30 °C.

Hardun 2 Gelege im Jahr mit 7–12 Eiern. Inkubation 70–80 Tage bei 30 °C.

Krötenkopfagamen 4–5 Gelege im Jahr mit je 2–6 Eiern. Inkubation 50–70 Tage bei 28–30 °C am Tage, 21 °C in der Nacht.

Bärtige Krötenköpfe *(Phrynocephalus mystaceus)* reißen bei Gefahr das Maul auf. Die Tiere sind so groß, daß sie ihren Pfleger tüchtig zwicken können, doch das tun sie nur selten.

Krötenkopfagamen

Phrynocephalus helioscopus (Sonnengucker) und *P. mystaceus* (Bärtiger Krötenkopf). Die erstgenannte Art ist von Zentralasien bis zur Mongolei verbreitet, die zweite von Zentralasien bis zum nördlichen Iran und Afghanistan. Ihr angestammter Lebensraum sind Sandwüsten und Felssteppen. *P. helioscopus* ist kleiner und wird nur 8 cm lang; *P. mystaceus* kann eine Länge von 25 cm erreichen.

P. helioscopus ähnelt mit seinem gedrungenen Körper, dem kurzen, breiten Kopf, den sehr kurzen Stacheln und dem dünnen, kurzen Schwanz einer kleinen Krötenechse (*Phrynosoma;* siehe S. 92/93). Das Schuppenkleid ist grau, mit dunkleren Abzeichen und hellblauen Schulterflecken bei beiden Geschlechtern. *P. mystaceus* ist sandbraun gefärbt. Die ebenfalls gedrungene Echse spreizt, wenn sie sich bedroht fühlt, zwei stachlige Hautfalten vom Maul ab, das dadurch größer erscheint, als es ist. Beide Arten sollte man paarweise oder zu dritt halten, aber wegen des erheblichen Größenunterschieds nicht miteinander vergesellschaften. Spinnen sind für beide ein besonderer Leckerbissen. Männliche Krötenköpfe erkennt man an der breiteren Schwanzwurzel und der Schwellung darunter. Beide Arten legen Eier. Stellen Sie für die Eiablage eine Box mit feuchtem Sand bereit, 8 cm tief für *P. helioscopus* und 15 cm tief für *P. mystaceus.* Fehlt ein geeigneter Eiablageplatz, kann es zur Eierverhaltung kommen (siehe »Gesundheit und Krankheiten«, S. 42/43). Das Terrarium muß gut durchlüftet werden, damit sich keine Feuchtigkeit bildet. Die Babys verlangen eine Maximaltemperatur, die 3–4 °C tiefer liegt als die der Alttiere, damit sie nicht austrocknen.

Afrikanischer Dornschwanz

Uromastyx acanthinurus. Diese manchmal auch als Veränderlicher Dornschwanz bezeichnete Agame gehört einer Gattung an, die von Nordafrika bis zum Mittleren Osten verbreitet ist. Ausgewachsene Tiere können bis zu 45 cm lang werden. Der Afrikanische Dornschwanz besiedelt trockene felsige Wüstengebiete. Das Tier ist schwer und hat einen kurzen Schwanz, der mit wirtelförmig angeordneten Stachelschuppen besetzt ist. Die Farbe variiert zwischen Dunkelbraun und Grau, wenn es

Terrarienhaltung
Afrikanischer Dornschwanz

TERRARIENGRÖSSE Mindestens 180×60×60 cm für ein Paar oder Trio.

SUBSTRAT Staubfreier Sand, mindestens 12 cm dicke Schicht.

EINRICHTUNG Dicke Steine und ein Platz für Sonnenbäder. 2 oder 3 Korkrindenstücke als Unterschlupf. Täglich leicht besprühen, aber Nässe vermeiden. Gut durchlüften.

TEMPERATUR 25 °C an der kühlsten, 45–50 °C an der wärmsten Stelle; nachts 20 °C. Photoperiode: 14 Stunden. Starke UV-Lampe und Wärmestrahler.

WINTERABKÜHLUNG 20 °C am Tage, 15 °C in der Nacht über 8 Wochen. Photoperiode: 8 Stunden.

FÜTTERUNG Pflanzenkost und Beilagen (siehe »Futter und Fütterung«, S. 29/30). Gemüse, Blüten, keimende Hülsenfrüchte, Obst, alles kleingeschnitten und gut vermischt. Auch Insekten, doch nicht mehr als 10 % der Nahrung. Futter zweimal in der Woche mit Vitaminen und dreimal in der Woche mit Kalzium bestäuben. Tierisches Fett und Eiweiß meiden.

INKUBATION 1 Gelege mit bis zu 20 Eiern im Jahr. Inkubation 85–95 Tage bei 30–33 °C in feuchtem Vermiculit, Luftfeuchtigkeit 80–85 %.

kühl ist; wird es warm, erscheinen rote, gelbe oder grüne Töne auf dem Rücken, und die übrigen Körperpartien verfärben sich dann oft schwarz. Im Freileben gräbt sich der Dornschwanz ein, um der Tageshitze zu entgehen und sich nachts warm zu halten. Er ist an eine trockene Umwelt angepaßt und bezieht genügend Feuchtigkeit aus seiner Nahrung. Niedrige Temperaturen können die Verdauung hemmen, und Lichtmangel bewirkt Trägheit. Zuviel Protein oder Fett führt zu Verfettung und Nieren- und Leberkrankheiten.

Adulte Männchen sind größer als die Weibchen und haben auffälligere Femoralporen, oft mit wachsartigen Ausscheidungen. Die Anschwellung der Hemipenes ist in der Paarungszeit nicht zu übersehen, in der die Männchen auch prächtiger gefärbt sind. Auch die Weibchen verfärben sich manchmal und sind dann kaum von den Männchen zu unterscheiden.

Männliche Dornschwänze vertragen sich recht gut, können aber in der Fortpflanzungszeit aggressiv werden, wenn es im Terrarium warm und hell ist, vor allem draußen in der Sonne. Am besten setzt man ein Männchen mit 2 oder 3 Weibchen zusammen. Die Paarung findet nach der Winterabkühlung statt.

F&A...

◆ *Eignen sich lebende Pflanzen für Krötenkopfagamen und Dornschwänze?*

Nein. Eine trockene Atmosphäre ist lebenswichtig, und Pflanzen würden die Luftfeuchtigkeit erhöhen. Dornschwänze würden außerdem die Pflanzen ausgraben oder fressen.

◆ *Können Krötenköpfe in einem Freigehege gehalten werden?*

Ja, wenn der Sommer heiß und trocken ist und nachts die Temperatur absinkt und wenn es im Winter entsprechend kühl ist. Regionen mit hoher sommerlicher Luftfeuchtigkeit sind jedoch ungeeignet.

◆ *Kann man Dornschwänze anfassen und streicheln?*

Babys werden schnell handzahm, doch adulte Wildfänge können mit ihrem Stachelschwanz um sich schlagen und die Haut verletzen. Selbst ausgewachsene Tiere werden schließlich meist zahm.

◆ *Kann man Dornschwänze mit käuflichem Leguanfutter ernähren?*

Man kann damit die Nahrung ergänzen, doch es darf nicht mehr als 10 % ausmachen. Trockenfutter muß eingeweicht werden, damit es Feuchtigkeit liefert.

◆ *Verzehren Dornschwänze auch Samen?*

Sie fressen nachweislich Hirsekörner und Sonnenblumenkerne, zerschnittene Erbsen und Linsen. Die letzeren beiden sollte man vorher einweichen, damit sie Feuchtigkeit liefern und im Körper nicht schwellen.

◆ *Braucht ein Dornschwanz während der Winterabkühlung Futter und Wasser?*

Die Temperaturabsenkung sollte allmählich erfolgen (siehe Erläuterungen zur Überwinterung unter »Zucht«, S. 35–37), und der Appetit sollte entsprechend abnehmen. Besprühen Sie den Kopf der Echse täglich, doch achten Sie darauf, daß der Bodengrund nicht naß wird.

Ein junger Afrikanischer Dornschwanz *(Uromastyx acanthinurus)*. Die Jagd auf Grillen ist eine gute Leibesübung für diese Echsen, die zur Verfettung neigen.

Bartagame

FAMILIE: AGAMIDAE
ART: *POGONA*
(= AMPHIBOLURUS) VITTICEPS

Eine rote Zuchtform der Bartagame *(Pogona vitticeps)*. Die Männchen sind sehr territorial und verweigern womöglich das Futter, wenn sie auf engem Raum von anderen Männchen eingeschüchtert werden.

Die Bartagame, die eine Gesamtlänge von 57–58 cm erreichen kann, zählt zu den größten der 31 Arten der Gattung *Pogona*. Der »Bart« ist eine Kehl- und Kopfseitenhaut, die bei einer Bedrohung aufgebläht wird. Die Heimat der Bartagamen ist der Ostteil des australischen Kontinents. Sie sind tagaktiv und verbringen viel Zeit damit, sich auf umgefallenen Baumstämmen und Baumstümpfen zu sonnen und auf ihnen herumzuklettern. Ihre Färbung schwankt zwischen Schwarzbraun, Braun und Grau bis Grün und typischen »Wüstenfarben«: Gold, Orange und Rot. Nachzuchtprogramme, vor allem in den USA, zielen auf möglichst farbenprächtige Formen ab. Es gibt auch bereits Hybriden, sogenannte »Vittikins« – Kreuzungen zwischen *P. vitticeps* und der kleineren Rankin-Bartagame *(P. brevis)*.

Ausgewachsene Männchen haben einen größeren und breiteren Kopf als die Weibchen und stellen bei der Werbung oder beim Imponierverhalten eine tiefschwarze Kehle zur Schau. Bei den Männchen sind zudem die Femoral- und Präanalporen vergrößert. Ein weiteres Merkmal kennzeichnet auch die Kloake. Wenn man den Hautlappen, der die Öffnung bedeckt, vorsichtig zurückzieht, sieht man, daß die männliche Kloake breiter oder länger ist. Das Geschlecht der frischgeschlüpften Tiere läßt sich mit der »Druckmethode« (siehe »Zucht«, S. 34/35) ermitteln. Bei Jungtieren sehen die Geschlechter ähnlich aus.

Rangordnungen und Alpha-Männchen

Gruppen von Bartagamen bilden schon bald nach dem Schlüpfen eine Rangordnung heraus. Die größeren und schwereren Jungtiere fressen stets als erste; die Aufzucht in kleinen Gruppen dämpft die Streitsucht. Unter ausgewachsenen Tieren schwingt sich ein dominantes Männchen zum Alpha-Männchen auf. Es besetzt ein Territorium und verteidigt es gegen andere Männchen. Seine

F&A...

◆ *Lassen sich Bartagamen zähmen?*

Trotz ihres »gefährlichen« Aussehens werden sie rasch zahm, weil man sie normalerweise als Jungtiere erwirbt, Sie fressen Ihnen gern aus der Hand. Die Stacheln sind zwar spitz, aber ziemlich weich.

◆ *Sind sie auch für Anfänger geeignet?*

Ja. Es sind angenehme Pfleglinge, die keine speziellen Ansprüche an Unterkunft und Verpflegung stellen. Ihre Größe ist ideal: nicht zu groß (brauchen kein riesiges Terrarium) und nicht zu klein (gehen bei einem »Freigang« in der Wohnung nicht so schnell verloren).

◆ *Wie oft sollten Bartagamen gefüttert werden?*

Adulte Tiere vier- oder fünfmal pro Woche, Jungtiere täglich. Frischgeschlüpfte Exemplare – besonders wenn sie zu mehreren gemeinsam aufgezogen werden – erhalten täglich 2–3 Portionen und ein paar »Zulagen«. So ist sichergestellt, daß kleinere und schwächere Tiere genug abbekommen und nicht von ihren dominanten Geschwistern schikaniert werden. Nach 4 Wochen bis zum Alter von 6–8 Monaten geht man auf eine Fütterung im Tag zurück; anschließend verfährt man wie bei Alttieren.

◆ *Kann man sie mit Rindfleisch und nestjungen Mäusen aufziehen?*

Junge Bartagamen fressen gern rohes Fleisch, und eine eiweißreiche Kost fördert anfangs ihr Wachstum und die Gewichtszunahme. Doch mit der Zeit führt diese Ernährung zu einer abnormen Fettleibigkeit, die gefährlich werden kann. Nestjunge Mäuse können im Rahmen einer abwechslungsreichen Ernährung gelegentlich verfüttert werden, doch Rindfleisch sollte man meiden, denn es enthält wenig Kalzium und viel Phosphor (siehe »Futter und Fütterung«, S. 28/29).

◆ *Wann sind Bartagamen ausgewachsen?*

Das hängt eher von der Größe als vom Alter ab. Gut genährte Tiere sind mit 6–8 Monaten ausgewachsen. Bei schmalerer Kost kann es 12–14 Monate dauern.

Eine Gruppe von jungen Bartagamen *(Pogona vitticeps)*. Werden sie ausschließlich mit Insekten aufgezogen, verschmähen sie später manchmal pflanzliche Kost und entbehren dadurch wertvolle Nährstoffe.

Stellung gibt ihm auch das Recht, sich mit einem Weibchen zu paaren.

Bartagamen brauchen zur Stimulierung des Paarungstriebs eine Winterabkühlung – auf der Nordhalbkugel ab Anfang Dezember. Die Paarung erfolgt oft, ohne daß der Halter es bemerkt; deshalb ist es besser, die Geschlechter in der kühlen Zeit zu trennen. Besonders wichtig ist, daß die Weibchen nach der Winterabkühlung gut gefüttert werden. Setzen Sie das Weibchen etwa 3 Wochen nach Wiederherstellung der normalen Bedingungen zum Männchen, und stellen Sie ihm für die Eiablage feuchten Sand zur Verfügung. Etwa 45–60 Tage nach der Begattung legt das Weibchen in einer selbstgegrabenen Kammer ungefähr 20 Eier ab.

Andere Arten mit ähnlichen Ansprüchen sind *P. barbata, P. nullarbor* und *P. henrylawsoni*. Alle drei werden ebenfalls als Bartagamen bezeichnet.

Terrarienhaltung

TERRARIENGRÖSSE	150 × 60 × 45 cm
SUBSTRAT	Staubfreier Sand

EINRICHTUNG Knorrige Aststücke und Korkrinde als Versteckplätze. Ein Stein für Sonnenbäder sollte direkt unter dem Spotstrahler liegen. Kleine Wasserschale.

TEMPERATUR 28 °C an der kühlsten und 40–43 °C an der wärmsten Stelle; nachts 21–24 °C. Photoperiode: 14 Stunden. Starke UV-Lampe und Wärmestrahler.

WINTERABKÜHLUNG 7–8 Wochen, 17–18 °C an der kühlsten und 24–26 °C an der wärmsten Stelle; nachts 15 °C. Photoperiode: 10 Stunden.

FÜTTERUNG Insekten (Grillen, Heuschrecken, Wachsmotten, Mehlwürmer); kleingeschnittene Pflanzenkost: Äpfel, Orangen, Paprika, Brokkoli, Endiviensalat, Kürbis, Möhren, Zucchini, Brunnenkresse, Löwenzahnblätter und -blüten usw. Das zerkleinerte Futter wird gut gemischt und mit Multivitamin- und Kalziumpulver bestäubt. Dazu ein Schälchen mit zerstoßener Sepiaschale. Tägliche frisches Wasser.

INKUBATION 60–75 Tage in feuchtem Vermiculit bei 30 °C und einer Luftfeuchtigkeit von 10 % (siehe »Zucht«, S. 38/39). Alle Jungen können innerhalb von 24 Stunden schlüpfen, doch es kann sich auch über 6–8 Tage hinziehen. Die frischgeschlüpften Tiere messen 10–11 cm. Wenn sie nach wenigen Stunden munter sind, werden sie in ein eigenes Terrarium (wie für Alttiere) umgesetzt. Junge Bartagamen können in kleinen Gruppen aufgezogen werden.

Wasseragamen

FAMILIE: AGAMIDAE
ART: *PHYSIGNATUS COCINCINUS*

Diese tropischen Echsen, die von Südostasien bis Australien heimisch sind, werden auch als Wasserdrachen bezeichnet. Die Cochinchina-Wasseragame *(Physignatus cocincinus)* wird ca. 90 cm lang und gibt eine gute Alternative zum Grünen Leguan ab, der doppelt so lang werden kann und dementsprechend viel Platz braucht.

Die Art ist leuchtend grün gefärbt und auf dem Schwanz dunkler gebändert. Jungtiere zeigen auf den Schultern einen blauen Anflug und auf dem Körper hellgrüne Diagonalstreifen. Der ganze Körper ist sehr fein beschuppt und fühlt sich fast so an wie ein glatter Stoff. Die größeren Schuppen an Unterkiefer und Kehle sind etwas heller getönt, und bei manchen ausgewachsenen Männchen ist dieser Bereich rosa gefärbt. Jung erworbene Tiere werden sehr bald handzahm, doch adulte Wildfänge finden sich nur selten mit dem begrenzten Lebensraum im Terrarium ab. Sie verletzen sich häufig die Schnauze, weil sie immer wieder gegen die Glasscheiben anrennen.

Wasseragamen sind Baumbewohner und lieben zugleich das Wasser. Deshalb brauchen sie Kletteräste und ein Wasserbecken zum Baden und Trinken. Man kann ihnen einen Trinknapf zur Verfügung stellen, der jedoch oft nicht benutzt wird. Viele gewöhnliche Zierpflanzenarten gedeihen gut in dem geheizten Feuchtterrarium, aber man sollte sie außer Reichweite der Insassen anbringen, indem man sie beispielsweise an den Wänden fixiert. Auch ein mit Fischen besetzter Wasserteil wird von den Wasserdrachen wahrscheinlich in kurzer Zeit leergeräumt.

Die Cochinchina-Wasseragame *(Physignathus cocincinus)* ist vorwiegend ein Insekten- und Fleischfresser, nimmt aber auch weiches Obst, das wertvolle zusätzliche Nährstoffe liefert.

Stürmische Werbung

Die Geschlechtsreife tritt im Alter von 2–3 Jahren ein. Es empfiehlt sich, adulte Männchen und Weibchen während der Winterabkühlung voneinander zu trennen. Wenn die Temperatur im Terrarium wieder auf Normalwerte gebracht ist, sollte man die Feuchtigkeit leicht erhöhen und das Weibchen zum Männchen setzen. Bei der Werbung treibt er sie durch das Terrarium, wobei er zwischendurch innehält, um erregt mit dem Kopf zu nicken. Wenn sie paarungsbereit ist, besteigt er sie und packt ihren Nacken mit der Schnauze.

Die Tragzeit beträgt 2–3 Monate. In dieser Zeit nimmt der Appetit des Weibchens ab. Bereiten Sie für die Eiablage einen substratgefüllten Kasten mit den Maßen 45×45×30 cm vor, oder häufen Sie einfach eine entsprechende Substratmenge in einer Ecke des Terrariums auf. Das Weibchen gräbt ein 30 cm tiefes Nest oder deren mehrere. Nach der Eiablage verfüllt es das Loch und tritt den Boden fest. Passen Sie genau auf, wo die Eier abgelegt wurden, damit Sie sie für die Inkubation herausnehmen können.

Die Eier verdreifachen nahezu ihre Größe in der Inkubationszeit, und auch natürliche Verfärbungen sind nicht selten. Die frischgeschlüpften Jungen messen von der Schnauze bis zur Kloake etwa 3–3,5 cm und von der Schnauze bis zur Schwanzspitze etwa 15 cm. Setzen Sie sie in ein kleines Terrarium um, in dem gleiche Bedingungen wie im Behälter der Alttiere herrschen. Die Jungtiere werden täglich mit Insekten gefüttert. Große Futterbrocken sind ungeeignet.

Weitere Arten, die ähnliche Haltungsansprüche stellen wie *P. cocincinus*, sind die Gewöhnliche Wasseragame *(P. lesueurii)* und die Nördliche Wasseragame *(P. temporalis)*, die beide aus Neuguinea und Australien stammen.

F & A …

◆ *Gibt es bei Wildfängen spezielle Probleme?*

Wenn Sie den Kauf einer importierten Wasseragame erwägen, sollten Sie sich deren Schnauze und Maul genau anschauen. Es kommt nicht selten vor, daß sich die Tiere in der Streßsituation nach dem Fang in ihrem Käfig selbst verletzt haben.

◆ *Kann man mehrere Wasseragamen gemeinsam halten?*

Ja, wenn das Terrarium groß genug ist: Männchen sind untereinander meist nicht sonderlich aggressiv, falls sie ausreichend Platz und getrennte »Sonnenbänke« haben. Es ist jedoch besser, ein Männchen mit einem oder mehr Weibchen zusammenzusetzen.

◆ *Ich habe ein Weibchen, das wie ein balzendes Männchen mit dem Kopf nickt. Was bedeutet das?*

Das Kopfnicken ist ein Statussymbol. Auch ein Weibchen kann dieses Signal benutzen, um seine Dominanz über andere Weibchen zu demonstrieren. Ein unterwürfiges Weibchen reagiert darauf mit Vorderbeinwedeln – eine Beschwichtigungsgeste.

◆ *Wie kann ich das Geschlecht meiner Wasseragamen feststellen?*

Geschlechstreife Männchen sind durchweg größer und prächtiger gefärbt als die Weibchen. Das Männchen hat außerdem einen größeren Kopf, einen größeren Stachelkamm und auffälligere Femoralporen (eine Reihe kleiner, runder Poren an der Schenkelunterseite).

◆ *Meine Wasseragamen koten in ihrem Wasserbecken. Ist das normal, und wird dadurch das Wasser verseucht?*

Das ist eine typische Verhaltensweise der Tiere, aber weil sie auch aus dem Becken trinken, müssen Sie das Wasser häufig wechseln. Da sie jedoch den Kot meist nicht auf dem Bodenbelag absetzen, brauchen Sie wenigstens diesen nicht so oft auszutauschen!

Terrarienhaltung

TERRARIENGRÖSSE Mindestens 120×75×90 cm für ein Paar.

SUBSTRAT Eine Mischung aus Komposterde, Laubstreu und Torfmoos, etwa 10 cm tief.

EINRICHTUNG Kletteräste; Wasserteil zum Trinken und Baden.

TEMPERATUR 30 °C an der kühlsten, 35 °C an der wärmsten Stelle; nachts 24 °C. Photoperiode: 14 Stunden. UV-Leuchte und Wärmestrahler.

FEUCHTIGKEIT 75–85 %. Täglich sprühen.

WINTERABKÜHLUNG Temperaturabsenkung um 3 °C über 8 Wochen. Photoperiode: 11 Stunden.

FÜTTERUNG Insekten, dazu große Regenwürmer, große Schnecken, Fleischstreifen, gelegentlich Rattenbabys und Eintagsküken aus der Tiefkühltruhe. Manchmal wird auch weiches Obst genommen. Adulte Tiere werden nur drei- oder viermal in der Woche gefüttert, damit sie nicht verfetten.

INKUBATION 1–2 Gelege im Jahr mit je 8–12 Eiern. Inkubation 75–90 Tage bei 30 °C in feuchtem Vermiculit, abgedeckt mit feuchtem Torfmoos. Aufrechterhaltung von fast 100 % Luftfeuchtigkeit durch Befeuchten der Moosdecke.

Südliche Krokodilschleiche und Blindschleiche

FAMILIE: ANGUIDAE

Die 60–70 Mitglieder der Familie Anguidae (Schleichen) besiedeln vorwiegend die gemäßigten und subtropischen Breiten Süd- und Nordamerikas und Südostasiens. Einige Arten haben vier Beine, doch die meisten haben keine oder stark zurückgebildete Gliedmaßen.

Südliche Krokodilschleiche

Gerrhonotus multicarinatus. Diese tagaktive Echse von der Westküste der USA ist leicht zu halten. Ihr natürlicher Lebensraum sind zumeist lichte Eichenwälder mit reicher Bodenvegetation. Sehr große Hitze verträgt sie nicht. Der Körper, der eine Gesamtlänge von 40 cm erreicht, hat seitliche Hautfalten; der lange Schwanz ist zwar teilweise als Greifwerkzeug ausgebildet, aber zerbrechlich und wird schnell abgeworfen. Die Färbung variiert zwischen Braun und Grau oder Gelb, mit dunklen Querbändern, die mit weißen Flecken durchsetzt sind. Der Bauch zeigt dunkle Streifen oder durchbrochene Linien, und die Augen sind blaßgelb. Wildfänge winden sich, wenn man sie in die Hand nimmt, und besudeln den vermeintlichen Widersacher mit Kot, und die Männchen können dabei auch die Hemipenes ausstülpen.

Die Paarung findet gewöhnlich im Frühjahr statt. Die Weibchen graben eine Kammer für das Gelege aus und bewachen es. Die Männchen erkennt man mit 9–10 Monaten an den Hemipenesschwellungen. Die Jungtiere sind scheuer als die Adulttiere und brauchen Versteckplätze. Bis sie anfangen, sich zu bekämpfen, kann man sie gemeinsam aufziehen.

Blindschleiche

Anguis fragilis. Diese beinlosen Echsen sind in ganz Europa bis zum Ural verbreitet, außerdem in Vorderasien und in Nordwestafrika. Man trifft die eigentlich dämmerungsaktiven Tiere zuweilen beim Sonnenbaden an, vor allem im Spätfrühling.

Terrarienhaltung
Südliche Krokodilschleiche und Blindschleiche

TERRARIENGRÖSSE

Südliche Krokodilschleiche Mindestens 90×45×60 cm für zwei oder drei Tiere.

Blindschleiche Mindestens 60×30×30 cm für ein Paar.

SUBSTRAT

Südliche Krokodilschleiche Sandiger Lehm und Laubstreu, 5 cm tief, unterteilt in einen trockenen und einen mäßig feuchten Bereich (siehe »Unterbringung«, S. 14/15, und unter Fettschwanzgecko, S. 72).

Blindschleiche Weicher Sand- oder Torfboden, vermischt mit zerkleinertem Fallaub und abgedeckt mit Moos.

EINRICHTUNG

Südliche Krokodilschleiche Verstecke und starke Zweige. Bepflanzung nach Wunsch. Kleine Wasserschale.

Blindschleiche Dünne, flache Steine, Verstecke aus Schieferplatten oder Korkrinde.

TEMPERATUR

Südliche Krokodilschleiche 22 °C an der kühlsten, 30 °C an der wärmsten Stelle; nachts 15 °C. Photoperiode: 12 Stunden. UV-Leuchte und Wärmelampe.

Blindschleiche 15 °C an der kühlsten, 27 °C an der wärmsten Stelle; nachts 13–18 °C. Photoperiode: 12–14 Stunden.

WINTERABKÜHLUNG Normale Tageslichtdauer

Südliche Krokodilschleiche 9–10 °C über 8–12 Wochen.

Blindschleiche 5 °C über 12 Wochen

FÜTTERUNG

Südliche Krokodilschleiche Bestäubte Insekten, kleingestoßene Sepiaschale. Alle 2 Wochen nestjunge Mäuse.

Blindschleiche Nacktschnecken, Regenwürmer, Erdschnakenlarven, Spinnen, kleine Gehäuseschnecken.

INKUBATION

Südliche Krokodilschleiche Eierlegend; jährlich ein Gelege mit 12–20 Eiern. Inkubation 40–50 Tage bei 27–29 °C in feuchtem Vermiculit (0,8 : 1).

Blindschleiche Lebendgebärend. Tragzeit: etwa 4 Monate. Jeweils 5–12 Junge.

Blindschleichen *(Anguis fragilis)* sind stattliche beinlose Echsen von sanfter Wesensart. Sie werden rasch zahm und nehmen gern Futter, das ihnen mit einer Pinzette gereicht wird.

F & A ...

◆ *Woran erkenne ich das Geschlecht meiner Krokodilschleiche?*

Die Männchen haben einen breiteren Kopf und Schwellungen an der Schwanzwurzel. Vergleichen Sie möglichst mehrere Exemplare. Wenn es zu Kämpfen kommt, handelt es sich wahrscheinlich um Männchen. Ein erfahrener Terrarianer kann die Hemipenes durch sanften Druck ausstülpen (siehe »Zucht«, S. 34/35).

◆ *Kann man die Eier der Krokodilschleichen bei der Mutter belassen?*

Die künstliche Erbrütung ist vorzuziehen, weil man dann die Bedingungen besser kontrollieren kann als im Terrarium. Die Mutter versucht vielleicht zu beißen, wenn man ihr die Eier wegnimmt.

◆ *Sollten junge Krokodilschleichen schon im ersten Winter abgekühlt werden?*

Nein. Man sollte sie bei normalen Temperaturen munter halten, um ihr Wachstum anzuregen.

◆ *Meine Blindschleiche hat den Schwanz verloren. Wächst er wieder nach?*

Ja. Der Artname *(fragilis)* besagt, daß diese Echsen leicht ihren Schwanz abwerfen, wenn sie angegriffen werden – ein Merkmal, das sie mit anderen Vertretern der Familie Anguidae gemein haben. Regenerierte Schwänze, die kürzer sind als das Original, trifft man häufig bei Wildfängen an.

◆ *Kann man Blindschleichen im Freiland halten?*

Ja. Ein Freilandterrarium ist geeignet, sofern es einen brauchbaren Boden, genügend Versteckplätze und frost- und überschwemmungssichere Überwinterungsmöglichkeiten aufzuweisen hat.

Sie wühlen sich auch gern unter flachen, sonnenwarmen Steinen ein. Ihre Lebensräume sind Hecken, offenes Waldland, Gesträuch, Flächen mit Bodenvegetation, Eisenbahndämme und manchmal auch Gärten. Blindschleichen werden 40–45 cm lang und können in Gefangenschaft 50 Jahre ausdauern. Allerdings haben wir keine Möglichkeit, das Alter eines ausgewachsenen Wildfangs zu bestimmen.

Die winzigen Schuppen gleichen einer blankpolierten Haut. Adulte Männchen sind auf dem Rücken und an den Seiten einheitlich braun oder kupferfarben; die Unterseite ist grau und dunkler gefleckt. Manche Männchen zeigen auch eine blaue Fleckung. Die Weibchen haben einen schwereren Körper und einen kleineren Kopf, manchmal einen Mittelstreifen auf dem Rücken und dunklere Seiten; die Unterseite ist gewöhnlich schwarz. Blindschleichen sind ovovivipar und paaren sich von April bis Juni. Die Männchen gebärden sich in der Fortpflanzungszeit aggressiv und sollten dann besser abgesondert werden. Die Jungen kommen, je nach Außentemperatur, zwischen Ende August und Oktober zur Welt. Sie stecken normalerweise in einer Eihülle, aus der sie sich befreien. Bei der Geburt messen sie 6–10 cm. Ihr Rücken ist blaßgolden, silbrig oder hellgelb; die Unterseite ist schwarz. Die Jungtiere werden getrennt von den Alttieren aufgezogen und mit großen Portionen von kleinem Lebendfutter ernährt.

Chamäleons FAMILIE: CHAMAELEONIDAE

Während man früher meinte, Chamäleons seien in Gefangenschaft kaum zu halten, gehören sie heute zu den beliebtesten Terrarientieren. Leider werden sie gern spontan gekauft und überleben dann nicht sehr lange. Sie möglichst wenig anzufassen und zu stören ist der Schlüssel zum Anfangserfolg. Mit der Zeit lassen sich viele Pfleglinge aus der Hand oder mit einer Pinzette füttern, und sie klettern sogar auf die Hand des Pflegers. Frisch importierte Wildfänge sind oft in schlechter Verfassung und leiden unter Innenparasiten und Streß infolge Überfüllung und Austrocknung. Nachzuchten geben viel bessere Terrarientiere ab, vor allem für den wenig erfahrenen Halter.

Alle Arten sind mit ihrem Greifschwanz, den Greiffüßen, den verdrehbaren Augen und der weit hervorschnellenden Zunge hervorragend an das Baumleben angepaßt. Es ist ihnen sehr unangenehm, wenn man sie von ihrem Ast oder Zweig wegnehmen will, und sie können sich dabei ihre Füße und ihren Schwanz verletzen. Viele Arten lockern ihren Griff und lassen sich zu Boden fallen, wenn sie sich bedroht fühlen; das muß man beachten, wenn man sie anfaßt. Die Tiere bewegen sich zwar langsam, aber viele können plötzlich wegrennen oder gar ein Stück weit springen, wenn sie nicht hochgehoben werden möchten. Die meisten Chamäleons trinken, indem sie Wassertropfen auflecken; deswegen muß die Einrichtung täglich besprüht werden. Man kann auch einen Tautropfenspender verwenden, wenn das Terrarium über einen guten Wasserabzug verfügt. Auf eine Tränke in Form eines künstlichen Wasserfalls sollte man verzichten, denn das Wasser könnte durch Kot und tote Insekten verseucht werden. Einzelne Tiere gewöhnen sich auch daran, aus einer Schale zu fressen oder zu trinken.

Dramatische Farbveränderungen

Chamäleons sind in ihrer natürlichen Umwelt gut getarnt, aber ihr sprichwörtlicher Farbwechsel ist eine Reaktion auf Temperaturen und Stimmungen, nicht auf Umgebungsfarben. Diese Fähigkeit ist bei bestimmten Arten stärker ausgeprägt, außerdem bei den Männchen mehr als bei den Weibchen, obgleich trächtige Weibchen ihre Farbe auffällig verändern können, wenn sich ihnen ein verliebtes Männchen nähert. Nachgezogene Männchen mancher Arten sind im allgemeinen weniger farbenprächtig als Wildfänge; das gilt zum Beispiel für das Zwergchamäleon *(Brachypodion thamnobates)*. Man sollte den Farbwechsel nie provozieren, denn er ist für die Tiere eine große Belastung.

Die meisten Chamäleons leben solitär. Sie werden am besten einzeln und außer Sichtweite von Artgenossen untergebracht, außer natürlich in der Paarungszeit. Die Männchen sind streitsüchtig, insbesondere in einem kleineren Terrarium. Das Drohverhalten ist oft rein optisch: der Anblick eines anderen Chamäleons hemmt vielfach die

Ein stämmiges Pantherchamäleon *(Chamaeleo pardalis)* klammert sich mit Schwanz und Hinterfüßen an einem Zweig fest. Versuchen Sie nie, ein solches Tier von seiner Sitzgelegenheit wegzunehmen.

Nahrungsaufnahme oder löst einen Farbwechsel aus. Selbst Pärchen sollte man außerhalb der Paarungszeit getrennt unterbringen. Weibchen können unbefruchtete Eier zurückhalten, wenn sie nicht begattet werden. Das kann lebensbedrohend sein. Halten Sie niemals Weibchen, falls Sie nicht züchten wollen. Wenn Sie nur ein Einzeltier pflegen möchten, nehmen Sie stets ein Männchen.

Jungenaufzucht

Die Geschlechstreife tritt mit 6 Monaten ein, doch wie bei vielen Reptilien ist auch hier die Größe (und nicht das Alter) der entscheidende Faktor. Chamäleonbabys sollten früh von ihren Eltern getrennt und einzeln bei etwas niedrigeren Temperaturen aufgezogen werden. Verwenden Sie dazu einen durchlüfteten kleinen Behälter mit Kletterstangen und Blattpflanzen, aber ohne Bodengrund. Die Kinderstube muß immer saubergehalten werden. Über ihr wird eine UV-Leuchte mit Reflektor aufgehängt. Die Babys füttert man mit großen Fruchtfliegen, Blattläusen und bestäubten frischgeschlüpften Grillen.

Pantherchamäleon

Chamaeleo pardalis. Diese auf Madagaskar heimische Art wird manchmal auch als *Furcifer pardalis* bezeichnet. Ihr angestammter Lebensraum ist schon großenteils zerstört, aber da sie offenbar anpassungsfähig ist, ist sie in Plantagen und in den Umkreis menschlicher Siedlungen abgewan-

Typisch für das Pantherchamäleon *(Chamaeleo pardalis)* ist der helle Seitenstreifen. Bei diesem blauen Männchen von der Insel Nossi-Bé verfärbt sich der Streifen weiß, wenn sich die Körperfarbe bei einer Bedrohung oder in Paarungsstimmung intensiviert. Bei grünen Männchen wird der Streifen blaßblau.

F & A...

◆ *Muß ich Chamäleons füttern, die im Freiland gehalten werden?*

Die Freilandhaltung garantiert keine ausreichende Versorgung mit Insekten. Eine zusätzliche Fütterung ist gewöhnlich erforderlich. Mehrere Futterstationen sollten zu diesem Zweck eingerichtet werden (siehe »Futter und Fütterung«, S. 31).

◆ *Schlüpfen alle Jungen eines Geleges gleichzeitig?*

Manchmal schlüpfen die Jungen in einem Abstand von wenigen Tagen. Bei Pantherchamäleons können die Abstände jedoch 4–12 Wochen selbst bei völlig gleichen Bedingungen betragen. Werfen Sie gesund aussehende Eier nicht fort, auch wenn die Inkubationszeit noch so lange andauert.

◆ *Wie oft sind weibliche Pantherchamäleons paarungsbereit?*

Normalerweise 11–17 Tage nach der Eiablage, doch manche Tiere sind schon nach 9 Tagen empfängnisbereit. Diese Weibchen haben meist eine Tragzeit von nur 19–21 Tagen (bei normalem Ablauf der Inkubation und des Schlüpfens). Die rosa Färbung ist der beste Anhaltspunkt.

dert. Pantherchamäleons werden in Gefangenschaft mit großem Erfolg nachgezogen und sind ziemlich regelmäßig im Handel. Sie stellen eine der größten Arten dar: Die Männchen werden 51–56 cm, die Weibchen etwa 33 cm lang. Die Grundfarbe der Männchen ist meist grün mit orangebraunen Abzeichen, doch es gibt regionale Varianten, darunter eine blaue Form mit unterschiedlichen roten Flecken. Alle haben einen blassen, unterbrochenen Seitenstreifen. Bei den Männchen fällt die Hemipenesschwellung auf, die oft schon bei 6 Wochen alten Jungtieren zu erkennen ist. Wenn ein Männchen sich bedroht fühlt oder ein Weibchen verfolgt, verändert sich seine Farbe beträchtlich – manche Tiere verfärben sich orange mit einem blaßblauen Seitenstreifen.

Die Weibchen sind gewöhnlich braun und sind an der einen Seite hell gefleckt, aber in der Fortpflanzungszeit ändert sich das. Ein empfängnisbereites Weibchen nimmt eine fast einheitliche rosa Färbung an. Zu diesem Zeitpunkt kann man sie dem Männchen beigesellen. Anfangs zeigt sie bisweilen eine Drohfärbung (dunkelbraun mit einem unterbrochenen lachsfarbenen Seitenstreifen); sie bläht ihre Kehle auf und droht das Männchen mit abgeplattetem Körper und aufgerissenem Maul an. Wenn es sich nähert und sie in der richtigen Paarungsstimmung ist, nimmt sie wieder die rosa Färbung an, hebt den Schwanz an und gestattet dem Partner die Begattung. Ein nicht empfängnisbereites Weibchen verstärkt seine Normalfarbe, bewegt sich ständig, legt sich flach auf den Ast oder steigt zum Boden hinab, um ihm zu entkommen. Wenn das geschieht, sollte man das Weibchen entfernen, um einen Kampf zu vermeiden. Vier oder fünf Kopulationen sind empfehlenswert, damit die Eier auch sicher befruchtet werden. Die Weibchen sind im allgemeinen 5–7 Tage lang empfängnisbereit. Es kommt jedoch vor, daß Sperma von einer früheren Paarung zurückgehalten wird und befruchtete Eier zeitigt. Zur Eiablage bringt man ein Gemisch aus Erde und Sand in das Terrarium des Weibchens ein, entweder als Haufen oder in einem Plastikbehälter. Ein 33 cm langes Weibchen braucht ein ebenso tiefes Substrat, um sich darin einzugraben. »Versuchsbohrungen« gehen manchmal der Eiablage voraus. Ist kein geeigneter Eiablageplatz vorhanden, kann es zur Eierverhaltung kommen.

Das männliche Dreihornchamäleon *(Chamaeleo jacksonii)* erkennt man an seinen drei Kopfhörnern. Die Augen können unabhängig voneinander bewegt werden und somit in verschiedene Richtungen blicken.

Terrarienhaltung
Panther-, Dreihorn-, Berg- und Elliots Chamäleon

TERRARIENGRÖSSE	Kasten- oder Glasterrarium
Elliots Chamäleon	Mindestens 60×45×60 cm

Andere Mindestens 90×60×90 cm für ein adultes Männchen, für ein Weibchen etwas kleiner.

SUBSTRAT Erde mit ziemlich kompaktem Moos. Für Pantherchamäleons genügt auch Zeitungspapier.

EINRICHTUNG Fest installierte »Laufstege« aus toten Zweigen, die als Sonnenplätze dienen und den Zugang zu allen Terrarienbereichen ermöglichen. Zweige dürfen für die Greiffüße nicht zu dick sein. Lebende Pflanzen, etwa Birkenfeigen *(Ficus benjamina)*, bieten Deckung und »Tautropfen« zum Auflecken und verbessern die Luftfeuchtigkeit. Keine dichten oder großblättrigen Gewächse verwenden.

TEMPERATUR Leistungsfähige UV-Leuchte und Wärmelampe.

Pantherchamäleon 27 °C an der kühlsten, 32 °C an der wärmsten Stelle; nachts mindestens 10 °C. Photoperiode: 13–14 Stunden.

Dreihornchamäleon 24 °C an der kühlsten, 28 °C an der wärmsten Stelle; nachts mindestens 10 °C. Photoperiode: 12–14 Stunden.

Elliots Chamäleon 26–27 °C an der kühlsten, 30 °C an der wärmsten Stelle; nachts 15 °C. Nächtliche Temperaturabsenkung um mindestens 5–6 °C für Gebirgstiere. Photoperiode: 14 Stunden.

Bergchamäleon 21 °C an der kühlsten, 25 °C an der wärmsten Stelle; nachts 10 °C. Photoperiode: 12–14 Stunden.

FEUCHTIGKEIT Zur Stillung des Trinkbedarfs täglich, zur Aufrechterhaltung der Feuchtigkeit häufiger besprühen.

Pantherchamäleon	50–60 %
Dreihorn- und Elliots Chamäleon	70–90 %

Bergchamäleon 85 %. Substrat sollte feucht gehalten werden, doch seitliches Belüftungsgitter notwendig.

WINTERABKÜHLUNG Nicht notwendig, außer für Pantherchamäleons, die 6–8 Wochen lang etwas niedrigere Tagestemperaturen und in der Nacht 15 °C verlangen. Photoperiode: 11 Stunden.

FÜTTERUNG Lebende Insekten und Wirbellose, bestäubt mit Zusätzen. Manche Tiere entwickeln Nahrungspräferenzen. Pantherchamäleons gewöhnen sich schnell an Futternäpfe.

Dreihornchamäleon

Chamaeleo jacksonii. Die auch als Jacksons Chamäleon bezeichnete Art ist in Kenia und Tansania beheimatet. Kenia hat die Ausfuhr 1981 verboten, doch die Unterart *C. j. xantholophus* ist in den USA noch immer allgemein erhältlich; sie wurde in Hawaii (Oahu und Maui) in den 1970er Jahren ausgewildert und gedeiht weiterhin gut. Einige Abkömmlinge der Importe aus Hawaii sind nach Europa gelangt. Die tansanische Unterart *C. j. merumontanus* taucht sehr selten im Tierhandel auf, und die Unterart *C. j. jacksonii* darf nicht mehr legal ausgeführt werden. Unser lebendgebärendes Dreihornchamäleon wird zuweilen mit der ebenfalls dreigehörnten eierlegenden Art Johnstons Chamäleon *(C. johnstoni)* verwechselt, doch farblich und auch sonst unterscheiden sich die bei-

Neugeborene Dreihornchamäleons *(Chamaeleo jacksonii).* Bei gemeinsamer Aufzucht sollte das Terrarium möglichst hoch sein, weil es dann weniger Streit gibt.

den. Dreihornchamäleons können sehr gut im Freiland gepflegt werden. Das Dreihornchamäleon zählt zu den mittelgroßen Arten. Die Männchen sind, ohne die Hörner, im Schnitt etwa 25 cm lang, und sie haben einen dickeren Schwanzansatz. Weibchen von *C. j. xantholophus* besitzen keine oder stark verkümmerte Hörner; bei den beiden anderen Unterarten ist manchmal nur ein Horn vorhanden. Die Hörner der Männchen sind Waffen, und deshalb sollte man männliche Tiere einzeln halten. Man sollte sie auch von den Weibchen absondern, außer bei der Paarung. Paarungsbereite Weibchen verfärben sich meist gleichmäßig graugrün. Weibchen, die nicht paarungswillig sind, zeigen eine kontrastreiche Färbung. Sie zischen manchmal, bewegen sich hin und her und beißen womöglich; dann sollte man sie aus dem Terrarium des Männchens entfernen. Dominante Jungtiere schüchtern ihre schwächeren Geschwister von einer erhöhten Warte aus ein. Deswegen ist die Höhe des Aufzuchtbehälters wichtiger als die Maße der Grundfläche.

Zuchtbedingungen

PANTHERCHAMÄLEON	Eierlegend
Gelegegröße	4 Gelege im Jahr mit je 25–30 Eiern
Inkubation	180–390 Tage bei konstant 27 °C in einem durchsichtigen Plastikbehälter mit Luftlöchern und einer 5 cm dicken feuchten Vermiculitschicht. Manche Züchter empfehlen 28–56 Tage bei 18 °C, anschließend 25 °C am Tage und 2 °C in der Nacht.
DREIHORNCHAMÄLEON	Lebendgebärend
Tragzeit	5–10 Monate. Das Terrarium wird kurz vor der Geburt leicht besprüht, damit die Eihäute nicht so schnell austrocknen.
Wurfgröße	Bis zu 50 Nachkommen werden in Eihäuten ausgestoßen.
ELLIOTS CHAMÄLEON	Lebendgebärend
Tragzeit	3–4 Monate
Wurfgröße	Bis zu 14 Nachkommen werden in Eihäuten ausgestoßen; die darin enthaltene Flüssigkeit mildert den Aufprall.
BERGCHAMÄLEON	Eierlegend
Gelegegröße	4 Gelege im Jahr mit je 8 Eiern
Inkubation	98 Tage bei 25–27 °C tagsüber, nachts 15 °C. Alternativ 112–119 Tage bei 24 °C am Tage, 15 °C in der Nacht. Bei beiden Methoden verwende man einen Behälter, wie er oben für das Pantherchamäleon beschrieben wird.

Männliches (links) und weibliches (rechts) Elliots Chamäleon *(Chamaeleo ellioti)*. Diese Art nimmt gern Sonnenbäder und kann draußen gehalten werden, wenn Schattenplätze vorhanden sind.

Elliots Chamäleon

Chamaeleo ellioti. Die in Ostafrika in verschiedenen Höhenlagen beheimatete Art kann im Freien gehalten werden, wenn die Bedingungen stimmen. Die Taxonomie der Art ist noch nicht geklärt, und sie kann leicht mit *C. bitaeniatus* und *C. rudis* verwechselt werden. Elliots Chamäleon unterscheidet sich von den beiden durch einen Rückenkamm mit gleich hohen Stacheln – bei den anderen sind diese ungleich. Die Männchen aller drei Arten werden 15–17 cm lang, können vereinzelt auch größer sein.

Im Vergleich zu den Weibchen haben die männlichen Tiere einen schlankeren Körper, einen dickeren Schwanzansatz und ein farbenprächtigeres Schuppenkleid – vielfach hellgrün mit gelborangefarbenen Strahlen im Gesicht und ähnlichen Farben an den Seiten. Der Körper der Weibchen ist plumper und tiefer. Weibliche Tiere sind gewöhnlich bräunlich gefärbt und tragen auf dem Rücken

dunklere Abzeichen, oft dunkle Dreiecke. Beide Geschlechter treten in verschiedenen Farbspielarten auf. Die Paare leben zwar oft freundschaftlich zusammen, aber eine zeitweilige Trennung, nach der sich die Pärchen wieder zusammenfinden, fördert die Fortpflanzung. Trächtige Weibchen hält man besser für sich. Sie sonnen sich ausgiebig und drehen sich dabei oft herum, um die Unterseite der UV-Bestrahlung auszusetzen. Ein Zweig oder Ast, der nur etwa 5 cm von der Leuchtstoffröhre entfernt angebracht wird, ist dafür ideal.

Bergchamäleon

Chamaeleo montium. Die Heimat dieser Art ist Kamerun, wo sie Höhenlagen zwischen 500 und 1200 m besiedelt. Sie ist mit anderen Arten, die in den Bergen Kameruns vorkommen, etwa *C. pfefferi*, *C. quadricornis*, *C. cristatus* und *C. wiedershami*, nah verwandt.

Männliche Bergchamäleons sind mit ihren zwei Hörnern und ihrem Rücken- und Schwanzkamm eindrucksvolle Tiergestalten. Sie werden fast 25 cm lang, während die Weibchen in der Regel viel kleiner bleiben. Die Weibchen besitzen statt der Hörner zwei konisch geformte Schuppen, und der Rücken- und Schwanzkamm fehlt bei ihnen. Bei einer Bedrohung und während der Balz zeigen die Männchen Konstrastfarben, beispielsweise weiße Flecken auf dem Kopf. Beide Geschlechter weisen an den Körperseiten vergrößerte Schuppen auf, die ebenfalls kontrastreiche Farben annehmen können.

Bergchamäleons werden am besten einzeln untergebracht, da sowohl Männchen als auch Weib-

F & A...

◆ *Welche Maschengröße ist für ein Freilandterrarium angebracht?*

Die lichte Weite darf höchstens 6 mm betragen, damit Mäuse und andere Feinde abgehalten werden und Fliegen, die Nahrung der Chamäleons, hineingelangen können. Dadurch ist die Sicherheit jedoch nicht immer gewährleistet: Jungtiere können durch solche Maschen entkommen; trächtige Weibchen sollte man deshalb vor der Geburt »einsperren«.

◆ *Fressen Dreihornchamäleons auch nestjunge Mäuse?*

Mittelgroße bis große Chamäleons nehmen solche Beute, doch man sollte sie ihnen höchstens einmal in der Woche anbieten.

◆ *Vertragen sich männliche Elliots Chamäleons?*

Männchen sollten einzeln gehalten werden, sofern das Terrarium nicht sehr geräumig und gut bepflanzt ist. Ständiges Drohverhalten und Streitereien belasten die Tiere.

◆ *Kann man das Geschlecht von jungen Elliots Chamäleons bestimmen?*

Ja. In hellem Sonnenlicht zeigen 3 Wochen alte Männchen die gleiche Färbung wie adulte Männchen. Dies ist bei Jungtieren die einfachste und zuverlässigste Methode der Geschlechtsbestimmung.

Dem weiblichen Bergchamäleon *(Chamaeleo montium)* fehlen die Hörner und der Rücken- und Schwanzkamm des Männchens.

Das Panzerchamäleon *(Brookesia perarmata)* ist in der Laubstreu des Waldbodens gut getarnt. Es lebt vorwiegend auf dem Boden, klettert aber in der Nacht umher.

chen weder das eigene noch das andere Geschlecht tolerieren. Nicht paarungsbereite und trächtige Weibchen verfärben sich dunkel, wenn Männchen zugegen sind. Die Tiere ziehen sich in eine Ecke zurück und verweigern oft die Nahrungsaufnahme. Weibchen sollten nur zum Zweck der Paarung in das Männchenterrarium gesetzt und dann wieder entfernt werden. Die Spermaspeicherung ist bei allen Arten aus Kamerun üblich, doch genaue Daten zu den einzelnen Arten sind nicht bekannt. Es empfiehlt sich, nach einer Eiablage noch eine Paarung zu versuchen, falls das Weibchen kein Sperma zurückgehalten hat. Die Weibchen, ausgenommen die des Bergchamäleons, weisen die Annäherungsversuche eines Männchens zurück, nachdem sie das erste Gelege hervorgebracht haben.

Im Alter von 2 Wochen kann man das Geschlecht der jungen Bergchamäleons sehr exakt bestimmen: Bei den Männchen zeigen sich dann die Ansätze des Rückenkamms und der Hörner. Die Geschlechtsreife tritt nach 7–12 Monaten ein.

Stummelschwanz- und Blattchamäleons

Brookesia- und *Rhampholeon*-Arten. Im Gegensatz zu den baumlebenden eigentlichen Chamäleons der Gattung *Chamaeleo* sind diese Arten allesamt Bodenbewohner. Die Stummelschwanzchamäleons *(Brookesia)* leben auf Madagaskar, und die Blattchamäleons *(Rhampholeon)* sind von Kamerun bis Ostafrika verbreitet. Diese kleinen Chamäleons mit ihrer Tarnfärbung und ihrem trägen Verhalten werden oft zugunsten ihrer größeren und farbenprächtigeren Verwandten ignoriert. Sie haben jedoch den Vorteil, daß sie nur ein kleines Terrarium benötigen, und die Nachahmung ihres Waldbodenbiotops läßt sich als reizvoller naturgetreuer Landschaftsausschnitt gestalten. Die *Brookesia*-Arten werden nur 3,3–10 cm, die *Rhampholeon*-Arten höchstens 8 cm lang. Beide Gattungen sind überwiegend braun gefärbt, eine Anpassung an den Waldboden. Der Farbwechsel beschränkt sich mehr oder weniger auf hellere Brauntöne, doch einige *Brookesia*-Arten können bei Erregung leuchtende Farben annehmen. Alle Stummelschwanz- und Blattchamäleons haben kurze Schwänze, die kaum noch zum Greifen taugen; ein weiteres durchgängiges Merkmal sind Stacheln und Knötchen auf dem Schuppenkleid.

In ihrer Heimat übersommern *B. stumpfii* und *B. thieli* bei trockener Hitze, und in der kalten Jahreszeit überwintern sie, indem sie sich in das Fallaub einwühlen. Solche Bedingungen lassen sich in einem Terrarium nur schwer schaffen, jedenfalls nicht von einem Anfänger.

Rhampholeon-Männchen haben einen dickeren Schwanz und einen größeren Kopffortsatz als die Weibchen; bei *Brookesia* erkennt man die Männchen an einer kleinen Hemipenesschwellung. In der Paarungszeit unterscheiden sich die Geschlechter auch farblich: Die Männchen verfärben sich zu einem helleren Braun mit dunklen Flecken und Spuren anderer Farben. Bei den männlichen Blattchamäleons erscheinen außerdem rote Knötchen auf den Überaugenwülsten. Alle diese Chamäleons sind eierlegend. Die winzigen Eier werden nicht vergraben, sondern unter toten Blättern nur leicht versteckt. Die Jungtiere brauchen kleines Lebendfutter – Springschwänze, Fruchtfliegen, Blattläuse usw. Auch sie müssen separat aufgezogen werden.

Terrarienhaltung
Stummelschwanz- und Blattchamäleons

TERRARIENGRÖSSE Mindestens 60 × 30 × 30 cm

SUBSTRAT Lehmboden mit Laubstreu

EINRICHTUNG Dünne Zweige für nächtliche Kletterpartien. Kleine Pflanzen, die für Schatten und Versteckplätze sorgen.

TEMPERATUR Die Tiere sonnen sich selten, außer bei großer Kälte, aber ein Wärmeabfall ist zur Vermeidung einer Überhitzung erforderlich. Eine schwache UV-Leuchte und eine kleine Wärmelampe genügen. Photoperiode: 12–14 Stunden.

Rhampholeon 21–25 °C an der kühlsten Stelle; nachts 14–15 °C.

Brookesia Für *B. stumpfii* und *B. thieli* 25–27 °C, für *B. superciliaris* höchstens 25 °C am Tage; nachts 20 °C für alle Arten.

FEUCHTIGKEIT Regelmäßig besprühen; 85–90 % Luftfeuchtigkeit; leichte Durchlüftung.

WINTERABKÜHLUNG 13–14 °C über 6 Wochen. Photoperiode: 8–10 Stunden.

FÜTTERUNG Kleine Insekten, darunter auch Springschwänze. Futtertiere aus Zuchten mit Vitaminen bestäuben. Manche Exemplare trinken aus den Blatttrichtern von Bromelien und nehmen kleine Sepiastücke aus einem Schälchen auf.

INKUBATION 3–4 Gelege pro Jahr mit je 2–4 Eiern. Inkubation 35–55 Tage bei einer konstanten Temperatur von 23 °C in feuchtem Vermiculit.

F & A …

◆ *Eignen sich Bergchamäleons für die Freilandhaltung?*

Ja, aber mit Einschränkungen. Extreme Hitze und Kälte ist zu vermeiden – in kühleren Klimazonen sollte man die Tiere vor dem ersten Frost ins Haus holen. Bei anhaltend trübem oder feuchtem Wetter müssen sie ebenfalls in einen Behälter mit einer geeigneten Licht- und Wärmequelle umgesetzt werden, denn sonst verfallen sie in eine Kältestarre.

◆ *Warum graben sich Bergchamäleons ein?*

Wird es einem Männchen im Terrarium zu heiß (über 25 °C), versucht es sich oft in den Boden einzugraben. Beide Geschlechter sonnen sich jeweils nur kurz, häufig auf einer Seite der Wärmestrahlung, aber dann verbringen sie viel Zeit in der Nähe der UV-Leuchte.

◆ *Kann man männliche Stummelschwanzchamäleons zusammensetzen?*

Nein. Selbst in einem großen Terrarium sollte man nur ein Männchen mit einem oder zwei Weibchen zusammen halten.

◆ *Stimmt es, daß Stummelschwanz- und Blattchamäleons »brummen«, wenn man sie hochhebt?*

Das »Brummen« ist bei verschiedenen Arten beobachtet worden, besonders bei weiblichen *B. thieli,* wenn sich ihnen ein unerwünschter Verehrer nähert. Sie erzeugen dieses Geräusch manchmal auch, wenn man sie hochhebt. Viele Arten erstarren, sobald sie gestört werden. *Rhampholeon kersteni* erzeugt zudem Vibrationen.

◆ *Wie lange leben Stummelschwanz- und Blattchamäleons?*

Gewöhnlich nicht viel länger als 2 Jahre. Die Jungen sind mit 4–5 Monaten geschlechtsreif.

◆ *Wie oft soll das Terrarium besprüht werden?*

Bei Chamäleons aus Kamerun (Berg- und Blattchamäleons) zwei- oder dreimal täglich, damit die notwendige Feuchtigkeit erhalten bleibt; man kann auch dem Substrat Wasser zuführen. Alle Chamäleons müssen täglich trinken. Sprühwasser verdunstet oft, bevor es aufgeleckt wird. Ein Schlückchen aus einer Spritze, falls praktikabel, sichert eine ausreichende Wasseraufnahme.

Gürtelechsen

FAMILIE: CORDYLIDAE

Die Heimat dieser attraktiven Echsen ist Afrika. Die Schildechsen (Unterfamilie Gerrhosaurinae) leben eher solitär, während die Eigentlichen Gürtelechsen (Unterfamilie Cordylinae) oft in großen Ansammlungen anzutreffen sind. Ein dominantes Schildechsenmännchen schart meist einen Harem aus mehreren Weibchen um sich, den er gegen Eindringlinge und Rivalen energisch verteidigt.

Felsenschildechse

Gerrhosaurus validus. Wer nicht über ein ausreichend großes Terrarium verfügt, sollte diese 70 cm langen Echsen lieber nicht halten. Die im Handel erhältlichen Tiere sind fast immer Wildfänge aus Moçambique; Nachzuchten sind selten. Schildechsen haben in Reihen angeordnete große Rückenschuppen, die auf Knochenplatten sitzen, welche die Flexibilität verringern. Eine Hautfalte zu beiden Seiten des schweren Körpers fördert die Beweglichkeit. Die Grundfarbe ist ein dunkles Braun mit kleinen hellen Flecken, die manchmal Längsstreifen bilden.

Die Felsenschildechse *(Gerrhosaurus validus)* klettert nicht gern, sondern versteckt sich in Felsspalten und bläht zum Schutz vor Feinden ihren Körper auf. Andere Schildechsenarten graben sich zu diesem Zweck in den Sand ein.

Terrarienhaltung
Felsenschildechse und Plattgürtelechse

TERRARIENGRÖSSE

Felsenschildechse Mindestens 120 × 60 × 45 cm für ein Paar. Je größer, desto besser.

Plattgürtelechse 75 × 30 × 20 cm für ein adultes Paar oder Trio.

SUBSTRAT Trockener Sand, 5 cm tief

EINRICHTUNG Steinaufbau mit hochgelegenen »Sonnenplätzen« und Verstecken im kühlen Bereich. Künstliche Pflanzen als Dekoration. Die Einrichtung muß für die großen Insassen sehr stabil sein. Kleiner Wassernapf. Täglich leicht besprühen.

TEMPERATUR UV-Leuchte und Wärmestrahler sind notwendig.

Felsenschildechse 28 °C an der kühlsten, bis zu 35 °C an der wärmsten Stelle; nachts 20 °C. Photoperiode: 14 Stunden.

Plattgürtelechse 29 °C an der kühlsten, 32–38 °C an der wärmsten Stelle; nachts 18 °C. Photoperiode: 14 Stunden.

WINTERABKÜHLUNG Normale Tageslichtdauer

Felsenschildechse 18–20 °C über 6 Wochen

Plattgürtelechse 12–13 °C über 6 Wochen

FÜTTERUNG

Felsenschildechse Allesfresser; Ernährung möglichst abwechslungsreich: Insekten, Mäuse und Termiten; Pflanzenkost, vor allem Früchte. Vitamin- und Kalziumzusätze. Manchmal wird auch Reptilienfutter aus der Dose angenommen.

Plattgürtelechse Vorwiegend Insekten und Wirbellose. Man versuche es auch mit Löwenzahn, Kresse und anderen eßbaren Blütenpflanzen, ebenso mit süßem Obst und Gemüse. Zerkleinerte Sepiaschale als Kalziumlieferant.

INKUBATION In feuchtem Vermiculit

Felsenschildechse Jährlich 1 Gelege mit 6 Eiern. Inkubation 75–83 Tage bei 30 °C und 90 % Luftfeuchtigkeit.

Plattgürtelechse 1–2 Gelege im Jahr mit je 2 Eiern. Inkubation 75–90 Tage bei etwa 26 °C.

Die Geschlechtsbestimmung ist nicht leicht. Beide Geschlechter haben Femoralporen, doch paarungsbereite Männchen verfärben sich an Kinn, Kehle und Wangen rosa bis purpurrot. Die Männchen hält man besser einzeln, vor allem in der Fortpflanzungszeit. Man sollte jedoch ernsthaft versuchen, diese Art zu züchten, denn Importe für Liebhaberzwecke schädigen die Bestände. Geräumige Unterkünfte, vielseitige Ernährung, eine richtige Heizung und Beleuchtung sowie eine Winterabkühlung können die Zucht fördern. Regenfälle im angestammten Lebensraum sorgen möglicherweise für einen zusätzlichen Paarungsanreiz. Dieser Punkt und andere Aspekte des Fortpflanzungsgeschehens müssen noch erforscht werden.
Andere Arten mit ähnlichen Haltungsansprüchen sind die Sudan-Schildechse (*G. major*) – die Männchen haben auffälligere Femoralporen und sind somit leichter zu bestimmen, doch Zuchterfolge sind selten –; die Gelbkehl-Schildechse (*G. flavigularis*) und die Gestreifte Schildechse (*G. nigrolineatus*). Die beiden letztgenannten Arten sind kleiner, schlanker und bunter.

Eine Gewöhnliche Plattgürtelechse (*Platysaurus intermedius*) zwischen Steinen, die ihr bevorzugter Versteck- und Sonnenplatz sind.

Gewöhnliche Plattgürtelechse

Platysaurus intermedius. Diese Echse paßt sich besonders gut an das Leben im Terrarium an und kann bei richtiger Pflege 14 Jahre alt oder noch älter werden. Die Männchen werden 18–28 cm lang und verhalten sich territorial, besonders in der Fortpflanzungszeit. Frisch importierte Exemplare sind zunächst scheu und verstecken sich, beruhigen sich aber bald.
Die männlichen Plattgürtelechsen erkennt man ohne weiteres an ihrer kontrastreichen Färbung. Der Schwanz ist gewöhnlich orangefarben bis gelb, und die leuchtendsten Farben zieren die Kehle und den Bauch. Auch die Kopffarbe ist variabel. In der Fortpflanzungszeit verstärkt sich die Färbung. Weibchen und Jungtiere sind schwärzlich und tragen auf dem Rücken drei helle Streifen, manchmal zusätzlich helle Flecken. Für die Eiablage sollte eine Stelle des Bodengrunds feucht sein (siehe »Zucht«, S. 38/39) – etwas Lehm oder Laubstreu kann dort eingebracht werden. Die Eier werden oft, wie in der freien Natur, in Felsspalten abgelegt. Normalerweise geschieht das im November oder Dezember, doch Weibchen, die in die nördliche Hemisphäre importiert werden, legen ihre Eier im Juni oder Juli ab. Frisch importierte Weibchen können trächtig sein und sollten nicht kühler gehalten werden, bis die Eiablage erfolgt ist und nachdem sie gut gefüttert worden sind. Mehrere Weibchen benutzen häufig denselben Eiablageplatz. Die Jungen werden bei etwas niedrigeren Temperaturen aufgezogen, als bei den Alttieren üblich. Weitere Arten, die ähnlich gehalten werden können, sind die Kaiser-Plattgürtelechse (*P. imperator*), das größte und farbenprächtigste Mitglied der Gattung, sowie einige insektenfressende Gürtelschweife der Gattung *Cordylus*, etwa *C. warreni* und *C. jonesi*.

F & A...

◆ *Kann man Felsenschildechsen anfassen?*

So große Echsen können zwar kräftig zubeißen, werden aber im allgemeinen schnell zahm, vor allem die Jungtiere.

◆ *Sind Felsenschildechsen schwer zu halten?*

Nein. Wenn das Terrarium ausreichend groß ist und die Tiere beim Kauf in guter Verfassung sind, ist die Haltung relativ einfach.

◆ *Sollten männliche Plattgürtelechsen einzeln gehalten werden?*

Ja, wenn ihre Unterkunft klein ist. Doch 2 Männchen und 4 Weibchen können in einem geräumigen Terrarium mit vielen Versteckplätzen zwischen Steinen recht friedlich zusammen leben.

Geckos FAMILIE: GEKKONIDAE

Mit rund 700 Arten stellt die Familie der Geckos eine der größten Echsenfamilien dar. Geckos werden zwischen 2,5 cm und 60 cm lang und sind von den Tropen bis zur gemäßigten Zone und von Meereshöhe bis in Höhen von 4000 m verbreitet. Sie bewohnen Regenwälder, Wüsten – und Häuser. Geckos sind hervorragende Insektenjäger.
Die Tiere haben eine sehr empfindliche Haut, die aus winzigen, unterschiedlich gestalteten Schuppen besteht und mehrmals im Jahr abgestoßen wird. Der Schwanz speichert Nährstoffe und kann zur Verwirrung von Freßfeinden blitzschnell abgeworfen werden. Ein neuer Schwanz wächst in einigen Wochen nach, ist aber nie so schön wie der alte. Heben Sie also nie einen Gecko am Schwanz hoch – er könnte abbrechen! Viele Geckos haben Haftlamellen an den Füßen, mit denen sie an glatten Flächen senkrecht hochklettern können. Arten, denen diese Lamellen fehlen, besitzen vielfach winzige Krallen als Kletterhilfen. Zwei Arten sind mit Zwischenzehenhäuten (nur hinten oder vorn und hinten) ausgestattet, die auf Sand wie »Schneeschuhe« funktionieren.
Die meisten Geckos sind nacht- oder dämmerungsaktiv – eine Lebensweise, der ihre unauffällige Färbung und ihre senkrechten Pupillenschlitze entsprechen. Ihre Vorzugsumgebungstemperaturen liegen zwischen 20 und 30 °C. Indem sie zwischen kühlen und warmen Bereichen hin und her wandern, können sie die jeweils gewünschte Körpertemperatur aufrechterhalten. Die meisten Arten benötigen kein volles Beleuchtungsspektrum, obwohl sie sich hin und wieder sonnen, wenn Licht verfügbar ist. Alle Geckos haben gute Augen und ein vergleichsweise gutes Gehör; sie können sich mit verschiedenerlei Lauten verständigen. Die Ohren sind am Kopf sichtbar, über und hinter den Kiefern.

Heimlichtuerisch und aggressiv

Geckos sind Heimlichtuer, die reichlich Versteckplätze brauchen. Sie fühlen sich sicher, wenn sie sich in enge Spalten und Lücken quetschen können. Kletter- und springfreudige Tiere benötigen viel Platz für ihre körperliche Betätigung; für sie nimmt man ein Terrarium, das höher als lang ist. Für Bodenbewohner sollte es dagegen niedriger und länger sein. In einem geräumigen Behälter läßt sich sowohl ein Wärmeabfall (siehe »Heizung und Beleuchtung«, S. 18/19) als auch eine friedliche Koexistenz leichter aufrechterhalten. Adulte Männchen sollte man nicht zusammen halten; die Idealbesetzung besteht aus einem Männchen und einem oder mehr Weibchen. Außerhalb der Fortpflanzungszeit nimmt ein Pärchen kaum Notiz voneinander. Die Geschlechtsbestimmung ist nicht immer ganz einfach, doch die Männchen haben manchmal einen breiteren Kopf und meist auffällige Femoral- oder Kloakenporen, die den Weibchen fehlen. Die Hemipenes stecken in Höhlen an der Schwanzwurzel, die relativ dick ist. Geckos pflanzen sich nicht fort, wenn sie nicht unter den richtigen Bedingungen gehalten werden. Bei der Wer-

Der Dickkopfgecko *(Paroedura pictus)* bewegt sich trotz seines eigenartigen Körperbaus sehr schnell.

F&A...

◆ *Beeinflußt die Temperatur das Geschlecht der Nachkommen?*

In mindestens einem Zuchtbericht heißt es, daß bei 28 °C weibliche und bei 32 °C männliche Dickkopfgeckos entstehen. Eine ähnliche temperaturbedingte Geschlechterverteilung (siehe »Zucht«, S. 38/39) wird anderen Reptilien, auch anderen Geckos, nachgesagt, doch das muß noch weiter erforscht werden.

◆ *Was kann ich tun, wenn meine Dickkopfgeckoweibchen an einer Überproduktion von Eiern leiden?*

Flößen Sie ihnen Vitamin D3 und lösliches Kalzium ein, und konsultieren Sie einen Tierarzt. Durch eine Temperaturanpassung kann die Vermehrungsfreude ebenfalls reduziert werden (siehe »Zucht«, S. 36/37).

◆ *Ist es wichtig, wo man für Wüstengeckos das Korkrindenversteck plaziert?*

Ja. Auch bei Wüstenbewohnern sollte man das Versteck möglichst weit von der wärmsten Stelle anbringen, um eine Überhitzung zu vermeiden.

Petris Dünnfingergecko *(Stenodactylus petrii)* hat die für Nachttiere typischen schmalen senkrechten Pupillenschlitze, die sich in der Dunkelheit weiten, um die Insektenbeute orten zu können. Geckos hören auch sehr gut.

bung ruft das Männchen seine Partnerin, wackelt mit dem Kopf und dem Schwanz und nähert sich ihr schließlich, um sie zu beriechen und zu schmecken. Wird es erhört, besteigt es sie rittlings und führt einen seiner Hemipenes in ihre Kloake ein. Die meisten Geckos sind ovipar – sie legen Eier, gewöhnlich 2–4 Wochen nach der Paarung. Die Eier sollten zwecks Inkubation entfernt und die Jungen getrennt von den Alttieren aufgezogen werden, weil sie sonst verspeist werden könnten. Die Jungtiere verlangen winziges Lebendfutter, etwa Blattläuse, frischgeschlüpfte Grillen und Fruchtfliegen.

Dickkopfgecko

Paroedura pictus. Diese 14 cm langen nachtaktiven Geckos bewohnen Trockenwälder, Buschland und felsige Gegenden im Westen und Süden Madagaskars. Trotz ihres breiten Kopfs und ihres stämmigen Körpers sind sie schnell und wendig. Ihre helle Grundfarbe ist braun gezeichnet. Manche Tiere sind gestreift, andere gebändert; die letzteren verfärben sich je nach Umgebungsfarbe dunkel oder hell. Die Haftlamellen an den Zehen der adulten Tiere sind ziemlich schwach ausgebildet, und deshalb halten sich diese vorwiegend auf dem Boden auf. An glatten Flächen können sie offenbar nicht hochklettern. Die Männchen erkennt man an der Hemipenesschwellung unter dem Schwanz.

Dickkopfgeckos sind manchmal allzu vermehrungsfreudig. Die Weibchen können in einer Saison mehr als 30 Eier legen. Diese Überproduktion hat ein Kalziumdefizit zur Folge, das Starrkrämpfe, geschwollene Gliedmaßen und in nachfolgenden Gelegen weichschalige Eier nach sich zieht, selbst wenn zusätzlich Kalzium verabreicht wurde. Die Weibchen können an diesem Mangel zugrunde gehen.

Die Eier werden im Substrat vergraben und sollten zwecks Inkubation entfernt werden. Die frischgeschlüpften Jungen haben eine reizvolle hellbeige Farbe, die nach einigen Wochen verblaßt. Sie verfügen über Haftzehen und klettern ausgezeichnet. Durch Einzelaufzucht werden Streitereien unterbunden. Die Jungtiere sind, je nach Ernährung, mit 9–12 Monaten geschlechtsreif. Weibchen haben nachweislich schon mit 5 Monaten Eier gelegt. Wenn die Jungtiere 5 Monate alt sind, sollte man die Geschlechter voneinander trennen, um zu verhindern, daß sie sich vor dem 9. Monat paaren.

Wüstengeckos

Stenodactylus-Arten. Die 8–12 Arten dieser Gattung, die auch als Dünnfingergeckos bezeichnet werden, sind von Nordwestafrika bis Südwestasien verbreitet. Ihre Taxonomie ist ungeklärt; die Terrarianer begnügen sich meist mit dem Gattungsnamen. Die hier gegebenen Informationen beziehen sich auf *S. sleveni* und *S. stenodactylus*, doch die anderen Arten haben wohl ähnliche Haltungsansprüche. In den Handel gelangen gewöhnlich die Arten *S. stenodactylus* und *S. petrii.*

Wüstengeckos sind nachtaktiv und klein (etwa 6–10 cm) und haben kleine, glatte Schuppen, einen rundlichen Kopf, knollenförmige Augen und stark

vorstehende Nasenöffnungen, weshalb ihre Schnauze nach oben gewendet erscheint. Der Schwanz bricht leicht ab, und regenerierte Schwänze sind häufig. Die Färbung der Wüstengeckos ist variabel: kleine, dunkle Abzeichen und gelegentlich weiße Flecken auf hellem bräunlichem bis sandfarbenem Grund. Die Tiere haben keine Haftlamellen und besteigen allenfalls kleine Steinhaufen. Wasser nehmen sie nur selten auf.
Wüstengeckos sind relativ pflegeleicht und werden häufig nachgezogen. Geschlechtsreife Männchen haben unmitelbar hinter der Kloake zwei Hemipenesschwellungen. Die Eier sind hartschalig und werden nach der Ablage mit einem Sandhäufchen bedeckt. Die Jungen können in einem kleinen Terrarium aufgezogen werden, in dem ähnliche Bedingungen herrschen wie in der Unterkunft der Alttiere.

Leopardgecko
Eublepharis macularius. Dieser in felsigen Halbwüsten heimische Gecko gehört zu den Echsen, die am häufigsten nachgezogen und vielfach schon dem Anfänger empfohlen werden. Die Jungtiere werden sehr zutraulich, wachsen aber bis zu einer Gesamtlänge von 25–30 cm heran. Der Körper ist mit erhabenen Knötchen besetzt, aber die Haut fühlt sich fast wie Samt an. Der dicke Schwanz dient als Fettspeicher. Die Grundfarbe des Rückens sind unterschiedliche Gelbtöne, die des Schwanzes weißlich. Kopf, Rücken, Schwanz und Beine sind mit dunklen Flecken verziert. Die moderne Auswahlzucht hat Spielarten mit einer kräftigeren gelben Grundfarbe hervorgebracht.

Der auffällig gezeichnete Leopardgecko *(Eublepharis macularius)* ist ein beliebtes und pflegeleichtes Terrarientier, kommt aber tagsüber nur selten aus seinem Versteck hervor.

Leopardgeckos sind Bodentiere, die kaum klettern. Obwohl sie dämmerungs- bis nachtaktiv sind und keine Beleuchtung mit vollem Spektrum benötigen, sonnen sie sich gern zwischendurch, wenn sie die Möglichkeit haben. Man kann für sie Felsterrassen mit Spalten und Höhlen errichten; man achte darauf, daß alle Steinaufbauten sicher fixiert sind.
Diese Geckos sollte man paarweise oder in einer kleinen Zuchtgruppe aus einem Männchen und mehreren Weibchen halten. Die Männchen sind schwerer gebaut, haben einen breiteren Kopf, eine V-förmige Reihe von Präanalporen und zwei kleine Hemipenesschwellungen. Manche Terrarianer halten eine Winterabkühlung für überflüssig, doch andere glauben, den Zuchterfolg durch eine zweimonatige Temperaturabsenkung steigern zu können. Die lederartigen Eier werden etwa 6 Wochen nach den Paarung abgelegt. Schaffen Sie einen Eiablageplatz aus Sand oder aus Sand und Lehm. Die Jungtiere sehen ganz anders aus als die Alten: Sie sind gelb mit schwarzen und mauvefarbenen Querbändern, die sich später in ein Fleckenmuster auflösen. Die Knötchen bilden sich nach einer Woche. Schon wenige Tage nach dem Schlüpfen verzehren die Kleinen Insektenkost. Man kann sie in den ersten Wochen etwas feuchter halten als die Alttiere. Als Substrat eignet sich Küchenpapier. Ähnlich zu pflegen ist der Gebänderte Krallengecko *(Coleonyx variegatus)*, bei dem man eine

Terrarienhaltung
Dickkopf-, Wüsten-, Leopard-, Fächerfuß- und Fettschwanzgecko

TERRARIENGRÖSSE

Fächerfußgecko 75×40×75 cm für ein Paar. Die Höhe ist für die tüchtigen Kletterer notwendig.

Andere Mindestens 60×40×30 für ein Paar oder Trio.

SUBSTRAT

Fächerfußgecko Ein feuchter, täglich zu besprühender Bereich neben einem 2–3 cm tiefen Belag aus trockenem, staubfreiem Sand; alternativ ein unterteilter Behälter mit beiden Substraten.

Andere Trockener, staubfreier Sand: 5–10 cm tief für Leopardgeckos (oder ein künstlicher teppichartiger Belag); 2–3 cm tief für die anderen Arten.

EINRICHTUNG Steine und Äste zum Klettern; Felsspalten oder Korkrinde als Versteckplätze, möglichst weit von der wärmsten Stelle entfernt. Trockenheitsliebende Pflanzen, etwa Sukkulenten, können verwendet werden, dürfen aber nicht die Luftfeuchtigkeit erhöhen. Pflanzen in Töpfen einsetzen, Steine fest einbetten. Gut durchlüften. Kleine Wasserschale. Steine abends leicht besprühen, damit die Tiere die Tropfen auflecken können.

TEMPERATUR

Dickkopfgecko 26 °C an der kühlsten, 33 °C an der wärmsten Stelle; nachts 24 °C. Photoperiode: 12 Stunden.

Wüstengeckos 30 °C an der kühlsten, 33–35 °C an der wärmsten Stelle; nachts mindestens 20 °C. Photoperiode: 12–14 Stunden.

Leopard- und Fettschwanzgecko 25–26 °C an der kühlsten, 30 °C an der wärmsten Stelle; nachts 21 °C. Photoperiode: 14 Stunden.

Fächerfußgecko 25 °C an der kühlsten, 35 °C an der wärmsten Stelle; nachts 20 °C. Photoperiode: 12–14 Stunden. UV-Leuchte und Wärmelampe.

WINTERABKÜHLUNG

Dickkopfgecko Höchstens 25 °C am Tag, 20 °C in der Nacht über 8–9 Wochen. Photoperiode: 7–8 Stunden.

Wüstengeckos 13–15 °C über 6–8 Wochen. Normale Tageslichtdauer.

Leopardgecko 24 °C am Tag, 18 °C in der Nacht über 8 Wochen. Photoperiode: 8–9 Stunden.

Fächerfußgecko 10 °C über 8 Wochen bei normaler Tageslichtdauer oder 6 Stunden künstliches Licht, falls erforderlich.

Fettschwanzgecko Höchstens 24 °C am Tag, 15–18 °C in der Nacht über 8 Wochen. Photoperiode: 8 Stunden. Besprühen einstellen, damit das Terrarium austrocknet, doch kleine Wasserschale bereitstellen.

FÜTTERUNG Vielerlei mit Vitamin bestäubte Insekten und andere Gliederfüßer. Kleine Sepiaschalenbrocken als Kalziumzusatz, der vor allem für die Weibchen wichtig ist.

Winterabkühlung über 2–3 Monate auf 10 °C vorsehen sollte.

Fächerfußgecko
Ptyodactylus hasselquistii. Diese kleine Art, die zuweilen auch Fächerfinger genannt wird, ist recht einfach zu pflegen und erfreut sich seit vielen Jahren großer Beliebtheit bei Geckoliebhabern. Sein Lebensraum sind heiße, trockene Felslandschaften von Nordafrika über den Nahen Osten bis Südwestasien. Man trifft die Tiere in Steinmauern, auf trockenen Flußufern und sogar im Umkreis von Siedlungen an, bis in Höhen von 1800 m.
Der Körper des Fächerfußgeckos ist leicht abgeplattet und hat oft eine Hautfalte an den Körperseiten. Der vergleichsweise große Kopf erhebt sich über dünnen Gliedmaßen. Die Gesamtlänge be-

Den großen fächerförmigen Haftzehen verdankt der Fächerfußgecko *(Ptyodactylus hasselquistii)* seinen Namen. Viele Geckoarten sind nach der Form ihrer Zehen benannt.

trägt 14 cm. Der Gecko ist variabel gefärbt, gewöhnlich graubraun mit hellen und dunklen Flecken und manchmal mit einem dunklen Augenstreifen. Der volkstümliche Name der Art leitet sich von den großen fächerförmigen Zehen her, die wie viele andere Geckofüße Haftlamellen tragen. Als Klettertiere brauchen die Fächerfüße einen hohen Behälter. Sie klettern an den Wänden und an den Einrichtungsgegenständen (Steinaufbauten, Äste oder Korkrinde) empor. Obwohl sie teilweise nachtaktiv sind, sonnen sie sich gern, wenn ihnen eine UV-Leuchte zur Verfügung steht. Normalerweise gehen sie in der Dämmerung auf Nahrungssuche; eine besondere Vorliebe haben sie für Fluginsekten, etwa Nachtfalter.

Zuchtbedingungen

DICKKOPFGECKO

Gelegegröße 15–20 Gelege im Jahr mit je 2 Eiern (aus einer einzigen Paarung).

Inkubation 55–60 Tage bei etwa 28 °C in einer kleinen, durchlüfteten Klarsichtbox mit einer 1,2 cm dicken trockenen Sandschicht.

WÜSTENGECKOS

Gelegegröße 6 Gelege im Jahr mit je 2 Eiern in monatlichen Abständen.

Inkubation 60 Tage bei 30 °C am Tag und 25,5 °C in der Nacht in einer kleinen Plastikbox (wie oben), die an der kühlsten Stelle des Terrarium aufgestellt wird. Statt dessen kann man auch einen Inkubator verwenden.

LEOPARDGECKO

Gelegegröße 5–6 Gelege im Jahr mit je 2 Eiern, die 6 Wochen nach der Paarung gelegt werden.

Inkubation 55–65 Tage bei 26–33 °C in feuchtem Vermiculit.

FÄCHERFUSSGECKO

Gelegegröße 4–5 Gelege im Jahr mit je 2 Eiern in Abständen von 2–4 Wochen.

Inkubation 90–100 Tage bei 20–25 °C auf feuchtem Substrat. Die Unterlage der Gelege muß meist zusammen mit den Eiern entfernt werden.

FETTSCHWANZGECKO

Gelegegröße 5–6 Gelege im Jahr mit je 2 Eiern in monatlichen Abständen.

Inkubation 60–70 Tage bei 29–32 °C in einer Mischung aus Vermiculit und Perlit mit Wasser (Verhältnis 1:1; siehe »Zucht«, S. 38/39).

Fächerfußgeckos sollte man paarweise pflegen. Die Männchen sind ausgesprochen territorial, doch beide Geschlechter eines Zuchtpaars greifen jeden Eindringling an. Die Männchen erkennt man an den Schwellungen unter der Schwanzwurzel. Nach der Paarung legt das Weibchen weiche, klebende Eier ab, die es zusammenfügt, bevor es sie an die Unterlage anheftet. Das kann ein Spalt oder eine Korkrindenhöhle oder eine andere geschützte Stelle im Terrarium sein. Die Eier lassen sich oft schwer ablösen, ohne daß auch die Unterlage entfernt wird; das ist jedoch völlig unbedenklich, da das Gelege auf dieser Unterlage inkubiert werden kann. Man muß nur darauf achten, daß das Inkubationsmedium selbst fast vollkommen trocken ist.

Die jungen Fächerfüße können unter den gleichen Bedingungen wie die adulten Tiere gepflegt werden und erhalten Lebendfutter in mundgerechter Größe. Es heißt zwar, daß die Alttiere die Jungen tolerieren, aber man sollte die Kleinen besser in einem eigenen Terrarium aufziehen, um Schikanen und Kannibalismus der Großen zu verhindern.

Weitere Arten mit ähnlichen Haltungsansprüchen sind: Bibrons Dickfingergecko *(Pachydactylus bibronii)* – seine maximale Tagestemperatur sollte 32 °C betragen –, der Mauergecko *(Tarentola mauritanica)*, der Scheibenfinger *(Hemidactylus turcicus)* und Kotschys Gecko *(Cyrtodactylus kotschyi)*. Die Eier der drei letztgenannten Arten werden vergraben oder in Spalten abgelegt.

Fettschwanzgecko

Hemitheconyx caudicinctus. Diese westafrikanische Art, die eine gewisse Ähnlichkeit mit dem Leopardgecko hat, erfreut sich in der Terraristik steigender Beliebtheit. Sein volkstümlicher Name bezieht sich auf den Schwanz, der dick und knollenförmig sein sollte; ein geschrumpfter Schwanz deutet auf Nahrungsmangel hin. Fettschwanzgeckos haben bewegliche Augenlider, aber keine Haftlamellen. Die Grundfarbe besteht aus breiten Querbändern, die abwechselnd schokoladen- und hellbraun sind. Eine Form weist einen hellen Längsstreifen auf und scheint im Zoohandel besonders begehrt zu sein. Die selektive Zucht, vor allem in den USA, hat eine Farbspielart namens »Tangerine« hervorgebracht, bei der die hellen Bänder pfirsichfarben und die dunklen orangerot getönt sind. Die meisten Exemplare, die in den Handel kommen, sind Wildfänge aus Ghana.

Fettschwanzgeckos brauchen sowohl eine feuchte als auch eine trockene Umgebung – ihr Feuchtigkeitsbedarf ist größer als der des Leopardgeckos. Diesen Anspruch kann man mit einem unterteilten Terrarium (siehe »Unterbringung«, S. 14/15) erfüllen oder dadurch, daß man die unterschied-

Der Fettschwanzgecko *(Hemitheconyx caudicinctus)*, der dem Leopardgecko nahesteht, ist ein Bodenbewohner und ein miserabler Kletterer.

lichen Substrate nebeneinander anordnet. Die Feuchtzone wird mit Torfmoos bedeckt, das man täglich besprüht, außer während der Winterabkühlung. An zwei oder mehr Stellen sollte man Verstecke vorsehen. Die Fettschwanzgeckos sind Bodenbewohner und brauchen keine Klettergelegenheiten, nur Versteck- und Wühlplätze. Tagsüber sonnen sie sich hin und wieder. Man kann drei Exemplare zusammensetzen, doch Paare züchten offenbar besser.

Die Männchen erkennt man an dem breiteren Kopf, dem etwas größeren Körper und den beiden Schwellungen unter dem Schwanz. Bei trächtigen Weibchen schimmern die Eier durch die blasse Bauchhaut durch. Die Nahrungsaufnahme geht bei einem trächtigen Weibchen einige Tage vor der Eiablage rapide zurück. Die Eier werden unter einer schützenden Korkrinde abgelegt, wo ein wenig Feuchtigkeit herrscht. Das Geschlecht der Nachkommen kann durch die Temperatur beeinflußt werden: Bei niedrigeren Temperaturen entstehen vorwiegend Weibchen, bei höheren vorwiegend Männchen.

F & A...

◆ *Schlüpfen die beiden Jungen des Leopardgeckos gleichzeitig?*

Sie schlüpfen gewöhnlich in einem Abstand von 30–38 Stunden. Der Schlupfvorgang dauert 2–4 Stunden.

◆ *Wann werden Fächerfußgeckos geschlechtsreif?*

Im Gegensatz zu manchen frühreifen Geckoarten sind die Fächerfüße erst mit 18–24 Monaten voll ausgewachsen.

◆ *Was bedeutet es, wenn mein Fächerfußgecko quakt?*

Wird er hochgehoben oder angegriffen, gibt er einen Quaklaut von sich, den die Männchen auch ausstoßen, um ihr Territorium zu behaupten.

◆ *Warum wackeln Fettschwanzgeckos bei einer Störung mit dem Schwanz?*

Das ist eine Drohgebärde, die man auch bei anderen Geckoarten beobachten kann. Der Schwanz vibriert beim Fressen noch heftiger; wahrscheinlich sollen dadurch etwaige Feinde vom Kopf abgelenkt werden.

◆ *Wie schnell werden Fettschwanzgeckos zahm?*

Wildfänge lassen sich nicht gern anfassen und schnappen womöglich nach der Hand. Nachzuchten werden meist umgänglicher, wenn sie heranwachsen.

◆ *Unterscheiden sich junge Fettschwanzgeckos von den Alttieren?*

In den ersten 6 Monaten sind Zeichnung und Färbung verschieden. Jungtiere haben eine gelbgrüne Grundfarbe mit U-förmigen grauen und blauen Flecken.

▲ Ein großer Kopf ist kennzeichnend für viele Geckoarten, auch für den Tokeh *(Gekko gecko)*. Die Ohrenöffnungen sitzen hinter und über dem Unterkiefer.

Tokeh oder Tokee

Gekko gecko. Dieser farbenprächtige, etwa 30 cm lange Gecko gehört seit langem zum festen Bestand der Terraristik, obwohl er als beißlustig gilt, und ist ziemlich regelmäßig im Handel. Es werden jedoch relativ wenige Nachzuchten angeboten; die meisten Tiere sind Importe aus ihrer süd- und südostasiatischen Heimat. Die großen und stattlichen Tokehs sind blaugrau mit kleinen rötlichen und weißen Flecken, die sich in der Nacht blaßblau verfärben. Die großen gelben Augen haben senkrechte schwarze Pupillen und keine Augenlider wie die meisten Geckos. Den Namen verdankt der Tokeh seinen typischen Lautäußerungen (»to-keh«), mit denen die Männchen Geschlechtspartnerinnen anlocken und andere Männchen bedrohen. Damit protestieren sie auch, wenn sie angefaßt werden. Die Weibchen sind ebenfalls lautfreudig, doch ihre Stimme klingt anders. Bei beiden Geschlechtern bricht der Schwanz leicht ab, wenn er festgehalten wird.

Alle Tokehs sind aggressiv und benötigen viel Platz. Am besten hält man ein Männchen mit 2 oder 3 Weibchen zusammen. Korkrindenplatten an den Terrarienwänden dienen als Klettergelegenheiten und Verstecke.

Zuchtbedingungen

TOKEH	
Gelegegröße	3–4 Gelege im Jahr mit je 2 Eiern
Inkubation	120 Tage bei 28–30 °C in feuchtem Vermiculit. 60 % Luftfeuchtigkeit.
PLATTSCHWANZGECKOS	Die Zucht von *Uroplatus*-Arten ist bislang nur selten gelungen.
Gelegegröße	3 Gelege im Jahr mit je 2 Eiern
Inkubation	90–95 Tage bei etwa 26 °C in feuchtem Vermiculit.
FALTENGECKO	
Gelegegröße	2–3 Gelege im Jahr mit je 2 Eiern, die ganzjährig gelegt werden.
Inkubation	65–80 Tage bei 26–28 °C. Man entnimmt die Eier mitsamt ihrer Unterlage und plaziert sie in eine transparente Plastikbox mit einer Schaumstoffschicht und ein paar Luftlöchern. 65–70 % Luftfeuchtigkeit.

Tokehs ruhen tagsüber meist versteckt in Rindenspalten. Sie trinken nicht aus einem Napf; das Terrarium muß deshalb jeden Abend besprüht werden.

Die Männchen unterscheiden sich von den Weibchen durch ihre größere Gestalt und eine Reihe von auffälligen Präanalporen. Die Babys werden zahm, wenn man sie regelmäßig in die Hand nimmt. Die Jungtiere sollten nicht bei den Alttieren wohnen, denn die Gefahr des Kannibalismus ist groß. Bei richtiger Ernährung und Unterbringung wird der Nachwuchs mit etwa einem Jahr geschlechtsreif. Die Männchen sollte man mit 6 Monaten trennen, unter Umständen noch früher, wenn es zu Aggressionen kommt.

Plattschwanzgeckos

Uroplatus-Arten. Die verschiedenen Arten, die aus Madagaskar stammen und (irrtümlich) auch als Blattschwanzgeckos bezeichnet werden, waren bis vor kurzem kaum erhältlich. Am bekanntesten und größten ist der 30 cm lange *U. fimbriatus*. Die einzelnen Arten tragen noch keine einheitlichen Trivialnamen.

Diese Echsen werden von vielen Madagassen abergläubisch gefürchtet. Es sind Nachttiere mit großen Köpfen und schmalen »Sehschlitzen«. Baumlebende Arten wie *U. fimbriatus*, *U. henkeli*, *U. allaudi* und *U. sikorae* besitzen fransenförmige Hautlappen, die auf der Baumrinde eine effektive Tarnung abgeben. Sie wird noch unterstützt durch die Färbung. *U. sikorae* trägt auf dem Rücken eine flechtenähnliche Zeichnung. *U. ebenaui* und *U. phantasticus* halten sich nachts auf niedrigen

F & A...

◆ *Kann man Tokehs ohne weiteres anfassen?*

Sie können herzhaft zubeißen – nicht sehr tief (die Haut wird kaum geritzt), aber sie lassen so schnell nicht wieder los. Man sollte sie nur anfassen, wenn es unvermeidlich ist. Tragen Sie Handschuhe bei der Hantierung im Terrarium.

◆ *Wie kann man Tokeh-Eier inkubieren, die an einem großen Korkrindenstück haften?*

Man sollte den Teil mit dem Gelege behutsam ausschneiden oder aussägen und in den Brutkasten legen.

◆ *Sind die Bisse der Plattenschwanzgeckos gefährlich?*

Das große Maul enthält zahlreiche winzige Zähnchen und wirkt gefährlich, wenn es weit aufgerissen wird. Ein Biß erschreckt den Pfleger, ist aber harmlos. Doch lassen Sie das Tier dann nicht fallen.

◆ *Werden Plattschwanzgeckos zahm?*

Sie können so zutraulich werden, daß man sie mit einer Pinzette füttern kann, aber sie lassen sich nicht gern anfassen. Wie alle Baumbewohner fühlen sie sich am sichersten, wenn ihre Füße Kontakt mit einem Ast haben.

◆ *Bleiben Eier im Terrarium unentdeckt, greifen dann die Alttiere die frischgeschlüpften Jungen an?*

Im allgemeinen nicht, doch ist es immerhin möglich, weshalb man die Jungen absondern sollte. Die Alten verspeisen oft die leeren Eihüllen, die ihnen Kalzium liefern.

Dieser Plattschwanzgecko *(Uroplatus phantasticus)* ist unauffällig gefärbt, doch er kann seine Farbe zur zusätzlichen Tarnung an die Baumrinde anpassen.

Terrarienhaltung
Tokeh, Plattschwanz- und Faltengeckos

TERRARIENGRÖSSE

Plattschwanzgecko Mindestens 90×60×90 cm für ein Paar der größeren Arten *(U. fimbriatus)*.

Andere Mindestens 75×40×75 cm

SUBSTRAT Feucht. Plattschwanzgeckos brauchen ein feuchtes Gemisch aus Lehm, Lauberde, Moos und Laubstreu.

EINRICHTUNG Senkrechte oder vertikale Korkrindenplatten und Äste, die man leicht entfernen kann, um die Eier zu finden. Pflanzen tragen zur Luftbefeuchtung bei. Kleines Wassergefäß.

TEMPERATUR

Tokeh 25–26 °C an der kühlsten, 29–32 °C an der wärmsten Stelle; nachts 21–22 °C. Photoperiode: 14 Stunden.

Plattschwanzgeckos *U. fimbriatus* 24 °C an der kühlsten, 29 °C an der wärmsten Stelle, nachts 22 °C. *U. henkeli* 20–30 °C am Tage, 20 °C in der Nacht. *U. lineatus* 24–29 °C am Tage, 24 °C in der Nacht. *U. ebenaui* und *U. phantasticus* 20–26 °C am Tage, 20 °C in der Nacht. *U. sikorae* 19–24 °C am Tage, 20 °C in der Nacht. Photoperiode: 12 Stunden. Schwache UV-Leuchte für gelegentliche Sonnenbäder.

Faltengecko 28 °C an dere kühlsten, 32 °C an der wärmsten Stelle; nachts 21–25 °C. Photoperiode: 12 Stunden.

FEUCHTIGKEIT

Tokeh 50–65 %. Täglich besprühen.

Plattschwanzgecko 85 %. Einmal oder öfter pro Tag besprühen, je nach Bedarf. Ausreichende Durchlüftung zur Verhinderung von Schimmel und Fäulnis.

Faltengecko 65 %. Besprühen am späten Abend.

WINTERABKÜHLUNG Nur bei den Plattschwanzgeckos *U. henkeli*, *U. ebenaui* und *U. phantasticus:* 19–20 °C über 6 Wochen. Sprühen reduzieren.

FÜTTERUNG Bestäubte Insekten und Sepiaschale. Plattschwanzgeckos brauchen nur einmal wöchentlich Vitamingaben, doch Kalzium dreimal in der Woche.

Büschen auf und verbringen den Tag auf dem Waldboden im Fallaub.

Ihnen fehlen die Hautfransen der Baumbewohner, doch ihre Färbung paßt sich hervorragend an das Laub an und kann bis zu einem gewisen Grad verändert werden. *U. allaudi, U. guentheri* und *U. malahelo* sind selten und kaum jemals im Handel. Einige Arten reagieren auf eine Bedrohung damit, daß sie das Maul aufreißen, die rote Zunge vorstrecken, quäken und den Schwanz aufrichten. Der Schwanz bricht stets an der Basis ab – der ganze Schwanz geht also verloren.

Die baumlebenden Arten benötigen ein geräumiges Terrarium, in dem sie von Ast zu Ast springen können. Kleinere Arten brauchen entsprechend weniger Platz. Sie können sich zwar mit ihren Haftfüßen an Glaswänden festhalten, aber Baumrinde ist ihnen offensichtlich lieber.

Die Geschlechtsbestimmung orientiert sich an den Schwellungen unter dem Schwanzansatz der Männchen. Am besten gesellt man einem Männchen zwei Weibchen bei. Plattschwanzgeckos sind eierlegend, und ein Gelege enthält gewöhnlich 2 Eier. Bei manchen Arten sind es angeblich 4 Eier, doch das konnte in Gefangenschaft noch nicht beobachtet werden. Die Eier werden auf oder dicht unter der Laubstreu abgelegt und zwecks Inkubation entfernt. Weil Plattschwanzgeckos erst neuerdings erhältlich sind, ist ihre Fortpflanzung noch kaum erforscht. Nachzuchten von *U. fimbriatus* und *U. sikorae* sind vorerst noch selten. Photoperiode, Wärmebedarf und Winterabkühlung müssen bei diesen Arten noch ermittelt werden. *U. ebenaui, U. phantasticus* und *U. henkeli* könnten sich als Terrarientiere durchsetzen. *U. ebenaui* und *U. phantasticus* haben in einer einzigen Saison 3 Gelege mit je 2 Eiern gebracht und dürften künftig noch mehr Nachwuchs zeitigen.

Faltengecko

Ptychozoon lionotum. Diese nachtaktiven Geckos aus den Regenwäldern Südostasiens geben interessante Pfleglinge ab und sind relativ leicht zu halten. Ihren Namen haben sie von Hautfalten beiderseits des Rumpfes, mit deren Hilfe sie gleiten (nicht fliegen) können und die sie bei Nichtgebrauch einklappen. Auffällige Zwischenzehenhäute und mehrere Hautlappen am Schwanz erleichtern das Gleiten und lösen den Körperumriß auf, wenn das Tier auf einem Ast sitzt. Auch auf dem Boden bewegen sich die Faltengeckos behende.

Die Füße besitzen eine ungewöhnliche Haftfähigkeit und darüber hinaus Krallen, die nach oben gedreht werden können, wenn sie für die Fortbe-

Ein Faltengecko *(Ptychozoon lionotum)* braucht viel Platz, damit er anmutig von Ast zu Ast gleiten kann. Man beachte die abgespreizten Hautfalten beiderseits des Rumpfs.

wegung nicht benutzt werden. Faltengeckos werden 16 cm lang und sind braun und grau gefärbt und mit dunkleren Abzeichen versehen, die sie auf der Baumrinde nahezu unsichtbar machen.
Sie »quaken« und beißen, wenn man sie hochhebt – der Biß tut weh, ist aber ungefährlich. Der Schwanz wird sehr schnell abgeworfen. Ihren Gleitflug können die Tiere nur in einem sehr geräumigen Terrarium vorführen. Die empfehlenswerte Besetzung ist ein Paar oder Trio. Eine Bepflanzung dient der Dekoration, doch wichtiger sind Korkrinde und Äste als Klettergelegenheiten. Diese sollte man leicht herausnehmen können; bei einer allzu aufwendigen Einrichtung ist es schwierig, die Eier ausfindig zu machen. Die Geckos brauchen eine kleine Wasserschale, und sie fressen normalerweise nachts, sofern sie nicht sehr hungrig sind. Die Männchen besitzen eine Reihe von auffälligen Präanalporen und einen Hautlappen beiderseits der Kloake. Die Tiere pflanzen sich das ganze Jahr über fort, falls die Bedingungen stimmen. Die hartschaligen Eier werden vielfach an Rinde angeheftet und zusammen mit der Unterlage entfernt, wie bei den Fächerfußgeckos. Ein Eiablageplatz wird häufig mehrmals hintereinander benutzt. Die Jungen zieht man in einem kleinen Terrarium auf, in dem ähnliche Bedingungen herrschen wie in der Unterkunft der Alttiere.
Genauso zu pflegen ist die Art *P. kuhlii*, die etwas größer wird und Knötchen auf dem Rücken trägt.

Wundergecko

Teratoscincus scincus. Diese reizvollen Geckos, die von Zentral- und Südwestasien bis zur Arabischen Halbinsel verbreitet sind, werden durchweg etwa 18 cm lang. Im Unterschied zu anderen Mitgliedern der Gattung trägt diese Art feine fischähnliche Schuppen, die sich bei rauher Behandlung leicht ablösen. Auch der Schwanz bricht schnell ab. Beides regeneriert sich jedoch bei richtiger Ernährung und Haltung. Weitere bemerkenswerte Kennzeichen des Wundergeckos sind der große Kopf mit den runden Augen und kammähnliche Schuppen auf den Augenlidern und Zehen – eine Anpassung an das Leben in Sandwüsten. Mit seiner hellen Grundfarbe und den dunkleren Flecken und Streifen wirkt er besonders attraktiv. Die Nachzucht gelingt recht häufig, doch die meisten Exemplare im Handel sind nach wie vor Wildfänge.
Der Wundergecko stellt spezielle Ansprüche und ist deshalb für den unerfahrenen Terrarianer nicht geeignet. Er ist zwar ein Wüstenbewohner, der eine trockene Atmosphäre verlangt, aber er muß auch die Möglichkeit haben, sich tief in den feuchten Untergrund zu vergraben, um seine empfindliche Haut zu schützen, durch die der Gasaustausch (Atmung) erfolgt. Deswegen sind sowohl ein feuchter als auch ein trockener Bodengrund erforderlich. Diese Bedingungen lassen sich in einem kleinen Terrarium nur schwer erfüllen. Man kann

F&A…

◆ *Sind Wundergeckos aggressiv?*

Ja. Männchen sollten nicht zusammengesetzt werden. Trächtige Weibchen entfernt man am besten aus dem Terrarium, denn sie gebärden sich oft aggressiv gegenüber Männchen, die sich meist nicht wehren. In dieser Situation sind männliche Tiere schon einmal schwer verletzt worden.

◆ *Stimmt es, daß Wundergeckos »bellen«?*

Die Männchen »bedrohen« ihren Pfleger, indem sie mit dem Schwanz wedeln und mit den Schuppen ein rasselndes Geräusch erzeugen. Sie können auch Laute von sich geben und einen unachtsamen Menschen beißen. Das gehört wahrscheinlich zum männlichen Territorialverhalten. Weibchen geben sich dem Pfleger gegenüber umgänglicher.

◆ *Wann werden Wundergeckos geschlechtsreif?*

Im Freileben bringen die kurzen Sommer und die langen Überwinterungsphasen (schon im ersten Jahr) es mit sich, daß die Tiere 4 Jahre brauchen, um die Geschlechtsreife zu erreichen. In Gefangenschaft überwintern sie kürzer (nicht im ersten Jahr) und können deshalb schon mit 12–18 Monaten geschlechtsreif werden.

Terrarienhaltung
Wundergecko

TERRARIENGRÖSSE Mindestens 75 × 30 × 40 cm für ein Paar oder Trio.

SUBSTRAT 15 cm tiefer Sand (zur Hälfte leicht feucht) unter einer Moos- oder Korkrindendecke.

EINRICHTUNG Bodengrund teils mäßig feucht, teils trocken. Korkrinde als Unterschlupf. Im Sand eingebettete Röhren zum Eingraben. Kleine Wasserschale.

TEMPERATUR 32 °C an der kühlsten, 40 °C an der wärmsten Stelle; nachts 20 °C. Heizkabel kann im trockenen Bereich des Terrariums verlegt werden. Photoperiode: 12 Stunden.

WINTERABKÜHLUNG 8–10 °C über 8–10 Wochen.

FÜTTERUNG Bestäubte Insekten; zerkleinerte Sepiaschale.

INKUBATION Bis zu 4 Gelege im Jahr mit je 2 Eiern, die vergraben oder an der Oberfläche abgelegt werden. Man entnimmt sie mit einem Löffel – sie sind hartschalig, aber zerbrechlich. Inkubation auf trockenem Sand bei 31 °C, 46–60 Tage lang.

den Behälter jedoch in eine mäßig feuchte und eine trockene Hälfte unterteilen, oder man stellt an einer Seite des Terrariums einen leicht zugänglichen Plastikbehälter mit angefeuchtetem Sand auf.
Man kann ein Heizkabel im trockenen Teil des Terrariums verwenden, um diesen Bereich zu erwärmen (siehe »Heizung und Beleuchtung«, S. 18/19). In einem gut beleuchteten Zimmer ist zusätzliches Licht nicht unbedingt notwendig, sofern es nicht zugleich als Wärmequelle genutzt wird. Wundergeckos verlangen eine echte Überwinterung, nicht nur eine Winterabkühlung (siehe die Informationen zur Überwinterung unter »Zucht«, S. 36/37).
Die Männchen erkennt man an der Hemipenesschwellung unter dem Schwanz. Femoralporen und andere Geschlechtsmerkmale sind nicht vorhanden. Das Paarungsverhalten ähnelt dem anderer Geckoarten, doch die Männchen beißen ihre Partnerinnen weniger heftig, um die empfindliche Haut nicht zu beschädigen. Die Eier werden eingegraben oder manchmal auch einfach auf dem Bodengrund abgelegt. Eine Erhöhung der Inkubationstemperatur bringt anscheinend mehr männliche Nachkommen hervor, aber dieser Zusammenhang ist noch nicht geklärt. Es empfiehlt sich, die Jungen einzeln aufzuziehen, und zwar bei niedrigeren Höchsttemperaturen, als sie die Alttiere benötigen. Andere Arten, die ähnlich zu pflegen sind: *T. keyserlingii* und *T. microlepis.*

Der Wundergecko *(Teratoscincus scincus)* trägt unterschiedliche Schuppen: große auf der Schnauze, feine auf dem übrigen Kopf und große und plattenförmige auf dem Körper und dem Schwanz. Die Haut ist empfindlich und muß behutsam angefaßt werden.

Taggeckos

FAMILIE: GEKKONIDAE
GATTUNG: *PHELSUMA*

Die Taggeckos oder Phelsumen bewohnen Madagaskar und andere Inseln im Indischen Ozean, und ihr Lebensraum umfaßt feuchte Wälder ebenso wie Plantagen. Es gibt mehr als 50 Arten und Unterarten, von denen einige äußerst selten sind. Seit 1994 dürfen nur 4 Arten legal aus Madagaskar ausgeführt werden: Madagassischer Taggecko (Unterarten *Phelsuma madagascariensis grandis* und *P. m. kochi)*, Breitschwanz-Taggecko oder Goldstaubphelsume *(P. laticauda)*, Pfauenaugen-Taggecko *(P. quadriocellata)* und Streifen-Taggecko *(P. lineata)*. Seit den 1980er Jahren sind außerdem einige Geckos mit einem Einfuhrverbot für Europa belegt. Die betroffenen Arten, etwa Standings Taggecko *(P. standingi)*, werden allerdings nachgezogen.

Im Gegensatz zu den nachtaktiven Geckos sind die Taggeckos leuchtend bunt. Bei einigen Arten sind die Geschlechter unterschiedlich gefärbt. Geschlechtsreife Männchen haben gut entwickelte Femoralporen und zwei Hemipenesschwellungen unter dem Schwanzansatz. Bei den Weibchen finden sich Schwellungen auf beiden Seiten des Nackens. Das sind Endolymphdrüsen, die Kalzium speichern, und wenn sie fehlen, muß man dem Weibchen zusätzlich Kalzium geben, um seine Paarungsbereitschaft zu fördern.

Der Madagassische Taggecko *(Phelsuma madagascariensis grandis)* trägt ein leuchtend grünes Schuppenkleid mit roten Flecken. Bei diesem Tier ist ein Teil des Schwanzes regeneriert.

F & A...

◆ *Können Taggeckos in einem Freilandterrarium gehalten werden?*

Ja, wenn die Bedingungen stimmen. Das Terrarium muß absolut ausbruchsicher sein. Extreme Hitze und Kälte müssen vermieden werden, und genügend Schatten und Feuchtigkeit sind notwendig. Futter, das Obst oder Honig enthält, kann Ameisen anlocken.

◆ *Kann man die Jungen gemeinsam aufziehen?*

Raufereien und Verletzungen sind möglich. Die Fortschritte lassen sich bei Einzelaufzucht leichter kontrollieren.

◆ *Wie hole ich die Babys aus dem Brutkasten?*

Die Babys sind ungeheuer flink. Stellen Sie die Box in ein kleines Aquarium, und bedecken Sie es mit einem Pullover, nachdem Sie die Halsöffnung zugebunden haben. Führen Sie die Arme durch die Ärmel ein, heben Sie den Deckel der Box ab, umschließen Sie ein Tierchen mit der Hand, und ziehen Sie den Arm durch den Ärmel zurück.

◆ *Mein Taggecko hat Schwierigkeiten beim Häuten. Was stimmt hier nicht?*

Zu wenig Feuchtigkeit im Terrarium verursacht eine trockene Haut und hemmt die Häutung. Sprühen Sie, oder stecken Sie das Tier in einen feuchten Stoffbeutel oder in einen Behälter mit feuchtem Moos.

◆ *Der Schwanz meines jungen Taggeckos pendelt hin und her. Ist das normal?*

Ein schlaffer Schwanz ist die Folge einer Schwächung der Schwanzwurzel, verursacht durch Fehlernährung, meist einen Kalzium- und Vitaminmangel. Reichern Sie das Futter entsprechend an.

Terrarienhaltung

TERRARIENGRÖSSE 75×45×75 cm für die größeren Arten, 60 cm lang für die kleineren.

SUBSTRAT Zerkleinerte Moosballen, sterile Erde, Sand oder Kompost aus Orchideenrinde.

EINRICHTUNG Korkrinde, Bambusstangen oder -zweige (senkrecht und waagerecht). Breitblättrige Gewächse (Sansevierie, Fensterblatt u.a.) als Klettergelegenheit und Verstecke und zur Aufrechterhaltung der Feuchtigkeit.

TEMPERATUR 26–28 °C an der kühlsten, 30 °C an der wärmsten Stelle; nachts 20–23 °C. Photoperiode: 14 Stunden. Starke UV-Leuchte und Wärmestrahler. Keine heißen Steine.

FEUCHTIGKEIT 50–85 % je nach Art. *P. m. g.* fühlt sich bei dem unteren Wert wohl. Täglich sprühen.

WINTERABKÜHLUNG Maximal 25 °C am Tag, 15 °C in der Nacht über 8 Wochen. Photoperiode: 10 Stunden.

FÜTTERUNG Nektarfutter für Lori-Papageien, süßes Obst und Babykost auf Obstbasis (besonders Pfirsich und Mango); zerkleinerte Sepiaschale, wichtig für Jungtiere und trächtige Weibchen. Eine feste Mischung aus Honig, braunem Zucker, Kalziumpulver und Vitaminzusätzen wird gern aufgeleckt. Kleines Wassergefäß.

INKUBATION 2–3 Gelege im Jahr mit je 1–2 Eiern. Inkubation 54–70 Tage bei 28 °C, nachts 22 °C und 75 % Luftfeuchtigkeit – oder 45–55 Tage bei konstant 26–28 °C. Das erste Junge schlüpft manchmal 7 Tage vor dem zweiten.

Alle Taggeckos besitzen Haftfüße und können an waagerechten Flächen umherwandern.
Die Tiere sind durchweg aggressiv, was durch Übervölkerung noch verstärkt wird. Selbst Weibchen sind untereinander streitsüchtig und greifen manchmal auch Männchen an. Man hält am besten ein Paar oder ein Trio, doch unverträgliche Partner müssen getrennt werden. Bei richtiger Pflege werden viele Taggeckos so zahm, daß sie Futter von der Pinzette oder aus der Hand entgegennehmen, aber kleine Exemplare lassen sich nur selten anfassen. Die Tiere sind sehr behende und suchen oft blitzschnell die Freiheit.

Nachzucht

Die Paarung findet gewöhnlich im Frühling statt, nach der Winterabkühlung und der Rückkehr zu den normalen Terrarienbedingungen. Mehrere Gelege werden an versteckten Stellen abgelegt. Man sollte sie in eine Inkubationsbox umquartieren. Aneinanderhaftende Eier darf man nicht trennen – entnehmen Sie sie gemeinsam, aber sehr vorsichtig. Bohren Sie kleine Luftlöcher in den Deckel der Box, und bedecken Sie den Boden mit kleinkörnigem Vermiculit, das vorher in warmem Wasser angefeuchtet und dann ausgedrückt worden ist. Die Eier sollten von der Unterlage abgehoben werden. Manche Arten heften die Eier an die Terrarienwände oder an Pflanzen an. Wenn sie sich nicht mühelos entfernen lassen, müssen sie an Ort und Stelle inkubiert werden: Man stülpt einen kleinen, belüfteten Klarsichtbehälter über das Gelege und fixiert ihn mit Klebeband. Legen Sie zusammengeknülltes Küchenpapier in die Box, und halten Sie es leicht feucht, indem Sie etwas Wasser durch die oberen Luftlöcher träufeln. Die Temperatur hat möglicherweise Einfluß auf das Geschlecht der Jungen, doch darüber weiß man noch nichts Genaueres. Die Kleinen werden unter den gleichen Bedingungen wie die Eltern gehalten und mit kleinerem Lebendfutter versorgt.

Der Pfauenaugen-Taggecko *(Phelsuma quadriocellata)* hat seinen Namen von den schwarzen, türkisgesäumten »Augenflecken« auf den Körperseiten, unmittelbar hinter den Vorderbeinen.

Grüner Leguan

FAMILIE: IGUANIDAE
ART: *IGUANA IGUANA*

Über eine Million dieser Leguane, die von Mexiko bis zum mittleren Südamerika verbreitet sind, wurden 1994/95 allein in die USA exportiert. Sie sind dort und in aller Welt sehr beliebt – trotz diverser Nachteile. Der erste ist ihre Größe: In der Natur werden sie über 2 m lang – die Hälfte davon entfällt auf den Schwanz – und in Gefangenschaft gewöhnlich etwa 1,80 m. Die Unterbringung wird schon lange vor Erreichung dieser Länge zu einem Problem, und so werden viele ausgewachsene Tiere an Zoos verschenkt, weiterverkauft oder einfach ausgesetzt. Ein weiterer Faktor ist das Temperament der Leguane. Wer sich für die Leguanhaltung entscheidet, sollte möglichst Jungtiere erwerben, die bei richtiger Behandlung recht zahm werden. Leguanbabys sind sowohl attraktiv als auch preiswert, ältere Tiere dagegen teuer und oft widerspenstig. Leguane verfügen über scharfe Krallen und einen kräftigen Schwanz, mit dem sie Hiebe austeilen können. Jeder Pfleger wird garantiert hin und wieder gekratzt; alle Wunden müssen versorgt werden. Ein dritter Negativposten: Vor allem in den USA hat man die Tiere mit Salmonellenerkrankungen in Verbindung gebracht, die oft dort auftreten, wo die Tiere frei im Haus umherstreifen. Hygiene ist sehr wichtig, besonders wenn Kinder im Haus leben.

Grüne Leguane sind Einzelgänger und sollten einzeln gehalten werden; Männchen greifen manchmal sogar weibliche Mitinsassen an. Außerdem sind sie schnellwüchsig: Ein Baby wächst schon nach mehreren Wochen aus seinem ersten Terrarium mit den Maßen 70×40×45 cm heraus!

Von entscheidender Bedeutung ist die richtige Ernährung (siehe den Abschnitt über Pflanzenkost, S. 29/30). Das Futter sollte kalzium- und faserreich und so vielseitig wie möglich sein. Schneiden Sie es klein, und mischen Sie es gründlich, damit die Tiere nicht nur das fressen, was ihnen am besten schmeckt. Jungtiere (bis zu 2 Jahren) brauchen eine Nahrung, die zu 15 % aus tierischem Eiweiß und zu 85 % aus Pflanzenmaterial besteht; 70 % sollten Gemüse sein. Die Metabolische Knochenkrankheit (siehe »Gesundheit und Krankheiten«, S. 45) ist die Ursache der meisten Gesundheitsbeschwerden bei Grünen Leguanen. Sie gedeihen besonders gut im Freien, wo sie natürliches Sonnenlicht abbekommen, das den Kalziumstoffwechsel fördert und sich möglicherweise auch positiv auf die »Psyche« auswirkt, was freilich schwer nachzuweisen ist.

Große Männchen mit hohem Rückenkamm

Ausgewachsene Männchen sind größer als die Weibchen; das betrifft vor allem den Kopf, den Rückenkamm, den Kehlsack und den dickeren Schwanzansatz. Die Femoralporen sind größer und zahlreicher, manchmal mit einer verhärteten wachsartigen Ausscheidung überzogen. Die Männchen entwickeln zuweilen eine leicht orange getönte Färbung, während geschlechtsreife Weibchen durchweg blaugrau sind. Nur relativ wenige Terrarianer versuchen, den Grünen Leguan nachzuziehen, obwohl das durchaus möglich ist. Er kann sich ab dem 2. Lebensjahr fortpflanzen, bevor er voll ausgewachsen ist. Man kann ihn dazu ermuntern, indem man die Photoperiode von 14 auf 10 Stunden verkürzt; die normale Tagestemperatur wird beibehalten, die Nachtabsenkung auf 20 °C eingestellt und die Futtermenge (nicht die Futtervielfalt) halbiert. Nach 6 Wochen stellt man allmählich die normalen Haltungsbedingungen wieder her.

Der Grüne Leguan *(Iguana iguana)* ist mit seinem Stachelkamm, seiner Beschuppung und seinem Kehlsack eine eindrucksvolle Erscheinung. Auffällig ist die große runde Schuppe unter dem Ohr. Bei Jungtieren wie diesem ist die Geschlechtsbestimmung schwierig.

F & A...

◆ *Ist die Haltung von Grünen Leguanen wirklich gefährlich?*

Je sorgloser der Pfleger, desto gefährlicher der Leguan. Viele Tiere werden handzahm, doch sie können unberechenbar sein. Attacken auf Terrarianer, zumal weibliche, sind schon vorgekommen. Lassen Sie einen Leguan nie mit Kindern oder kleinen Heimtieren allein. Beim Umgang mit großen Exemplaren sollten stets zwei Personen zugegen sein. Wird jemand angegriffen, sollten Sie eine Jacke oder eine Decke über das Tier werfen, um es abzuschrecken.

◆ *Sollte man eine Kotprobe untersuchen lassen, wenn man einen nachgezogenen Grünen Leguan erwirbt?*

Ja. Die Nachzucht ist keine Garantie dafür, daß das Tier keine schädlichen Parasiten beherbergt. Bei einer Kotanalyse werden sie entdeckt.

◆ *Sind Multivitamin- und Kalziumgaben für Grüne Leguane, die im Freien leben, notwendig?*

Ja, aber in geringen Mengen. Tiere, die natürliches Sonnenlicht erhalten, benötigen kein zusätzliches Vitamin D3, doch sie brauchen dreimal wöchentlich Kalzium.

◆ *Wie oft sollte Grüne Leguane gefüttert werden?*

Babys täglich, adulte Tiere jeden zweiten Tag. Abgestandenes Futter sollte entfernt werden. Stellen Sie den Futternapf auf einen flachen Stein, damit kein Substrat aufgenommen wird.

◆ *Ernähren sich Grüne Leguane teilweise von Insekten?*

Nicht im Freileben, doch junge Terrarienbewohner fressen auch Insekten. Jungtieren verabreicht man höchstens 3–5 Mehlwürmer oder Grillen pro Tag.

Terrarienhaltung

TERRARIENGRÖSSE Ein kleines Zimmer oder eine größere Zimmerecke für ein adultes Paar – oder ein Freigehege in einem geeigneten Klima.

SUBSTRAT Lehm oder Moos als Feuchtigkeitsspender oder Zeitungen oder Teppichfliesen, die sich leicht reinigen und auswechseln lassen.

EINRICHTUNG Fest installierte Äste zum Klettern und Sonnen; Versteckplätze für Jungtiere. Plastikpflanzen – echte Pflanzen würden gefressen oder ruiniert. Sauberes Wasser muß stets verfügbar sein.

TEMPERATUR 29–32 °C an der kühlsten, 38 °C an der wärmsten Stelle; nachts 25 °C. Photoperiode: 14 Stunden. Starke UV-Leuchte und Wärmestrahler.

FEUCHTIGKEIT 60–75 %

WINTERABKÜHLUNG Normale Tagestemperaturen, Nachtabsenkung auf 20 °C über 6 Wochen. Photoperiode: 10 Stunden.

FÜTTERUNG Pflanzenkost. 5 % Protein, 80 % Gemüse, 15 % Früchte und Blüten. Angekeimte Hülsenfrüchte, Luzerne, frische Erbsen und Bohnen; grüner Salat, Chinakohl, Grünkohl, Endivien, Klee, Rübenblätter, Petersilie, Brunnenkresse, Zucchini, Kürbis, Brokkoli, süße Paprikaschoten, geraspelte Möhren; Trauben, Eibischblätter, Kapuzinerkresse, Löwenzahn; eßbare Blüten; Äpfel, eingeweichte Rosinen, saftige Birnen, Orangen, Kiwis, Himbeeren, Erdbeeren. Keine Bananen und kein tierisches Eiweiß.

INKUBATION 1–2 Gelege im Jahr mit je 10–60 Eiern. Inkubation 80–100 Tage bei 30–32 °C.

Baumbewohnende Leguane

FAMILIE: IGUANIDAE (TEIL)

Leguane (Familie Iguanidae) leben nur in der Neuen Welt und auf den Inseln Madagaskar, Tonga und Fidschi. Viele Arten haben sich an das Baumleben angepaßt. Die nachfolgend beschriebenen Leguane besitzen eine Tarnfärbung, die sich bei ihrer Lebensweise als sehr nützlich erweist. Der Rotkehlanolis kann seine Farbe sekundenschnell wechseln. Die beiden größeren Arten – der Helmleguan und der Stirnlappenbasilisk – sehen mit ihrem Rückenkamm, dem imposanten Kopfschmuck und den Kehllappen fast wie Geschöpfe aus der Urzeit aus.

Helmleguan

Corytophanes cristatus. Dieser mittelgroße Baumbewohner des Regenwaldes, der 35 cm lang wird, ist in ganz Mittelamerika und im nördlichen Südamerika heimisch. Seinen Namen verdankt er den bei beiden Geschlechtern vorhandenen helmförmigen Nackenkamm. Dieser und die Kehlhaut werden von den Männchen abgespreizt, wenn sie ihr Drohverhalten zeigen, damit ihr Kopf größer erscheint, als er ist. Kamm und Kehlhaut sind am Rand mit spitzen dreieckigen Schuppen besetzt. Der Rumpf ist seitlich abgeplattet und erleichtert so die Fortbewegung im Geäst, die außerdem durch die langen, schlanken Gliedmaßen unterstützt wird. Die Färbung ist variabel, überwiegend braun mit dunkleren Bändern oder Flecken, manchmal aber auch rötlichbraun. Sie verändert sich zuweilen je nach Umgebungstemperatur und Lichtstärke. Helmleguane sind zwar ziemlich häufig im Handel, aber nur wenige Terrarianer scheinen ernsthaft bemüht zu sein, sie zur Fortpflanzung zu bringen.

Die Männchen sind an ihrem größeren Kamm zu erkennen. Sie gelten als streitsüchtig und sollten deshalb besser einzeln gehalten werden. Man kann aber auch ein Pärchen oder ein Trio mit nur einem Männchen gemeinsam pflegen. Weil in der Natur mehr oder weniger konstante Bedingungen herrschen, können Paarungen zu jeder Jahreszeit stattfinden. Bei trächtigen Weibchen achte man darauf, wenn sie zu graben beginnen und sich ihr Körperumfang verringert. Die Eier werden zur Inkubation in feuchtes Vermiculit überführt, das im Verhältnis 1:1 mit Wasser gemischt wird. Die Temperatur kann um etwa 1 °C schwanken. Die frischgeschlüpften Jungen werden unter ähnlichen Bedingungen wie die Eltern gemeinsam gehalten, doch bevor sie geschlechtsreif werden, sollte man sie voneinander trennen.

Weitere Arten mit vergleichbaren Haltungsansprüchen sind die Borneo-Schönechse *(Calotes cristellatus)* und die Kronenbasilisken (Gattung *Laemanctus*), die höhere Temperaturen – bis zu 35 °C an der wärmsten Stelle – benötigen, ferner die flachlandbewohnenden Winkelkopfagamen (Gattungen *Acanthosaura* und *Gonocephalus*).

Ein Helmleguan *(Corytophanes cristatus)* lauert, gut getarnt im welken Laub, auf Insektenbeute. Er kann seine Farbe je nach Lichteinfall und Temperatur verändern.

Rotkehlanolis

Anolis carolinensis. Dieser zierliche Leguan ist relativ pflegeleicht und auch schon dem Anfänger zu empfehlen. Die überwiegend grün, am Bauch hell gefärbten Tiere, die 20 cm lang werden, können ihre Farbe je nach Stimmung oder Umgebungstemperatur rasch, aber nur in begrenztem Ausmaß wechseln. In ihrer Heimat, den USA, werden sie deswegen häufig als »Amerikanisches Chamäleon« bezeichnet. Mit den echten Chamäleons haben sie freilich nichts zu tun, denn diese kommen in der Neuen Welt überhaupt nicht vor. Sie werden in großer Zahl exportiert und sind in Zoogeschäften ein vertrauter Anblick.

Rotkehlanolis sind hauptsächlich Baumbewohner, aber des öfteren auch in der Umgebung von menschlichen Siedlungen anzutreffen.

Mit ihren Haftzehen können sie selbst an senkrechten Glasscheiben umherspazieren. Die Männchen sind etwas größer als die Weibchen, haben einen größeren Kopf, eine rosige Kehlhaut, die beim Imponierverhalten abgespreizt wird, und zwei vergrößerte Afterschuppen. Sie sind ungewöhnlich territorial und sollten deshalb nicht zu-

Der Rotkehlanolis *(Anolis carolinensis)* ist ein flinkes, hektisches Geschöpf, das aus großen Höhen abstürzen kann, ohne sich zu verletzen. In einem geräumigen Terrarium mit vielen Kletterästen kann sich diese Art erst so richtig entfalten.

Terrarienhaltung
Helmleguan, Rotkehlanolis und Stirnlappenbasilisk

TERRARIENGRÖSSE Alle Angaben sind Minimalforderungen für ein Paar oder Trio. Wegen der Feuchtigkeit sollte der Behälter vor Fäulnis geschützt sein.

Helmleguan	90 × 45 × 75 cm
Rotkehlanolis	60 × 40 × 75 cm
Stirnlappenbasilisk	150 × 120 × 120 cm

SUBSTRAT Feuchter Bodengrund (Blumenerde, Laubstreu) mit einer Moosdecke, die bei Verschmutzung ausgetauscht werden kann.

EINRICHTUNG Äste zum Klettern und Sonnen. Lebende Pflanzen zur Aufrechterhaltung der Feuchtigkeit. Tägliches Besprühen unerläßlich. Bei Basilisken sollten die Pflanzen robust sein oder außer Reichweite der Tiere angebracht werden. Basilisken brauchen zudem ein Wasserbecken, das mit einem Aquarienheizer oder einer untergelegten Heizmatte erwärmt wird.

TEMPERATUR Starke UV-Leuchte und Wärmestrahler sind notwendig.

Rotkehlanolis 22 °C an der kühlsten, 28 °C an der wärmsten Stelle; nachts 18–20 °C. Photoperiode: 12–14 Stunden.

Andere 25 °C an der kühlsten, 30 °C an der wärmsten Stelle; nachts 22–23 °C. Photoperiode: 12–14 Stunden.

FEUCHTIGKEIT Ausreichende Durchlüftung, damit ein Feuchtigkeitsstau vermieden wird.

Rotkehlanolis	65–70 %
Andere	85–90 %

WINTERABKÜHLUNG

Rotkehlanolis 15–18 °C über 8 Wochen. Normales Tageslicht genügt, wenn keine Pflanzen vorhanden sind; dann ist eine Zusatzbeleuchtung erforderlich, die aber die Temperatur nicht erhöhen darf.

Andere Keine Winterabkühlung

FÜTTERUNG Abwechslungsreiche bestäubte Insektennahrung. Manche Basilisken nehmen auch süßes Obst. Trächtige Weibchen erhalten zusätzliches Kalzium in Form von Sepiaschale.

INKUBATION Alle drei Arten sind eierlegend. Die Weibchen vergraben die Eier im Substrat und decken sie zu; deshalb sind sie schwer zu entdecken. Inkubation in feuchtem Vermiculit.

Helmleguan 2–3 Gelege im Jahr mit je 1–10 Eiern. Inkubation 85 Tage bei 30 °C.

Rotkehlanolis Bis zu 6 Gelegen im Jahr mit je 2 Eiern. Inkubation 40 Tage bei 26–27 °C.

Stirnlappenbasilisk Bis zu 3 Gelegen im Jahr mit je 10–12 Eiern. Inkubation 70–74 Tage bei 26–27 °C.

sammen gehalten werden, wenn ihr Terrarium nicht sehr geräumig ist: Ein großer Behälter läßt sich zudem abwechslungsreicher einrichten und bietet mehr Platz für die körperliche Betätigung der Insassen.

Die Fortpflanzungszeit erstreckt sich über 4–5 Monate bei einer kurzen Tragzeit – nur etwa 3 Wochen. Die Einzelaufzucht der Jungen wird empfohlen; bei gemeinsamer Aufzucht sollte man sie mit 7–8 Wochen voneinander trennen. Junge Rotkehlanolis brauchen ein feuchtes Milieu und eine ziemlich konstante Temperatur von etwa 25 °C. Andere Arten mit ähnlichen Haltungsansprüchen sind der Braune oder Haiti-Anolis *(A. sagrei)* und der Ritteranolis *(A. equestris)*, der ein größeres und höheres Terrarium mit Temperaturen von 27 °C an der kühlsten und 30 °C an der wärmsten Stelle sowie eine Nachtabsenkung auf 20 °C verlangt. Außerdem braucht er zusätzlich Trinkwasser.

Stirnlappenbasilisk

Basiliscus plumifrons. Dem spektakulären Hautlappen auf dem Kopf und Rücken der Männchen verdankt diese mittelamerikanische Art ihre große Beliebtheit in Liebhaberkreisen. Die großen und lebhaften Basilisken halten sich in Gewässernähe auf und schwimmen recht gern. Die Männchen werden 60–70 cm lang, die Weibchen bleiben etwas kleiner. Die meisten Importe sind adulte Wildfänge, die nicht so leicht zahm werden. Junge Nachzuchten, die gelegentlich in den Handel gelangen, sind meist zutraulicher. Die Tiere haben einen langen, peitschenförmigen Schwanz, lange Krallen und kräftige Hinterbeine – alles Anpassungen an das Baumleben. Beide Geschlechter sind grün gefärbt, zuweilen mit einem blauen Anflug und hellen Flecken an den Körperseiten.

Stirnlappenbasilisken brauchen einen Wasserteil zum Schwimmen (sie sind hervorragende Schwimmer), zum Trinken und zur Aufrechterhaltung der Feuchtigkeit. Das Wasser sollte 25 °C warm sein. Die Terrarienheizung reicht meist für diese Wassertemperatur aus, doch wird ein Aquarienheizer verwendet, muß er bruchfest installiert werden (siehe »Heizung und Beleuchtung«, S. 18/19). Pflanzen tragen zur Luftfeuchtigkeit bei, werden aber schnell beschädigt; deshalb benutze man besser Plastikpflanzen als Dekor. Ein Trinkgefäß ist überflüssig. Da die Tiere oft ihren Kot im Wasserteil absetzen, muß das Wasser häufig ausgetauscht werden.

Die Hautkämme des Männchens machen die Geschlechtsbestimmung einfach. Der Paarung geht gewöhnlich ein heftiges Kopfnicken des Männchens voraus, das dann das Weibchen im Nacken packt, wobei oft die Haut verletzt wird. Die Wunde verheilt schnell, aber eine antibiotische Salbe kann aufgetragen werden. Die Paarung wird manchmal mehrmals wiederholt, und die Tragzeit dauert ungefähr 30–32 Tage. Die Fortpflanzung kann das ganze Jahr über stattfinden. Das Weibchen vergräbt die Eier in einer Ecke des Terrariums. Das Gelege sollte in feuchtes Vermiculit (Mischungsverhältnis 1:1) überführt werden (siehe »Zucht«, S. 38/39), das sich in einer durchsichtigen Plastikbox mit ein paar kleinen Luftlöchern befindet. Die Jungen können in einem 60×30×45 cm großen Behälter mit leicht feuchtem Substrat, starker UV-Leuchte und Wärmestrahler aufgezogen werden. Einige dünne Äste, Korkrindenverstecke und eine Wasserschale ver-

Ein prachtvoller männlicher Stirnlappenbasilisk *(Basiliscus plumifrons)* in seinem angestammten Regenwaldbiotop in Costa Rica. Nachzuchten sind meist blasser gefärbt als Wildfänge, und bei den Männchen bleibt auch der »Stirnlappen« kleiner.

vollständigen die Kinderstube. Eine Maximaltemperatur von 26–27 °C sollte aufrechterhalten und nachts auf 22 °C abgesenkt werden.
Weitere Arten mit ähnlichen Haltungsansprüchen sind der Streifenbasilisk *(B. vittatus)* und der Helmbasilisk *(B. basiliscus)*; letztere verlangt eine etwas höhere Inkubationstemperatur, die etwa 30 °C betragen soll.

F & A...

◆ *Mein Helmleguan hat Häutungsschwierigkeiten. Woran könnte das liegen?*

Die Ursache ist höchstwahrscheinlich unzureichende Feuchtigkeit im Terrarium. (Das gilt übrigens für die Häutung der meisten Echsen.) Abhilfe dürfte ein vermehrtes Besprühen schaffen. Untersuchen Sie die Füße des Tiers: Wenn Haut an den Zehen haften bleibt, können diese verlorengehen.

◆ *Brauchen Helmleguane ein Wasserbecken?*

Nein. In Gegensatz zu den Basilisken baden und schwimmen sie nicht.

◆ *Fressen Rotkehlanolis während der Winterabkühlung?*

Man kann ihnen Futter anbieten, das aber oft verschmäht wird. Nicht gefressene Insekten dürfen nicht im Terrarium verbleiben. Wasser muß in der kühlen Zeit bereit stehen. Da ein Trinkgefäß nicht benutzt wird, ist tägliches Besprühen angebracht.

◆ *Kann man Rotkehl- und Braune Anolis zusammen halten?*

Wegen der unterschiedlichen Färbung, aber der ähnlichen Größe ist in einem geräumigen Terrarium mit mehreren Sonnenplätzen eine Koexistenz möglich, doch dennoch kann es Streit geben. Ideal ist es, jede Art für sich zu halten.

◆ *Wie lange dauert der Schlüpfvorgang bei Stirnlappenbasilisken?*

Er kann Stunden dauern. Die ausschlüpfenden Jungen sollten nicht gestört werden – sie kommen plötzlich mitsamt ihrem Dottersack aus dem Ei hervor. Lassen Sie sie in Ruhe, bis sie den Dotter aufgezehrt haben und sich frei im Aufzuchtbehälter umherbewegen.

◆ *Gleichen die jungen Stirnlappenbasilisken den Alttieren?*

Bis zu 3 Monaten zeigen die Jungtiere einen bräunlichen Rücken mit dunkleren Querbinden, vor allem auf dem Schwanz. Die Kämme sind noch nicht vorhanden.

◆ *Wie groß sollte das Wasserbecken für Stirnlappenbasilisken sein?*

Mindestens so lang wie die Tiere selbst und 12–13 cm tief, doch je größer, desto besser. Manche Terrarientiere nehmen ein Becken mit diesen Mindestmaßen nicht an.

◆ *Können Stirnlappenbasilisken auf Wasser laufen?*

Die Zehen sind beiderseits mit Hautlappen versehen, die es den Tieren ermöglichen, in aufrechter Haltung auf Wasser zu laufen. Dieser zweibeinige Gang ist im Terrarium nicht zu beobachten, sondern nur auf großen Wasserflächen, wenn die Tiere vor einer Gefahr fliehen.

◆ *Mein Basilisk reibt sich ständig die Schnauze an der Glaswand des Terrariums. Wie kann ich das unterbinden?*

Durch ein hohes Brett, das unten an der Frontscheibe angebracht wird. Eine zerstoßene Schnauze kann sich infizieren.

Wüstenbewohnende Leguane

FAMILIE: IGUANIDAE (TEIL)

Leguanarten, die trockene und halbtrockene Landschaften bewohnen, sind von Kanada bis Südamerika verbreitet. Sie unterscheiden sich zwar durch ihre Größe und ihre Ernährungsgewohnheiten, besiedeln aber ähnliche Lebensräume. Man kann sie mit Erfolg halten, wenn man ihnen ein heißes, trockenes Milieu mit einer starken Fluoreszenzlampe (volles UVB-Spektrum) bietet.

Halsbandleguan

Crotaphytus collaris. Diese besonders attraktive, farbenprächtige Echse, deren Heimat sich vom Süden der USA bis zum mexikanischen Bundesstaat Sonora erstreckt, kommt meist als Wildfang in den Handel. Die Männchen können über 30 cm lang werden. Die Färbung ist leicht variabel. Die meisten Tiere haben einen grünen Rücken mit dunkleren Querbändern, verziert mit hellen Flecken. Die Kehle ist gelborange und das Halsband auf beiden Seiten schwarz gesäumt. Die Weibchen haben einen graubraunen Rücken und ein unscheinbareres Halsband, dunkle Querbinden und große weiße Flecken.

Männliche Halsbandleguane besitzen eine Reihe von großen Afterschuppen und auffällige Femoralporen; bei den Weibchen sind diese Poren schwach ausgebildet, und die Afterschuppen fehlen. Die Paarung erfolgt etwa 2 Wochen nach der Winterabkühlung. Bei trächtigen Weibchen erscheinen orangefarbene Abzeichen an den Körperseiten und auf dem Nacken. Finden sie keinen geeigneten Platz, legen sie ihre Eier oft in der Nähe der Wasserschale ab. Der Nachwuchs sollte in einem Terrarium aufgezogen werden, das dem der Eltern ähnelt. Andere Arten, die ähnlich gepflegt werden können, sind der seltene Schwarze Halsbandleguan *(C. bicinctores)* und der Leopardleguan *(Gambelia wislizenii)*.

Ein männlicher Halsbandleguan *(Crotaphytus collaris)* aus dem Südwesten der USA. Er ist farbenprächtiger als sein nächster Verwandter, die Unterart Östlicher Halsbandleguan *(C. collaris collaris)*.

F&A...

◆ *Warum sind Halsbandleguanbabys ähnlich gezeichnet wie die Weibchen?*

Die Zeichnung hat sich wahrscheinlich entwickelt, um Aggressionen der adulten Männchen zu verhindern.

◆ *Mein Halsbandleguan scheint ständig Hunger zu haben. Ist das normal?*

Halsbandleguane sind sehr aktiv und fressen deshalb viel. Verfüttern Sie täglich so viele Insekten, wie Ihr Pflegling verspeist. Bleiben Futtertiere übrig, geben Sie am folgenden Tag weniger. Wenn der Leguan gut frißt, aber abmagert, sollte eine Kotprobe auf Parasitenbefall untersucht werden.

◆ *Wie große sollte das Lebendfutter für junge Halsbandleguane sein?*

Schon die Jungtiere haben einen großen Kopf und können das Maul weit aufsperren, so daß sie für ihre Körpergröße erstaunlich dicke Brocken verschlingen können. Probieren Sie aus, was ihnen bekommt.

◆ *Lohnt sich die Inkubation von Leguaneiern, die an einem trockenen Platz abgelegt wurden?*

Ausgetrocknete Eier zerfallen sehr bald, doch es lohnt sich, sie in feuchtes Vermiculit zu betten, damit sie wieder Feuchtigkeit aufnehmen. Der Erfolg ist jedoch nicht garantiert.

Terrarienhaltung
Halsbandleguan und Blauer Stachelleguan

TERRARIENGRÖSSE Mindestens 90 × 60 × 60 cm für ein Paar oder Trio.

SUBSTRAT Trockener, staubfreier Sand, 8–10 cm hoch. Halsbaldleguane graben und wühlen gern.

EINRICHTUNG Höhlen und Terrassen aus stabilen Steinaufbauten. Aststümpfe, Treibholz und Rebenwurzeln. Eingetopfte trockenheitsliebende Gewächse oder künstliche oder getrocknete Pflanzen. Gut durchlüften. Steine am Morgen leicht besprühen. Kleine Wasserschale.

TEMPERATUR 29 °C an der kühlsten, 38 °C an der wärmsten Stelle; nachts 19–20 °C. Photoperiode: 14 Stunden. Starke UV-Leuchte und Wärmestrahler.

WINTERABKÜHLUNG 10–12 °C über 8 Wochen. Photoperiode: normales Tageslicht oder 6 Stunden künstliches Licht. Achtung: Weibliche Blaue Stachelleguane dürfen nicht trächtig sein! In Gefangenschaft können Eier noch im Dezember abgelegt werden.

FÜTTERUNG Bestäubte Insekten; zerkleinerte Sepiaschale.

Blauer Stachelleguan

Sceloporus cyanogenys. Dieser Leguan ist der größte Vertreter seiner Gattung, die rund 100 von Südwestkanada bis Panama verbreitete Arten umfaßt, und erreicht eine Länge von 36 cm. Sein Lebensraum sind trockene, felsige Landschaften von Südtexas bis Mexiko. Die Tiere sind kräftig gebaut und tragen gekielte und stachlige Schuppen, die ihnen ein derbes, abweisendes Aussehen verleihen. Der Rumpf ist zylindrisch und leicht abgeplattet. Wenn sich die Leguane aufgewärmt haben, bewegen sie sich extrem schnell und gewandt. Verschiedene Arten der Gattung werden als Zaunleguane bezeichnet.

Die männlichen Stachelleguane erkennt man mühelos an ihrer Färbung, ihren auffälligen Femoralporen und an der verdickten Schwanzbasis. Sie besitzen einen fast metallisch blauen Körper und Schwanz auf braunem Untergrund sowie ein breites dunkles Halsband, das auf beiden Seiten weiß gesäumt ist. Die Kehle ist blau, und beiderseits des Bauches findet sich ein länglicher blauer Fleck mit schwarzem Innenrand. Die Weibchen sind unscheinbarer, vorwiegend grau bis braun gefärbt. Die Männchen sind sehr territorial und sollten nicht zusammen gehalten weden. Werden sie von einem Rivalen bedroht, blähen sie ihre blaue Kehlhaut auf und zeigen ihren blauen Bauchfleck. Bei der Werbung nicken die Männchen mit dem Kopf und schubsen ihre Partnerin.

Ein männlicher Blauer Stachelleguan *(Sceloporus cyanogenys)*. Diese prachtvolle Art eignet sich gut für die Terrarienhaltung. Wildfänge beißen kräftig zu und winden sich mit ihrem stachligen Schuppenkleid in der Hand des Pflegers, um freizukommen.

Zuchtbedingungen

HALSBANDLEGUAN	Eierlegend
Gelegegröße	1–2 Gelege pro Saison mit je 6–8 Eiern.
Inkubation	56–62 Tage bei 30 °C in feuchtem Vermiculit.
BLAUER STACHELLEGUAN	Lebendgebärend
Tragzeit	3–4 Monate
Wurfgröße	6–18 Junge
CHUCKWALLA	Eierlegend
Gelegegröße	2 Gelege im Jahr mit je 8–12 Eiern.
Inkubation	66–75 Tage bei 29–31 °C in feuchtem Vermiculit.
WÜSTEN-KRÖTENECHSE	Eierlegend
Gelegegröße	1 Gelege im Jahr mit 6–28 Eiern.
Inkubation	60–65 Tage bei 31 °C in feuchtem Vermiculit.
WÜSTENLEGUAN	Eierlegend
Gelegegröße	1–2 Gelege im Jahr mit je 3–8 Eiern.
Inkubation	67–75 Tage bei 29–30 °C in feuchtem Vermiculit.

F & A...

◆ *Sollte man junge Stachelleguane im ersten Winter abkühlen?*

Das ist nicht notwendig. Man hält sie besser munter und füttert sie durch.

◆ *Wie groß sind die neugeborenen Stachelleguane?*

Ihre Länge schwankt zwischen 6,4 und 7 cm. Bei großer Nachkommenzahl sind die Jungen meist kleiner als der Durchschnitt.

◆ *Sind beheizte Steine für Chuckwallas geeignet?*

Wie die meisten tagaktiven Echsen bevorzugen Chuckwallas Wärme, die von oben kommt, etwa von einem Wärmestrahler. Heiße Steine eignen sich allenfalls für die Aufrechterhaltung der Nachttemperaturen.

◆ *Brauchen Chuckwallababys Wasser, bevor sie zu fressen beginnen?*

Sie nehmen Flüssigkeit aus Früchten auf. Versuchen Sie, ein paar Tröpfchen süßen Obstsaft oder Wasser auf die Lippen zu träufeln.

◆ *Sind niedrige Temperaturen gefährlich für Chuckwallas?*

Abgesehen von der Abkühlungsphase vor der Fortpflanzung, müssen Chuckwallas bei hohen Temperaturen gehalten werden. Niedrige Temperaturen hemmen den Stoffwechsel und andere physiologische Funktionen.

Zwei Chuckwallas *(Sauromalus obesus)* sonnen sich auf einer Steinterrasse. Die Tiere sind Sonnenanbeter, die hohe Temperatur verlangen – bis 43 °C.

Mehrere *Sceloporus*-Arten legen Eier, doch der Blaue Stachelleguan ist lebendgebärend. Vor der Geburt kann man beobachten, wie sich die Jungen im Bauch der Mutter bewegen. Sie kommen in Eihäuten zur Welt, aus denen sie sich befreien, und sind sofort munter. Die Jungen werden in einem trockenen Terrarium mit leistungsfähiger UV-Leuchte bei einer Maximaltemperatur von 31 °C aufgezogen. Wenn sie etwa 3 Monate alt sind, sollten sie getrennt werden, vor allem die Männchen, damit es nicht zu Aggressionen und vorzeitigen Paarungen kommt. Unter normalen Umständen paaren sich Blaue Stachelleguane allerdings erst, wenn sie ein Jahr alt sind.
Ähnlich zu pflegen sind andere Stachelleguanarten: der Wüsten-Stachelleguan *(S. magister)*, der Spalten-Stachelleguan *(S. poinsetti)* und Yarrows Stachelleguan *(S. jarrovi)*, die allesamt eierlegend sind; ferner der Mesquite-Stachelleguan *(S. grammicus)*, der Malachit-Stachelleguan *(S. malachiticus)*, der Beifuß-Stachelleguan *(S. graciosus)*, der Westliche Zaunleguan *(S. occidentalis)* und der Östliche Zaunleguan *(S. undulatus)*, lauter lebendgebärende Arten.

Chuckwalla

Sauromalus obesus. Wie schon der lateinische Name besagt, handelt es sich hier um eine plumpe Echse. Die Männchen werden etwa 43 cm lang. Der abgeplattete Körper mit der runzligen Haut an den Seiten ist überwiegend braun gefärbt, der Schwanz meist heller gelblich. Manchmal ist die hintere Rumpfpartie mit roten Flecken verziert. Die Heimat der Chuckwallas sind die felsigen Trockengebiete, die sich vom Südwesten der USA bis nach Mexiko erstrecken. Sie brauchen eine absolut trockene Atmosphäre, also ein gut belüftetes Terrarium, das nicht bepflanzt oder besprüht wird. Obwohl die Tiere tagaktiv sind, verbringen sie die heißen Mittagsstunden gern in einem Versteck, und die Mahlzeiten finden meist am Abend statt. Sie bewegen sich sehr behende, wenn sie angegriffen werden, und flitzen in eine Felsspalte, wo sie sich dermaßen aufblasen, daß kein Feind sie herausziehen kann. Bei richtiger Pflege können Chuckwallas 25 Jahre alt werden.
Ausgewachsene Männchen haben vorstehende Femoralporen, einen größeren Körper, einen kürzeren, dickeren Schwanz und einen breiteren Kopf, oft mit einer schweren Wamme. Sie sind ausgesprochen territorial und dürfen in einem Terrarium

Terrarienhaltung
Chuckwalla, Wüsten-Krötenechse und Wüstenleguan

TERRARIENGRÖSSE

Chuckwalla Mindestens 120×45×45 cm für ein adultes Paar.

Andere Mindestens 75×40×40 cm für ein Paar oder Trio.

SUBSTRAT Trockener, staubfreier Sand, 10 cm hoch für Wüsten-Krötenechsen, 5 cm hoch für die anderen.

EINRICHTUNG Sehr trocken. 75 % aller Wände oder die gesamte Abdeckung sollten aus Belüftungsgittern bestehen. Korkrinde oder halbrunde Tonröhren als Versteckplätze (Chuckwallas). Steine und Aststümpfe zum Klettern und Sonnen.

TEMPERATUR 30 °C an der kühlsten, 43 °C an der wärmsten Stelle; nachts 21–24 °C. Photoperiode: 14 Stunden. Wärmestrahler und leistungsstarke UV-Leuchte.

WINTERABKÜHLUNG

Wüsten-Krötenechse 12–14 °C über 8 Wochen. Photoperiode: normales Sonnenlicht oder 6 Stunden künstliches Licht.

Andere 25 °C über 8 Wochen. Photoperiode: 6–8 Stunden.

FÜTTERUNG Verabreichung des Futters in einer flachen Schale, die auf einem flachen Stein steht, damit kein Substrat hineingelangt.

Chuckwalla Abwechslungsreiche Pflanzenkost mit Vitamin- und Kalziumzusätzen. Löwenzahn und andere eßbare Blüten sind besonders begehrt.

Wüsten-Krötenechse Bestäubte Insekten, hin und wieder Wachsmottenlarven und adulte kleine Heuschrecken.

Wüstenleguan Wie beim Chuckwalla; bestäubte Insekten.

mit begrenztem Platzangebot nicht zusammen gehalten werden. Die Paarung erfolgt um den April; manche Weibchen legen allerdings nur alle zwei Jahre Eier. Die Tragzeit beträgt rund 50 Tage. Stellen Sie für die Eiablage einen Kasten mit feuchtem Substrat bereit, und zwar möglichst kurz vor dem Termin, damit nicht zuviel Feuchtigkeit entsteht. Die frischgeschlüpften Jungen fressen zunächst nicht, weil sie von ihrem Dottersack zehren, doch bieten Sie ihnen trotzdem Futter an. Die Jungtiere können gemeinsam aufgezogen werden. Junge, die nicht gedeihen wollen, sollten abgesondert und getrennt versorgt werden.

Wüsten-Krötenechse

Phrynosoma platyrhinos. Dies ist eine der am weitesten verbreiteten nordamerikanischen Arten; ihr Vorkommensgebiet erstreckt sich vom Südosten Oregons bis zum östlichen Kalifornien, westlichen Arizona und bis Mexiko. Sie bewohnt trockenes, sandiges oder felsiges Buschland. Trotz ihres stark abgeplatteten, stachelbewehrten Körpers haben die Wüsten-Krötenechsen ein recht freundliches Wesen. Sie werden nie sehr groß – die Männchen messen meist nur 13 cm. Das Schuppengewand zeigt wellenförmige dunkle Flecken auf grauem Grund. Die Farbe kann je nach Stimmung und Untergrund leicht verändert werden. Vertreter der Gattung *Phrynosoma* sind seit vielen Jahren im Handel, aber sie halten in Gefangenschaft nicht lange aus. Das liegt vor allem an ihrer Spezialisierung auf Ameisen (obgleich sie auch andere Insekten nehmen). In Teilen der USA ist die

Die Wüsten-Krötenechse *(Phrynosoma platyrhinos)* wirkt mit ihren Stachelschuppen und Hörnern für einen Leguan recht ungewöhnlich. Die Tiere sind klein, aber nur für Spezialisten geeignet.

Haltung bestimmter Arten verboten. Die Wüsten-Krötenechse wird jedoch häufig nach Europa ausgeführt. Doch selbst wenn sie legal erworben wird, ist sie einem unerfahrenen Terrarianer nicht zu empfehlen.

Die Männchen haben einen dickeren Schwanzansatz, unter dem zwei Schwellungen zu erkennen sind. Zuchtberichte für diese Art liegen kaum vor, und die Aufzucht der Jungen ist schwierig, wahrscheinlich weil sie ein wenig mehr Feuchtigkeit verlangen als die Alttiere. Die Wüsten-Krötenechse legt Eier, doch einige *Phrynosoma*-Arten sind lebendgebärend. Die Paarung findet im April oder Mai statt, die Eiablage im Juni oder Juli. Das Scheitern des Ausschlüpfens könnte auf eine unzureichende Winterabkühlung oder auf ein falsches Vermiculit-Wasser-Verhältnis während der Inkubation zurückzuführen sein.

Wüstenleguan

Dipsosaurus dorsalis. Diese Leguane gelangen häufig in den Handel, gelten aber als heikel. Meist handelt es sich um Wildfänge, die vielfach in der Zeit zwischen dem Fang und Verkauf schlecht gehalten worden sind. Sie wirken oft lethargisch und abgemagert und haben einen eingefallenen Bauch, eine Folge zu niedriger Temperaturen und unzulänglicher Ernährung. Wüstenleguane sind vergleichsweise klein und erreichen eine Gesamtlänge von 25–38 cm. Die Grundfarbe ist ein helles Graubraun mit dunkleren unterbrochenen Querbändern, die ein netzartiges Muster ergeben. Die Färbung hellt sich auf, wenn die Körpertemperatur beim Sonnenbaden ansteigt. Ein schwach ausgebildeter Kamm aus gekielten Schuppen verläuft über das Rückgrat.

Die Art ist beheimatet im Südwesten der USA und in Mexiko, wo sie trockene Kreosotbuschwüsten, subtropisches Buschland und vor allem sandige Regionen bewohnt. Neuere Forschungen lassen vermuten, daß Wüstenleguane ultraviolettes Licht wahrnehmen können. Diese Fähigkeit ermöglicht es ihnen vielleicht, geeignete Futterpflanzen, insbesondere Blüten, zu entdecken und die Ausscheidungen von Femoralporen auf Steinen aufzuspüren (nützlich für die Paarfindung). Diese Erkenntnis könnte auch für andere Echsenarten von Bedeutung sein.

Die Nachzucht ist sehr schwierig und gelingt nur selten. Die Männchen haben Schwellungen unter dem Schwanzansatz. In der Fortpflanzungszeit – im Freileben von April bis Mai – zeigen beide Geschlechter auf dem Bauch einen rosafarbenen Überzug. Man bereite einen Eiablageplatz wie für die Chuckwallas vor. Die Jungen werden gemeinsam bei 27 °C an der kühlsten und 40 °C an der wärmsten Stelle aufgezogen.

F & A…

◆ *Kann man Wüsten-Krötenechsen mit anderen Arten vergesellschaften?*

Ja. Sie vertragen sich mit Taubleguanen *(Holbrookia maculata)* und Seitenfleckleguanen *(Uta stansburiana),* zwei ebenfalls kleinen Arten. Bei größeren Mitinsassen besteht die Gefahr, daß sie gefressen werden.

◆ *Können Krötenechsen Blut aus ihren Augen spritzen?*

Dieses Mittel zur Abschreckung von Feinden wird in der Natur nachweislich eingesetzt, aber offenkundig noch niemals in Menschenobhut. Bei einer Bedrohung stellen sich diese Echsen manchmal tot, indem sie völlig regungslos verharren.

◆ *Warum verzehren Wüstenleguane ihren eigenen Kot?*

Ihre Pflanzenkost wird in der ersten Verdauungsphase nicht vollständig verwertet, und durch die Aufnahme von Kot können die Nährstoffe voll ausgeschöpft werden.

Der Wüstenleguan *(Dipsosaurus dorsalis)* ist unscheinbar gefärbt, wirkt aber recht eindrucksvoll mit seinem langen, dicken Schwanz. Dieser ist zerbrechlicher, als er aussieht, und wird leicht abgeworfen.

Eidechsen FAMILIE: LACERTIDAE

Es gibt ungefähr 180 Eidechsenarten, die in Europa, Asien und Afrika heimisch sind. Sie sind besonders repräsentativ für die europäische Reptilienfauna; alle europäischen Arten stehen unter Schutz. Einige sind mittelgroß bis groß, wie etwa die Perleidechse und die Smaragdeidechse aus der Gattung *Lacerta,* doch die meisten sind klein und zierlich, so die Mauereidechsen der Gattung *Podarcis* und die übrigen *Lacerta*-Arten. Sie alle sind, unabhängig von der Größe, sehr lebhaft und benötigen im Terrarium viel Platz, um sich richtig entfalten zu können. Einige Arten sind lebendgebärend (vivipar), aber die hier vorgestellten legen Eier (ovipar).

Perleidechse

Lacerta lepida. Diese stattliche südeuropäische Art, die im Schnitt 60 cm lang wird, ist die größte Eidechse Europas. Ihr Lebensraum erstreckt sich von felsigen und sandigen Regionen bis zu offenem Busch- und Kulturland und Uferböschungen, und sie ist in den Pyrenäen und Alpen bis in Höhen von 1100 m anzutreffen. Sie hält sich vorwiegend auf dem Boden auf, klettert aber ausgezeichnet und plündert zuweilen sogar Vogelnester. In Menschenobhut kann sie ein Alter von 20 Jahren erreichen – offenbar ein Rekord für Lacertiden.

Der Rücken ist blau bis grün gefärbt und schimmert wie ein Perlenmuster. Die Körperseiten sind mit blauen, meist schwarz umrandeten Augenflecken geschmückt. Die Färbung ist jedoch regional unterschiedlich. Perleidechsen werden häufig nachgezogen. Die Geschlechtsbestimmung ist bei ausgewachsenen Tieren einfach: Die Männchen sind größer und farbenprächtiger, haben einen massigen Kopf, auffällige Femoralporen und Hemipenesschwellungen; die Weibchen sind kleiner und unscheinbarer. Männchen sind untereinander unverträglich. Man trennt die Geschlechter am besten vor der Überwinterung und bringt sie für die Paarung im Frühling wieder zusammen. Die Jungen sind graugrün und haben zahlreiche schwarzgesäumte helle Augenflecken und manchmal einen rötlichen Schwanz. Kommt es unter Geschwistern zu Aggressionen, müssen sie einzeln aufgezogen werden.

Ähnliche Haltungsansprüche stellen die verschiedenen europäischen Smaragdeidechsen: die eigentliche Smaragdeidechse *(L. viridis),* die Riesensmaragdeidechse *(L. trilineata),* die Iberische Smaragdeidechse *(L. schreiberi)* und die Kaspische Smaragdeidechse *(L. strigata).*

Taurische Eidechse

Podarcis taurica. Diese südosteuropäische Art zählt zu den widerstandsfähigsten Lacertiden und wird häufiger angeboten. Sie wird etwa 20 cm lang. Wie andere kleine Eidechsen bewegt sie sich schnell und gewandt mit ihrem langen, dünnen Schwanz, der leicht abbricht.

Die Perleidechse *(Lacerta lepida)* gilt als die größte europäische Eidechsenart. Wegen ihrer reizvollen Färbung ist sie bei Terrarianern besonders beliebt.

F & A...

◆ *Warum bekämpfen sich männliche Eidechsen nicht, wenn sie in den Verkaufskäfigen der Händler zusammengesperrt sind?*

Die Männchen können bei der dort üblichen Überbesetzung keine Territorien einrichten, und deswegen ist die Rangordnung nicht so festgelegt, so daß Aggressionen seltener auftreten. Die Übervölkerung führt jedoch zu Streß und schließlich doch zu Streitereien.

◆ *Kann man Perleidechsen anfassen?*

Ja, aber mit Vorsicht. Adulte Tiere können kräftig zubeißen und Verletzungen verursachen, wenn sie das Anfassen nicht gewöhnt sind. Jungtiere sind umgänglicher, wenn sie regelmäßig angefaßt werden.

◆ *Ist es möglich, Perleidechsen mit anderen Arten zusammen zu halten?*

Nein. Sie betrachten kleinere Eidechsen als Beute und vergreifen sich sogar an den eigenen Nachkommen.

◆ *Sollte man keine Taurischen Eidechsen mit abgeworfenem Schwanz erwerben?*

Ein abgeworfener Schwanz beeinträchtigt kaum den Gesundheitszustand. Alle Lacertiden haben ein ausgezeichnetes Regenerationsvermögen. Der neue Schwanz wird allerdings nie so lang wie der alte.

Taurische Eidechsen *(Podarcis taurica)* nehmen gern ausgiebige Sonnenbäder. Dabei flachen sie den Körper ab, um die Oberfläche zu vergrößern.

◆ *Warum »wedeln« weibliche Taurische Eidechsen mit den Vorderbeinen? Ist das ein aggressives Territorialverhalten?*

Nein, Territorialverhalten ist bei Weibchen selten. Mit dieser Geste reagieren weibliche Eidechsen auf das Imponierverhalten des Männchens. Sie zeigen ihm damit ihre Unterwerfung und Paarungsbereitschaft an.

Terrarienhaltung
Perleidechse, Taurische Eidechse und Fransenfinger

TERRARIENGRÖSSE

Perleidechse Mindestens 130×60×60 cm für ein adultes Paar.

Andere Mindestens 75×30×45 cm für ein Paar oder 1 Männchen und 1–2 Weibchen.

SUBSTRAT

Perleidechse Trocken und sandig, 5 cm hoch.

Taurische Eidechse Eine 5 cm hohe Sandschicht, unterteilt in einen feuchten und trockenen Bereich (siehe »Unterbringung«, S. 14–17).

Fransenfinger Lockerer, trockener Sand, 10 cm hoch; an einer Seite etwas feuchter Untergrund.

EINRICHTUNG Halbtrocken. Steine, Äste und Wurzelstümpfe zum Klettern, Sonnen und Verstecken. Fest verankerte Pflanzen außer Reichweite der Insassen; bei Fransenfingern besser Plastikpflanzen. Gut durchlüften. Täglich besprühen. Kleines Wassergefäß. Leistungsstarke UV-Leuchte.

TEMPERATUR

Perleidechse 25–26 °C an der kühlsten, 38 °C an der wärmsten Stelle; nachts 17 °C. Photoperiode: 14 Stunden. Wärmestrahler notwendig.

Taurische Eidechse 26 °C an der kühlsten, 31 °C an der wärmsten Stelle; nachts 12–13 °C. Photoperiode: 14 Stunden.

Fransenfinger 25 °C an der kühlsten, 35 °C an der wärmsten Stelle; nachts 15–20 °C. Photoperiode: 14 Stunden. Wärmestrahler notwendig. Bei allen natürliche Tageslichtdauer.

WINTERABKÜHLUNG

Perleidechse 8–10 °C über 8 Wochen.

Taurische Eidechse 5–10 °C über 8–12 Wochen.

Fransenfinger 13 °C über 4–8 Wochen.

FÜTTERUNG Bestäubte Insekten und Wirbellose; süße Früchte. Zerkleinerte Sepialschale.

INKUBATION Bei allen in feuchtem Vermiculit.

Perleidechse 1–2 Gelege im Jahr mit insgesamt bis zu 23 Eiern. Inkubation 70–90 Tage bei 25–28 °C.

Taurische Eidechse 2 Gelege im Jahr mit je 4–6 Eiern. Inkubation 35–45 Tage bei 27–29 °C.

Fransenfinger 2 Gelege im Jahr mit je 4–6 Eiern. Inkubation 45–50 Tage bei 27–29 °C.

Es treten zwar regionale Abweichungen auf, aber die Grundfarbe der Taurischen Eidechse ist Braun. Hinzu kommen meist helle Streifen und dunkle Abzeichen. Unterschiedliche Grünanteile sind gewöhnlich vorhanden, vor allem auf der vorderen Rückenhälfte.

Diese Art wünscht sich ein relativ trockenes Terrarium, doch die Unterteilung des Bodengrunds in einen trockenen und einen leicht feuchten Bereich ist ratsam (siehe »Unterbringung«, S. 14/15). Bei ausreichender Belüftung kann das Terrarium bepflanzt werden. Ein feuchtes Milieu ist jedoch zu vermeiden. Taurische Eidechsen fühlen sich draußen wohl, wenn sie vor Frost geschützt werden.

Die Männchen besitzen auffällige Femoralporen, einen dickeren Schwanzansatz, einen größeren Kopf und ein grüneres Schuppenkleid. Die Weibchen sind unscheinbarer und zeigen oft weniger dunkle Flecken. Die streitlustigen Männchen sollte man getrennt halten. Die Jungen kann man gemeinsam in einem kleinen Behälter mit UV-Leuchte, etwas niedrigeren Temperaturen und reichlich Versteckmöglichkeiten aufziehen. Jungtiere, die nicht recht gedeihen, sollte man absondern und getrennt aufziehen.

Fransenzeher

Acanthodactylus-Arten. Diese Eidechsen wurden nach den fransenförmigen Schuppenkämmen an den Zehen benannt, die ihnen die Fortbewegung auf dem lockeren Sand ihrer Heimat erleichtern. Die meisten der 12–18 Arten bewohnen halbtrockene Regionen von Nordafrika bis Nordwestindien; eine Art, der Gewöhnliche Fransenfinger *(A. erythrurus)*, kommt auch in Südspanien vor. In den Handel gelangen meist Exemplare von *A. boskianus* aus dem nördlichen Afrika. Er verlangt zwar ein trockenes Terrarium, aber auch eine leicht feuchte Zone, wo es kühler ist und er sich einwühlen kann. Zu diesem Zweck bette man eine Box mit feuchtem Sand an der kühlsten Stelle des Behälters ein, oder man unterteilt den Boden in zwei getrennte Bereiche (siehe »Unterbringung«, S. 14/15).

Fransenzeher sind kleine Eidechsen, die etwa 15–20 cm lang werden. Wenn sie größere Strecken zurücklegen, biegen sie den Schwanz nach oben. Die Männchen haben einen größeren Kopf, einen dicken Schwanzansatz und auffällige Femoralporen; die Weibchen zeigen häufig eine rötliche Färbung auf der Schwanzunterseite. Die Männchen sind unverträglich und sollten mit 1–2 Weibchen zusammen gehalten werden. Die Paarung erfolgt in der üblichen Eidechsenart: Das Männchen packt das Weibchen in der Nackengegend und

F & A...

◆ *Wie merke ich, daß Eier abgelegt worden sind?*

Trächtige Weibchen sind nicht immer als solche zu erkennen. Achten Sie auf ausdauernde Scharrbewegungen und auf frische Sandhäufchen.

◆ *Ruinieren Fransenfinger die Terrarieneinrichtung?*

Wie viele kleine Eidechsen wühlen die Fransenfinger gern im Bodengrund, doch sonst richten sie im Terrarium kaum Schäden an.

◆ *Warum sind Fransenfingerbabys anders gefärbt als ihre Eltern?*

Sehr wahrscheinlich wollen die Jungtiere mit dem roten Schwanz, mit dem sie im offenen Gelände langsam wedeln, Freßfeinde von ihrem empfindlicheren Kopf ablenken. Die Farbe dürfte auch Aggressionen seitens der Alttiere hemmen.

◆ *Welche Bepflanzung eignet sich für Langschwanzeidechsen?*

Welche Pflanzen geeignet sind, hängt von ihrer Toleranz gegenüber den Terrarienbedingungen ab. Brauchbar sind Grünlilien (*Chlorophytum* spp.), Birkenfeige *(Ficus benjamina)* und Citrus-Arten (siehe »Einrichtung«, S. 22–24).

◆ *Verlieren Langschwanzeidechsen den Schwanz?*

Wie die meisten Eidechsen werfen auch sie den Schwanz ab, wenn sie unsanft angefaßt werden. Also Vorsicht!

Terrarienhaltung
Langschwanzeidechsen

TERRARIENGRÖSSE Mindestens 60 × 30 × 40 cm für ein Paar. Mehr Höhe ist besser für die kletterfreudigen Tiere.

SUBSTRAT Feuchtigkeitspeichernd. Leicht feucht, aber nicht naß. Bis zum Morgen sollte das Terrarium nahezu ausgetrocknet sein. Täglich besprühen. Kleines Wassergefäß.

EINRICHTUNG Steine und Korkrinde an der Rückwand als Klettergelegenheit. Lebende Pflanzen und Zweigbüschel.

TEMPERATUR 26 °C an der kühlsten, 30 °C an der wärmsten Stelle; nachts mindestens 20 °C. Photoperiode: 12–14 Stunden. Starke UV-Leuchte und Wärmestrahler notwendig.

WINTERABKÜHLUNG 16 °C über 4–6 Wochen. Photoperiode: 6 Stunden.

FÜTTERUNG Bestäubte Insekten.

INKUBATION 3 Gelege im Jahr mit bis zu 3 Eiern. Inkubation 50–62 Tage bei 24–25 °C, mit einer Nachtabsenkung auf 21 °C, in feuchtem Vermiculit.

manövriert es in die richtige Position für die Einführung eines der beiden Hemipenes.
Fransenzeherweibchen zeigen ihre Paarungsbereitschaft dadurch an, daß sie dem Männchen mit den Vorderbeinen »zuwinken«. Der Nachwuchs wird in einem schlicht eingerichteten Behälter mit Sandboden, UV-Leuchte und Wärmelampe sowie reichlich Versteckplätzen bei einer Höchsttemperatur von 27 °C aufgezogen. Wie bei den Alttieren sollte man auch hier eine leicht feuchte Stelle zur Abkühlung vorsehen. Die Jungtiere haben einen schwarzen Körper mit hellen Streifen; Schwanz und Oberschenkel sind leuchtend rot.
Ähnliche Haltungsansprüche stellen die nordafrikanischen Eidechsen der Gattungen *Psammodromus, Latastia* und *Adolphus* (früher *Algyroides)*, die unter dem Namen Sandläufer und Kielechsen in den Handel kommen.

Langschwanzeidechsen

Takydromus-Arten. Diese Eidechsen aus Asien, wo sie von Japan bis Indonesien verbreitet sind, wurden früher häufig als »Skinke« angeboten. Es gibt vielleicht 12 verschiedene Arten, doch die Taxonomie der Gattung ist verworren. Sie werden im Schnitt etwa 35 cm lang. Wie schon der Name sagt, ist der Schwanz extrem lang – je nach Art etwa 2–5mal so lang wie der Rumpf. Der schlanke Körper ist mit gekielten Schuppen bedeckt, die auf dem Rücken Längsfurchen bilden. Die seitlichen Schuppen sind ebenfalls gekielt, und die Zahl der Femoralporen beläuft sich auf höchstens 5. Die meisten Arten sind braun bis olivgrün und tragen auf dem Rücken hellere Streifen. Einige sind Bodentiere, andere Baumbewohner. Feuchte Wälder und Felsregionen sind ihr bevorzugter Lebensraum; die Tiere mit den längsten Schwänzen leben oft in Grasfluren. Am häufigsten eingeführt wird die Sechsstreifige Langschwanzeidechse *(T. sexlineatus)*, die südlichste Art, doch die genaue Artbestimmung ist meist schwierig.
Langschwanzeidechsen sind interessante Beobachtungsobjekte: Die außerordentlich flinken und geschickten Kletterer »schwimmen« förmlich über die Pflanzen dahin und flitzen an der Korkrinde empor. Deshalb sollte das Terrarium möglichst hoch sein. Sie brauchen außerdem ein feuchteres Milieu als ihre Verwandten der Gattungen *Lacerta* und *Podarcis;* das Terrarium sollte stets leicht feucht, aber nicht naß sein.
Die geschlechtsreifen Männchen erkennt man an den Hemipenesschwellungen unter der Schwanzwurzel. Sie werden besser getrennt gehalten. Die Nachkommen werden in einem schlichten, leicht feuchten Terrarium aufgezogen, das ähnlich beleuchtet wird wie das der adulten Tiere.

Langschwanzeidechsen (Gattung *Takydromus)* klettern hervorragend. Der Schwanz hilft ihnen vermutlich, das Körpergewicht zu verteilen, wenn sie über das Gras hinwegflitzen.

Skinke FAMILIE: SCINCIDAE

▲ Blauzungenskinke (Gattung *Tiliqua)* haben ihren Namen von ihrem spektakulären Abwehrverhalten, das man allerdings in Gefangenschaft kaum jemals beobachten kann.

Die Familie der Skinke oder Glattechsen umfaßt mehr als 800 Arten, die hauptsächlich in den Tropen und Subtropen zu Hause sind. Voll ausgewachsene Tiere erreichen eine Länge von 10–75 cm. Der typische Skinkkörper ist rundlich und mit glatten, glänzenden Schuppen bedeckt.

Blauzungenskinke

Tiliqua-Arten. Mit diesem Trivialnamen werden 9 oder 10 Arten und Unterarten belegt, die in Australien, Neuguinea, den Molukken und Teilen von Indonesien heimisch sind. Australien hat den Export verboten, aber nachgezogene Jungtiere sind vielfach erhältlich, und *T. gigas* wird aus anderen Ländern eingeführt. Blauzungen fauchen, wenn sie sich bedroht fühlen, und reißen den roten Rachen auf, um ihre Zunge zu zeigen, aber normalerweise beißen sie nicht. *T. scincoides scincoides* und *T. s. intermedia* werden rasch zahm; *T. gigas* bleibt meist ziemlich reizbar.

Blauzungen haben einen schweren Körper mit verhältnismäßig kurzem Schwanz und kleinen Gliedmaßen. Sie sind vorwiegend braun, blau oder grau gefärbt, mit dunkleren Abzeichen und dunkel orangefarbenen Flecken. Blauzungen sind Allesfresser mit einer besonderen Vorliebe für Schnecken. Adulte Tiere neigen zur Verfettung – also nicht überfüttern und große Grillen oder Heuschrecken anbieten, auf die sie Jagd machen müssen. Sie werden rund 10 Jahre alt, möglicherweise sogar 20. *T. s. scincoides* und *T. s. intermedia* werden 45–55 cm lang, *T. gigas* ist kürzer und gedrungener.
Die Männchen besitzen einen längeren Rumpf (zwischen Vorder- und Hinterbeinen) und einen

Terrarienhaltung
Blauzungenskinke, Schneckenskink, Wickelschwanzskink und Streifenskink

TERRARIENGRÖSSE

Blauzungen und Streifenskink Mindestens 90×45×45 cm für ein Einzeltier.

Schneckenskink Mindestens 60×60×90 cm für ein Paar oder Trio, größer für eine Zuchtgruppe.

Wickelschwanzskink Mindestens 120×60×120 cm für ein Einzeltier.

SUBSTRAT

Blauzungen Kalkhaltiger Kies zur Verhinderung von übermäßigem Krallenwachstum – oder Zeitungspapier.

Schnecken- und Streifenskink Feuchtigkeitspeichernder Lehm oder Laubstreu mit Moosabdeckung.

Wickelschwanzskink Zeitungspapier oder ein anderes saugfähiges, leicht auswechselbares Material.

EINRICHTUNG Stets kleines Wassergefäß.

Blauzungen Holzkästchen oder halbrunde Tonröhren als Versteckgelegenheiten. Aststücke und Plastikpflanzen.

Schnecken- und Streifenskink Äste, lebende Pflanzen, Korkrindenstücke auf dem Boden.

Wickelschwanzskink Kräftige Äste mit Versteckplätzen auf verschiedenen Ebenen. Auf dem Boden hohle Korkrindenstücke. Plastikpflanzen.

TEMPERATUR Leistungsfähige UV-Leuchte und Wärmestrahler erforderlich. Blauzungen brauchen eine Heizmatte mit geringer Wattstärke. Trächtige Schneckenskinkweibchen verlangen eine UV-Leuchte, die in Astnähe senkrecht angebracht wird.

Wickelschwanzskink 26 °C an der kühlsten, 32 °C an der wärmsten Stelle; nachts 24 °C. Photoperiode: 12 Stunden.

Streifenskink 22 °C an der kühlsten, 31 °C an der wärmsten Stelle; nachts 18 °C. Photoperiode: 12 Stunden.

Andere 25–26 °C an der kühlsten, 32 °C an der wärmsten Stelle: nachts 15–21 °C. Photoperiode: 13–14 Stunden.

FEUCHTIGKEIT	Täglich leicht besprühen
Blauzungen	30–40 %
Schneckenskink	65 %
Wickelschwanzskink	75 %
Streifenskink	55-60 %

WINTERABKÜHLUNG

Blauzungen *T. gigas:* 21 °C an der kühlsten, 27 °C an der wärmsten Stelle, nachts 12 °C über 8–12 Wochen (Okt.–Jan.). Photoperiode: 8 Stunden. *T. s. scincoides/T. s. intermedia:* Überwinterung für 8–12 Wochen (Nov.–Febr.) bei 8–10 °C und Dunkelheit.

Schneckenskink 15 °C an der kühlsten, 22 °C an der wärmsten Stelle, nachts 10 °C über 8 Wochen. Photoperiode: 8 Stunden.

Wickelschwanzskink 24–25 °C an der kühlsten, 29 °C an der wärmsten Stelle, nachts 20 °C über 5 Wochen. Photoperiode: 10–11 Stunden.

Streifenskink 12 °C über 8 Wochen. Photoperiode: 6 Stunden oder Überwinterung bei Dunkelheit.

FÜTTERUNG

Blauzungen Allesfresser. Faserreiche Kost empfehlenswert: 25 % Protein, 75 % Grünzeug und Obst. Nestjunge Mäuse und Ratten, rohes Fleisch, Katzen- oder Hundefutter und gekochtes Ei in Maßen. Futter mit Zusätzen bestäuben.

Schneckenskink Spezialisiert auf Weichtiere, vor allem Schnecken. Umgewöhnung auf fettarmes Katzen- oder Hundefutter oder Fertigfutter für fleischfressende Echsen möglich.

Wickelschwanzskink Pflanzenfresser (siehe »Futter und Fütterung«, S. 29/30), und unter Grüner Leguan, S. 82/83).

Streifenskink Bestäubte Insekten und Wirbellose; Obst und Grünzeug. Evtl. nestjunge Mäuse alle 2 Wochen. Man kann auch Fertigfutter für fleischfressende Echsen anbieten. Zerkleinerte Sepiaschale.

etwas dickeren Schwanzansatz. Bei Männchen in Paarungsstimmung kann sich beiderseits der Schwanzwurzel eine kaum wahrnehmbare Schwellung zeigen.

Verlassen Sie sich nicht auf Merkmale wie die Kopfgröße und die »dicken Backen« – beides kann ein geschlechtsreifes Weibchen und ein überfüttertes Männchen gleichermaßen kennzeichnen. Das Geschlecht der Jungtiere läßt sich gleich nach der Geburt anhand der Rumpflänge bestimmen.

Nach der Winterruhe sollte man das Weibchen in das Terrarium des Männchens setzen. Die Paarung scheint vorzugsweise am Abend stattzufinden. Das Männchen versucht, seine Partnerin im Nacken zu packen und ihren Körper zu kratzen. Ein paarungswilliges Weibchen hebt den Schwanz an und läßt die Kopulation zu. Wiederholen Sie den Vorgang so lange, wie das Weibchen ihn toleriert. Ist es nicht empfängnisbereit, entzieht es sich dem Männchen und greift es womöglich an – trennen Sie dann die Tiere, und probieren Sie es nach 2 Tagen noch einmal. Alle Bißwunden verheilen

schnell. Blauzungen sind lebendgebärend. Die Tragzeit schwankt je nach Haltungsbedingungen. Trächtige Weibchen sonnen sich unter dem Wärmestrahler und der UV-Leuchte und nehmen bis eine Woche vor der Geburt normal Nahrung auf. Etwa 24–48 Stunden vor dem Termin macht sich das Weibchen bereit oder hebt die Hinterbeine vom Boden ab.
Die Jungen befreien sich sofort aus ihren Eihäuten. Die Weibchen verzehren meist alle unentwickelten Leibesfrüchte (unförmige gelbe Klumpen), die ausgestoßen werden. Setzen Sie die kleinen Blauzungen in ein gesondertes Terrarium um. Sie sind selbständig und fressen oft schon am ersten Tag. Jungtiere, die offensichtlich unterdrückt werden, sollte man getrennt aufziehen. Gefüttert wird im 1. Monat täglich, dann 5 Monate lang jeden zweiten Tag. Die Nahrung sollte 50 % Protein und 50 % Grünzeug und Obst enthalten.
Ein naher Verwandter ist der kleinere Schneckenskink oder Gerrards Blauzungenskink *(T. gerrardii)* aus Queensland. Ihn kann man in einer Gruppe aus 1 Männchen und mehreren Weibchen halten.

Wickelschwanzskink

Corucia zebrata. Diese Art, auch Solomonen-Riesenskink genannt, ist auf den Solomonen-Inseln und in Papua-Neuguinea heimisch. Der Baumbewohner hat kräftige Krallen und gut entwickelte Gliedmaßen und wird bis zu 75 cm lang – die Hälfte davon entfällt auf den Greifschwanz. Im Handel sind zumeist Wildfänge; die Nachzucht gelingt nicht häufig. Die Tiere sind vorwiegend hell olivgrün bis graugrün gefärbt und auf dem Rücken und den Seiten dunkel gefleckt. Die Unterseite ist

F & A...

◆ *Kann ich mehrere Blauzungen zusammen halten?*

Manche Terrarianer pflegen mehrere adulte Tiere gemeinsam, aber Kämpfe können schwere Verletzungen zur Folge haben und den Zuchterfolg vereiteln. Aus diesem Grund wird die Einzelhaltung nachdrücklich empfohlen.

◆ *Wie oft pflanzen sich Blauzungen fort?*

Nach der Geschlechtsreife pflanzen sie sich 2–3 Jahre lang alljährlich fort, danach meist alle zwei Jahre. Das gilt auch für den Wickelschwanzskink.

◆ *Wie zahm werden Wickelschwanzskinke?*

Das ist individuell verschieden. Manche Tiere sind friedfertig, andere erscheinen zahm, können aber zwischendurch aggressiv werden, und einige wenige bleiben trotz liebevoller Behandlung sehr angriffslustig. Viele Jungtiere benehmen sich anfangs feindselig gegenüber dem Pfleger, doch das gibt sich, wenn man sie häufig in die Hand nimmt. Selbst zahme Exemplare fallen manchmal aus der Rolle – der Biß ist schmerzhaft!

◆ *Kann man die Eier von Streifenskinken künstlich erbrüten?*

Nein. Man beläßt sie besser bei der Mutter; die künstliche Inkubation scheint bei dieser Art nicht zu funktionieren. Das gilt auch für den Berberskink.

Der Wickelschwanzskink *(Corucia zebrata)* benutzt seinen langen Greifschwanz, um sich im Geäst festzuhalten. Diese Tiere sind für eine baumlebende Art recht groß und benötigen im Terrarium kräftige, tragfähige Äste.

blasser oder gelbrün. Regionale Färbungsunterschiede sind häufig. Wickelschwanzskinke kann man als Gruppe in einem Behälter pflegen, der mit vielen Ästen und Versteckplätzen ausgestattet ist. Als Dekor eingesetzte Zierpflanzen werden möglicherweise aufgefressen – achten Sie darauf, daß sie ungiftig sind. Eine gute Durchlüftung ist wichtig. Ist die Luftfeuchtigkeit zu gering, wird die Häutung oft nicht abgeschlossen. Achten Sie auf die Füße: Dort verbliebene Haut kann zum Verlust der Zehen führen.

Die Geschlechtsbestimmung ist schwierig. Manche Männchen (nicht alle!) haben einen größeren Kopf und eine leichte Hemipenesschwellung. Die Einführung einer Sonde ist vertrackt und nicht immer erfolgversprechend. Manche Pfleger bevorzugen deshalb eine Ausstülpung der Hemipenes unter Narkose. Am besten konsultiert man einen Tierarzt oder einen sehr erfahrenen Terrarianer.

Starkes Einnebeln am Ende der Winterabkühlung löst vielfach das Fortpflanzungsverhalten aus. Waren die Tiere getrennt untergebracht, sollte man das Weibchen jetzt dem Männchen zuführen. Bei der Paarung geht es ziemlich rauh zu; die Bisse des Männchens hinterlassen Narben auf dem Körper des Weibchens, die erst nach einigen Häutungen verschwinden. Die Jungtiere beginnen erst nach der ersten Häutung zu fressen (gewöhnlich 8–11 Wochen nach der Geburt). Die Mütter hüten ihren Nachwuchs bis zu einem Monat lang. Wenn die Jungen selbständig geworden sind, können sie in ein eigenes Terrarium umquartiert werden.

Streifenskink

Eumeces fasciatus. Diese Art aus dem Osten der USA verdankt seinen Namen der Streifenzeichnung der Jungtiere. Die Streifen verblassen beim Heranwachsen, desgleichen der blaue Schwanz. Die Färbung ist meist ein einheitlicher Braunton, und unter dem Schwanz bildet sich eine Längsreihe aus vergrößerten Schuppen. Ausgewachsene Tiere werden etwa 20 cm lang.

Streifenskinke sind verhältnismäßig leicht zu halten, bei günstigen Klimabedingungen sogar in einem Freilandterrarium. Die Art kommt relativ häufig in den Handel, doch man muß beim Erwerb darauf achten, daß sie nicht mit anderen gestreiften Skinken verwechselt wird. Ein Bestimmungsbuch leistet hier gute Dienste.

Bei den Männchen verfärbt sich der Unterkiefer rot. Die Weibchen betreiben Brutpflege und können in einer Saison zwei Gelege zeitigen. Die Männchen sollte man von Geschlechtsgenossen und Jungtieren fernhalten.

Arten mit ähnlichen Haltungsansprüchen sind der Südöstliche Streifenskink *(E. inexpectatus)* und der Breitkopf- oder Rotkopfskink *(E. laticeps).*

Zuchtbedingungen

BLAUZUNGENSKINKE	Lebendgebärend
Tragzeit	3–6,5 Monaten
Nachkommenzahl	4–12 Junge
SCHNECKENSKINK	Lebendgebärend
Tragzeit	2–4,5 Monate
Nachkommenzahl	12–25 Junge
WICKELSCHWANZSKINK	Lebendgebärend
Tragzeit	6–7 Monate
Nachkommenzahl	1–2 Junge
STREIFENSKINK	Eierlegend
Gelege	2 Gelege im Jahr mit je 6–9 Eier
Inkubation	60–90 Tage bei der Mutter
BERBERSKINK	Eierlegend
Gelegegröße	2–3 Gelege im Jahr mit je 1–2 Eiern
Inkubation	60–90 Tage bei der Mutter
WALZENECHSEN	Lebendgebärend
Tragzeit	Etwa 3 Monate
Nachkommenzahl	2 Geburten im Jahr; 2–20 Junge

Der blaue Schwanz scheint die jungen Streifenskinke *(Eumeces fasciatus)* im Freileben vor den Angriffen adulter Männchen zu schützen. Diese Farbe verliert sich mit etwa 12 Monaten, wenn die Jungtiere geschlechtsreif werden.

Der Berberskink *(Eumeces schneideri)* ist häufig im Handel, doch die Nachzucht ist nach wie vor ein Problem. Die mütterliche Brutpflege führt im Terrarium nur selten zum Erfolg.

Berberskink

Eumeces schneideri. Dieser in Nordafrika und Zentrasien heimische Skink gehört zur großen Gattung *Eumeces*, die auch die meisten nordamerikanischen Skinke umfaßt. Die Berberskinke sind an das Leben in heißen, trockenen, sandigen Landschaften angepaßt. Typisch für Skinkartige sind der schwere Körper, die glattpolierten Schuppen und die relativ kleinen Gliedmaßen. Die Tiere sind recht attraktiv und variabel gefärbt – meist graubraun mit hellen orangefarbenen Flecken oder Binden. Kammähnliche Schuppenklappen schützen die Ohröffnungen. Abgesehen von der Färbung, besteht kein Unterschied zwischen *E. schneideri* und einer anderen nordwestafrikanischen Form, die manchmal als *E. algeriensis* oder *E. s. algeriensis* bezeichnet wird. Die Taxonomen können sich nicht darüber einigen, ob es sich dabei um dieselbe Art handelt. Beide werden gewöhnlich Berberskinke genannt.

Die Männchen sind größer und farbenprächtiger als die Weibchen, bei denen zuweilen die orangefarbene Zeichnung völlig fehlt. Die Männchen sind aggressiv, weshalb man am besten ein männliches Tier mit einem oder mehr Weibchen zusammen halten sollte. Die Trennung der Geschlechter vor der Winterabkühlung fördert die Fortpflanzung, wenn das Weibchen wieder mit dem Männchen zusammengeführt wird. Etwa 5–7 Wochen nach der Paarung legt das Weibchen die Eier an einer feuchten Stelle des Bodengrunds ab, oft unter einer hohlen Korkrinde. Die Mütter hüten normalerweise das Gelege und befeuchten es mit ihrem Urin. Die Umquartierung des trächtigen Weibchens in ein gesondertes Terrarium verhindert, daß es von seinem Partner belästigt wird. Während der Brutpflege geht das Weibchen nicht auf die Jagd, nimmt aber vielleicht vorüberkommende Insekten oder Futter von der Pinzette an. Wie beim Streifenskink sollte man auch hier die Eier bei der Mutter belassen. Eine Theorie besagt, daß der mütterliche Urin irgend etwas enthält, das für die Entwicklung der Embryonen wesentlich ist.

Junge Berberskinke brauchen eine warme, trockene Unterkunft. Wenn es zu Streitigkeiten kommt, sollte man sie trennen. Eine andere Art, die ähnlich gepflegt werden muß, ist der Apothekerskink *(Scincus scincus)*, der keine Brutpflege betreibt.

F& A...

◆ *Was soll ich mit Berberskinkeiern tun, wenn die Mutter sie im Stich läßt?*

Versuchen Sie die Inkubation in einem Vermiculit-Wasser-Gemisch (Verhältnis 1:1; siehe »Zucht«, S. 38/39). Der Erfolg ist allerdings nicht gesichert.

◆ *Wie alt werden Berberskinke?*

Bei richtiger Pflege können sie 20 Jahre alt oder noch älter werden.

◆ *Kann man ein Terrarium für Walzenechsen bepflanzen?*

Ideal sind Plastikpflanzen, aber trockenheitsliebende Pflanzen ohne Dornen lassen sich verwenden – es darf dadurch aber nicht zuviel Feuchtigkeit entstehen. Setzen Sie die Pflanzen mit Töpfen ein, und schützen Sie sie vor der Grabtätigkeit der Tiere.

Terrarienhaltung

TERRARIENGRÖSSE

Berberskink	75 × 30 × 40 cm
Walzenechsen	60 × 30 × 30 cm

SUBSTRAT Staubfreier Sand, 8 cm hoch, unterteilt in einen trockenen und einen mäßig feuchten Bereich. Den feuchten Bodengrund kann man mit Torfmoos bedecken.

EINRICHTUNG Fest eingebettete Steine und Stubben als Sonnenplätze. Korkrinde als Unterschlupf. Plastikpflanzen. Täglich leicht besprühen. Kleines Wassergefäß.

TEMPERATUR Für alle Arten eine starke UV-Leuchte und ein Wärmestrahler.

Berberskink 28–30 °C an der kühlsten, 38 °C an der wärmsten Stelle; nachts 18–20 °C. Photoperiode: 12–14 Stunden.

Walzenechsen 25–30 °C an der kühlsten, 35 °C an der wärmsten Stelle; nachts 18–21 °C. Photoperiode: 12–14 Stunden.

WINTERABKÜHLUNG

Berberskink 15 °C am Tag, 10 °C in der Nacht über 8–10 Wochen. Photoperiode: 6 Stunden.

Walzenechsen 10–15 °C über 7–8 Wochen. Photoperiode: 6 Stunden.

FÜTTERUNG

Berberskink Bestäubte Insekten und Wirbellose; Obst und Grünzeug. Nestjunge Mäuse kann man alle 2 Wochen anbieten. Fertigfutter für fleischfressende Echsen möglich. Zerkleinerte Sepiaschale.

Walzenechsen Bestäubte Insekten. Kleine Mehlwürmer.

Der Gefleckte Walzenskink *(Chalcides ocellatus)* gehört zu den wüstenbewohnenden Skinken, die unter dem Namen Walzenechsen zusammengefaßt werden. Neuerwerbungen sind scheu, gewöhnen sich aber bald ein.

Walzenechsen

Chalcides-Arten. Die Vertreter dieser Gattung, die nach der langgestreckten walzenförmigen Körperform benannt ist, sind von Südeuropa und Nordafrika bis Arabien und Pakistan verbreitet. Sie besitzen kleine, ungewöhnlich glatte Schuppen, mit denen sie sich rasch in lockerem Sand und Erdreich bewegen können. Wie bei anderen Skinken sind die Gliedmaßen im Verhältnis zum Körper unterschiedlich groß, doch vielfach kleiner als normal. Walzenechsen bewohnen vorwiegend trockene Sandflächen, die häufig mit Gras oder sonstiger Vegetation bewachsen sind, aber einige Arten trifft man gelegentlich auch in leicht feuchten Wiesen an. Neuerwerbungen verstecken sich meist im Sand, wenn man sich ihnen nähert, doch mit der Zeit gewöhnen sie sich ein und lassen sich blicken. Die bekanntesten Arten sind der Spanische Walzenskink *(C. bedriagai)*, der Gefleckte Walzenskink *(C. ocellatus)*, die Erzschleiche *(C. chalcides)* und die Keilschleiche *(C. [= Sphenops] sepsoides)*. Die Länge schwankt je nach Art zwischen 15 und 26 cm. Der Schwanz wird leicht abgeworfen, wenn man die Tiere plötzlich ergreift oder unsanft anfaßt.

Äußerlich sind die Geschlechter kaum zu unterscheiden; die Weibchen haben jedoch einen plumperen Körper. Bei *C. bedriagai* und *C. ocellatus* ist der Kopf manchmal geringfügig größer. Die Weibchen von *C. sepsoides* und *C. chalcides* sind durchweg etwas länger als die Männchen. Den sichersten Anhaltspunkt liefert das Verhalten. Abgesehen von *C. sepsoides* und *C. chalcides*, sollte man ein Paar oder ein Trio (mit nur einem Männchen) zusammen halten; die Männchen sind unverträglich.

Die Fortpflanzung kann zu verschiedenen Jahreszeiten stattfinden, und oft gibt es im Jahr mehr als einmal Nachwuchs. Alle Walzenechsen sind lebendgebärend. Die Nachkommen sollten in einem eigenen Behälter aufgezogen werden, da Kannibalismus nicht selten ist. Um ihn zu verhindern, sollte man trächtige Weibchen absondern, obwohl auch sie manchmal die Schuldigen sind. Die Jungtiere werden unter gleichen Bedingungen gepflegt wie die Eltern, brauchen aber entsprechend kleines Futter. Auch der Wassernapf muß so klein sein, daß die Jungen nicht hineinfallen und ertrinken können. Die Geschlechtsreife tritt nach etwa 1 Jahr ein, doch sie ist abhängig von der Temperatur und Ernährung.

Andere Terrarientiere mit ähnlichen Ansprüchen sind die Lanzenskinke (Gattung *Acontias*), beinlose Wühler mit einem glänzenden, zylindrischen Körper, kurzem Schwanz und einer speziell an das Graben angepaßten Schnauze.

Bänderteju

FAMILIE: TEIIDAE
ART: *TUPINAMBIS TEGUIXIN*

Der Bänderteju *(Tupinambis teguixin)* ist eine eindrucksvolle Tiergestalt. Er ist ein Allesfresser, der in der Natur eine Vorliebe für Vogeleier und Schnecken hat. In Gefangenschaft erstreckt sich der Appetit auf Eier, auch auf die Gelege der eigenen Partnerin.

Diese imposante südamerikanische Echse, die auch Schwarzweißer Teju oder Solompenter genannt wird, ist ein beliebtes Terrarientier. Weil sie sehr groß wird – bis über 120 cm –, braucht sie sehr viel Platz; man sollte sie nicht halten, wenn man ihr keine ausreichende Bewegungsfreiheit bieten kann. Die Tejus sind zwar Bodentiere, die in der Natur Gänge graben, können aber auch ausgezeichnet klettern und schwimmen. Da Nachzuchten Seltenheitswert haben, werden größtenteils Wildfänge angeboten. Wer ein solches Tier halten möchte, sollte möglichst ein junges Exemplar erstehen, denn ausgewachsene Tejus sind mächtige Burschen, die sich kaum zähmen lassen. Der Schwanz, der die Hälfte der Gesamtlänge ausmacht, wird zur Verteidigung gern wie eine Peitsche eingesetzt. Kräftige Kiefer und ebensolche Krallen, die sogar einen Termitenbau aufbrechen können, sind zusätzliche gefährliche Waffen. Die lange, schlangenartige Zunge kann in eine Scheide des Unterkiefers zurückgezogen werden. Die Färbung ist eine reizvolle Mischung aus Schwarz und unregelmäßigen gelben bis weißen Bändern und Flecken. Die Tejus gelten als typische Tropenbewohner, doch ihr Verbreitungsgebiet erstreckt sich von den Tropen bis in gemäßigte Breiten; in Teilen ihres Lebensraums überwintern sie sogar, was den Pfleger vor Probleme stellt, wenn er die Herkunftsgegend nicht genau kennt.

Das Terrarium sollte vor allem sehr geräumig sein. Pflanzen würden schon bald zerstört werden – sie sind überflüssig. In ihrer Heimat gehen die Tiere gern ins Wasser, aber ein Schwimmbecken läßt sich auf begrenztem Raum schwer installieren und erzeugt zudem zuviel Feuchtigkeit. Die ideale Unterkunft wäre ein großes Freilandgehege.

Viele Terrarianer machen den Fehler, ihrem Pflegling nur rohes Fleisch, Küken, Mäuse oder Hühnereier anzubieten. Rindfleisch enthält aber viel Phosphor und wenig Kalzium und kann deshalb zu einer Metabolischen Knochenkrankheit (siehe »Gesundheit und Krankheiten«, S. 44/45) führen. Zu viele Nagetiere oder Küken ohne anderes Futter können Häutungsprobleme zur Folge haben, während eine hauptsächlich aus Eiern bestehende Verpflegung einen Biotinmangel nach sich zieht. Freilebende Tejus fressen gern Eier, doch dabei handelt es sich um befruchtete Eier, die Biotin enthalten, was auf handelsübliche Hühnereier nicht zutrifft. Anderes Futter, das Tejus nicht so gern mögen, etwa Grünzeug, kann man mit geschlagenem rohem Ei überziehen, um die Tiere zum Fressen zu animieren, aber das sollte man nicht zu oft tun.

Die Geschlechtsreife wird mit etwa 3 Jahren erreicht. Die Paarung findet auf der Nordhalbkugel gewöhnlich im Mai statt. Die Männchen paaren sich mehrfach mit allen verfügbaren Weibchen. Wie bei vielen anderen Echsenarten beißt das Männchen seine Partnerin in den Nacken, um sie gefügig zu machen. Voraussetzung für die Zucht sind eine geräumige Unterkunft, ein mindestens 30 cm tiefer Bodengrund und für Exemplare aus der gemäßigten Zone die Überwinterung. Angesichts dieser Forderungen ist es kein Wunder, daß die Nachzucht so selten gelingt. Trächtige Weibchen versuchen sich meist ihrem Geschlechtspartner zu entziehen; das bedeutet, daß man ein zweites Terrarium entsprechender Größe braucht. Das ist auch deshalb vonnöten, weil das Männchen die Eier verspeist, wenn sich ihm eine Gelegenheit bietet. Die Eiablage erfolgt sehr schnell, oft in nur wenigen Sekunden – anders als bei manchen Echsen, bei denen es stundenlang dauern kann. Die frischgeschlüpften Jungen messen etwa 24 cm. Sie sind meist grün gefärbt, doch das Grün verschwindet sehr bald. Man sollte sie sofort aus dem Terrarium der Alttiere entfernen und getrennt unter ähnlichen Bedingungen aufziehen.

Terrarienhaltung

TERRARIENGRÖSSE Mindestens 180 × 120 × 120 cm für ein Einzeltier.

SUBSTRAT Zeitungspapier oder Rinde.

EINRICHTUNG Kräftige Äste oder Aststümpfe zum Sonnen. Täglich besprühen, aber so, daß sich keine Feuchtigkeit aufbaut. Wasserschale.

TEMPERATUR 28 °C an der kühlsten, 36–37 °C an der wärmsten Stelle; nachts 20–21 °C. Photoperiode: 12–14 Stunden. Starke UV-Leuchte und Wärmestrahler erforderlich.

WINTERABKÜHLUNG 4–8 °C über 12 Wochen. Temperatur in den ersten 4 Wochen allmählich senken, in den letzten 4 Wochen nach und nach wieder ansteigen lassen.

FÜTTERUNG 30 % aufgetaute Nagetiere oder Küken, 10–20 % große Insekten, der Rest Früchte (keine Bananen), Luzernepreßlinge, Pilze oder Gemüse, überzogen mit geschlagenem rohem Ei. Dosenfutter für Echsen kann zusätzlich, aber nicht ausschließlich verabreicht werden.

INKUBATION 1 Gelege im Jahr mit 1–50 Eiern. Inkubation 60–65 Tage bei 26–29 °C in feuchtem Vermiculit.

F & A …

◆ *Wie zeigt sich ein Biotinmangel bei Bändertejus?*

Gewöhnlich als ein Muskelzucken, das jedoch nicht mit dem »Zittern« verwechselt werden darf, das durch ein Kalzium-Phosphor-Ungleichgewicht verursacht wird. Der erste Schritt zur Behebung des Biotinmangels besteht darin, die Verfütterung von unbefruchteten Eiern einzustellen. Da Biotin ein Bestandteil des Vitamin-B-Komplexes ist, kann die Verabreichung dieser Vitamine angezeigt sein. Konsultieren Sie jedoch den Tierarzt.

◆ *Wie oft sollte man Bändertejus füttern?*

Jungtiere werden täglich, Alttiere 3 × in der Woche gefüttert. Adulte Tejus können bei unausgewogener Ernährung verfetten, wenn ihnen der Platz für körperliche Betätigung fehlt.

◆ *Mein Bänderteju ist sehr zahm. Darf ich ihm Auslauf in der Wohnung gewähren?*

Viele Terrarianer lassen große »zahme« Echsen frei umherlaufen, doch dabei gibt es manchmal hygienische Probleme. Vorsicht ist geboten, wenn Kinder oder Haustiere anwesend sind – selbst freundliche Echsen können unberechenbar sein.

◆ *Warum wedelt mein junger Teju mit dem Schwanz?*

Dieses Verhalten tritt normalerweise nur in den ersten 2–3 Monaten auf. Der Grund ist ungeklärt – vielleicht ein Abwehrmechanismus der noch kleinen und wehrlosen Tiere.

◆ *Sind Bändertejus gesellig?*

Weibchen sind durchweg verträglich, aber Männchen bekämpfen sich, vor allem in der Fortpflanzungszeit. Man hält sie besser getrennt mit einem oder mehr Weibchen, falls die Unterkunft groß genug ist.

Riesenschlangen FAMILIE: BOIDAE

Die großen, ungiftigen Riesenschlangen sind bei Liebhabern sehr begehrt. Sie töten ihre Beute durch Erdrosseln, sind aber ansonsten sanfte Geschöpfe. Viel Platz ist die erste Voraussetzung für die richtige Haltung, denn körperliche Betätigung beugt der Verfettung vor und fördert die Wärmeregulierung. Die Heizquelle im Terrarium muß gut abgeschirmt sein. Wenn eine Schlange Wärme braucht, ringelt sie sich um jede verfügbare Wärmelampe.

Die Männchen haben einen längeren und dickeren Schwanz und größere Aftersporne; im Zweifelsfalle bedient man sich der Sonde (siehe »Zucht«, S. 34/35). Zuchtpaare sollten gesund und voll ausgewachsen sein. Mit Ausnahme der Hundskopf- und Sandboas werden die Männchen nach der Abkühlungsphase in den Behälter des Weibchens gesetzt; bei den Ausnahmen erfolgt die Zusammenführung schon während der Winterabkühlung. Manche Züchter verwenden zwei oder mehr Männchen, doch dabei kann es zu Verletzungen kommen. Lassen Sie das Männchen beim Weibchen, bis es das Interesse verliert, denn mehrfache Paarungen sind ergiebiger.

Riesenschlangen sind lebendgebärend. Trächtige Weibchen stellen die Nahrungsaufnahme ein und suchen die Wärme; versuchen Sie die Temperatur um 2–3 °C zu erhöhen. Werden Verstecke aufgesucht, sollten sie deren zwei vorsehen, und zwar eines an der wärmsten Stelle mit leicht feuchtem Substrat. Die Neugeborenen werden einzeln in durchlüfteten Klarsichtboxen untergebracht, die zum Teil auf einer Heizmatte mit Thermostat stehen, und zwar in einem ausbruchsicheren Reserveterrarium. Man füttert sie in den ersten 18–24 Monaten zweimal wöchentlich, dann einmal in der Woche.

Große Boas

Zu dieser Gruppe gehört die Königs- oder Abgottschlange *(Boa constrictor)*, deren Vorkommensgebiet sich von Nordmexiko bis Südamerika erstreckt und die vielfach als die »eigentliche« Boa

Anders als die meisten Schlangen behält die Regenbogenboa *(Epicrates cenchria)* ihre prachtvolle Jugendfärbung und -zeichnung bis ins Erwachsenenalter. Jungtiere sind manchmal widerborstig, doch adulte Boas sind bekannt für ihre Sanftmut.

Terrarienhaltung

TERRARIENGRÖSSE	Jeweils für ein Einzeltier
Königsschlange	180 × 90 × 90 cm
Regenbogenboa	180 × 60 × 60 cm
Hundskopfboa	90 × 60 × 90 cm
Solomonen-Boa	90 × 60 × 90 cm

SUBSTRAT

Hundskopfboa Feuchtigkeitsspeicherndes Material, etwa Laubstreu oder Moos. Täglich besprühen.

Andere Zeitungspapier, das leicht auszuwechseln ist.

EINRICHTUNG

Hundskopfboa Fest installierte Äste, einige waagerecht und einer 30 cm unter dem Wärmestrahler angebracht. Plastikpflanzen. Flache Steine. Kleines Wassergefäß. 60–80 % Feuchtigkeit.

Andere Äste nach Belieben. Plastikpflanzen an den Wänden. Je ein Versteck im kühlsten und wärmsten Bereich. Große Wasserschale. 20–30 % Feuchtigkeit.

TEMPERATUR

Königsschlange 28 °C an der kühlsten, 35 °C an der wärmsten Stelle; nachts 26–27 °C. Photoperiode: 16 Stunden.

Regenbogenboa 26–27 °C an der kühlsten, 31 °C an der wärmsten Stelle; nachts 23 °C. Photoperiode: 16 Stunden.

Hundskopfboa 26 °C an der kühlsten, 31 °C an der wärmsten Stelle; nachts 23 °C. Photoperiode: 14 Stunden.

Solomonen-Boa 25–26 °C an der kühlsten, 32 °C an der wärmsten Stelle; nachts 23 °C. Photoperiode: 14 Stunden.

WINTERABKÜHLUNG

Königsschlange 26–27 °C an der kühlsten, 30 °C an der wärmsten Stelle, nachts 20–22 °C über 8–12 Wochen. Photoperiode: 10 Stunden.

Regenbogenboa 24 °C an der kühlsten, 25–26 °C an der wärmsten Stelle, nachts 18–22 °C über 6 Wochen. Photoperiode: 10 Stunden.

Hundskopfboa Normale Tagestemperaturen über 8 Wochen. Nachts Absenkung auf 19–20 °C. Photoperiode: 10 Stunden.

Solomonen-Boa Normale Tagestemperaturen über 6 Wochen. Nachts Absenkung auf 19–20 °C. Photoperiode: 10 Stunden.

FÜTTERUNG Nagetiere, Wachtelküken, Eintagsküken alle 1–2 Wochen. Futter auf einem flachen Stein oder mit einer langen Pinzette anbieten – nicht aus der Hand füttern.

F & A...

◆ *Beißen Boas überhaupt?*

Man kann sich nicht darauf verlassen, daß eine Schlange niemals beißt, zumal während der Fütterungszeiten. Vielleicht ist es nur ein Warnbiß, der schnell gelockert wird, oder es ist ein Freßbiß, bei dem die Schlange erst losläßt, wenn sie merkt, daß ihr Pfleger kein Futter darstellt – benutzen Sie also eine Futterpinzette. Halten Sie bei einem Biß still, um Verletzungen durch die scharfen, nach innen gebogenen Zähne zu vermeiden. Läßt die Schlange nicht los, brauchen Sie evtl. Hilfe. Ein Erwachsener sollte stets zugegen sein.

◆ *Stellt die Umschlingung ein Risiko für den Halter dar?*

Boas sind durchweg friedlich, und in den seltenen Fällen, in denen ein Pfleger umklammert worden ist, handelte es sich um Pythons. Reizen Sie die Schlange nicht, hantieren Sie nicht allein mit ihr, und lassen Sie nicht zu, daß sie Sie umschlingt; so wird das kleine Risiko vermieden.

◆ *Wie kann ich meine junge Boa zum Fressen bewegen?*

Versehen Sie aufgetaute Mäuse mit dem Geruch von Eintagsküken. Dünne Zweige zum Klettern können bei Solomonen-Boas die Freßlust anregen. Ganz winzige Jungtiere brauchen kleine Futterbrocken, zum Beispiel Mäuseschwänze.

gilt. Die Königsschlange mit ihren 11 Unterarten (einige umstritten) steht drei anderen Arten aus unterschiedlichen Gattungen sehr nahe: der Regenbogenboa *(Epicrates cenchria)*, der Grünen Hundskopfboa *(Corallus caninus)* und der Solomonen-Boa *(Candoia carinata)*.

Sie alle sind beliebt und werden häufig als Nachzuchten angeboten. Die Jungtiere richten sich zuweilen auf und schlagen zu, aber adulte Boas sind ausgesprochen zahm – »Boa« ist von dem portugiesischen Wort für »gut« abgeleitet.

Königsschlangen werden 180–250 cm lang, vereinzelt noch länger. Die Färbung ist variabel, zumeist hellbraun oder grau mit dunklen Sattelflecken. Bei manchen Exemplaren bilden sich eine rosa Unterseite und rosa Abzeichen an den Körperseiten aus. Die Sattelflecken sind zum Schwanz hin dichter, wo der Untergrund rot, orange und cremefarben ist. Die große Regenbogenboa ist besonders attraktiv. Sie wird etwa 180 cm lang und

Nachfolgende Doppelseite: Köngisschlangen *(Boa constrictor)* mit roten Schwänzen stehen hoch im Kurs. Rote Schwänze trifft man häufig bei Tieren aus Peru und Surinam an.

Die Grünen Hundskopfboas *(Corallus caninus)* sind Baumbewohner. Sie fühlen sich offensichtlich im Blattwerk geborgen, und die Jungen werden im Geäst geboren und können sofort umherklettern.

Zuchtbedingungen

TRAGZEIT Je nach Art, Individuum und Temperaturspektrum unterschiedlich.

Sand- und Rosenboas	4,5–5,5 Monate
Andere	7–8,5 Monate
NACHKOMMENZAHL	
Königsschlange	10–50
Regenbogenboa	7–15
Grüne Hundskopfboa	10–25
Solomonen-Boa	9–60
Sandboas	5–20
Rosenboas	3–5
TEMPERATUR	In den ersten 4–6 Monaten
Königsschlange	27–31 °C
Regenbogenboa	29 °C
Grüne Hundskopfboa	28 °C
Solomonen-Boa	28–29 °C
Sandboas	27–29 °C
Rosenboas	27–29 °C

hat eine braune und orange Grundfarbe sowie schwarze Ringe auf dem Rücken. Die Seiten sind mit kleineren schwarzen Ringen verziert, die innen mit hellem, leuchtendem Orange ausgefüllt sind.
Die Grüne Hundskopfboa, die etwa 150 cm lang wird, ist leuchtend grün, auf dem Rücken weiß gefleckt und auf der Unterseite cremefarben oder gelb. Die Solomonen-Boa, von der es mehrere Farbspielarten gibt, erreicht nur eine Länge von 120 cm.
Boas werden mit 2–3 Jahren geschlechtsreif, um so früher, je besser sie ernährt sind. Wie bei allen Schlangen ist die Fütterung bisweilen schwierig. Königsschlangen, Hundskopfboas und Regenbogenboas füttert man nach der ersten Häutung, die 3–14 Tage nach der Geburt erfolgt, gewöhnlich mit nestjungen Mäusen. Bei der Solomonen-Boa sind die Nachkommen zahlreich und sehr klein, und sie sind besonders heikel. Sie erstarren bei jeder Störung, und deshalb sterben sie häufig bei Zwangsernährung an einem Trauma.
Eine weitere Art mit ähnlichen Pflegeansprüchen ist die Gartenboa *(Corallus enydris)*, die wie die

Grüne Hundskopfboa gehalten werden kann. Für Anfänger ist sie jedoch ungeeignet.

Wüstenbewohnende Boas

Eryx- und *Lichanura*-Arten. Diese Boas sind kleiner als ihre tropischen Verwandten – 45–100 cm – und somit leichter unterzubringen. Die Sandboas der Gattung *Eryx* sind von Südeuropa bis Zentralafrika und Vorder- und Mittelasien verbreitet, die Rosenboas *(Lichanura)* vom Südwesten der USA bis Nordwestmexiko. Sandboas tragen ein schlichtes Schuppenkleid mit unterschiedlicher hell- und dunkelbrauner Zeichnung. Rosenboas kommen braun und weiß, orangefarben und silbern vor und sind gestreift. Die Taxonomie beider Gattungen ist revisionsbedürftig. Die Dreistreifen-Rosenboa *(L. trivirgata)* hat möglicherweise 4 Unterarten; *Eryx* umfaßt 10–11 Arten mit vielleicht 12 oder mehr Unterarten. Rosenboas sind geschützt und dürfen nicht mehr gefangen werden. Sandboas werden nach wie vor importiert, aber vielfach sind auch Nachzuchten erhältlich.

Beide Gattungen sind lebendgebärend, und das Geschlecht bestimmt man wie bei anderen Riesenschlangen. Die männlichen Sandboas sollte man zu Beginn der Winterabkühlung den Weibchen zuführen, obwohl die Paarung erst nach Wiederherstellung der normalen Temperaturen stattfinden dürfte. Rosenboamännchen sollten erst nach der Abkühlungsphase zu den Weibchen gesetzt werden. Die Jungen zieht man ebenfalls einzeln in kleinen Klarsichtboxen mit guter Belüftung auf. Stellen Sie ein kleines Wassergefäß hinein.

Die Kenianische Sandboa *(Eryx colubrinus loveridgei)* ist von allen Sandboas am attraktivsten. Die Tiere sind dämmerungsaktiv, sonnen sich aber manchmal tagsüber. Sie vergraben sich gern im Sand und lassen nur den Kopf hervorschauen.

Terrarienhaltung
Sand- und Rosenboas

TERRARIENGRÖSSE Mindestens 60×60×40 cm für ein Einzeltier.

SUBSTRAT Trockener, staubfreier Sand, 7–12 cm hoch.

EINRICHTUNG Trockene Haltung ist wichtig. 2–3 Verstecke aus teilweise eingegrabenen Korkrindenstücken. Steine als Sonnenplätze. Äste nicht unbedingt notwendig. Kleine Wasserschale.

TEMPERATUR 26–27 °C an der kühlsten, 32 °C an der wärmsten Stelle; nachts 20–22 °C. Photoperiode: 14 Stunden.

WINTERABKÜHLUNG

Sandboas Unterschiedlich. *E. colubrinus loveridgei:* 6 Wochen bei 24–26 °C am Tag, 18 °C in der Nacht; Photoperiode: 8–10 Stunden. *E. miliaris, E. tartaricus:* 12–16 Wochen Überwinterung bei Dunkelheit und 5–10 °C.

Rosenboas 8–12 Wochen Überwinterung bei Dunkelheit und 10–13 °C.

FÜTTERUNG Kleine Nagetiere, die am Abend gereicht werden. Notfalls mit dem Geruch von Echseneiern oder Echsenhaut »parfümieren«.

F & A…

◆ *Wie läßt sich die Beleuchtung für den Boanachwuchs in Boxen regulieren?*

Man kann die einzelnen Behälter beleuchten, doch wenn man ein Regalsystem verwendet, muß die Zimmerbeleuchtung der Photoperiode entsprechen. Klarsichtboxen lassen das Licht durch.

◆ *Warum legt sich meine weibliche Boa fast auf den Rücken?*

Dies kann man manchmal bei trächtigen Weibchen beobachten – vermutlich erwärmen sie auf diese Weise die Leibesfrüchte unter dem Wärmestrahler.

◆ *Woran erkenne ich, ob meine Boa gebären wird?*

Die durch die Masse der Jungen verursachte Schwellung bewegt sich allmählich in Richtung Hinterleib, und die Kloake wirkt oft leicht angeschwollen.

◆ *Muß man das Futter mit einer Pinzette verabreichen?*

Die Pinzette dient nur dazu, bei Bedarf die Bewegungen eines lebenden Beutetiers nachzuahmen. Viele Schlangen nehmen bereitwillig aufgetaute Futtertiere an, die man auf einen Stein legt.

◆ *Wird durch ein Wassergefäß die Feuchtigkeit zu sehr erhöht?*

Man verwendet eine kleine Wasserschale, die möglichst weit von der Wärmequelle aufgestellt und vor dem Verschütten geschützt wird.

Pythons

FAMILIE: BOIDAE
UNTERFAMILIE: PYTHONINAE

In letzter Zeit haben die Pythonschlangen in der Terraristik für Diskussionen gesorgt und einige negative Schlagzeilen gemacht. Der Hauptgrund ist, daß die größeren und gefährlicheren Arten leichter zu pflegen und zu züchten sind, während die handlicheren kleinen und mittelgroßen Tiere, die ebenso schön sind, sich als problematischer erwiesen haben. Doch die Informationen über die Terrarienhaltung der kleineren Arten nehmen ständig zu. Die richtigen Bedingungen vorausgesetzt, sind sie sogar noch interessantere Pfleglinge als die großen Verwandten. Einige erfahrene Terrarianer stellen sich inzwischen der Herausforderung, sie in Gefangenschaft zu züchten.

Drei kleinere Pythons aus Australien und Ozeanien eignen sich besonders gut fürs Terrarium: der Grüne Baumpython *Morelia [= Chondropython] viridis)*, die schwarz-gelbe Rautenschlange *(Morelia spilota cheynei)* und der braune und irisierend violette Gefleckte Python *(Antaresia [= Liasis] childreni)*. Die letztgenannte Art ist besonders begehrt, weil ihr Schuppengewand so herrlich schimmert, wenn sie sich bewegt. Der Grüne Baumpython ist mit 180–200 cm die größte der drei Arten; der Gefleckte Python bleibt mit 100–120 cm am kleinsten.

Der Königspython *(Python regius)* aus West- und Zentralafrika, manchmal auch Ballschlange genannt, erfreut sich ebenfalls zunehmender Beliebtheit. Er wird 150 cm lang, hat ein reizvolles dunkelbraun oder schwarz gemustertes gelbes Schuppenkleid und ist recht zutraulich. Wildfänge und Nachzuchten sind in den 1990er Jahren in großer Zahl eingeführt worden, vornehmlich aus Ghana und Togo.

Ein weiterer Python, der von Terrarianern sehr geschätzt wird, ist der seltenere Erdpython *(Calabaria reinhardtii)*, der in Gefangenschaft noch nie

Terrarienhaltung
Rautenschlange, Gefleckter Python, Königs- und Grüner Baumpython

TERRARIENGRÖSSE	Jeweils für ein Einzeltier
Gefleckter Python	90 × 60 × 60 cm
Königspython	90 × 40 × 45 cm
Andere	90 × 60 × 90 cm

SUBSTRAT Zeitungspapier oder Teppichfliesen, die leicht auszuwechseln bzw. zu reinigen sind.

EINRICHTUNG

Gefleckter Python Jeweils 1 Versteck im kühlen und im warmen Bereich. Flacher Stein und Wassergefäß.

Andere Waagerechte und abfallende Äste zum Klettern und als Sonnenplätze. Plastikpflanzen und 2 Verstecke: 1 auf dem Boden und 1 in höherer Lage. Wasserschale. In der Fortpflanzungszeit leicht besprühen.

TEMPERATUR

Rautenschlange 28 °C an der kühlsten, 32 °C an der wärmsten Stelle; nachts 21 °C. Photoperiode: 15 Stunden.

Gefleckter Python 27 °C an der kühlsten, 30 °C an der wärmsten Stelle; nachts 24 °C. Photoperiode: 15 Stunden.

Königspython 29–30 °C an der kühlsten, 35 °C an der wärmsten Stelle; nachts 24–27 °C. Photoperiode: 14 Stunden.

Grüner Baumpython 27 °C an der kühlsten, 32 °C an der wärmsten Stelle; nachts 25 °C. Photoperiode: 15 Stunden.

FEUCHTIGKEIT	
Rauten- und Grüner Baumpython	55–65 %
Gefleckter Python	35–45 %
Königspython	60 %

WINTERABKÜHLUNG

Gefleckter Python 20 °C an der kühlsten, 23 °C an der wärmsten Stelle, nachts 16 °C über 8–12 Wochen. Photoperiode: 9–10 Stunden.

Königspython 26–27 °C an der kühlsten, 29–30 °C an der wärmsten Stelle, nachts 21–24 °C über 8–12 Wochen. Photoperiode: 10 Stunden.

Andere 21 °C an der kühlsten, 24 °C an der wärmsten Stelle, nachts 18–19 °C über 8–10 Wochen. Photoperiode: 10 Stunden.

FÜTTERUNG Nagetiere, Wachtelküken, Eintagsküken. Verfütterung mit Pinzette.

Die Rautenschlange *(Morelia spilota cheynei)* ist meist mit 3 Jahren voll ausgewachsen, doch viele Weibchen pflanzen sich erst mit 4–5 Jahren erfolgreich fort.

gezüchtet hat. Gepflegt wird er wie der Königspython; allerdings braucht er einen lockeren lehmigen Bodengrund zum Wühlen.
Die Geschlechtsbestimmung ist bei den meisten Pythons einfach. Die Männchen haben größere Aftersporne als die Weibchen, nur beim Gefleckten Python sind die Sporne bei beiden Geschlechtern ziemlich klein. Im Zweifelsfall hilft die Sonde (siehe »Zucht«, S. 34/35).

Ernährungsprobleme

Einige Arten, insbesondere der Königs- und der Erdpython, sind bekannt dafür, daß sie nur schwer ans Futter gehen. Importierte Jungtiere fressen meist recht gut, sobald sie sich unter den richtigen Bedingungen eingewöhnt haben. Bei adulten Importen ist das anders, aus verschiedenen Gründen: Wildfänge leiden oft unter dem Streß des Fangs und Transports, und sie nehmen im allgemeinen von September bis Februar (Fortpflanzungszeit) keine Nahrung auf. Auch trächtige Weibchen verweigern das Futter.
Wenn diese Faktoren ausscheiden, desgleichen Parasiten oder eine bakterielle Infektion, und Sie eindeutig die richtige Nahrung anbieten, muß die Schlange beim Fressen unterstützt oder zwangsgefüttert werden (siehe »Futter und Fütterung«, S. 32/33). Verwenden Sie Mäuse, behaarte, aber noch nicht entwöhnte Ratten oder junge Wüstenrennmäuse; Erdpythons haben offenbar eine Vorliebe für 3–4 Tage alte Ratten. Unter Umständen liegt aber auch eine Verstopfung vor.
Pythons, die auf die Ausfuhr warten, werden unter Bedingungen gehalten, die zur Austrocknung führen. Die Exkremente sammeln sich an und verhärten im Schlangenleib, so daß keine neue Nahrung mehr aufgenommen werden kann. Wenn Sie das vermuten, sollten Sie das Tier in einer großen

Schüssel mit lauwarmem Wasser »einweichen«. Hilft das nicht, sollten Sie einen Tierarzt befragen.

Pythonzucht
Setzen Sie das Männchen kurz nach dem Beginn der Winterabkühlung in den Behälter des Weibchens. Am Anfang der Fortpflanzungsperiode produziert das Weibchen Eibläschen (Follikel) als Reaktion auf Umweltreize. Wenn diese Follikel in den Eierstöcken heranreifen, schwillt das Weibchen an, als ob es bereits trächtig wäre. In dieser Phase paaren sich die Pythons, aber die Befruchtung wird in der Regel um einige Wochen oder gar Monate hinausgezögert. Jetzt nimmt der Pfleger vielleicht eine Anschwellung des Mittelleibs wahr, als hätte das Weibchen eine große Portion verschlungen. Diese »Klumpenbildung«, die den Eisprung anzeigt, dauert etwa 8–24 Stunden an. Nachdem die Eier in den Eileiter vorgedrungen sind, wo sie befruchtet werden, paaren sich die Weibchen nur noch selten. Wenn ein Weibchen dieses Stadium erreicht, ohne sich zu paaren, sind die Eier, die sie legt, unfruchtbar. Weibliche Tiere häuten sich einmal zwischen dem Eisprung und der Eiablage.
Ein freier Wildbahn ringeln sich die Mütter um das Gelege, um es zu erbrüten. In Menschenobhut scheint das nicht zu funktionieren – die Umweltfaktoren lassen sich nur schwer so manipulieren,

Zuchtbedingungen

GELEGEGRÖSSE	Jeweils 1 Gelege im Jahr
Rautenschlange	9–28 Eier
Gefleckter Python	7–20 Eier
Königspython	1–11 Eier
Grüner Baumpython	6–30 Eier
INKUBATION	In feuchtem Vermiculit (0,8 : 1)
Rautenschlange	52–60 Tage bei 31–32 °C
Gefleckter Python	53–56 Tage bei 28–29 °C
Königspython	53–60 Tage bei 32 °C
Grüner Baumpython	45–52 Tage bei 30–32 °C
TEMPERATUR	In den ersten 6 Monaten nach dem Schlüpfen
Rautenschlange	29 °C
Gefleckter Python	28 °C
Königspython	30 °C
Grüner Baumpython	28 °C

Der Königspython *(Python regius)* hält sich meist auf dem Boden auf und braucht Versteckplätze auf dem Bodengrund. Zuweilen klettert er jedoch auch auf dicke, schräg angebrachte Äste.

daß die richtigen Bedingungen entstehen. Das Weibchen nimmt während der Brutpflege oft auch kein Futter und Wasser auf und kann dadurch so geschwächt werden, daß im darauffolgenden Jahr der Zuchterfolg ausbleibt. Aus all diesen Gründen ist die künstliche Inkubation am besten.
Nach der Häutung, die der Eiablage vorausgeht, sollten Sie eine große Plastikschüssel, ausgekleidet mit feuchtem Torfmoos, in das Terrarium der Schlangenmutter stellen. Sie wird ihre Eier auf dem Moos ablegen, und Sie können sie mit der Schüssel herausnehmen. Heben Sie das Moos und die Eier zusammen heraus, und legen Sie das Ganze in einen Behälter mit feuchtem Vermiculit. Die Eier werden so tief eingebettet, daß nur die Spitzen hervorlugen. Pythoneier benötigen wärend der Inkubation eine hohe Luftfeuchtigkeit, doch wenn das Vermiculit eher naß als bloß feucht ist, absorbieren sie zuviel Feuchtigkeit, so daß unter Umständen die Jungen nicht schlüpfen. Wiegen Sie den Behälter mit Inhalt am Anfang. Etwa 10–14 Tage vor dem Schlüpfen wiegen Sie alles noch einmal. Wenn die Eier 10–40 % schwerer sind, müßte der Schlupfvorgang gelingen.
Die kleinen Pythons brauchen Stunden oder sogar Tage, um sich vollständig aus den Eiern herauszuarbeiten. Haben Sie Geduld. Die frischgeschlüpften Jungen werden einzeln untergebracht. Beim Grünen Baumpython können aus einem Gelege beide Jugendfarbphasen hervorgehen. Junge Rautenschlangen und Baumpythons benötigen Kletteräste und sollten einzeln in kleinen Terrarien untergebracht werden. Die kleinen Gefleckten Pythons kann man in Schuhkartons mit einem Belag aus Küchenpapier, einem Versteck und einem Wasserschälchen überführen.

F&A…

◆ *Stimmt es, daß junge Grüne Baumpythons, Rautenschlangen und Gefleckte Pythons zur Aggressivität neigen?*

Diese Jungschlangen können sich aufrichten und zuschlagen. Das ist ein Abwehrverhalten, das man dazu nutzen kann, ihnen eine zappelnde nestjunge Maus schmackhaft zu machen, die man ihnen vor die Schnauze hält. Nach wenigen Wochen sträuben sie sich nicht mehr gegen das Anfassen. Man sollte jedoch eine Schlange nie vor oder nach dem Fressen anfassen.

◆ *Kann man Gefleckte Pythons in einem naturnah gestalteten Terrarium halten? Zeitungspapier und Teppichfliesen sind ja nicht besonders schön.*

Manche Pfleger verwenden staubfreien Sand mit Steinen und Aststümpfen, doch diese Einrichtung ist schwerer zu pflegen. Wenn man den Kot mit einem Sieb vom Sand trennt, bleibt der Bodengrund zwar länger sauber, aber er muß trotzdem regelmäßig ausgetauscht werden.

◆ *Meine frischgeschlüpften Gefleckten Pythons verschmähen Mäuse, obwohl viele Händler diese als ideale Jungtiernahrung empfehlen. Welchen Ersatz sollte ich anbieten?*

Manche Jungtiere nehmen gern nestjunge Mäuse an; für andere muß man die Mäuse vorher waschen und trocknen, damit sie den Eigengeruch verlieren. Bei hartnäckigen Futterverweigerern sollte man die Mäuse mit Echsenhaut oder Echseneiern imprägnieren.

◆ *Warum sind die meisten jungen Königspythons im Handel Importtiere? Sind sie Wildfänge?*

Diese Schlangen werden in großer Zahl importiert, sowohl als Wildfänge als auch als in Farmen gezüchtete Exemplare, und die Preise sind relativ niedrig. Das bedeutet, daß bis vor kurzem kaum ein finanzieller Anreiz bestand, die Tiere in Europa nachzuziehen. Inzwischen sind manchmal Terrariennachzuchten erhältlich. Erkundigen Sie sich beim örtlichen Terrarienverein.

Grüne Baumpythons *(Morelia viridis)* verändern zwischen dem Schlüpfen und dem Erwachsenenalter dramatisch ihre Färbung. Jungtiere (links) zeigen ein prachtvolles Gelb oder ein leuchtendes Ziegelrot mit weißen Abzeichen. Wenn sie heranwachsen, nehmen sie nach und nach die Erwachsenenfärbung an.

Harmlose Nattern FAMILIE: COLUBRIDAE

Von den rund 2400 Schlangenarten, die sich auf 13 oder 14 Familien verteilen, ist die Familie Colubridae (Nattern) die weitaus größte, denn sie umfaßt mehr als 1500 Arten. Die Natternsippschaft ist sehr vielgestaltig: Es gibt boden- und baumbewohnende, grabende und wasserlebende Formen. Die allermeisten Arten sind harmlos, nur einige wenige giftig.

Wie bei fast allen Schlangen empfiehlt sich auch hier die Einzelhaltung. Jedes Terrarium kann mit einer thermostatgeregelten Wärmelampe geheizt werden. Bei mehreren Terrarien in einem Regalsystem erfüllen Heizmatten und Raumbeleuchtung ebenfalls ihren Zweck. Die Familie der Nattern enthält sowohl eierlegende als auch lebendgebärende Arten. Die Zucht mit unreifen Schlangen erbringt kleine Gelege und zu klein geratene Nachkommen; Zuchtpaare sollten erwachsen sein und möglichst ihre volle Körpergröße erreicht haben, damit gesunder Nachwuchs gesichert ist. Nach der Winterabkühlung werden die Temperaturen und die Photoperiode schrittweise auf Normalwerte gebracht, und dann bietet man den Tieren Futter an. Die Männchen nehmen gewöhnlich ein- oder zweimal Nahrung auf, bevor sie sich häuten; danach fressen sie nicht mehr, bis die Paarung vorüber ist. Weibchen verspeisen mehrere Futtergaben vor der Häutung, nach der sie für die männlichen Avancen zugänglich werden. Setzen Sie das Männchen zum Weibchen. Wenn die Paarung ausbleibt, entfernen Sie das Männchen, und versuchen Sie es nach 1–2 Tagen noch einmal.

Königsnattern

Lampropeltis-Arten. Diese Schlangen, die von Südkanada bis Kolumbien und Ecuador verbreitet sind, sind beliebte Terrarientiere und häufig als Nachzuchten erhältlich. Sie sind mittelgroß (60–165 cm), friedfertig, pflegeleicht und attraktiv.

Königsnattern fressen andere Schlangen, sogar giftige. Sie müssen einzeln gehalten werden. Bei der Paarung hält das Männchen das Weibchen mit einem Nackenbiß fest. Nach der Kopulation

Terrarienhaltung
Königs-, Kletter- und Bullennattern

TERRARIENGRÖSSE

Schlangen bis 75 cm benötigen einen 60×60×45 cm großen Behälter.
Schlangen von 75–150 cm benötigen einen 90×60×45 cm großen Behälter.
Schlangen von 150–260 cm benötigen einen 180×60×60 cm großen Behälter.

SUBSTRAT Zeitungspapier, staubfreie Späne oder waschbarer Teppichbelag.

EINRICHTUNG Trockenes, gut durchlüftetes Terrarium. 2 Boxen als Verstecke. Flacher Stein für das Futter und zum Scheuern. Stabiles Wassergefäß. Äste nach Belieben.

TEMPERATUR

Königs- und Kletternattern 24 °C an der kühlsten, 30 °C an der wärmsten Stelle; nachts 19–23 °C. Photoperiode: 14 Stunden.

Bullennattern 26–27 °C an der kühlsten, 30 °C an der wärmsten Stelle; nachts 18–21 °C. Photoperiode: 12–14 Stunden.

WINTERABKÜHLUNG

Königs- und Kletternattern Überwinterung bei Dunkelheit über 10–12 Wochen bei 9–10 °C oder bei 12–15 °C für Arten aus Mittel- und Südamerika.

Bullennattern Überwinterung bei Dunkelheit über 8–12 Wochen bei 10 °C.

FÜTTERUNG

Königs- und Kletternattern Nagetiere entsprechender Größe. Einige bevorzugen nestjunge Mäuse oder Ratten.

Bullennattern Nagetiere; Wachtelküken oder Eintagsküken.

INKUBATION Alle Arten sind eierlegend. Inkubation in feuchtem Vermiculit.

Königs- und Kletternattern 1 Gelege im Jahr mit 1–30 Eiern je nach Artzugehörigkeit. Inkubation 55–72 Tage bei 25–26 °C.

Bullennattern 1 Gelege im Jahr mit 3–20 Eiern. Inkubation 75 Tage bei 24–25 °C.

Die harmlose Rote Königsnatter *(Lampropeltis triangulum elapsoides)* ähnelt sehr der hochgiftigen Korallenschlange, doch sie unterscheidet sich von ihr durch das rote Maul und die gelben Ringe, die von den roten Bändern durch schwarze Ringe getrennt sind.

müssen die Partner getrennt werden; hungrige Weibchen könnten sich am Männchen vergreifen. Sie werden weiterhin 4–5 Wochen lang gefüttert, bevor sie sich häuten und Eier legen. Stellen Sie einen Plastikbehälter mit feuchtem Vermiculit und einer Moosabdeckung bereit. Die Eiablage erfolgt 6–15 Tage nach der Häutung. Das Gelege bildet einen Klumpen, der zusammenbleiben sollte.
Entfernen Sie die frischgeschlüpften Jungen, ohne die übrigen Eier zu stören. Die Kleinen werden in Plastikdosen mit Luftlöchern untergebracht. Da hinein kommen Küchenpapier als Substrat, ein kleines Wassergefäß und ein Versteck. Die Boxen kann man auf Heizmatten oder -folien stellen, damit eine Maximaltemperatur von 27–28 °C gewährleistet ist. Die Jungtiere fressen erst nach der ersten Häutung, wenn sie 6–10 Tage alt sind. Aufgetaute nestjunge Mäuse werden von den meisten Jungschlangen angenommen. Wenn sie heranwachsen, werden sie in größere Behälter umgesetzt und mit größeren Futterbrocken versorgt.

F& A...

◆ *Wie merke ich, daß die kleinen Nattern schlüpfen wollen?*

Die Eier sehen so aus, als wären die Schalen gespannt; dann beginnen sie zu »schwitzen« und reißen auf. Zwischen dem ersten und letzten Schlüpfen können 7–9 Tage vergehen.

◆ *Was versteht man unter »Doppelgelege«?*

Das ist eine sehr bedenkliche Praxis: Manche Züchter manipulieren die Bedingungen so, daß ihre Schlangen in einer Fortpflanzungsperiode 2 Gelege bringen. Dadurch zehren die Weibchen ihre Reserven auf, und das Ergebnis sind meist kleinere, schwächere Nachkommen.

◆ *Meine 1 Monat alte Königsnatter hat noch nicht gefressen. Soll ich mit der Zwangsfütterung beginnen?*

Manche Jungtiere fasten mehrere Wochen lang und häuten sich ein zweites oder gar ein drittes Mal, bevor sie Nahrung aufnehmen. Die Jungen beziehen eine gewisse Menge Nährstoffe aus dem Dottersack. Solange sie Kot absetzen, zehren sie noch immer von dieser Nahrungsreserve. Verlieren Sie nicht die Geduld, und bieten Sie einmal in der Woche eine nestjunge Maus an. Bei einigen Arten hilft auch die Imprägnierung der Mäuse mit Echsenhaut oder -eiern.

Eine Reihe von Kornnattern *(Elaphe guttata)*, die verschiedene Farbmutationen demonstrieren. Daneben gibt es auch Zuchtformen mit Streifen- oder Zickzackzeichnung.

Kletternattern

Elaphe-Arten. Diese Schlangen eignen sich ausgezeichnet für Anfänger: Sie sind widerstandsfähig, leicht zu ernähren und durchweg auch leicht zu züchten. Sie werden 100–260 cm lang und sind in Nordamerika, Europa und Asien weit verbreitet. Die Kletternattern sind vorwiegend dämmerungs- und nachtaktiv. Besonders beliebt sind die Kornnatter *(E. guttata)* und die Erdnatter *(E. obsoleta)* aus Nordamerika. Beide halten sich gern auf dem Boden auf, können aber hervorragend klettern. Ihr Temperament ist individuell verschieden, doch Nachzuchten sind gewöhnlich ruhiger als Wildfänge. Ihr Fortpflanzungsverhalten ist dem der Königsnattern sehr ähnlich.
Bei den Kornnattern ist die Färbung sehr variabel. Das gilt schon für die wildlebenden Tiere und erst recht für die verschiedenen Zuchtformen, die durch künstliche Selektion entstanden sind. Viele Halter und Züchter bevorzugen allerdings nach wie vor die Wildfärbung. Die jungen Erdnattern tragen auffällige dunkle Flecken, die meist mit zunehmendem Alter verschwinden.

Bullennattern

Pituophis-Arten. Die Länge dieser robusten Schlangen aus den USA und Mexiko schwankt zwischen etwa 170 cm bei der Ketten-Bullennatter *(P. catenifer)* und fast 260 cm bei der Nördlichen Kiefernnatter *(P. melanoleucus melanoleucus)* und der eigentlichen Bullennatter *(P. sayi)*. Die systematische Stellung der Arten ist umstritten; es existieren viele Unterarten, und manche Experten fassen die Bullennatter und die Ketten-Bullennatter als Unterarten von *P. melanoleucus* auf. Bullennattern sind beliebte Terrarientiere, obwohl sie in dem Ruf stehen, aggressiv zu sein: Sie zischen, schlagen zu und lassen ihren Schwanz vibrieren. Nachzuchten sind oft nicht so bösartig, aber man sollte sie immer nur »mit der Zange« anfassen, da die Bisse gefährlich sind. Die Färbung ist variabel, doch gewöhnlich tragen sie dunkle Flecken auf hellerem Grund. In der Natur kommen auch gestreifte Formen vor, und man hat sogar Zuchtformen ohne Muster erzüchtet.
Sobald die Kopulation begonnen hat, beißt das Männchen seiner Partnerin in den Nacken, wenn sie zu entkommen versucht. Entfernen Sie das Männchen nach der Paarung und setzen Sie es ein paar Tage lang immer wieder zu dem Weibchen, bis mehrere Paarungen erfolgt sind. Trächtige Weibchen darf man so wenig wie möglich stören – sie sind in diesem Stadium noch etwas »schnappfreudiger« als sonst. Stellen Sie ihm eine geeignete Box mit einer 8 cm hohen feuchten Vermiculitschicht für die Eiablage zur Verfügung.

Die Florida-Kiefernnatter *(Pituophis melanoleucus mugitus)* gräbt gern. Im Unterschied zu vielen anderen Schlangen ist sie überwiegend tagaktiv, außer bei heißem Wetter.

F & A …

◆ *Meine Erdnatter zittert manchmal bedrohlich mit dem Schwanz. Ist das ein Grund zur Besorgnis?*

In Menschenobhut ist diese Verhaltensform lediglich eine Scheinabwehr. In der freien Natur folgen dem Schwanzzittern jedoch häufig das Aufrichten, Zischen und Zuschnappen.

◆ *Manche Züchter bieten Rote Kornnattern an. Ist das eine neue Farbmutation?*

Das ist eine Unterart der gewöhnlichen Kornnatter, *Elaphe guttata rosacea*, die »Rosige Kornnatter«, die nicht so stark schwarz pigmentiert ist wie die normale Schlange.

◆ *Welches Material eignet sich für die Überwinterung der Bullennattern?*

Man kann eine dicke Lage sterilisierte Blumenerde verwenden. Holzspäne (keine Zedernholz) sind ebenfalls brauchbar. Generell muß das Überwinterungssubstrat für die meisten Schlangen trocken sein, weil sonst Hautkrankheiten entstehen könnten.

◆ *Meine jungen Bullennattern gebärden sich aggressiv, wenn sie angefaßt werden. Gibt sich das mit der Zeit?*

Schlangenbabys fauchen und schnappen oft aus Angst, doch das hört auf, wenn sie sich mehr an das Anfassen gewöhnt haben. Der Biß der Jungtiere ist harmlos.

Die Weibchen bleiben normalerweise mehrere Tage bei ihrem Gelege und widersetzen sich manchmal dem Versuch, die Eier für die Inkubation herauszunehmen. Ziehen Sie die Jungen einzeln in kleinen belüfteten Behältern auf, mit Küchenpapier als Substrat. Die meisten Jungtiere nehmen nestjunge Mäuse an, bis sie so groß geworden sind, daß sie auf abwechslungsreichere Nahrung umgestellt werden können.

Westliche Hakennatter
Heterodon nasicus. Diese dämmerungs- oder nachtaktive grabende Natter aus den westlichen USA erfreut sich bei Terrarianern großer Beliebtheit. Sie ist attraktiv, aber nicht grell gefärbt und wird etwa 60–65 cm lang. Ihren volkstümlichen Namen verdankt sie dem scharfen, nach oben aufgebogenen Schnauzenschild, der ihr das Wühlen und das Ausgraben von Kröten, ihrer Hauptbeute, erleichtert. Der Körper ist, wie bei den meisten grabenden Schlangen, kurz und dick. Der Rücken ist braun, grau oder gelbgrau gefärbt und dunkel gefleckt.
Die Westliche Hakennatter wird im Terrarium erfolgreich nachgezogen. Nach der Winterabkühlung, wenn die Tiere wieder Nahrung aufnehmen, setzt man das Männchen zum Weibchen, am besten am frühen Abend, sobald die beiden zum Vorschein kommen. Es empfiehlt sich im allgemeinen, vor der Paarung Verstecke und Wasserschale zu

F & A...

◆ *Warum stellen sich Hakennattern tot?*

Das ist eine weitverbreitete Reaktion auf eine Gefahr, ein Ablenkungsmanöver. Gerade noch haben sich die Tiere heftig bewegt, dann »sterben« sie plötzlich mit offenem Maul und heraushängender Zunge.

◆ *Sind Hakennattern eigentlich giftig?*

Es heißt, daß sie im hinteren Teil des Mauls ein leichtes Gift erzeugen, doch bislang hat offensichtlich noch kein Pfleger Schaden genommen. Sie zischen und schnappen gelegentlich, beißen aber selten. Sie könnten nur dann Unheil anrichten, wenn sie einen Finger so weit verschluckten, daß er mit den hinteren Zähnen in Berührung käme.

◆ *Wie oft sollten Strumpfbandnattern gefüttert werden?*

Babys täglich, Jungtiere jeden zweiten Tag, adulte Tiere zweimal wöchentlich. Sie sollten sich immer sattfressen. Trächtige Weibchen bekommen so viel, wie sie verkraften.

◆ *Meine Stumpfbandnatter hat offenbar Krämpfe – sie richtet sich auf, sackt wieder zusammen, reißt das Maul auf und bewegt sich ziellos umher. Was stimmt bei ihr nicht?*

Dies sind die Symptome einer Thiaminvergiftung. Hier kann nur ein erfahrener Tierarzt helfen.

Die Westliche Hakennatter *(Heterodon nasicus)* gibt ein besseres Terrarientier als die anderen Hakennattern ab, weil man sie von der natürlichen Krötenbeute auf andere Nahrung umstellen kann.

entfernen. Kommt keine Paarung zustande, sollte man das Männchen herausholen und am nächsten Tag wieder einsetzen. Bei mehreren erfolgreichen Paarungen erhöht sich die Zahl der befruchteten Eier. Eine Box mit feuchtem Sand und mit einer Moosabdeckung soll für die Eiablage bereitstehen. Ziehen Sie die Nachkommen einzeln in kleinen belüfteten Behältern auf. Nestjunge Mäuse sind ein geeignetes Futter, doch wenn die Jungen mäkelig sind, sollte man die Mäuse mit dem Geruch von Fröschen, Kröten, Echsen, Echseneiern oder Küken imprägnieren. Im ersten Winter ist keine Abkühlungsphase notwendig.

Rotseiten-Strumpfbandnatter

Thamnophis sirtalis parietalis. Diese mittelgroßen nordamerikanischen Schlangen sind seit vielen Jahren beliebt. Sie werden 50–80 cm lang, haben eine olivgrüne, braune oder schwarze Grundfarbe, zwei helle Seitenstreifen und unterschiedlich viel Rot an den Seiten.

Die Nachzucht ist verhältnismäßig einfach, doch viele Exemplare werden noch immer der Natur entnommen. Wildfänge gebärden sich anfangs oft aggressiv und scheiden aus ihren Analdrüsen ein übelriechendes Sekret aus, doch mit der Zeit gewöhnen sie sich ein. Die Nachkommenzahl steigt mit dem Alter des Weibchens; sie ist im dritten Jahr am höchsten und nimmt dann wieder ab. Spermaverhaltung kommt nicht selten vor, und deswegen kann sich die Geburt um einige Monate verzögern, zuweilen sogar über die Winterruhe hinaus. Die Jungen stecken in einer Eihülle, aus der sie sich bald befreien. Man sollte die Luftfeuchtigkeit steigern, damit die Häute nicht austrocknen, bevor die Kleinen zum Vorschein gekommen sind. Die Neugeborenen verlangen ähnliche Bedingungen wie die Eltern. Sie häuten sich erstmals 4–5 Tage nach der Geburt und nehmen vorher keine Nahrung auf. Man nimmt sie am besten heraus und zieht sie getrennt auf.

Die Rotseiten-Strumpfbandnatter *(Thamnophis sirtalis parietalis)* lebt in ihrer Heimat in Gewässernähe, doch eine feuchte Haltung verursacht Haut- und Atembeschwerden.

Terrarienhaltung

TERRARIENGRÖSSE 60 × 40 × 40 cm

SUBSTRAT

Westliche Hakennatter Trockener, staubfreier Sand, zum Graben etwa 8 cm hoch.

Rotseiten-Strumpfbandnatter Zeitungspapier, staubfreie Holzwolle oder waschbare Teppichfliesen.

EINRICHTUNG 2 Boxen als Verstecke, ein flacher Stein für die Fütterung und zum Scheuern, ein stabiler Wassernapf. Äste für die Strumpfbandnatter nach Belieben.

TEMPERATUR

Westliche Hakennatter 21 °C an der kühlsten, 38 °C an der wärmsten Stelle; nachts 18 °C. Photoperiode: 14 Stunden.

Rotseiten-Strumpfbandnatter 20 °C an der kühlsten, 30 °C an der wärmsten Stelle; nachts 18 °C. Photoperiode: 12–14 Stunden.

WINTERABKÜHLUNG

Westliche Hakennatter 8–12 Wochen bei 13 °C. Photoperiode: 6 Stunden.

Rotseiten-Strumpfbandnatter Überwinterung 12 Wochen lang bei Dunkelheit und 12–15 °C für Tiere aus mittleren und südlichen Breiten, 10 °C für solche aus dem Norden.

FÜTTERUNG

Westliche Hakennatter Nagetiere entsprechender Größe. Manche Tiere bevorzugen nestjunge Mäuse oder Ratten.

Rotseiten-Strumpfbandnatter Frösche, Regenwürmer und ganze Fische (mit Gräten). Nestjunge Mäuse mit Fisch imprägnieren. Spezialfutter ist zuweilen im Handel.

INKUBATION

Westliche Hakennatter Eierlegend. 1 Gelege im Jahr mit bis zu 24 Eiern. Inkubation 45–55 Tage bei 28 °C in feuchten Vermiculit.

Rotseiten-Strumpfbandnatter Lebendgebärend. Jeweils bis zu 30 Nachkommen. Tragzeit: 3–4 Monate.

Dekays Braunnatter *(Storeria dekayi)* zeigt ein eindrucksvolles Drohverhalten. Es sieht so aus, als wollte sie zuschlagen, aber ihre schärfste Abwehrwaffe ist das Sekret ihrer Analdrüsen.

Terrarienhaltung
Dekays Braunnatter und Rauhe Grasnatter

TERRARIENGRÖSSE	
Braunnatter	60 × 30 × 30 cm für bis zu 6 Exemplaren.
Grasnatter	60 × 45 × 90 cm für bis zu 8 Exemplaren.
SUBSTRAT 5–8 cm hoher Lehmboden mit einer Auflage aus Rindenspänen und Moos.	
EINRICHTUNG Gute Durchlüftung. Verstecke aus Korkrinde. Kleines Wassergefäß. Täglich besprühen. Topfpflanzen und Kletteräste für Grasnattern.	
TEMPERATUR	Starke UV-Leuchte
Braunnatter 24–25 °C an der kühlsten, 28 °C an der wärmsten Stelle; nachts 14–15 °C. Photoperiode: 12–14 Stunden.	
Grasnatter 24–25 °C an der kühlsten, 30 °C an der wärmsten Stelle; nachts 14–15 °C. Photoperiode: 14 Stunden.	
WINTERABKÜHLUNG 8–12 Wochen bei 10–12 °C. Photoperiode: normale Tageslichtdauer.	
FÜTTERUNG	
Braunnatter	Nacktschnecken, Regenwürmer
Grasnatter	Bestäubte Grillen
INKUBATION	
Braunnatter Lebendgebärend. Jeweils bis zu 30 Nachkommen. Tragzeit: 4 Monate.	
Grasnatter Eierlegend. 1–2 Gelege im Jahr mit je 2–7 Eiern. Inkubation 40–45 Tage bei 28 °C in feuchtem Vermiculit.	

Dekays Braunnatter

Storeria dekayi. Diese meist kurz Braunnatter genannte Art, die nur 23–33 cm lang wird, ist von Südkanada bis Mexiko und Honduras verbreitet. Die Bestände sind durch Umweltverschmutzung und die Zerstörung ihrer Sumpf- und Waldlebensräume dezimiert worden. Man trifft die Braunnattern oft in Gewässernähe an, aber sie sind keine Wassertiere. Die versteckt lebenden und dämmerungsaktiven Tiere nehmen gelegentlich tagsüber ein Sonnenbad. Wildlebende Braunnattern flachen den Körper ab, verziehen die Lippen und nehmen mit zurückgezogenem Kopf eine S-förmige Abwehrhaltung ein. Wenn sie das Anfassen nicht gewöhnt sind, entleeren sie ihre Duftdrüsen am After, doch das gibt sich mit der Zeit. Als Insektenfresser eignen sie sich ideal für Terrarianer, denen es widerstrebt, ihre Schützlinge mit Säugetieren zu füttern.

Braunnattern sind lebendgebärend. Adulte Weibchen sind meist etwas länger und gedrungener als die Männchen und haben einen kürzeren Schwanz. Die Paarung findet im Frühjahr und vielleicht auch im Herbst statt, und die Jungen kommen zwischen Juni und September zur Welt. Die Neugeborenen messen 8–11 cm, sind schlicht braun und haben ein gelbes Halsband. Man sollte sie bei der Geburt leicht besprühen, damit sie nicht am Substrat haften bleiben, doch zuviel Feuchtigkeit kann dazu führen, daß das Substrat zusammenklebt und die Kleinen erstickt.

Die Babys sollten in ein kleines Terrarium überführt werden, in dem es ein wenig feuchter ist, aber auch ein trockener Bereich vorgesehen wird. Es ist oft schwierig, das richtige winzige Lebendfutter zu beschaffen – amerikanische Terrarianer lösen das Problem zuweilen dadurch, daß sie die Jungtiere aussetzen.

Rauhe Grasnatter

Opheodrys aestivus. Das Vorkommensgebiet dieser harmlosen, tagaktiven Schlange erstreckt sich von New Jersey zu den Florida Keys, im Westen bis Texas und Kansas und im Süden bis nach Mexiko hinein. Grasnattern können sich sehr schnell fortbewegen, und manchmal springen sie sogar aus dem Terrarium, wenn es offensteht. Sie gelten als heikle Terrarientiere, doch bei richtiger Pflege und unter angemesenen Bedingungen pflanzen sie sich regelmäßig fort.

Die Männchen werden 22–28 cm, die Weibchen 32–34 cm lang. Die Weibchen besitzen einen dickeren Leib, die Männchen einen längeren Schwanz. Der Rücken ist ansprechend hellgrün gefärbt, die Unterseite weiß bis hellgelb. An den vorderen Körperseiten können blaue Tupfen auftreten.

Nach der Winterabkühlung werden die Eier abgelegt, gewöhnlich im April. Eine zweite Eiablage kann später im Jahr erfolgen. Die Eier werden dort abgelegt, wo genügend Feuchtigkeit herrscht, in oder unter Blumentöpfen, unter Korkrindenstücken oder im Bodengrund. Die Jungen messen 15–23 cm und häuten sich 5–6 Tage nach dem Schlüpfen, bevor sie Nahrung aufnehmen. Man hält sie in Glasbehältern, das mit einem Nylonnetz abgedeckt und mit einer Schicht Torfmoos ausgelegt ist. Ein tägliches leichtes Besprühen sorgt für Trinkwasser und Feuchtigkeit. Wenn die Jungtiere zu fressen beginnen, kann man sie in ein kleines Terrarium umquartieren, das dem der Eltern ähnelt.

F & A…

◆ *Kann man andere kleine Schlangen mit Dekays Braunnattern vergesellschaften?*

Davon ist abzuraten, wenn die anderen Arten Kannibalen sind.

◆ *Kann man Braunnattern in Gruppen halten?*

Es ist durchaus möglich, bis zu 10 Braunnattern beiderlei Geschlechts problemlos in einem Terrarium zu pflegen.

◆ *Läßt sich die Rauhe Grasnatter leicht zähmen?*

Wenn sie das Anfassen nicht gewöhnt ist, schlägt sie um sich und scheidet eine scharf riechende Flüssigkeit aus, sobald man sie aufnimmt. Sie beißt selten, und ihre kleinen Zähne können keinen großen Schaden anrichten.

◆ *Brauchen Grasnattern einen Wasserteil?*

Im Freileben gehen sie hin und wieder ins Wasser, doch in Gefangenschaft können sie darauf verzichten. Sie lecken Sprühwasser auf, aber eine kleine Wasserschale sollte nicht fehlen.

Die Rauhe Grasnatter *(Opheodrys aestivus)* bewegt sich sehr flink und gewandt. Sie ist gesellig und verträgt sich gut mit Artgenossen.

Schnappschildkröte

FAMILIE: CHELYDRIDAE
ART: *CHELYDRA SERPENTINA*

Diese robusten, aggressiven Schildkröten kommen an der nordamerikanischen Ostküste überall von Südkanada bis zum Golf von Mexiko vor. Trotz ihres reizlosen Aussehens und ihres hitzigen Temperaments sind sie ungemein beliebte Terrarientiere. Sie besitzen einen großen Kopf mit hakenförmigen Kiefern, die selbst dann aufklaffen können, wenn der Kopf teilweise eingezogen ist. Das vollständige Einziehen des Kopfes und der Beine wird durch den kleinen, kreuzförmigen Bauchpanzer verhindert. Der lange Schwanz ist mit einer Reihe zahnartiger Schuppen besetzt. Die Färbung variiert zwischen Schwarz und Hell- oder Gelbbraun; die Weichteile sind eher grau. Bei den Babys zeigt sich ein heller Fleck auf jedem Randschild des Panzers. Weil man jungen Wasserschildkröten Salmonellenbefall nachsagt, ist in den USA der Verkauf von solchen Tieren mit einer Panzerlänge von weniger als 10 cm verboten. Gleichwohl werden Jungtiere verschiedener Arten, auch der Schnappschildkröte, regelmäßig nach Europa exportiert.

Terrarienhaltung

TERRARIENGRÖSSE Mindestens 180×90×60 cm für Alttiere bei Wohnungshaltung. Ein Freilandgehege mit einem 150×120 cm großen und 30–45 cm tiefen Teich und trockenem Landteil.

SUBSTRAT Entfällt aus hygienischen Gründen

EINRICHTUNG Aus dem Wasser ragende Steine als Sonnenplätze

TEMPERATUR Bei Wohnungshaltung: Wasser 23–26 °C am Tag, 15 °C in der Nacht. Landteil: 23–26 °C an der kühlsten, 29–30 °C an der wärmsten Stelle. Starke UV-Leuchte und Wärmestrahler über den Steinen.

WINTERABKÜHLUNG Maximal 5 °C über 8 Wochen im Wasser. Photoperiode: normale Tageslichtdauer.

FÜTTERUNG Abwechslungsreiche Kost: Fische, Schnecken, Krebse, Regenwürmer, aufgetaute Mäuse, Eintagsküken, Wasserinsekten, Krabben und Wasserpflanzen oder Salat. Man streue als Kalziumzusatz zerkleinerte Sepiaschale auf das Wasser.

INKUBATION 1 Gelege im Jahr mit 25–50 Eiern. Inkubation 63–70 Tage bei 30 °C in feuchtem Vermiculit (1:1).

Eine ausgewachsene Schnappschildkröte kann etwa 45 cm lang werden. Viele Tiere dieser Größe wachsen ihren Pflegern über den Kopf und werden oft »entsorgt«. Deshalb sollten nur ernsthaft Interessierte diese Art erwerben. Schnappschildkröten sind allerdings sehr anpassungsfähig und leicht zu pflegen, sofern sie genügend Platz haben. Sie halten sich zwar meist im Wasser auf, nehmen aber gern Sonnenbäder an Land oder auf Steinen. Man bringt sie in einem Aquarium bzw. Aquaterrarium unter, in dem aufragende Steine für trockene Plätzchen sorgen, und im Freiland sollte der Teich wenigstens einen kleinen Uferbereich haben. Besonders gern sonnen sich die Jungtiere. Alle Altersstufen sind sehr angriffslustig, zumal in der Fütterungszeit, und sollten am besten einzeln gehalten werden. Zum Füttern verwende man stets eine lange Pinzette. Ausgewachsene Exemplare können selbst im Winter draußen bleiben. Sie verziehen sich unter der Eisdecke, die Luftlöcher aufweisen muß, auf den Teichboden. Je tiefer der Teich, desto weniger besteht die Gefahr, daß er völlig gefriert, und in einem heißen Sommer bleibt er angenehm kühl. Das Wasser erscheint manchmal sauber, auch wenn es durch ungefressenes Futter und Exkremente verseucht ist. Verschmutztes Wasser verursacht Krankheiten, insbesondere Augenleiden, und muß deswegen regelmäßig ausgetauscht werden – bei einem großen Behälter ein mühseliges Geschäft. Man kann eine Filteranlage installieren, doch Schildkröten mögen keine Turbulenzen, und ein partieller Wasserwechsel bleibt dem Pfleger dennoch nicht erspart. Ist ein Heizer erforderlich, muß er abgeschirmt werden, damit Verbrennungen vermieden werden.

Schwierige Nachzucht

Die Nachzucht von Schnappschildkröten übersteigt die Möglichkeiten der meisten privaten Liebhaber, denn sie erfordert sehr viel Platz. Möglich ist sie jedoch in einem Freilandbecken. Die Paarung findet gewöhnlich zwischen April und November statt, die Eiablage am häufigsten im Juni. Die Weibchen halten oft das Sperma zurück, zuweilen sogar einige Jahre lang. Eier und frischgeschlüpfte Junge können über Winter im Nest bleiben, doch danach werden die Jungtiere besser einzeln in kleinen Becken aufgezogen. Sie dürfen nicht mit den adulten Tieren im selben Becken bleiben.

F&A…

◆ *Wie fasse ich eine Schnappschildkröte an?*

Die Tiere können sehr kräftig zubeißen und schwere Verletzungen hervorrufen. Ergreifen Sie sie am Schwanz; und halten Sie sie weit vom Körper weg. Der Kopf kann sich schnell drehen, um zu beißen. Außerhalb des Wassers sind die Tiere sehr aggressiv und greifen manchmal ihren Pfleger an, um ihn in den Fuß zu beißen!

◆ *Ist eine leistungsstarke UV-Leuchte stets erforderlich?*

Sie ist eine Wohltat für junge Schildkröten, die in der Wohnung gehalten werden, aber auch diese gedeihen manchmal ohne sie recht gut, solange die Ernährung stimmt.

◆ *Wie oft muß ich das Wasser austauschen?*

Ist kein Filter vorhanden, sollte das Wasser wöchentlich zu 70–100 % ausgetauscht werden. Bei einer leistungsfähigen Filteranlage reduziert sich der Austausch auf 20–50 % in der Woche. Ein gutes Aquarienbuch gibt Auskunft über die mechanische und biologische Filterung und die Bedeutung des Stickstoffkreislaufs – die Umwandlung von Abfallstoffen in Stickstoff.

◆ *Kann man Aquarienkies als Bodengrund verwenden?*

Dieser Kies wird oft verwendet, doch in ihm sammeln sich kleine Futterpartikel an, und es ist sehr mühsam, ihn herauszuholen und unter fließendem Wasser abzuspülen. Bei einem Bodenfilter ist allerdings eine Kiesschicht unentbehrlich.

◆ *Soll ich das Becken bepflanzen?*

Eigentlich nicht. Viele Schildkröten, auch die Schnappschildkröten, fressen Pflanzen oder graben sie aus. Eine dekorative Bepflanzung ist unmöglich.

◆ *Darf ich meine Schnappschildkröte mit rohem Fleisch füttern?*

Mageres Rindfleisch in kleinen Mengen ist vertretbar. Es enthält viel Phosphor und wenig Kalzium, und zuviel Fleisch kann eine Metabolische Knochenkrankheit auslösen (siehe »Gesundheit und Krankheiten«, S. 44/45). Wenn man überhaupt Rindfleisch verfüttert, sollte man es mit Kalzium anreichern. Tierische Fette und Dosenfutter sollte man meiden.

Die Schnappschildkröte *(Chelydra serpentina)* braucht eine abwechslungsreiche Nahrung mit viel Kalzium. Eine zu fette Kost und zu wenig Schwimmraum führen zur Verfettung.

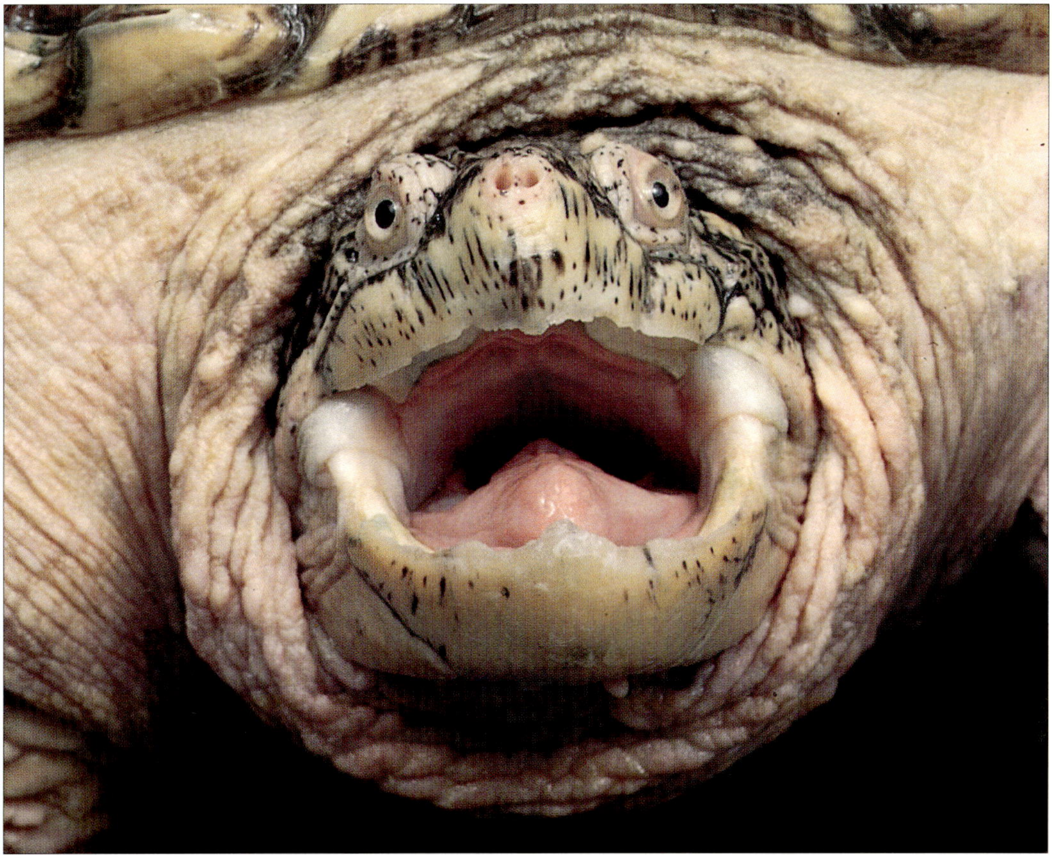

Sumpfschildkröten FAMILIE: EMYDIDAE

Adulte Europäische Sumpfschildkröten *(Emys orbicularis)* eignen sich gut für die Haltung im Freiland. In der Sonne können sie sich trocknen, so daß ihre Weichteile vor Pilzbefall geschützt sind.

Diese Familie gehört zur Unterordnung Cryptodira (Halsberger-Schildkröten), deren Mitglieder dank einer S-förmigen Krümmung der Wirbelsäule ihren Hals geradlinig zurückziehen können. Ihnen fehlen zwei Verbindungsschilder zwischen Rücken- und Bauchpanzer, und bei manchen Arten ist der Bauchpanzer mit einer Art Scharnier versehen. Alle Sumpfschildkröten sind halbaquatisch und Süßwasserbewohner. Wie alle anderen Schildkröten vermehren sie sich durch Eier. Sie ernähren sich zwar hauptsächlich von Fleisch, nehmen aber auch unterschiedliche Mengen Pflanzenkost auf, vor allem die adulten Tiere.

Europäische Sumpfschildkröte

Emys orbicularis. Diese Schildkröte ist über ganz Südeuropa und in Nordafrika und Westasien verbreitet; in Mitteleuropa verfügt sie nur noch über inselartige Rückzugsgebiete. Früher gelangten Jungtiere in großer Zahl in den Handel, doch inzwischen ist die Art wie alle europäischen Reptilien streng geschützt und darf nur noch unter bestimmten Auflagen gehalten werden. Der dunkle ovale Rückenpanzer ist hell gefleckt oder gestreift, und auch der Kopf ist mit hellen Sprenkeln verziert. Bei ausgewachsenen Tieren erreicht der Panzer eine Länge von etwa 25 cm.

Die Europäische Sumpfschildkröte eignet sich sehr gut für die Freilandhaltung. Sonnenlicht fördert ihr Gedeihen und Wohlbefinden. Wird sie in der Wohnung gepflegt, darf das Aquaterrarium nicht mit Glas abgedeckt werden – dadurch entstünde eine feuchte Atmosphäre, doch halbaquatische Schildkröten wie diese müssen zwischendurch völlig trocken werden können. Wenn nicht, können die Weichteile von Pilzkrankheiten befallen werden (siehe »Gesundheit und Krankheiten«, S. 44/45). Auch adulte Tiere haben meist für Pflanzenkost nicht sehr viel übrig.

Die Paarung findet im Frühling bis zum Frühsommer statt. Die Weibchen können Sperma zuweilen jahrelang speichern. Die Männchen erkennt man an ihrem konkaven Bauchpanzer und am vergrößerten Schwanzansatz. Für die Eiablage sollte man eine 30 cm hohe Sandschicht vorsehen – das ist schwierig, sofern der Behälter nicht sehr geräumig ist. Die Zucht gelingt jedenfalls eher in einer großen Freilandanlage.

Eine weitere Art mit vergleichbaren Haltungsansprüchen ist die Kaspische Wasserschildkröte *(Mauremys caspica)*, die früher als zwei getrennte Arten *(Clemmys caspica* und *C. leprosa)* aufgefaßt wurde.

Chinesische Dreikielschildkröte

Chinemys reevesi. Diese widerstandsfähige asiatische Sumpfschildkröte wird seit einigen Jahren immer häufiger angeboten, meist als Jungtier. Die in Korea und Zentral- und Südostchina heimische Art ist auch in Japan eingebürgert worden. Die Haltung ist relativ einfach. Die Panzerlänge beträgt höchstens 22 cm, und somit braucht die Unterkunft nicht allzu groß zu sein. Die Tiere sind zwar nicht gerade farbenprächtig, aber sehr liebenswert und recht zutraulich. Der dreifach gekielte Rückenpanzer ist dunkelbraun bis schwarz, der Bauchpanzer gelb und dunkel gefleckt. Der Hals ist gestreift und das Gesicht zeigt eine hellgelbe bis silbergraue Zeichnung. Die Tiere eignen sich ideal für die Freilandhaltung, doch in der kalten Jahreszeit müssen sie drinnen im Aquaterrarium gehalten werden.

Die Männchen haben einen dickeren Schwanz und einen leicht konkaven Bauchpanzer. Die Nachzucht ist möglich, setzt aber eine geräumige Unterkunft voraus: ein Becken mit den Mindestmaßen 90×90 cm und einem Landteil für die Eiablage. Die Männchen gehen auf die Weibchen los, stoßen mit dem Kopf und öffnen und schließen dabei das Maul. Ist ein Weibchen nicht paarungswillig, schnappt es nach dem Männchen, um es zu vertreiben. Um Einschüchterungsversuche zu unterbinden, sollte man Männchen unterschiedlicher Größe nicht zusammensetzen. Nach einer erfolgreichen Paarung werden die Eier vergraben, die man zwecks Inkubation herausnehmen muß. Die Jungen nehmen oft mehrere Tage lang keine Nahrung auf, bis sie den absorbierten Dotter aufgezehrt haben. Gefüttert werden sie vor allem mit kleinen Wasserinsekten. Seichtes Wasser (doppelte Panzerhöhe) und Sonnenplätze sind notwendig.

F & A…

◆ *Kann ich verschiedenartige Schildkröten gemeinsam pflegen?*

Grundsätzlich ist es besser, unterschiedliche Arten und Größen nicht zu vermischen. Manche Arten sind aggressiv. Kleine Exemplare werden bisweilen schikaniert und trauen sich nicht ans Futter.

◆ *Sind Schildkrötenschalen für Babys geeignet?*

Nein, sie sind zu klein. Selbst eine 45×30×12 cm große Plastikschüssel, wie man sie für frischgeschlüpfte Tiere benutzt, erweist sich schon bald als zu klein, und außerdem ist es schwierig, über einem solchen Behälter eine UV-Leuchte und eine Wärmelampe anzubringen. Am besten setzt man die Jungen in ein eigenes kleines Becken, das ähnlich ausgestattet ist wie die Unterkunft der Alttiere. Das Wasser muß flach sein (höchstens doppelte Panzerhöhe), und die Kleinen sind vor Überhitzung zu schützen.

◆ *Kann man das Becken bepflanzen?*

Bei großen Becken ist das möglich, aber dadurch wird der Schwimmraum eingeengt. Ein kleiner bepflanzter Behälter ist schwer sauberzuhalten, und die Pflanzen werden vermutlich ausgegraben.

◆ *Können widerstandsfähige Schildkröten im Winter draußen bleiben?*

Die Sumpfschildkröten sind nicht so widerstandsfähig wie die viel größere Schnappschildkröte. Die Europäische Sumpfschildkröte und die Dreikielschildkröte sind zwar robust, vertragen aber keine Temperaturen, die unter der empfohlenen Überwinterungstemperatur liegen. In einem kalten Klima sollte man sie im Herbst, wenn sie träge werden, aus dem Teich in Überwinterungskästen mit feuchtem Laub oder Moos umquartieren (siehe »Zucht«, S. 35–37, zum Thema Überwinterung ferner S. 130/31).

Die Chinesische Dreikielschildkröte *(Chinemys reevesi)* ist die einzige Art der Gattung *Chinemys*, die häufig eingeführt wird; den beiden anderen Arten fehlen die Kiele. Von Pflanzenkost hält sie nicht viel.

Mississippi-Höckerschildkröte

Graptemys kohnii. Diese Schildkröte aus dem mittleren Süden der USA gehört einer Gattung mit 9 oder 10 Arten an. Einige haben nur ein kleines Verbreitungsgebiet, und über ihr Freileben ist kaum etwas bekannt. Die Höckerschildkröten sind in der Vergangenheit übermäßig ausgebeutet worden, doch in Farmen gezüchtete Jungtiere von *G. kohnii* werden nach wie vor exportiert. Sie haben einen hellbraunen Rückenpanzer mit runden Flecken, einen dunklen »gezähnten« Kiel und einen kompliziert gemusterten Bauchpanzer, doch diese Färbung verblaßt, wenn sie heranwachsen. Die Weichteile sind gestreift, ein halbmondförmiges Abzeichen hinter den Augen kennzeichnet die Art. Die weißen Augen haben eine dunkle Pupille. Adulte Mississippi-Höckerschildkröten können 25 cm lang werden, bleiben aber meist kleiner. Sie haben eine besondere Vorliebe für Schnecken und andere Süßwassermollusken, aber mit zunehmendem Alter verlegen sie sich mehr auf Pflanzenkost. Frischgeschlüpfte Junge sind anfällig für Pilzinfektionen, wenn sie zu kalt gehalten werden und nicht richtig austrocknen können. Auch fällt es ihnen schwer, im Wasser das Gleichgewicht zu halten; der Wasserstand sollte anfangs die doppelte Panzerhöhe nicht übersteigen. Eine kalziumreiche Nahrung ist sehr wichtig.

Die Männchen sind kleiner als die Weibchen und tragen verlängerte Krallen an den Vorderfüßen. Liebhaberzuchten sind bei dieser Art selten, und ihr Fortpflanzungsverhalten ist noch wenig erforscht. Zuchtversuche im Freiland sind wahrscheinlich erfolgversprechender. Zum Vergraben der Eier ist ein Bereich mit weicher Erde vonnöten. Ähnlich zu pflegen sind die Landkartenschildkröte *(G. geographica)* und die Falsche Landkartenschildkröte *(G. pseudogeographica).*

Südliche Zierschildkröte

Chrysemys picta dorsalis. Die Mitglieder der Gattung *Chrysemys,* die in den mittleren USA vom südlichen Illinois bis zum Golf von Mexiko vorkommt, sind wegen ihrer leuchtend roten Farbmuster seit langem beliebte Terrarientiere. Wie die anderen Zierschildkröten ist auch die Südliche Zierschildkröte nicht sehr groß; meist bleibt sie unter 15 cm.

Mitten auf dem dunklen Rückenpanzer verläuft ein breiter roter bis orangefarbener Streifen, und

Terrarienhaltung

Europäische Sumpf-, Chinesische Dreikiel-, Mississippi-Höcker- und Südliche Zierschildkröte

TERRARIENGRÖSSE In der Wohnung: für kleinere Tiere 75×30×30 cm, für große mindestens 120×40×40 cm, Wassertiefe 20–30 cm. Freiland: eine große Anlage mit Zugang zu ungefiltertem Sonnenlicht und einem Teich mit den Mindestmaßen 150×60×30 cm. Die Freilandhaltung ist vorzuziehen, vor allem für adulte Tiere.

SUBSTRAT Drinnen: entfällt aus hygienischen Gründen. Draußen: Erde oder Gras.

EINRICHTUNG Drinnen ein trockener Landteil, etwa Steine. Draußen eine kleine besonnte Uferzone.

TEMPERATUR In der Wohnung benötigen alle Arten eine Photoperiode von 12–14 Stunden, eine starke UV-Leuchte und einen Wärmestrahler mit einem warmen Bereich von 29–30 °C. Das UV-Licht darf nicht durch Glas gefiltert werden. Die folgenden Zahlen betreffen die Wassertemperaturen drinnen und draußen.

Europ. Sumpfschildkröte um 26 °C am Tag, 13–17 °C in der Nacht.

Chines. Dreikielschildkröte 22–28 °C am Tag, 15–20 °C in der Nacht.

Andere Um 26 °C am Tag, 20–21 °C in der Nacht.

WINTERABKÜHLUNG Bei geeignetem Klima im Freiland.

Europ. Sumpfschildkröte 5 °C über 6–8 Wochen unter Wasser oder in feuchtem Laub oder Moos.

Chines. Dreikielschildkröte 7–10 °C über 6–8 Wochen. Überwinterung unter Wasser oder in einer Kiste mit feuchtem Laub oder Moos.

Andere Größere Tiere: 10–13 °C über 6–8 Wochen im Wasser. Kleinere Tiere: keine Abkühlung.

FÜTTERUNG Wie bei der Schnappschildkröte (S. 124), aber kleinere Futterbrocken. Wasserpest oder ähnliche Pflanzenkost. Zerkleinerte Sepiaschale ins Wasser geben.

INKUBATION In feuchtem Vermiculit.

Europ. Sumpfschildkröte 1 Gelege im Jahr mit bis zu 16 Eiern. Inkubation 78–80 Tage bei 29–30 °C.

Chines. Dreikielschildkröte 1 Gelege im Jahr mit 2–3 Eiern. Inkubation 70–80 Tage bei 25–32 °C.

Mississippi-Höckerschildkröte 1 Gelege im Jahr mit bis zu 12 Eiern. Inkubation 70–86 Tage bei 27–30 °C.

Südliche Zierschildkröte 1 Gelege im Jahr mit 3–15 Eiern. Inkubation 68–80 Tage bei 27 °C.

Das Weibchen der Südlichen Zierschildkröte *(Chrysemys picta dorsalis)* erkennt man an den kurzen Krallen. Die Männchen benutzen ihre längeren Krallen, um die Weibchen bei der Werbung zu »kitzeln«.

F & A …

◆ *Kann ich meine Höckerschildkrötenbabys an sonnigen Tagen ins Freie bringen?*

Die Sonne tut ihnen gut, aber in einem kleinen, flachen Behälter leiden sie bald an Überhitzung. Sie brauchen etwas Schatten, und je nach Temperatur muß der Freilandaufenthalt begrenzt werden.

◆ *Fressen Höckerschildkröten Grillen?*

Man kann sie verfüttern, und die meisten Wasserschildkröten fressen sie auch, doch wegen des geringen Kalzium- und des hohen Phosphorgehalts sind sie keine gesunde Nahrung. Außerdem wird durch zu viele Grillen das Wasser verseucht. Sie ertrinken, wenn man sie ins Wasser wirft. Futtertiere, die nicht gefressen werden, sollten entfernt werden.

◆ *Wann sind Südliche Zierschildkröten geschlechtsreif? Woran erkenne ich, daß sie beim Kauf alt genug sind?*

Das Alter von Wildfängen ist schwer zu bestimmen, aber ein geschlechtsreifes Männchen ist 8–10 cm und ein ebensolches Weibchen 10–12 cm lang. Tiere, die mehr als 5 cm messen, sind auf dem besten Weg dorthin und dürften einigermaßen leicht zu pflegen sein, selbst von einem unerfahrenen Terrarianer. Bei artgerechter Haltung kann ein halberwachsenes Tier 20 Jahre alt werden. Eine Überwinterung verlängert sowohl die Wachstumsphase (da das Wachstum einige Monte lang eingestellt wird) als auch die Lebensdauer.

die Randschilder tragen eine rote Zeichnung. Der Bauchpanzer ist hell und weist manchmal einen oder zwei dunkle Flecken auf. Nachzuchten aus Farmen werden noch immer in großer Zahl nach Europa exportiert, aber ein Anfänger sollte sich an halb ausgewachsene Tiere halten, die leichter zu pflegen sind als frischgeschlüpfte. Im Süden ihres Verbreitungsgebiets überwintern die Zierschildkröten nicht. Bei Gefangenschaftshaltung in einem wärmeren Klima bleiben sie im Wasser, nehmen aber keine Nahrung auf.

Adulte Männchen sind kleiner und haben an den Vorderfüßen verlängerte Krallen, einen langen Schwanz mit verdicktem Ansatz und einen leicht konkaven Bauchpanzer. Auch hier gelingt die Zucht eher im Freiland, obwohl in manchen Jahren die Fortpflanzung ganz ausbleibt.

Ähnlich zu pflegen sind andere Zierschildkröten der Gattung *Chrysemys* und die Schmuckschildkröten *(Trachemys,* früher *Pseudemys),* insbesondere die sehr populäre Rotwangen-Schmuckschildkröte *(T. scripta elegans).*

Dosenschildkröten

FAMILIE: EMYDIDAE
GATTUNG: *TERRAPENE*

Diese kleinen Schildkröten aus der Osthälfte der USA verdanken ihren Namen der Scharniervorrichtung des Bauchpanzers, der gegen den Rückenpanzer hochgeklappt werden kann, so daß der Körper wie in einer Dose eingeschlossen wird. Beliebte Terrarientiere sind die Unterarten der Carolina-Dosenschildkröte *(Terrapene carolina)* und der Schmuck-Dosenschildkröte *(T. ornata)*. Die Panzerlänge beträgt etwa 14–18 cm.

Der schwunghafte Handel mit Dosenschildkröten hat immer strengere Schutzbestimmungen zur Folge gehabt. Heute sind in einigen US-Bundesstaaten der Fang, der Verkauf und sogar die Haltung dieser Tiere verboten. Bestimmte Unterarten werden jedoch noch immer ausgeführt.

Wo das Klima günstig ist, kann man Dosenschildkröten im Freiland halten. Doch hierzulande werden sie normalerweise in einem geräumigen Terrarium gepflegt. In der freien Natur bewohnen sie vielfach Gegenden in der Nähe stehender Gewässer, aber sie gewöhnen sich leicht an eine terrestrische Lebensweise. Draußen darf das Sonnenlicht nicht durch Glas oder Kunststoff gefiltert werden, und Schattenplätze müssen stets verfügbar sein; ein heißes, trockenes Milieu führt zu Gesundheitsschäden. Die notwendige Wärme kann man mit einem thermostatgeregelten Spotstrahler erzeugen. Sind die Haltungsbedingungen nicht in Ordnung, können die Schildkröten das Futter verweigern, obgleich sie auch manchmal fasten, wenn alles stimmt. Pilze und Beeren sind offenbar besonders begehrt, doch auch gekochtes Ei in kleinen Portionen wird genommen. Das Futter sollte zerkleinert und gründlich vermischt werden. Wie alle Schildkröten sind auch die Dosenschildkröten anfällig für Vitamin-A-Mangelkrankheiten. Werden sie jedoch richtig gepflegt, erreichen sie in der Regel ein Alter von 30–40 Jahren.

Die Grundregeln für die Überwinterung sollten auch hier befolgt werden (siehe »Zucht«, S. 35–37). Im Freiland graben sich die Tiere selbst ein: Häufen Sie über der Stelle Fallaub oder Moos auf, und decken Sie das ganze Gehege mit alten Teppichen ab, um es zusätzlich vor Frost zu schützen. Dosenschildkröten könnnen auf diese Weise bei etwa 5 °C überwintern; niedrigere Temperaturen sind tödlich. Verwendet man eine Überwinterungskiste, dann sollte sie gut durchlüftet und mit einem hohen, lockeren und feuchten Substrat gefüllt werden, etwa mit Laubstreu, Moos oder Blumenerde. Das Material wird so lange ausgedrückt, bis kein Wasser mehr austritt. Überprüfen Sie die Box regelmäßig auf Anzeichen von Austrockung oder Atembeschwerden.

Terrarienhaltung

TERRARIENGRÖSSE Mindestens 90×60×40 cm für ein Tier. Bei geeignetem Klima ein Freilandterrarium mit den Maßen 180×180×120 cm.

SUBSTRAT

Drinnen 5–10 cm hohe Schicht aus lockerem, feuchtigkeitsspeicherndem Material.

Draußen 20–30 cm tiefes lockeres Erdreich, bepflanzt mit Gras und Unkraut.

EINRICHTUNG

Drinnen Flache Wasserschale. Täglich besprühen. Mindestens 2 Verstecke aus Korkrinde, Halbröhren oder Holzkästchen.

Draußen Hohe und tief versenkte Einfassung, da die Tiere klettern und graben können. Geteilte Abdeckung: halb Maschendraht, halb durchsichtiger Kunststoff. Verstecke und seichter Tümpel. Täglich besprühen.

TEMPERATUR (Drinnen) 22–24 °C an der kühlsten, maximal 28 °C an der wärmsten Stelle, nachts 15 °C. Starke UV-Leuchte.

WINTERABKÜHLUNG 5 °C über 8–12 Wochen für die meisten Tiere; 8–10 °C über 7–8 Wochen bei Tieren aus dem Süden des Verbreitungsgebiets.

FÜTTERUNG Allesfresser: Insekten und Larven, aufgetaute nestjunge Mäuse, Regenwürmer, Schnecken und vielseitige Pflanzenkost. Fertigfutter für Schildkröten, fettarmes Dosenfutter für Hunde. Einmal wöchentlich Vitaminzusätze, zweimal wöchentlich Kalziumgaben. Das Futter wird auf einem breiten, flachen Stein serviert, damit es nicht ins Substrat gezerrt wird.

INKUBATION 1 oder mehr Gelege im Jahr mit je 3–5 Eiern. Inkubation 70–80 Tage bei 26 °C in feuchtem Vermiculit.

Schmuck-Dosenschildkröten *(Terrapene ornata)* fasten oft bei heißem Wetter. Man besprühe täglich ihre Versteckplätze, damit die Tiere der Hitze ausweichen können.

F & A…

◆ *Was sind die Symptome eines Vitamin-A-Mangels?*

Dazu gehören geschlossene Augen, ein klarer Nasenausfluß sowie ein Abschälen oder Verdicken der Haut. Auch Infektionen können hinzukommen. Konsultieren Sie einen Tierarzt.

◆ *Müssen Dosenschildkröten überwintert werden?*

Wenn man bei Dosenschildkröten über den Winter hinweg die normalen Temperaturen beibehält, so bekommt ihnen das schlecht: Sie stellen die Nahrungsaufnahme ein und zehren ihre Reserven auf. In diesem Zustand werden sie immer schwächer und können sogar sterben – eine Überwinterung ist also lebenswichtig.

◆ *Was soll ich tun, wenn die Überwinterungskiste ausgetrocknet ist?*

Sprühen Sie die Box leicht ein, aber vermeiden Sie Nässebildung; Feuchtigkeit zieht Atembeschwerden nach sich.

◆ *Kann ich mehrere Tiere gemeinsam pflegen?*

Ja, sie sind recht gesellig. Eine Überbesetzung des Terrariums führt jedoch zu Hygieneproblemen und Erkrankungen. Halten Sie Arten und Unterarten für sich, um unerwünschte Kreuzungen zu unterbinden.

Paarungen zu allen Jahreszeiten

Männliche Dosenschildkröten haben einen konkaven Bauchpanzer (außer *T. ornata*) und einen längeren, dickeren Schwanz als die Weibchen. Ihre Augen sind oft rot, während die der Weibchen gelbbraun erscheinen. Die Paarung kann zu jeder Jahreszeit erfolgen, wenn die Geschlechter zusammen gehalten werden; deshalb sollte man sie trennen, wenn man nicht züchten will. Sobald die Winterruhe vorüber ist und beide Partner gut fressen, bringt man sie zusammen. Das Weibchen vergräbt die Eier in weichem Boden. Inkubiert man sie bei etwas höheren Temperaturen (29–30 °C), fallen vorwiegend Weibchen an, bei niedrigeren Temperaturen (22 °C) hauptsächlich Männchen. Die Jungtiere werden ähnlich gepflegt wie die Eltern, doch sie ernähren sich größtenteils von Fleisch und Insekten. Man sollte sie nicht bei den Eltern unterbringen, um die Übertragung von Parasiten zu vermeiden.

Landschildkröten FAMILIE: TESTUDINIDAE

Landschildkröten sind bei Tierfreunden sehr beliebt und nicht sonderlich schwer zu pflegen, doch die meisten Exemplare in Menschenobhut werden wegen der Unerfahrenheit der Halter nicht einmal zwei Jahre alt. In einem kalten Klima gehen viele schon im ersten Winter zugrunde. Eine falsche Ernährung kann Panzerdeformationen und übermäßiges Schnabelwachstum verursachen; Feuchtigkeit, Überbesatz und mangelnde Hygiene führen zu Atemleiden. Der Panzer bricht, wenn man das Tier fallen läßt – oder wenn der Familienhund ihn beknabbert (so etwas kommt vor). Man sollte den Panzer regelmäßig und behutsam mit einer weichen Bürste und lauwarmem Wasser behandeln, um einer bakteriellen Infektion vorzubeugen. Zahlreiche Schildkröten gehen auch deshalb verloren, weil sie aus ihrem Terrarium oder Gehege entweichen und auf Nimmerwiedersehen abwandern. Eine richtig konstruierte Unterkunft kann das verhindern (siehe »Unterbringung«, S. 16/17).

Mediterrane Landschildkröten
Testudo- und *Agrionemys*-Arten. Diese Schildkrötengruppe ist rings um das Mittelmeer und in Vorderasien verbreitet. Am bekanntesten sind die Maurische Landschildkröte *(Testudo graeca)* und die Griechische Landschildkröte *(T. hermanni)*. Beide waren früher ungeheuer populär, stehen aber inzwischen als europäische Arten unter Schutz und kommen nur noch selten und zu hohen Preisen als Nachzuchten in den Handel. Die Dreizehen-Landschildkröte *(Agrionemys horsfieldii)* aus Asien darf nach wie vor eingeführt werden.
Die mediterranen Landschildkröten, insbesondere die Dreizehen-Landschildkröte, vertragen keine hohe Luftfeuchtigkeit. Sie brauchen einen trocke-

Die Maurische Landschildkröte *(Testudo graeca)* wurde wegen ihrer hohen Sterblichkeit in nördlicheren Breiten unter Schutz gestellt. Doch sie wird wie die Griechische Landschildkröte *(T. hermanni)* nachgezogen.

nen, sonnigen Lebensraum, am besten im Freiland; in kühleren Breiten muß man Freiland- und Wohnungshaltung kombinieren.

Für große Tiere, die über 30 cm lang werden können, kommt nur ein sehr geräumiges Kastenterrarium in Betracht. Ein Punktstrahler (weißes Licht) ist besser als eine Heizmatte oder eine UV-Lampe aus Keramik – Schildkröten werden von sichtbarer Strahlung angelockt. Sie sonnen sich, um ihre Körpertemperatur zu erhöhen, doch sobald die Lufttemperatur auf 30 °C ansteigt, suchen sie den Schatten auf.

Die Männchen haben einen längeren, dickeren Schwanz und meist einen konkaven Bauchpanzer. Sie sollten außerhalb der Fortpflanzungszeit von den Weibchen getrennt gehalten werden; trächtige Weibchen gebärden sich manchmal aggressiv und bevorzugen für die Eiablage eine separate Unterkunft. Dazu benötigen sie eine 30 cm hohe Schicht aus lockerem Sand oder Erdreich. Das Sperma können sie zurückhalten, und so schwankt die

Terrarienhaltung
Mediterrane Landschildkröten

TERRARIENGRÖSSE Mindestens 180 × 180 × 90 cm. Bei günstigem Klima werden adulte Tiere besser in einer Freilandanlage gehalten.

SUBSTRAT Drinnen: trockener, staubfreier Sand. Draußen: keine Staunässe und keine harten Oberflächen (Steinplatten), auf denen sich der Bauchpanzer abschürfen kann.

EINRICHTUNG Drinnen: mehrere Versteckplätze. Draußen: Schattenplätze, niedrige Sträucher, Holzkästchen als Unterschlupf. Für kühle Nächte ein Kasten mit Heu. Flache Wasserschale sowohl drinnen als auch draußen.

TEMPERATUR 20–26 °C an der kühlsten, 35 °C an der wärmsten Stelle, nachts 10–15 °C. Photoperiode: 14 Stunden. Leistungsstarke UV-Leuchte und Wärmestrahler.

WINTERABKÜHLUNG 8–12 Wochen Überwinterung bei 5–6 °C. Photoperiode: normale Tageslichtdauer (Schildkröte ist ohnehin vergraben!).

FÜTTERUNG Abwechslungsreiche Pflanzenkost mit Blattgemüse und Wildpflanzen. 8–10 % Gewichtsanteile Kalzium – kann als Pulver auf das Futter gestreut oder als zerkleinerte Sepiaschale verabreicht werden. Höchstens 15 % Obst. Kein tierisches Eiweiß. Sparsame Vitamingaben, vor allem bei Freilandhaltung. Futter wird auf einem flachen Stein serviert.

INKUBATION 2–3 Gelege im Jahr mit je 6–9 Eiern. Inkubation 120–160 Tage bei 26–33 °C in feuchtem Vermiculit, Luftfeuchtigkeit 70–80 %.

◆ *Wie bereiten sich Landschildkröten auf die Überwinterung vor?*

Im Herbst stellen sie die Nahrungsaufnahme ein, werden träge und versuchen sich einzugraben. Nur gesunde und wohlgenährte Tiere sollten überwintert werden; kranke oder unterernährte überleben die Winterpause nicht.

◆ *Wie soll eine mediterrane Landschildkröte zur Überwinterung untergebracht werden?*

Ist die Erde trocken, sollten sie zusätzlich vor Frost und Regen geschützt oder in einen großen Plastikbehälter (1) umgesetzt werden, der im Boden eingegraben und mit trockenem Torf gefüllt wird. Halten Sie Niederschläge mit einer wasserdichten Abdeckung fern, und sorgen Sie für ausreichende Belüftung zwischen ihr und der Torffüllung. Oder verwenden Sie eine Überwinterungskiste (2) in einem frostfreien Raum. Die Kiste muß mindestens 60 × 60 × 60 cm messen, und darin wird eine kleinere Box (50 × 50 × 50 cm) in eine dicke Schicht aus Holzwolle, Styroporkügelchen usw. eingebettet. Die innere Box enthält trockenen Torf. Stellen Sie die Kiste auf eine Styroporplatte, und achten Sie auf gute Durchlüftung. Befestigen Sie einen Temperaturfühler auf dem Panzer.

◆ *Was mache ich am Ende der Überwinterungszeit?*

Baden Sie das Tier in einer flachen Wanne mit lauwarmem Wasser, und stellen Sie reichlich Trinkwasser bereit, um das Maul und die inneren Organe zu »schmieren«.

DRAUSSEN (1)

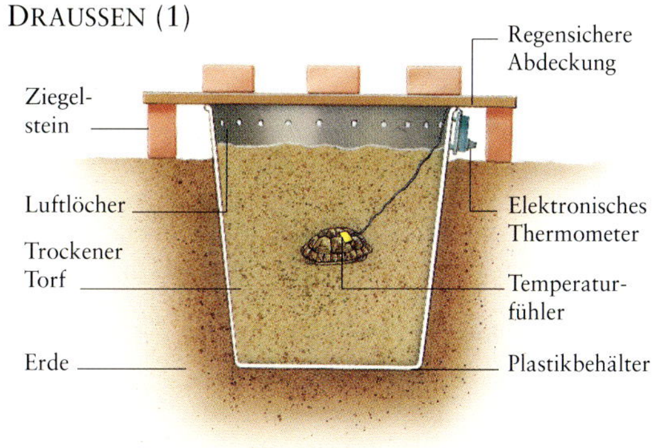

DRINNEN (2)

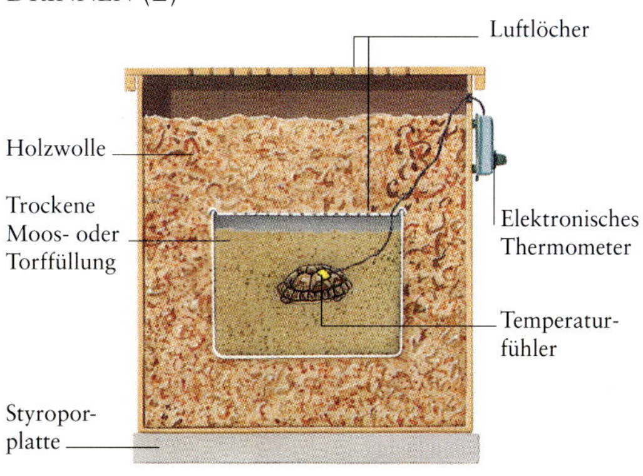

Tragzeit zwischen 2 und 30 Monaten (meist sind es jedoch 2 Monate). Lufttemperaturen an der Obergrenze der Normalwerte und 29–30 °C am Boden sind ideal für die Eiablage.
Ist kein geeigneter Platz vorhanden, können die Eier zurückgehalten werden und verkalken, was eine Eierverhaltung zur Folge hat. Für die Erbrütung bei kontrollierter Feuchtigkeit kann man einen Vogelinkubator verwenden.
Die ausschlüpfenden Jungen dürfen nicht gestört werden, solange sie das Ei nicht verlassen haben. Eine oben offene »Kinderstube« mit einem Zeitungsbelag, einer Wärmelampe und einer starken Fluoreszenzleuchte ist praktisch. Pflegen Sie die Jungtiere bei der gleichen Temperatur wie die Eltern. Sie erhalten auch das gleiche Futter, doch es muß fein zerkleinert und gut vermischt werden. Zusätze sind wichtig, insbesondere Kalzium. Ein lauwarmes Bad zweimal in der Woche hält den Panzer sauber und verhindert die Austrocknung.

Köhlerschildkröte

Chelonoidis carbonaria. Diese prächtige südamerikanische Waldschildkröte (die früher in die Gattung *Testudo* oder *Geochelone* gestellt wurde) bewohnt die tropischen Regenwälder östlich und westlich der Anden. Mit ihren roten und gelben Schuppen auf Kopf und Gliedmaßen und ihrem schwarzen, hell gefleckten Panzer wirkt sie ungemein attraktiv. Da sie sehr groß wird (bis 50 cm), wird ihr ein handelsübliches Terrarium schon bald zu eng. Trockenheit bekommt ihr nicht; Terrarianer, die in Gegenden mit hoher Luftfeuchtigkeit leben, sind im Vorteil und können die Art zumindest im Sommer draußen halten. Kalzium ist für Jungtiere und trächtige Weibchen besonders wichtig.
Die männlichen Köhlerschildkröten haben einen stark konkaven Bauchpanzer und einen längeren, dickeren Schwanz. Sie sind untereinander meist aggressiv; sie beißen sich gegenseitig in Kopf und Beine und versuchen Rivalen auf den Rücken zu drehen – schon deshalb ist eine geräumige Unterkunft notwendig. Die Paarung kann zu fast jeder Jahreszeit stattfinden, wenn die Geschlechter zusammen leben, doch die Eier werden auf der Nordhalbkugel bei angemessenen Temperaturen gewöhnlich zwischen August und März gelegt. Das Weibchen vergräbt sie bis zu etwa 20 cm tief im Boden, den es vorher mit Urin »einweicht«. Nach der Paarung sollte man die Geschlechter trennen. Auch streitsüchtige Individuen werden am besten abgesondert.
Bringen Sie die Jungen so lange in sauberen Plastikbehältern unter, bie sie den Dottersack aufgezehrt haben. Wesentlich ist eine hohe Luftfeuchtig-

Terrarienhaltung
Köhler-, Panther- und Spaltenschildkröte

TERRARIENGRÖSSE Jeweils für ein Paar. Größere Arten werden bei günstigem Klima am besten im Freiland gehalten.

Spaltenschildkröte 120 × 75 × 45 cm

Andere Mindestens 240 × 240 × 60 cm; ideal ist ein ganzes Zimmer oder ein Teil eines Zimmers.

SUBSTRAT 5–8 cm hoch

Köhlerschildkröte Lehm oder Laubstreu

Andere Trockener, staubfreier Sand

EINRICHTUNG Freilandhaltung in der warmen Jahreszeit, sonst geheiztes Terrarium.

Köhlerschildkröte Schatten und Versteckplätze; flache Wasserschale zum Trinken und Baden. Täglich besprühen.

Andere Mehrere Verstecke; kleine Wasserschale. Trockenes Milieu und gute Durchlüftung. Keine lebenden Pflanzen.

TEMPERATUR (Drinnen) Leistungsstarke UV-Leuchte und Wärmestrahler werden benötigt.

Köhlerschildkröte 24 °C an der kühlsten, 32 °C an der wärmsten Stelle; nachts mindestens 22 °C. Photoperiode: 12–14 Stunden.

Pantherschildkröte 28 °C an der kühlsten, 35 °C an der wärmsten Stelle; nachts 18–20 °C. Photoperiode: 14 Stunden.

Spaltenschildkröte 24 °C an der kühlsten, 32 °C an der wärmsten Stelle; nachts 13–15 °C. Photoperiode: 14 Stunden.

FEUCHTIGKEIT Nur Köhlerschildkröte: 85–90 %

WINTERABKÜHLUNG Nur Pantherschildkröte: 7–8 Wochen bei 25 °C. Photoperiode: 10 Stunden.

FÜTTERUNG Abwechslungsreiche Pflanzenkost (siehe »Futter und Fütterung«, S. 30/31) mit maximal 20 % Obst. Pilze, Bohnensprossen, grüne Bohnen, Luzerne. Bei Freilandhaltung nur geringe Vitaminzusätze.

INKUBATION In feuchtem Vermiculit

Köhlerschildkröte 2–3 Gelege im Jahr mit je 3–7 Eiern. Inkubation 120–170 Tage bei konstant 28–30 °C.

Pantherschildkröte 2–3 Gelege im Jahr mit je 5–12 Eiern. Inkubation 96–180 Tage bei 27–30 °C.

Spaltenschildkröte 2–3 Gelege im Jahr mit je 1 Ei. Inkubation 150–200 Tage bei 29–30 °C.

Die Köhlerschildkröte *(Chelonoidis carbonaria)* stellt spezielle Haltungsansprüche und ist deshalb für Anfänger ungeeignet. Abgebildet ist ein frischgeschlüpftes Tier – man beachte den Eizahn, der zum Aufschlitzen der Eischale dient und sehr bald abgeworfen wird.

keit (90–95 %), damit die Dottersäcke nicht vorzeitig austrocknen. Bald nach dem Verzehr des Dotters biete man den Jungen Futter an: weiches Obst und Grünzeug, mit Vitamin- und Kalziumzusätzen, zu einem Brei vermengt. Sobald die Jungtiere zu fressen beginnen, werden sie in ein eigenes Terrarium mit 90 %, später 85 % Feuchtigkeit umquartiert. Man sollte sie täglich eine halbe Stunde lang in seichtem, lauwarmem Wasser baden. Ähnlich zu pflegen ist die Gelbfuß-Waldschildkröte *(Chelonoidis denticulata)*.

Pantherschildkröte

Geochelone (früher *Testudo*) *pardalis*. Der auffälligen Zeichnung des Rückenpanzers verdankt diese Art aus Ost- und Südafrika ihren volkstümlichen Namen. Aufgrund der neuen EU-Schutzbestimmungen sind die Tiere kaum noch zu haben, doch viele leben schon seit langem in hiesigen Terrarien. Da ihre Panzerlänge 60 cm erreicht, eignen sie sich nur für Liebhaber, die über sehr viel Platz verfügen.

F & A...

◆ *Wie hoch muß das Substrat für die Eiablage sein?*

Mindestens 30 cm hoher lockerer Sandboden (für kleine Arten 15 bis 18 cm). Landschildkröten graben gewöhnlich so tief, wie ihre Hinterbeine reichen. Stößt das Weibchen auf glatten Boden, gräbt es wiederholt neue Gruben – bis zur Erschöpfung.

◆ *Wie erhalte ich die nötige Feuchtigkeit für junge Köhlerschildkröten aufrecht?*

Stellen Sie ihre Behälter in ein Reserveterrarium, in dem eine Wasserschale auf einer Heizmatte steht. Kontrollieren Sie die Feuchtigkeit mit einem Hygrometer.

◆ *Sind Köhlerschildkröten Fleischfresser?*

Sie verspeisen nachweislich Aas. Man reiche ihnen einmal im Monat eine aufgetaute Maus oder ein Eintagsküken.

◆ *Kann ich Köhlerschildkröten mit Echsen vergesellschaften?*

Davon ist abzuraten: Sie fressen Echsen, wenn sich eine Gelegenheit bietet. Man hat schon beobachtet, daß sie Leguanschwänze abbeißen.

◆ *Brauchen Pantherschildkrötenbabys Trockenheit?*

Ja, aber sie trocknen schnell aus. Man sorge für Trinkwasser und 1 oder 2 leicht feuchte Verstecke. Man kann sie auch zweimal in der Woche in lauwarmem Wasser baden.

Man kann die Schildkröten bei warmem, trockenem Wetter draußen halten, doch Kälte und Feuchtigkeit bekommt ihnen nicht. Sie sonnen sich zwar gern, brauchen aber auch Schattenplätze. Bei begrenztem Platzangebot sollte man die Männchen einzeln halten und verpaarte Weibchen in einem eigenen Behälter unterbringen. Zum Aufbau des massigen Panzers muß das Futter reich an Kalzium sein. Multivitamingaben sind ebenfalls nötig, sollten aber reduziert werden, wenn die Tiere sich draußen in der Sonne aufhalten. Die meisten fressen Aas, doch diese Nahrung sollte bei einem ausgewachsenen Exemplar auf ein tiefgefrorenes Nagetier oder Eintagsküken bzw. 20 g fettarmes Hundefutter pro Monat begrenzt werden. Jungtiere erhalten höchstens ein Viertel einer nestjungen Maus oder einen halben Teelöffel Dosenfutter im Monat.
Die Männchen erkennt man am konkaven Bauchpanzer und am längeren und dickeren Schwanz. Die Nachzucht gelingt kaum, wenn die empfohlenen Mindestmaße des Terrariums unterschritten werden. Nach dem Schlüpfen verhalten sich die Jungen still, bis sie nach einigen Tagen den Dottersack aufgezehrt haben. Solange sie sich nicht bewegen, darf man sie nicht stören. Dann bringt man sie in einem Behälter mit feuchtem Küchenpapier und guter Durchlüftung unter, bis der Dottersack vollständig verschwunden ist. Die Temperaturen für die Babys sollten im kühlen Bereich 25 °C und im warmen 30–32 °C betragen. In der Nacht kann man eine Heizmatte mit geringer Wattstärke unterlegen, falls die Umgebungstemperatur unter 21 °C absinkt. Eine UV-Leuchte ist ebenfalls notwendig. Kalziumgaben sind besonders wichtig. Multivitaminzusätze verabreicht man einmal in der Woche.

Spaltenschildkröte

Malacochersus tornieri. Diese Schildkröte aus dem südöstlichen Afrika ist die einzige Vertreterin ihrer Gattung. Sie ist auffallend niedrig gebaut, und der 15–18 cm lange Panzer ist nur knapp 4 cm hoch. Mit ihrem flachen, dünnen und elastischen Rückenpanzer kann das Tier bei Gefahr in die Spalten (daher der deutsche Name) der heimatlichen Felsregionen flüchten und sich dort durch Aufblähen des Körpers verkeilen. Wegen des leichten Panzers kann es sich, verglichen mit den meisten anderen Schildkröten, flink bewegen und auch hervorragend klettern. Eine geräumige Unterkunft ist also erforderlich, damit die Spaltenschildkröte ihre normalen Aktivitäten entfalten kann. Ihre Färbung ist variabel und verblaßt meist mit zunehmendem Alter, doch viele Exemplare zeigen ein reizvolles Strahlenmuster aus dunklen und hellen Linien, die von hellen Flecken ausgehen. Dadurch sind die Tiere in ihrem heimischen Lebensraum sehr gut getarnt.
Spaltenschildkröten pflanzen sich bei konstanten Temperaturen das ganze Jahr über fort; die Nachzucht gelingt häufig. Eier, die spät im Jahr abgelegt werden, sind manchmal unbefruchtet. Eine verdiente Zuchtpause kann man dadurch erzwingen, daß man die Maximaltemperatur auf 24–26 °C und die Photoperiode auf 10 Stunden reduziert. Man trenne trächtige Weibchen von den Männchen, und überführe die Eier in den Inkubator. Die Jungen werden in einem eigenen kleinen Terrarium mit vielen Versteckplätzen aufgezogen.

Eine adulte Spaltenschildkröte *(Malacochersus tornieri)* erkennt man nicht nur an der Größe, sondern auch an ihrem flachen Panzer – bei Jungtieren ist er leicht aufgewölbt und runder. Selbst ein voll ausgebildeter Panzer ist ziemlich leicht und ermöglicht den Tieren eine rasche Fortbewegung.

Gewöhnliche Moschusschildkröte

FAMILIE:
KINOSTERNIDAE
ART:
STERNOTHERUS ODORATUS

Das Verbreitungsgebiet dieser etwa 13 cm langen Art erstreckt sich an der nordamerikanischen Ostküste von Ontario bis Florida und im Westen bis Wisconsin und Mitteltexas. Durch zwei helle Streifen auf dem Kopf, Barteln am Kinn und Hals unterscheidet sich die Gewöhnliche Moschusschildkröte von anderen Vertretern der Gattung. Bei adulten Tieren ist der Bauchpanzer mit einem verkümmerten Scharnier versehen. Sie können den Kopf bis zu den Hinterbeinen zurückwenden und sind recht beißlustig, vor allem die Männchen. Die vorwiegend im Wasser lebende Art sonnt sich zuweilen, doch oft sitzt sie mit exponiertem Rückenpanzer im seichten Wasser. Kleine Exemplare benötigen weniger Wasser – sie laufen lieber auf dem Boden, als zu schwimmen.
Die Männchen haben einen längeren Schwanz als die Weibchen, der an der Spitze einen harten, stumpfen Stachel trägt, und an der Innenseite der Beine zwei rauhe Schuppenfelder. Die Eier werden in lockerem Erdreich abgelegt (stellen Sie eine entsprechende Schale ins Terrarium) und zwecks Inkubation entnommen. Ziehen Sie die Jungen einzeln in flachem Wasser auf; sie werden gepflegt und gefüttert wie die Alttiere.
Ähnlich zu halten sind die Klappschildkröten der Gattung *Kinosternum*.

Terrarienhaltung

TERRARIENGRÖSSE	Mindestens 120 × 40 × 40 cm in der Wohnung, im Freiland noch größer.
SUBSTRAT	Draußen: Erde. Drinnen: keines.
EINRICHTUNG	Aquaterrarium mit kleinem Landteil. Flachwasser (13 cm hoch) mit Steinbrocken.
TEMPERATUR	Bei Wohnungshaltung: Wasser etwa 25–29 °C am Tag, 15–18 °C in der Nacht. Photoperiode: 14 Stunden. Starke UV-Leuchte und Wärmestrahler.
WINTERABKÜHLUNG	7–10 °C über 8–12 Wochen im Wasser oder in einer Kiste mit feuchtem Laub oder Moos.
FÜTTERUNG	Vorwiegend Fleischfresser: Regenwürmer, Krabben, Wasserinsekten; Preßfutter.
INKUBATION	1 Gelege im Jahr mit 1–9 Eiern. 60–109 Tage in Vermiculit bei 25–29 °C.

Die Gewöhnliche Moschusschildkröte *(Sternotherus odoratus)* ist leicht zu pflegen und beliebt, obwohl sie aus Drüsen unter dem Rückenpanzer eine übelriechende Flüssigkeit ausscheiden kann.

F & A …

◆ *Kann ich mehrere Moschusschildkröten gemeinsam halten?*

Die Männchen sind untereinander aggressiv und schikanieren kleinere Geschlechtsgenossen. Doch in einer großen Freilandanlage kann eine kleine Gruppe (6–8 Tiere) friedlich zusammen leben. Achten Sie auf eine solide Einzäunung, die die Insassen nicht überklettern können.

◆ *Wie groß sollte das Wasserbecken sein?*

Etwa 75 × 40 × 15 cm für ausgewachsene Tiere, 45 × 30 × 5 cm für junge. Ein regelmäßiger partieller Wasserwechsel oder ein Teichfilter ist erforderlich.

◆ *Können Moschusschildkröten draußen überwintern?*

Ja, aber nur in einer Region mit nicht zu starkem Frost. Andernfalls müssen sie in einem Kasten mit leicht feuchtem Moos überwintert werden.

◆ *Kann ich im Schildkrötenteich auch Frösche halten?*

Nein. Frösche und insbesondere die Kaulquappen werden von den Schildkröten als Lebendfutter betrachtet.

◆ *Soll ich den Schildkrötenpanzer von Algenbelag säubern?*

Ja. Algenaufwuchs ist etwas Natürliches, zumal bei wasserlebenden Arten; aber er kann eine Infektionsquelle darstellen. Die Algen entfernt man hin und wieder mit einer weichen Zahnbürste.

Die Pflege von Amphibien

Amphibien oder Lurche reagieren äußerst empfindlich auf Umwelteinflüsse; sie gelten vielfach als »Bio-Indikatoren«, die anzeigen, wie gesund (oder krank) unser Planet ist. Was ihre Lebensbedürfnisse angeht, sind sie noch anspruchsvoller als die Reptilien, und die meisten Arten sind noch immer unzulänglich erforscht. Das trifft insbesondere auf die Gesunderhaltung der Amphibien zu, die sehr viel Spezialwissen voraussetzt. Es kann zu einem großen Problem werden, einen kompetenten Tierarzt zu finden.

Amphibien vertragen hohe Temperaturen nur in Maßen; die meisten werden besser leicht kühl gehalten. Am wichtigsten ist jedoch ihr Feuchtigkeitsbedarf: Damit sie durch die Haut atmen können, brauchen sie ein feuchtes Milieu. Aus diesem Grund verlangen alle Arten, auch die vorwiegend bodenbewohnenden, eine bestimmte Luftfeuchtigkeit, selbst wenn einige Trockenperioden dadurch überdauern, daß sie sich eingraben oder andere Strategien anwenden. Für Arten, die teilweise oder ganz im Wasser leben, ist die Wasserqualität ein zusätzliches Problem; zu beachten sind nicht nur die Temperaturen, sondern auch der pH-Wert (saure oder alkalische Beschaffenheit), der Chlorgehalt, die Härte (Vorhandensein von gelösten Kalzium- und Magnesiumsalzen) und die Anwesenheit anderer Mineralien oder Schadstoffe. Es ist ratsam, das Wasser vor der Verwendung zu testen und gegebenenfalls zu behandeln. Larven sind besonders empfindlich. Schließlich können sich Frösche und Molche selbst vergiften, wenn sich große Mengen ihrer eigenen Ausscheidungen in einem kleinen Wasserbehälter ansammeln. Deshalb muß das Wasser häufig gewechselt werden.

Weiblicher Marmormolch *(Triturus marmoratus)* – siehe S. 197.

Was ist ein Amphibium?

Die Amphibien bilden eine Klasse von Wirbeltieren, die von urtümlichen Vorläufern der Reptilien abstammen, welche sich an das Leben an Land angepaßt haben. Obwohl ihr Name besagt, daß sie sich teils im Wasser und teils an Land aufhalten, sind viele Arten reine Land- und andere reine Wasserbewohner. Alle drei Typen sind in allen drei Ordnungen vertreten. Selbst die terrestrischen Arten sind nach wie vor auf Feuchtigkeit angewiesen.

Amphibien haben sehr unterschiedliche Lebensräume besiedelt. Die Schwanzlurche sind größtenteils auf kühle, feuchte Regionen beschränkt, während die Froschlurche alle erdenklichen Biotope erobert haben, selbst trockene Wüstengebiete. Im Unterschied zu den Reptilien haben die Amphibien das Larvenstudium beibehalten; vom Ei bis zur adulten Körpergestalt machen sie eine gewaltige Metamorphose durch. In einigen wenigen Fällen entwickeln sich die Eier im Mutterleib, so daß weit fortgeschrittene Larven oder sogar voll ausgebildete Junge zur Welt kommen, wie beispielsweise beim Alpensalamander *(Salamandra atra)*.

Durchlässige Haut

Die elastische Haut der Amphibien ist mit Schleimdrüsen besetzt, deren Sekrete sie feucht halten. Deshalb fühlen sich viele Arten »schleimig« an. Außerdem ist die Haut durchlässig und ermöglicht so den Gas- und Feuchtigkeitsaustausch. Die Atmung kann auch durch die Mundschleimhaut erfolgen. Die Vertreter der größten Salamanderfamilie, die Lungenlosen Salamander (Plethodontidae), besitzen keine Lungen und stützen sich bei der Sauerstollzufuhr auf die beiden vorgenannten Methoden.

Die durchlässige Haut dient auch noch anderen Zwecken. Gewisse wüstenbewohnende Arten können, wenn sie eingegraben sind, Feuchtigkeit aus dem Sand absorbieren; andere speichern Wasser in der Blase. Manche Froschlurche hüllen sich in einen Kokon ein, um in Trockenzeiten Feuchtigkeitsverluste zu verhindern. Sie können längere Zeit eingegraben verbringen. Einige wenige Baumfroscharten bedecken sich mit einem wachsartigen Überzug, um bei heißem, trockenem Wetter feucht zu bleiben. Die Haut und die Mundschleimhäute funktionieren zuweilen auch umgekehrt: Sie lassen

Ein weiblicher Schmuckhornfrosch *(Ceratophrys ornata)*. Mit seiner warzigen Haut sieht er fast wie eine Kröte aus; im Grunde besteht auch kaum ein Unterschied zwischen Fröschen und Kröten.

Klassifikation der Amphibien

ORDNUNG	TRIVIALNAME	FAMILIEN	GATTUNGEN	ARTEN
Urodela (oder Caudata)	Schwanzlurche	9	60	360
Anura (oder Salientia)	Froschlurche	20	303	3495
Gymnophiona (oder Apoda)	Blindwühlen*	5	34	163

**Blindwühlen, wurmähnliche Amphibien, die unterirdisch oder im Wasser leben, werden in diesem Buch nicht behandelt. Sie benötigen eine spezielle Pflege und werden im Zoohandel kaum angeboten.*

Ein Erdbeerfrosch *(Dendrobates pumilio)* in einer Bromelie. Die grellen Farben schrecken Freßfeinde ab, so daß der winzige Frosch tagsüber aktiv sein kann.

F& A...

◆ *Wodurch unterscheiden sich Frösche und Kröten?*

Plumpe Arten mit rauher Haut werden allgemein als Kröten bezeichnet; Frösche haben eine glatte Haut. Beide Hauttypen kommen jedoch in beiden Gruppen vor. Sie alle werden unter dem Oberbegriff Froschlurche zusammengefaßt.

◆ *Wie lange leben Amphibien in Gefangenschaft?*

Erdkröten *(Bufo bufo)* und Feuersalamander *(Salamandra salamandra)* sind nachweislich schon über 20 Jahre alt geworden, Asiatische Riesensalamander (Gattung *Andrias*) sogar 52. Die Lebenserwartung im Freileben ist unbekannt.

◆ *Stimmt es, daß manche Salamander blind sind?*

Ja. Die blinden Arten haben sich an das Leben in dunklen Höhlen angepaßt. Andere haben verkümmerte Augen, die nur Hell und Dunkel unterscheiden können.

◆ *Sind alle Amphibien giftig?*

Die Giftigkeit ist nicht bei allen Arten bekannt. Manche sind hochgiftig, andere schmecken bloß unangenehm. Verschiedene Arten werden gekocht und verzehrt.

◆ *Soll man Amphibien anfassen?*

Nur wenn man sie bei der Behälterreinigung entfernen oder umquartieren muß. Die Hand ist ihnen zu warm; sie können sterben, selbst wenn man sie nur kurz in die Hand nimmt. Angefeuchtete Hände oder Handschuhe verhindern Hautschäden. Tragen Sie stets Wegwerfhandschuhe, und waschen Sie sich hinterher die Hände. Meiden Sie Mund- und Augenkontakt. Kinder dürfen Amphibien überhaupt nicht anfassen.

Wasser aus dem Körper entweichen, wenn sich die Tiere durch Verdunstungskälte abkühlen wollen. Farbstoffzellen in der Haut befähigen einige Froscharten, ihre Farbe zu wechseln, um Wärme abzustrahlen und einer Austrocknung vorzubeugen. Durch Drüsen ausgeschiedene Giftstoffe bieten zusätzlichen Schutz, doch manche Freßfeinde schrecken auch vor den giftigsten Amphibien nicht zurück.

Warnfarben und Körpergestalt

Auch Farben bieten Schutz, und verschiedene giftige Arten stellen grelle Warnfarben zur Schau. Andere, die weniger grell gefärbt und weniger giftig sind, verlassen sich auf ihre Tarntracht. Manche Amphibien ahmen die Färbung giftiger Arten nach. Andere sind auf dem Rücken unauffällig gefärbt und tragen auf dem Bauch eine Warnfärbung, mit denen sie Feinde abschrecken, indem sie sich auf den Rücken drehen – eine Verhaltensform, die als »Unkenreflex« bezeichnet wird. Kontrastfarben – ein heller Bauch und ein dunkler Rücken wie bei vielen Fischen – kommen häufig vor, vor allem bei Fröschen, die zum Laichen ins Wasser gehen. Dadurch sind die Tiere für Beutegreifer und Beutetiere von oben und unten schwerer auszumachen.

Die Froschlurche verlieren während der Metamorphose ihren Schwanz. Sie haben einen gedrungenen Körper mit vier Gliedmaßen. Die evolutionäre Anpassung hat auch stromlinienförmige Frösche mit kräftigen Hinterbeinen zum Springen und Schwimmen hervorgebracht, desgleichen plumpe Gestalten mit kurzen Grabbeinen und schlanke, langbeinige Formen mit »Haftzehen« zum Klettern im Geäst. Die Schwanzlurche besitzen vier Beine und einen langgestreckten Körper und behalten ihren Schwanz. Bestimmte wasserlebende Arten, etwa Olme und Aalmolche, haben sich einen aalähnlichen Körper mit zurückgebildeten Gliedmaßen zugelegt, und die Armmolche haben ihre Hinterbeine eingebüßt.

Unterbringung – das Terrarium

Bevor Sie ein Amphibium erwerben, sollten Sie sich gründlich vorbereiten (siehe dazu S. 4–9). Einige grundlegende Informationen über die auserkorene Art erleichtern Ihnen die Wahl und Einrichtung des Terrariums. Ist das Tier ein Baumbewohner? Ist es sehr springfreudig? Braucht es einen Wasserteil; wenn ja, wie groß und tief muß er sein? Welches Substrat ist geeignet, und wie hoch soll es sein? Manche Arten benötigen vielleicht spezielle Vorrichtungen, etwa überhängende Blätter oder Zweige am Wasser oder abgedeckte Laichplätze auf dem Boden. Pflanzen sind vielfach ein wesentlicher Bestandteil der Einrichtung. Verschiedene Aquarienpflanzen sind brauchbar; einem einschlägigen Handbuch können Sie entnehmen, welche Arten über die Wasseroberfläche emporwachsen. Wichtig ist die Wasserqualität. Dieses Thema wird in den meisten Aquarienbüchern erörtert. Ratschläge für die Wasseraufbereitung erhält man in Zoofachgeschäften oder findet man in den Broschüren der Hersteller von Wasseraufbereitungsmitteln. Probleme können durch die Beschaffenheit des örtlichen Leitungswassers entstehen (siehe Kasten oben rechts). Notfalls kann man Regen- oder Teichwasser kochen, um alle schädlichen Organismen abzutöten, doch sogar Regenwasser enthält zuweilen unerwünschte Substanzen – saurer Regen ist gesundheitsschädlich für alle Tiere, die in diesem Wasser gehalten werden.

Leitungswasserprobleme

Chlorierung

Das gefährliche Chlor kann entweichen, wenn man das Leitungswasser mindestens 24 Stunden in einem weiten Gefäß abstehen läßt.

pH-Wert

Die meisten Amphibien bevorzugen neutrales bis leicht saures Wasser. Die saure oder alkalische Beschaffenheit (pH-Wert) wird mit Zahlen zwischen 0 und 14 gekennzeichnet. Unter 7 = sauer, 7 = neutral, über 7 = alkalisch. Das pH-Minimum für Amphibien beträgt 5,9, das Maximum 7,6. Einige Arten aus Kalksteinregionen sind an einen höheren Wert gewöhnt.

Wasserhärte

»Hartes« Wasser, das durch gelöste Mineralien entsteht, kann schädlich sein, besonders für Larven, aber auch der Einsatz eines Wasserenthärters ist wenig empfehlenswert. Kochen Sie Wasser ab und lassen Sie es mindesten 24 Stunden abstehen. Verwenden Sie dann nur die obere Hälfte davon.

GLASTERRARIUM

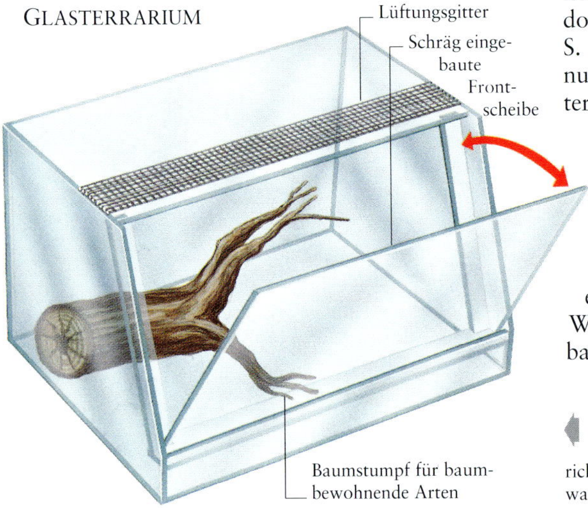

Wasserdicht und ausbruchsicher

Jedes Terrarium für Amphibien muß feuchtigkeitsbeständig sein. Man kann zwar Fiberglas oder Kunststoff verwenden, aber die meisten Pfleger entscheiden sich für ein Ganzglasbecken mit einem dicht schließenden Deckel. Der Zugang von oben ist bei einem reinen Aquaterrarium vorgegeben, doch hier kann es Probleme geben (siehe auch S. 14–17). Für landlebende Arten oder solche, die nur einen flachen Wasserteil benötigen, sind Glasterrarien mit verschiebbaren Frontscheiben im Handel. Beachten Sie jedoch, daß kleine Amphibien oder Futterinsekten durch die Lücke zwischen den Scheiben entkommen können. Eine andere gute Lösung ist eine schräg eingesetzte Frontscheibe, die sich nach vorn aufklappen läßt: dieses Modell kann auch mit einem flachen Wasserteil ausgestattet werden. Wenn Sie ein solches Terrarium selber zusammenbauen, können Sie je nach der vorgesehenen Höhe

Ein vorn aufklappbares Glasterrarium eignet sich besonders für kleine terrestrische Amphibien. Es läßt sich leicht einrichten und säubern. Man kann es in ein Aquaterrarium verwandeln, indem man ein flaches Wasserbecken einsetzt.

des Bodengrunds oder Wasserteils die Maße für die aufklappbare Frontscheibe festlegen. Die Scheibe muß gesichert werden, damit die Insassen sie nicht aufstoßen können. Achten Sie sorgfältig auf etwaige kleine Lücken. Amphibien sind Ausbruchskünstler, die an Glas hochklettern und sich durch winzige Spalten hindurchzwängen können.
Ein Glasterrarium muß man auf eine mindestens 6 mm dicke Styroporplatte stellen, um Bruch der Bodenscheibe zu verhindern. Nachdem Substrat und Bodengrund eingebracht sind, darf man den Behälter nicht mehr verschieben – ein Glasbruch wäre die wahrscheinliche Folge.

Überbesatz und Krankheiten

Eine Überbesetzung des Terrariums kann zu Infektionskrankheiten führen und muß vermieden werden. Frösche scheiden ansehnliche Mengen Kot und Urin aus, die den Bodengrund sehr schnell verseuchen, falls er nicht häufig ausgetauscht wird. In einem zweckmäßig eingerichteten Terrarium mit kleinen Bewohnern läßt sich das ökologische Gleichgewicht recht gut aufrechterhalten. Bepflanzte Behausungen für Baumsteigerfrösche haben schon 17 Jahre lang bei geringem Pflegeaufwand einwandfrei funktioniert, allerdings enthielten sie nie mehr als vier Fröschchen. Ein übervölkertes Terrarium hingegen kann die Abfallbelastung nicht verkraften. Eine Quarantäne für alle Neuzugänge beugt Erkrankungen vor.

Ein Feuersalamander *(Salamandra salamandra)* klettert aus seinem Terrarientümpel. Er ist, wie viele Amphibien, ein schlechter Schwimmer und braucht deshalb nur einen flachen Wasserteil. Ausstiegshilfen dürfen nicht fehlen.

F&A...

◆ *Ist es ratsam, mehrere Arten zu vergesellschaften?*

Im allgemeinen nicht. Viele Amphibien sind Kannibalen und fressen Jungtiere. Exemplare aus einer bestimmten Region können Träger von Krankheiten sein, gegen die sie immun sind, ihre Mitinsassen aber nicht. Ein giftiges Tier kann ein anderes vergiften, vor allem wenn es sich um einen giftigen Wildfang und eine ungiftige Nachzucht handelt. Schließlich kann es zu einer Kreuzung verschiedener Arten kommen; dabei geht wertvolles Genmaterial verloren.

◆ *Wie teste ich mein Leitungswasser?*

Viele Zoofachgeschäfte testen Wasserproben. Dort erhält man auch Teststreifen zur Überprüfung von Wasserhärte, pH-Wert, Ammoniak, Nitrit, Nitrat usw. Chloriertes und hartes Wasser kann man zu Hause aufbereiten. Im Fachhandel findet man auch Mittel, die gegen bestimmte schädliche Substanzen wirken.

◆ *Brauche ich für die Zucht ein zweites Terrarium?*

Die Zuchtbedingungen können von den normalen Haltungsbedingungen abweichen. Bei manchen Arten empfiehlt es sich, sie die meiste Zeit des Jahres in einem nur mit Bodengrund ausgestatteten Behälter zu pflegen und sie zur Zucht in ein Wasserbecken umzuquartieren. Oder man entscheidet sich für ein Aquaterrarium mit Land- und Wasserteil.

◆ *Wie sieht die beste Lösung für Amphibien aus, die teils an Land und teils im Wasser leben?*

Jedes Ganzglasaquarium läßt sich in ein Aquaterrarium umfunktionieren, sofern die Abmessungen stimmen. Man kann eine Trennscheibe einkleben (siehe S. 26) oder eine Plastikwanne für den Wasserteil verwenden. Sie läßt sich für den Wasserwechsel leicht herausnehmen

◆ *Welches Filtersystem ist am besten – und ist es immer notwendig?*

Das Wasser in flachen Becken, wie im Aquaterrarium üblich, sollte mindestens einmal wöchentlich ganz oder teilweise ausgetauscht werden. Aquarienpflanzen nehmen einen Teil des überschüssigen Stickstoffs auf, sind aber nicht völlig ausreichend. Ein Filter ist bei einem kleinen, flachen Wasserteil unangebracht, auch wenn der Wasserstand je nach Insassen variiert. Für einen großen Wasserkörper, wie er für größere oder ausschließlich im Wasser lebende Arten erforderlich ist, ist ein Bodenfilter offenkundig besser geeignet als ein Außen- oder Innenfilter. Letzterer erzeugt eine zu starke Turbulenz und kann unter Umständen Eier, Kaulquappen oder Larven einsaugen.

Heizung, Beleuchtung und Feuchtigkeit

Viele Amphibien brauchen keine zusätzliche Heizung, ja sie vertragen keine hohen Temperaturen, die ihnen in einem heißen Sommer zu schaffen machen können. In der freien Natur haben die Tiere mehr Möglichkeiten, sich der Hitze zu entziehen, doch in den engen vier Wänden eines Terrariums können sie das nicht so gut. Für Terrarianer, die in wärmeren Breiten leben, sind Arten aus der gemäßigten Zone kaum geeignet, sofern sie keine Kühlanlage installieren können. Ist eine Heizung notwendig, so verwende man keine starken, punktuell wirksamen Wärmequellen; durch sie würde die empfindliche feuchte Haut der Insassen ausgetrocknet und geschädigt werden.

Die Temperatur im Terrarium wird beeinflußt durch die Umgebungs- oder Raumtemperatur. Stellen Sie es also nicht in der Nähe von sonnigen Fenstern oder Heizkörpern auf. Wie bereits erwähnt, müssen die Tages- und Nachttemperaturen im komplett eingerichteten Terrarium schon einige Zeit vor dem Einsetzen der Tiere überwacht werden. Bei Tropenarten darf die Nachttemperatur nicht zu stark absinken; um dies zu verhindern, kann es sogar notwendig werden, den Behälter zu isolieren, auch wenn die meisten Tiere einen leichen Wärmeabfall tolerieren. Sobald ein hoher Bodengrund in einem gut eingerichteten Terrarium richtig aufgewärmt ist, dient er gleichsam als Speicherheizung, die nachts so viel Wärme abgibt, daß die Temperatur einigermaßen konstant bleibt.

Heizmatten sollte man nicht unter ein Terrarium mit hohem Substrat plazieren; der Hitzestau könnte die Matte schädigen und den Glasboden des Behälters zersprengen. Wenn zwei Terrarien nebeneinander aufgestellt werden, kann man die Heizmatte zwischen sie schieben; eine einseitig iso-

Ein Surinam-Hornfrosch *(Ceratophrys cornuta)* hat sich in feuchtes Moos eingegraben. Eine Schicht Torfmoos, die Wasser speichert, sorgt für die nötige Feuchtigkeit.

HEIZKABEL

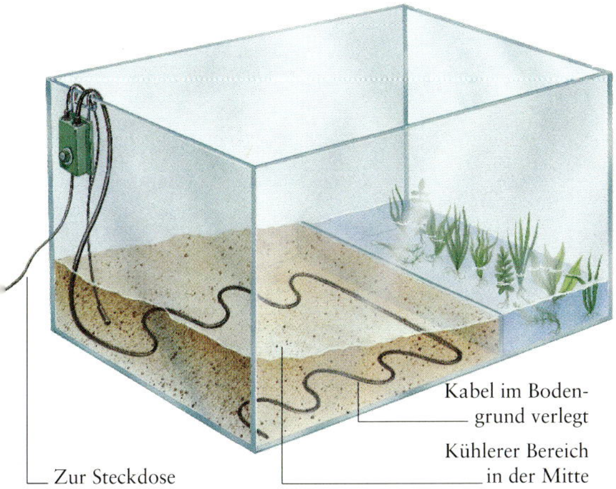

Viele Terrarianer verlegen Heizkabel im Bodengrund, doch andere halten einen beheizten Boden bei Amphibien für unnatürlich. Bei grabenden Arten sollte man Kabelheizer nicht verwenden.

lierte Matte läßt sich an einer Wand eines Einzelterrariums anbringen. Heizmatten sind feuchtigkeitsresistent, aber nicht wasserdicht und dürfen nicht unter Wasser verwendet werden, doch man kann sie innerhalb des Behälters, aber außerhalb des Wassers benutzen.

Da Elektrizität und Wasser eine potentiell gefährliche Kombination sind, ist bei der Installation von Heizvorrichtungen Vorsicht geboten. Manche elektrischen Anlagen sind anfällig für Kondenswasser und sollten deshalb von einem Fachmann überprüft werden. Alle Heizungen müssen durch einen zuverlässigen Thermostaten geregelt werden, der eine Überhitzung verhindert. Man verwendet besser zwei oder mehr Heizungen mit geringer Wattstärke als eine einzige starke Wärmequelle.

Durchlüftung und Feuchtigkeit

Schwanzlurche, die sich vorwiegend auf dem Boden aufhalten, benötigen weniger Luftfeuchtigkeit; sie fühlen sich wohl, solange das Substrat ausreichend feucht ist. Regenwaldbewohner wie die baumbewohnenden Pilzzungensalamander der Gattung *Bolitoglossa* verlangen einen feuchteren Untergrund und eine höhere Luftfeuchtigkeit. Bei den Froschlurchen sind die Ansprüche unterschiedlich. Arten aus dem Regenwald vertragen in ihrer Heimat eine Luftfeuchtigkeit von 100 %, die in einem Terrarium nur schwer herzustellen ist, sofern man es nicht luftdicht versiegelt. Das ist jedoch nicht machbar, da eine gewisse Frischluftzufuhr notwendig ist. Durchlüftung und hohe Feuchtigkeitswerte sind offensichtlich unvereinbar, aber beides ist erforderlich.

F & A...

◆ *Sind im Boden verlegte Heizkabel zu empfehlen?*

Ja. Diese biegsamen Kabel kann man in einem Teil des Terrariums verlegen, bevor das Substrat eingebracht wird. Versteckplätze sollte man sowohl im beheizten als auch im unbeheizten Bereich vorsehen. So haben die Insassen die Wahl zwischen verschiedenen Wärmezonen.

◆ *Wie beheizt man am besten den Wasserteil eines Aquaterrariums?*

Ein Aquarienheizer mit Thermostat ist brauchbar, sofern er entsprechend abgeschirmt ist. Er fördert die Verdunstung und erhöht damit die Luftfeuchtigkeit. Allerdings genügt er manchmal nicht für die Heizung des gesamten Behälters. Dann ist eine zusätzliche Wärmequelle notwendig. Eine Heizmatte unter dem Wasserteil, aber außerhalb des Terrariums, erfüllt ihren Zweck, wenn kein Substrat die Wärmezufuhr blockiert.

◆ *Wie verhindere ich, daß die Frontscheibe meines Froschterrariums ständig beschlägt?*

Das passiert regelmäßig, wenn hohe Luftfeuchtigkeit erforderlich ist. Im Interesse der Tiere müssen Sie wohl oder übel eine gewisse Beeinträchtigung der Sicht hinnehmen. Ein schmales Lüftungsgitter in der Decke, so nah wie möglich an der Vorderkante, und vielleicht ein weiterer Luftschlitz in der Vorderseite, direkt über dem Bodengrund, sorgen dafür, daß die Kondensation teilweise entweicht. Die Scheiben beschlagen stets nach dem Besprühen der Terrarieneinrichtung.

◆ *Kann man eine Benebelungsvorrichtung zur Aufrechterhaltung der Feuchtigkeit verwenden?*

Solche Vorrichtungen sind brauchbar und haben sich bei tropischen Fröschen als effizient erwiesen, insbesondere bei der Auslösung des Fortpflanzungsverhaltens. Spezielle Systeme sind im Handel, aber man kann auch Geräte, wie sie Asthmatiker verwenden, mit einigem Geschick entsprechend umfunktionieren.

Zeitschaltuhr für eine Benebelungsvorrichtung. Dieses amerikanische Fabrikat ist ein Beispiel für das raffinierte High-Tech-Zubehör, das heutzutage dem Terrarianer zur Verfügung steht.

Rotaugen-Laubfrösche *(Agalychnis callidryas)* bei der Paarung. Die meisten Amphibien sind nachtaktiv und brauchen nur wenig Licht, das aber notwendig wird, wenn das Terrarium bepflanzt ist. Eine Zusatzbeleuchtung erleichtert auch dem Pfleger die Beobachtung seiner Schützlinge.

In der Praxis gedeihen viele Regenwaldfrösche recht gut bei etwas geringerer Feuchtigkeit; deshalb sollte man das Terrarium durchlüften und bei Bedarf besprühen. Kleine Aquarien-Membranluftpumpen oder auch Computerfächer kann man verwenden, um den Behälter mit Luft zu versorgen. Die Luftfeuchtigkeit wird auch durch den Substrattyp und die Bepflanzungsdichte beeinflußt. Kontrollieren Sie den Feuchtigkeitsgrad mit einem Hygrometer.

Weil durch tägliches Besprühen oder Einnebeln ständig Wasser zugeführt wird, muß man gegebenenfalls überschüssiges Wasser mit einer Saugpumpe abschöpfen oder durch einen in den Boden eingelassenen Abflußhahn ableiten. Daß das Wasser im Wasserteil regelmäßig gewechselt oder, falls er groß genug ist, mit einer Filteranlage gereinigt wird, versteht sich von selbst. Das Sprüh- oder Austauschwasser muß stets die gleiche Temperatur haben wie das Terrarium, damit sich die Insassen nicht verkühlen.

Beleuchtung

Außerhalb der Fortpflanzungszeit sind nur relativ wenige Amphibienarten tagaktiv, und deswegen ist eine zusätzliche Beleuchtung im allgemeinen entbehrlich. Viele nachtaktive Tiere weigern sich beharrlich, sich von der Stelle zu rühren, bevor es dunkel wird. Dämmerungsaktive Arten werden gewöhnlich bei Einbruch der Dunkelheit munter; sie verlassen dann ihre Schlupfwinkel, um auf Nahrungssuche zu gehen. Bei heftigen Regenfällen kommen sie manchmal auch tagsüber zum Vorschein. Eine solche Tagesaktivität könnte bedeuten, daß die Tiere Feuchtigkeit suchen. Eine typischere Reaktion auf eine zu trockene Umgebung ist jedoch, daß sich die Tiere in einer Ecke zusammendrängen, um eine Austrocknung zu verhindern. Zuweilen halten sich Amphibien auch deshalb tagsüber »im Freien« auf, weil sie krank und zu schwach sind, um sich zu bewegen.

Viele Terrarianer bringen eine zusätzliche Lichtquelle vor allem deswegen an, weil sie mehr sehen möchten und weil das Terrarium dann nicht so trist wirkt. Sie darf aber nicht zuviel Wärme erzeugen, die den Amphibien schadet. Verwenden Sie einen Strahler mit einer Glühbirne, der durch die Glasabdeckung hindurch Licht und ausreichend Wärme liefert. Bei einem großen Terrarium sind vielleicht zwei oder mehr Strahler vonnöten. Die Birnen (40 Watt) sollten mindestens 10 cm Abstand von der Glasscheibe halten, die 6 mm dick sein müßte. Das ist zwar eine Stromverschwendung, aber sicher. Die Beleuchtung sollte möglichst mit einem Dimmer-Thermostaten gekoppelt weden, damit das Licht tagsüber nicht immer wieder an- und ausgeht. In manchen Fällen ist nachts eine »lichtlose« Wärmequelle erforderlich. Ist das Terrarium bepflanzt, ist für das gesunde Wachstum der Pflanzen eine Beleuchtung unerläßlich. Oft kommt man jedoch ohne zusätzliches Licht aus, wenn man schattenliebende Arten und für sie einen vergleichsweise hellen Standort wählt. (Das Terrarium darf aber keinesfalls auf einer sonnigen Fensterbank stehen, denn dann wird es den Amphibien zu warm! Siehe dazu S. 44/45.)

Photoperiode und Zucht

Die Photoperiode (die Zahl der Lichtstunden innerhalb von 24 Stunden) hat Einfluß auf das Amphibienverhalten, insbesondere auf die Fortpflanzung. Werden Arten aus gemäßigten Breiten ohne zusätzliche Beleuchtung gepflegt, wird ihr Verhalten durch das natürliche Tageslicht geregelt. Verwendet man künstliches Licht, sollte man die Photoperiode mit einer Zeitschaltuhr steuern; im Frühjahr wird die Stundenzahl allmählich erhöht und vor dem Winter verringert. Bei subtropischen und tropischen Arten bleibt die Lichtdauer ganzjährig konstanter, doch auch hier braucht man eine Zeitschaltuhr, um die richtige Photoperiode einzustellen. Häufige Veränderungen der Photoperiode irritieren und verwiren die Terrarienbewohner.

Beleuchtete Kaulquappen der Gattung *Rana*. Für viele Quappen reicht zwar das normale Zimmerlicht aus, aber eine über dem Behälter angebrachte Zusatzbeleuchtung fördert das Algen- und Infusorienwachstum. Punktstrahler sind ungeeignet, da sie das Wasser aufheizen würden.

◆ *Ist UV-Licht für Amphibien gefährlich?*

Hohe UV-Dosen können lebensbedrohlich sein. Untersuchungen haben gezeigt, daß eine übermäßige Bestrahlung mit UV-Licht bei Kaulquappen zu Mißbildungen oder zum Tod führt. Diese Erkenntnis ist von grundlegender Bedeutung: Das Verschwinden einiger Amphibienarten, vor allem solcher, die in großen Höhen leben, könnte mit der Zerstörung der Ozonschicht zusammenhängen, weil dadurch mehr UV-Strahlen (insbesondere die gefährlichen unteren Wellenlängen; siehe S. 20/21) auf die Erdoberfläche auftreffen.

◆ *Benötigen tagaktive Frösche Leuchtstoffröhren mit dem vollen UVB-Spektrum?*

Verschiedene Leuchtstoffröhren sind im Handel. Einige sind speziell für Leguane und andere sonnenhungrige Echsen bestimmt. Die UVB- und UVA-Anteile werden in Prozentwerten der gesamten Lichtausbeute ausgewiesen. Höhere Werte (über 2 %) sind für tagaktive Frösche ungeeignet, doch 2 % gelten als unbedenklich. Bei niedrigeren Werten nehmen Farbfrösche und Goldfröschchen keinen Schaden.

◆ *Profitieren Frösche von UVB-Licht?*

Die Frage ist noch nicht geklärt. Die meisten freilebenden Amphibien beziehen genügend Nährstoffe aus ihrem Futter, doch einige Einzelbeobachtungen deuten darauf hin, daß sich etwas UVB günstig auswirkt, vor allem auf junge Fröschchen. Bei Baumsteigerfröschen, europäischen Laubfröschen und Goldfröschchen hat man Rachitis und Krampfanfälle festgestellt, obwohl die Tiere mit allen Futterzusätzen versorgt wurden; Abhilfe schuf hier die Installation einer Leuchte mit vollem Spektrum.

◆ *Sollte die Leuchtstoffröhre im Terrarium angebracht werden?*

Die UV-Wellenlängen werden ausgefiltert, wenn das Licht eine Glasscheibe passiert; deswegen sollte die Leuchte im Terrarium installiert werden, wenn die Insassen davon profitieren sollen. Ein Belüftungsgitter, das genügend Licht durchläßt, würde die Luftfeuchtigkeit reduzieren und Futterinsekten entkommen lassen. Verwenden Sie eine Aquarienleuchte mit wasserdichten Endkappen und einem Vorschaltgerät, das sich außerhalb des Terrariums befindet.

Einrichtung des Terrariums

Für viele bodenlebende Arten genügt eine schlichte Ausstattung mit einem geeigneten Bodengrund und mehreren Versteckplätzen. Die übrige Einrichtung ist eine Frage des persönlichen Geschmacks. Aststücke, Steine oder Pflanzen können verwendet werden. Halbrunde Korkrindenstücke ergeben brauchbare Höhlen und sorgen für Geborgenheit und Feuchtigkeit. Bei den größeren Arten, etwa Hornfröschen, verzichten viele Terrarianer auf eine naturnahe Kulisse zugunsten einer streng hygienischen Unterbringung. Diese Tiere graben sich tagsüber teilweise ein, und ihre Umgebung ist sehr bald mit dem reichlich abgesetzten Kot verschmutzt. Man hält sie deshalb häufig in einem klinisch kargen Behälter auf austauschbarem Substrat, etwa Schaumstoff oder feuchtem Küchenpapier. Die Tiere gedeihen offensichtlich in einem solchen Lebensraum, obgleich sie in ihm nicht graben können. Wenn Sie wollen, können Sie auch einen normalen Bodengrund einbringen, der allerdings häufig ausgewechselt werden muß. Eine Schale mit sauberem Wasser darf niemals fehlen. Bestimmte Arten benötigen in der Fortpflanzungszeit einen Wasserteil, entweder ein großes Wasserbecken, einen seichten Tümpel oder einen geschützten feuchten Platz, wo die Eiablage erfolgen kann (zur Wasserqualität siehe »Unterbringung«, S. 142/143).

Ein Baumsteigerfrosch der Art *Dendrobates pictorius* in einem tropischen Regenwaldterrarium mit Moosboden und Kletterphilodendron *(Philodendron scandens)*.

F& A...

◆ *Eignen sich Bromelien für ein Amphibienterrarium?*

Ja. Bromelien (solche ohne stachlige Blätter) passen sehr gut in ein Feuchtterrarium. Besprühen Sie sie vor dem Einsetzen gründlich, und spülen Sie die wassergefüllten Achselstände aus, um alle Spuren von Insektiziden zu beseitigen.

◆ *Welche Pflanzen eignen sich am besten für baumlebende Frösche?*

Drei brauchbare Kletterpflanzen sind: Efeutute *(Scindapsus aureus)*, Kletterphilodendron *(Philodendron scandens)* und Kletterficus *(Ficus pumila)*.
Sie gedeihen auch in einem sehr feuchten Milieu. Ferner zu empfehlen: Drachenlilie *(Dracaena)*, Keulenlilie *(Cordyline)*, verschiedene Pfeilwurzarten *(Maranta)*, Einblatt *(Spathiphyllum)*, Fleischige Wachsblume *(Hoya carnosa)*, Kanonierblume *(Pilea)*, Fittonien *(Fittonia)* und einige Pfefferkrautarten *(Peperomia)*. Gänsefußgewächse oder Pfeilkraut kommen nur für sehr große Behälter in Frage. Tropische Farne sind brauchbar, doch viele widerstandsfähige Farne benötigen kühle Bedingungen.

◆ *Welche Aquarienpflanzen gedeihen in feuchtem Boden?*

Geeignet sind die folgenden: kleinere Arten der Amazonasschwertpflanze *(Echinodorus paniculatus* oder *E. tenellus)*, Zwergkalmus *(Acorus gramineus)*, verschiedene kleinere Cryptocorynen *(Cryptocoryne*, z. B. *C. nevellii)*, Malaiische Schwertpflanze *(Aglaonema simplex)* und Roter Wasserfreund *(Alternathera rosaefolia)*. Achtung: Entscheiden Sie sich bei der Auswahl von Aquarienpflanzen für junge Exemplare; ausgewachsene Pflanzen, die dem Wasser entnommen werden, gehen oft zugrunde, wenn sie ihren gewohnten Standort verlieren.

Geeigneter Bodengrund

Das Substrat sollte Feuchtigkeit speichern, unabhängig von den Luftfeuchtigkeitswerten im Terrarium. Materialien, die zur Schimmelbildung neigen, scheiden aus (siehe auch S. 22/23). Eine Torfmoosschicht kann man bei Bedarf ausspülen, doch auch sie muß nach einiger Zeit ausgewechselt werden. Moos ist manchmal heikel; ohne ausreichendes Licht und richtige Unterlage stirbt es ab. Ein anderer Grund dafür kann auch zu hartes oder zu weiches Sprühwasser sein. Zuweilen erholt es sich wieder, wenn man es im Behälter beläßt – oder wenn man frische Büschel auf die abgestorbenen pflanzt. Javamoos *(Vesicularia dubyana)* gedeiht auch in der Spritzzone eines »Wasserfalls«. Kombinationen von lehmiger Erde, zerkleinertem Torfmoos, Orchideenrinde, Laubstreu und gemahlener Tannenrinde ergeben ein lockeres Substrat für grabende Arten. Solche Tiere aus Trockengebieten benötigen einen Sandanteil. Verwenden Sie keinen gewöhnlichen Bausand – er staubt, wenn er trocken ist, und backt ziemlich fest zusammen, wenn er feucht wird. Nehmen Sie einen staubfreien Sand, vermischt mit zerkleinerter Tannen- oder Orchideenrinde. Wenn eine Feuchtzone erforderlich ist, verwenden Sie ein Plastikgefäß mit einer feuchten Füllung. Für viele Arten ist es lebensnotwendig, feuchte Plätze aufsuchen zu können. Manche Terrarianer benutzen Aquarienkies, der jedoch nicht immer brauchbar ist. Sind die Steinchen rundgeschliffen, verletzen sie nicht die Amphibienhaut, und sie bilden eine durchlässige Schicht, durch die Exkremente in den darunter befindlichen Bodengrund sickern können. Kies ist jedoch für grabende Arten ungeeignet.

Für kleine Amphibien, insbesondere baumbewohnende, muß man eine abwechslungsreiche Bepflanzung vorsehen. Hier gelten die gleichen Grundsätze wie beim Regenwaldterrarium für Reptilien (siehe S. 24/25). Terrassen verschönern die Tierwohnung und bieten zusätzliche Klettergelegenheiten. Treibholz, Äste oder Korkrindenstücke bieten sich an. Kork an der Rückwand gibt Kletterpflanzen Halt und stellt einen attraktiven Hintergrund dar.

Bei der Bepflanzung zu beachten

- Lassen Sie das eingerichtete Terrarium eine Zeitlang stehen, bevor Sie die Tiere einsetzen.
- Untersuchen Sie alle Pflanzen auf Schädlinge.
- Verdorrende Pflanzen sollten ersetzt werden.
- Lassen Sie die Pflanzen in ihren Töpfen – das erleichtert den Austausch.
- Bestimmte Pflanzen gedeihen besser an höheren Standorten mit gutem Wasserabzug.
- Manche Pflanzenarten sind »aggressiv« und ersticken andere, wenn sie nicht zurückgeschnitten werden.
- Viele gewöhnliche Topfpflanzen sind auch für das Terrarium geeignet.
- Einige Aquarienpflanzen sind Sumpfpflanzen und fühlen sich an feuchten Standorten wohl.
- Unterschiedliche Pflanzenarten sorgen für Formen- und Farbenvielfalt im Terrarium.
- Lassen Sie vorne Platz für die Fütterung frei.

EINE AUSGEWOGENE TERRARIENEINRICHTUNG

Ein gut eingerichtetes Terrarium bildet ein pflegeleichtes Ökosystem für einige wenige Insassen. Es eignet sich für viele Froschlurche, insbesondere Baumsteigerfrösche. Verwenden Sie Pflanzen, die dicht und buschig wachsen. Durch das Besprühen werden Exkremente nach unten gespült, wo sie den Pflanzen als Nahrung dienen.

Futter und Fütterung

Alle Amphibien fressen Insekten, doch große Frösche und Kröten nehmen auch junge Ratten, Mäuse, Eintagsküken und Wachtelküken, und große Salamander verspeisen gern nestjunge Mäuse. Diese Futtertiere müssen nicht lebend verabreicht werden; man kann aufgetautes Tiefkühlfutter verwenden und mit einer Pinzette anbieten, mit der man hin und her wedelt, um die Bewegung lebender Beutetiere nachzuahmen. In allen Fällen handelt es sich um vollwertige Nahrung, so daß Futterzusätze überflüssig sind (zur Frage der Futterzusätze siehe S. 28/29). Große Grillen, Heuschrecken und andere Futtertiere sorgen für Abwechslung. Die übrigen Amphibien werden mit vielerlei lebenden Insekten ernährt. Regenwürmer (*Lumbricus*-Arten) sind ein ausgezeichnetes Futter, und Fluginsekten wie etwa Stubenflieben und Schmeißfliegen werden von Fröschen und Kröten gern genommen. Die Larven (Maden) kann man in Geschäften für Anglerbedarf kaufen und zu Volltieren reifen lassen. Die Maden selbst sind unverdaulich.

Einen beständigen Nachschub von aquatischem Lebendfutter kann man daheim züchten, wenn man an einem sonnigen Plätzchen einen kleinen Teich anlegt und Wasserflöhe einsetzt. Gelegentliche Futtergaben in Form von trockener Hefe, flüssigem Aufzuchtfutter für Fische oder verflüssigtem Pferde- oder Kuhdung fördern das Wachstum (durch Überfütterung wird das Wasser verseucht).

Futter für kleine Mäuler

Frösche mit kleinem Maul brauchen kleine Futtertiere, etwa Fruchtfliegen *(Drosophila)*, Blattläuse und kleine Grillen. Blattläuse (geflügelte und ungeflügelte) sind nahrhaft, doch man sollte nur die grünen Arten verwenden; schwarze und wollig behaarte werden meist verschmäht. Von Blattläusen befallene Triebe kann man einfach ins Terrarium stellen. Oder man sammelt Blattläuse, indem man mit einem feinmaschigen Kescher durch hohes Gras fährt oder an Blättern nach oben entlangstreift. Springschwänze eignen sich besonders für ganz kleine Frösche. Man kann sie aus Fallaub aussieben oder in Kübeln mit feuchtem Torf züchten und mit Pilzen, Flockenfutter für Aquarienfische und frischen Gemüsestückchen ernähren. Molche im aquatischen Larvenstadium sind besonders erpicht auf Würmer und verspeisen aller-

F & A …

◆ *Wie züchte ich Stuben- und Schmeißfliegen?*

Setzen Sie die Larven in sauberes Sägemehl, und warten Sie ab, bis sie sich verpuppen. Ein Teil der Puppen wird mit leicht feuchtem Sägemehl in ein kleines Glas überführt, in dessen Deckel man ein Loch bohrt. Verstopfen Sie das Loch mit etwas Watte. Wenn die Fliegen schlüpfen, stellen Sie das Glas ins Terrarium und entfernen den Wattepfropf. Kühlen Sie die Fliegen ab, bevor Sie sie mit Vitaminpulver bestäuben.

◆ *Wie gewinne ich Infusorien (Aufgußtierchen)?*

Zuchtansätze bekommt man in einigen Zoogeschäften. Man kann aber auch selbst Kulturen ansetzen, indem man gequetschte Salatblätter in ein Glas mit Wasser legt und dieses in die Sonne stellt. Das Infusorienwasser verfärbt sich grün. In Larvenaufzuchtbecken darf das Wasser nicht grün werden, denn dadurch würde der Sauerstoff reduziert, der den Larven zur Verfügung steht.

◆ *Fressen Amphibien auch Schnecken?*

Nacktschnecken sind ein beliebtes Salamanderfutter, doch sie müssen von schadstoffreien Fundorten stammen. Unangenehm schmeckende Exemplare werden verschmäht. Die kleinen weißlichen, hellgrauen und hellbraunen Schnecken, die man gewöhnlich im Garten antrifft, sind besonders begehrt.

◆ *Wenn ich Grillen verfüttere, fallen einige immer in den Wasserteil und gehen unter. Wie kann ich das verhindern?*

Grillen und auch Heuschrecken müssen durch eine Rampe oder ein kleines Floß vor dem Absinken bewahrt werden.

◆ *Darf ich nicht verzehrte lebende Grillen längere Zeit im Terrarium lassen?*

Einige wenige sind unbedenklich, aber im allgemeinen ist davon abzuraten. Man sollte vermeiden, daß sich Grillen in großer Zahl im Terrarium tummeln – sie können die Amphibien verletzen, vor allem deren Augen, die von Grillen angeknabbert werden. Wenn es sich nicht verhindern läßt, daß ein paar Grillen übrigbleiben, sollte man ihnen etwas Futter geben. Nicht gefressene tote Grillen sollten aus hygienischen Gründen entfernt werden.

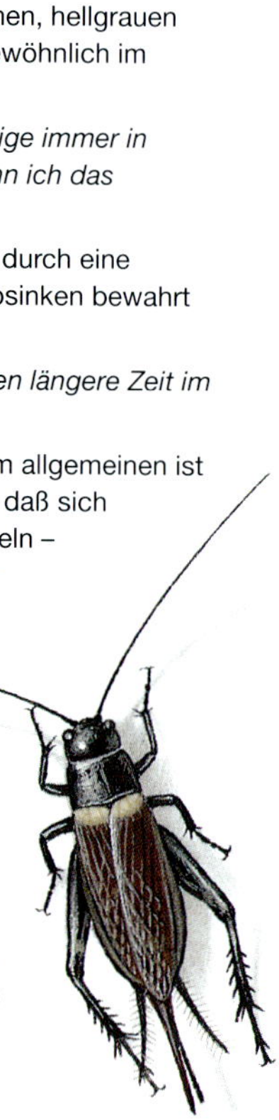

Schwarze Grille (× 125 %)

lei kleines Wassergetier und Larven, etwa Wasserflöhe *(Daphnia)*, Hüpferlinge *(Cyclops)*, Rote Mückenlarven *(Chironimus)*, Stechmückenlarven *(Culex)* und Bachröhrenwürmer *(Tubifex)*. Die letzteren hält man mehrere Stunden unter fließendem Wasser, damit ihr Darm gereinigt wird. Ein Teil dieses Lebendfutters ist in Zoohandlungen erhältlich. Molche fressen auch Kaulquappen und Froschlaich. Deshalb sollte man nie versuchen, Molche und Frösche im selben Behälter zu züchten.

Da viele Amphibien nachtaktiv sind, verschwinden Beutetiere, zum Beispiel Regenwürmer, im Bodengrund, bevor sie erwischt werden. Man verabreiche sie deswegen mit einer Pinzette, die man den Tieren vor die Nase hält. Mehlwürmer und Wachsmottenlarven verenden fast sofort, wenn sie naß werden. Die ersteren biete man in einer kleinen Schüssel, die letzteren mit einer Pinzette an.

Fütterung von Amphibienlarven

Kaulquappen (von Froschlurchen) und Larven (von Schwanzlurchen) haben sehr unterschiedliche Ernährungsgewohnheiten. Die Larven sind Fleischfresser, während die Quappen vorwiegend von Pflanzenkost leben. Sie weiden die Innenwände des Beckens ab und fressen pulverisiertes Flockenfutter. Viele erreichen auch ein Stadium, in dem man sie mit einem an einem Faden aufgehängten rohen mageren Rindfleischstückchen füttern kann. Es muß täglich ausgetauscht werden, damit das Wasser nicht verseucht wird. Die Quappen einiger Froscharten sind Kannibalen und fressen ihre eigenen Geschwister. Diese Arten müssen separat aufgezogen werden.

Salamander- und Molchlarven werden mit Kleinlebewesen versorgt, anfangs mit einer täglichen Portion Infusorien (die winzigen Organismen aus »grünem Wasser«). Später bekommen sie Wasserflöhe, dann Enchyträen und verschiedene kleine Würmer. Damit immer genügend Wasserflöhe verfügbar sind, sollte man rechtzeitig eine Zucht ansetzen. (Die Wasserflöhe fressen auch Infusorien; man sorge also für einen ausreichenden Vorrat.) Wasserflöhe und Futterwürmer sind regelmäßig im Zoohandel erhältlich. Enchyträen machen sehr fett und sollten in Verbindung mit anderem Futter sparsam verwendet werden.

Die hier gezeigten wasserlebenden Arten werden von Molchlarven genommen, die übrigen von fertigen Fröschen und Molchen. Grillen müssen eine den Amphibien angemessene Größe haben.

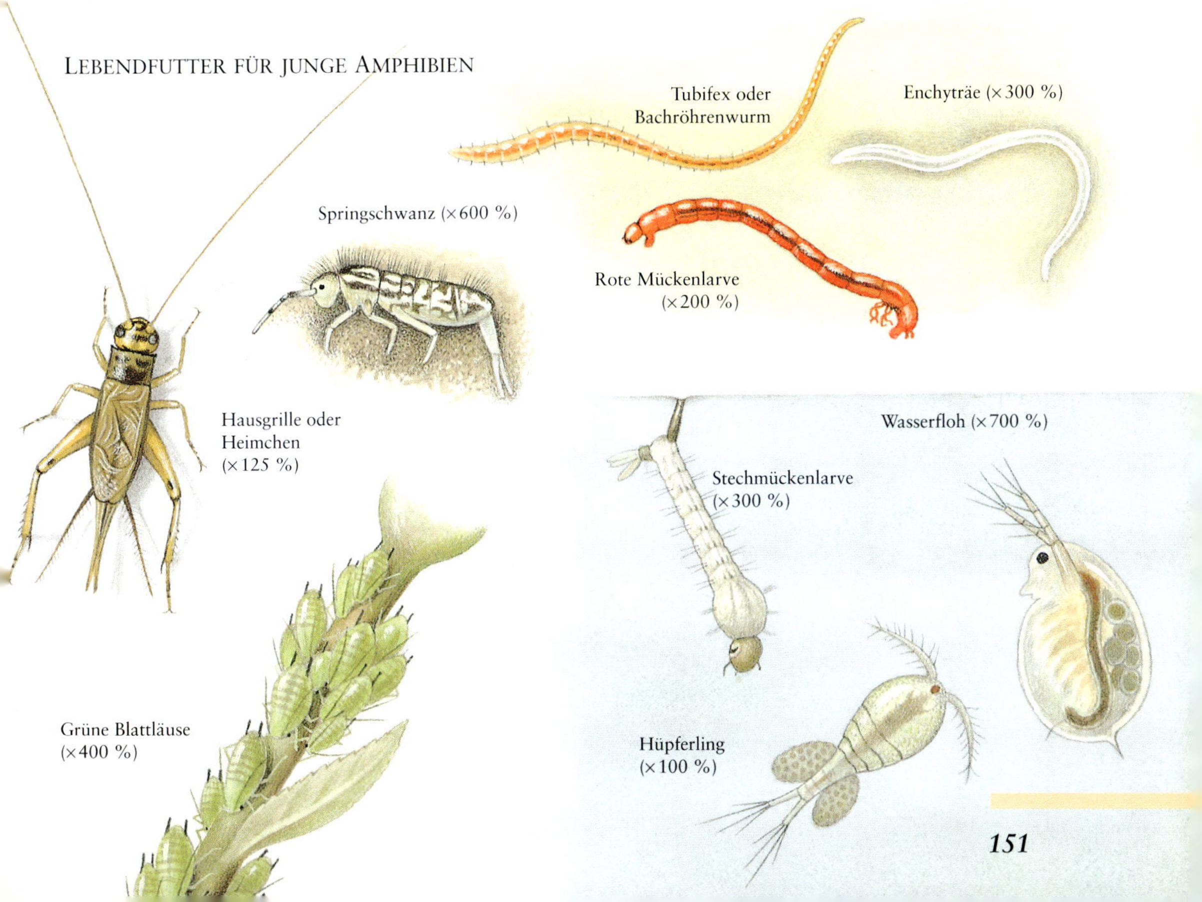

Zucht

Die Amphibien haben eine Vielzahl faszinierender Fortpflanzungsstrategien entwickelt. Die äußere Befruchtung kommt bei den Froschlurchen häufiger vor, die innere häufiger bei den Schwanzlurchen – doch es gibt Ausnahmen von der Regel. Die meisten Amphibien sind eierlegend, einige wenige jedoch lebendgebärend. Die Gelegegröße der Froschlurche schwankt zwischen einem und mehr als 20 000 Eiern, die einzeln, in Klumpen oder Schnüren abgelegt werden und durch eine Gelatinehülle geschützt sind. Salamander legen meist wenige Eier, doch bei wasserlebenden Arten können es 400 auf einen Schlag sein. Manche benötigen für die Eiablage kein Wasser, andere ein großes und tiefes Gewässer. Viele Arten legen ihre Eier an einem geeigneten feuchten Platz oder in Gewässernähe ab.

Geschlechtsbestimmung

Geschlechtsbedingte Farbunterschiede sind bei Fröschen und Kröten selten; deshalb sind andere Merkmale – insbesondere bei Jungtieren – verläßlichere Anhaltspunkte. Vielfach sind die geschlechtsreifen Weibchen größer und plumper als die Männchen. Geschlechtsreife Männchen verfügen häufig über Schallblasen, aufblasbare Aussackungen der Mundhöhle. Bei einigen Arten kann die Blase einen Farbfleck aufweisen, der zum Vorschein kommt, wenn sie gebläht ist. Die Männchen der im Wasser laichenden Arten haben manchmal Schwimmhäute oder Brunstschwielen (verhornte Körperstellen) an Zehen, Vorderarmen, Brust, Bauch oder Kinn. Bei Froschmännchen mit heller Unterseite sind zuweilen zwei dünne Schläuche direkt unter der Haut zu erkennen. Man kann sie sichtbar machen, indem man das Tier in eine Klarsichtbox setzt und gegen das Licht hält. Männliche Schwanzlurche sind oft intensiv gefärbt, die Weibchen dagegen vergleichsweise düster. Die Weibchen sind in der Regel gedrungener als die Männchen und besitzen einen rundlicheren Körper. Manche Männchen haben dickere Gliedmaßen, und ihre Kloake kann in der Fortpflanzungszeit anschwellen. Wasserlebende Molchmännchen legen sich dann einen Rückenkamm oder einen fadenförmigen Schwanzfortsatz zu. Bei Ostasiatischen Wassermolchen *(Cynops)* verbreitert sich auch der Schwanz. Bei manchen Salamandern bilden sich Brunstschwielen, die denen der Froschlurche ähneln. Sind solche Geschlechtsmerkmale nicht eindeutig ausgeprägt, kann man die Männchen an folgenden Verhaltensweisen erkennen: Lautäußerungen (Frösche und Kröten); Territorialverhalten, gekennzeichnet durch Reiben oder Kopfstöße (Salamander), Umklammerungsversuche oder Wedeln mit dem Schwanz (Wassermolche).

Werbungsrituale und Paarung

Amphibien sind meist sehr paarungsfreudig. Im Frühling versammeln sie sich in großer Zahl in Tümpeln und Teichen. Die männlichen Frösche und Kröten locken Weibchen mit ihren Rufen an und fordern damit ihre Geschlechtsgenossen heraus. Sie umklammern die ankommenden Weibchen und stimulieren dadurch die Eierproduktion. Das Weibchen wird bei diesem als Amplexus bezeichneten Verhalten in den Achselhöhlen, in der Taille oder (bei manchen Baumsteigerfröschen) im Nacken gepackt. Bei Arten, die nicht klammern, werden die Eier befruchtet, sobald sich das Weibchen nach dem Ablaichen entfernt. Eine Umklammerung durch Adhäsion kommt bei einigen kurzbeinigen und dickleibigen Arten vor, etwa bei

Ein männlicher Marmormolch *(Triturus marmoratus)* führt seinen Rückenkamm vor. Der Kamm verschwindet nach der Fortpflanzungszeit, kann aber als kurze hell-dunkle Querbänderung auf dem Rücken sichtbar bleiben und die Geschlechtsbestimmung erleichtern.

Liebesspiel der Grünlichen Wassermolche *(Notophthalmus viridescens)*. Sie führen ein kunstvolles »Wasserballett« auf, um die Weibchen zu ermuntern, die Spermatophoren (Samenpakete) aufzunehmen, die die Männchen zuvor abgelegt haben.

Kaloula, Gastrophryne und *Breviceps;* ein Sekret, das von Zellen im Hinterleib des Männchens ausgeschieden wird, hält das Weibchen fest, bis die Paarung vollzogen ist.
Viele Schwanzlurche vollführen ebenfalls ein komplexes Werbungsritual. Die primitiveren Salamander betreiben oft eine äußere Befruchtung, doch viele andere Arten eine innere: Das Männchen scheidet ein Samenpaket (Spermatophore) aus und gibt es an die Partnerin weiter. Das Umklammern kommt auch bei Salamandern häufig vor; die Männchen benutzen ihre Beine (zuweilen den Schwanz), um die Weibchen festzuhalten. Auch der Geruch spielt bei der Werbung eine Rolle: Molche, die nicht klammern, lassen ihren Schwanz vibrieren, um dem Weibchen Duftstoffe zuzuwedeln. Oder sie reiben den Körper des Weibchens mit männlichen Duftstoffen ein.

Brutfürsorge
Amphibien, die große Eiermassen ablegen, können es sich leisten, die Zukunft der Nachkommen dem Zufall zu überlassen. Arten, die kleinere Gelege zeitigen, erhöhen die Überlebenschancen des Nachwuchses durch Brutpflege. Die Eier werden als Schnüre um die Beine des Männchens gewunden, auf dem Rücken, im Kehlsack oder in Hauttaschen umhergetragen oder sogar vom Weibchen verschluckt und in seinem Magen genährt. Manche Frösche transportieren ihre Larven zur weiteren Entwicklung in kleine Tümpel; die frischgeschlüpften Kaulquappen steigen auf den Rücken eines Elternteils (nicht immer die Mutter), um sich

Für Zuchtzwecke kann man eine Regenperiode wie in den Tropen durch nachhaltiges Besprühen oder Einnebeln nachahmen, oder man bastelt sich eine Beregnungsanlage. Dazu gibt es verschiedene Möglichkeiten; man sollte sich vorher über die Bedürfnisse der jeweiligen Art informieren. Eine Umwälzpumpe (wie hier gezeigt) kann freischwebenden Laich einsaugen; deshalb ist eine entsprechende Abdeckung notwendig.

EINE SELBSTGEBASTELTE REGENKAMMER

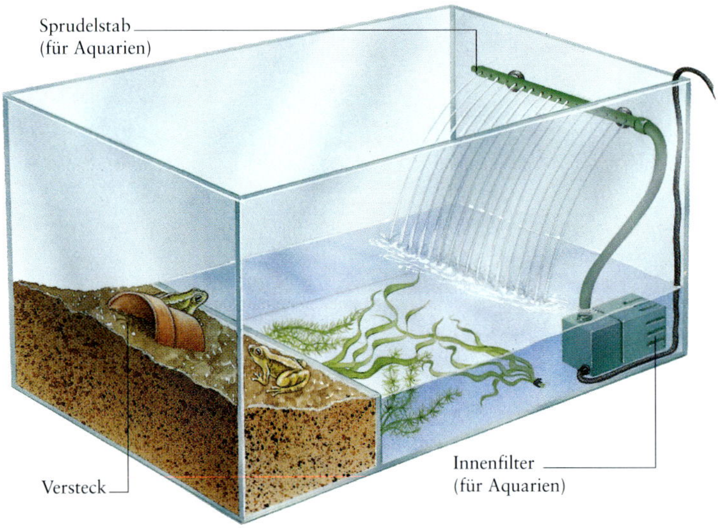

Bau einer Beregnungsanlage

Setzen Sie die Frösche in ein leeres Becken mit einem Stein oder einer anderen Vorrichtung, die ihnen den Ausstieg aus dem Wasser ermöglichen. Der Behälter sollte mit einem Überlaufsystem ausgestattet sein, damit der Wasserstand die gewünschte Höhe beibehält. Heftiger Regen läßt sich mit einer der folgenden Methoden simulieren:

- Stellen Sie ein Wassergefäß mit durchlöchertem Boden auf eine Gitterabdeckung, so daß das Wasser nach unten tropfen kann.
- Verwenden Sie einen Aquarienaußenfilter, der Wasser nach oben saugt und es durch eine perforierte Kunststoffabdeckung strömen läßt.
- Eine ähnliche Pumpe kann das Wasser durch einen Sprudelstab leiten, der oben an einer Beckenwand angebracht wird.
- Mit einem Benebelungssystem läßt sich ebenfalls der gewünschte Effekt erzielen.

Die Beregnung muß manchmal eine Woche oder noch länger fortgesetzt werden, bevor die Paarung erfolgt. Achtung: Wenn man das normale Terrarium benutzt, muß der »Regen« auf den Wasserteil beschränkt werden, damit der Landteil nicht weggeschwemmt wird.

dorthin tragen zu lassen. Solches Brutpflegeverhalten trifft man häufiger bei Fröschen und Kröten an. Wenn sich Salamander überhaupt um ihre Eier kümmern, dann hüten sie sie allenfalls. Brutfürsorge seitens des Männchens ist bei Fischen und Amphibien stärker verbreitet als bei anderen Wirbeltieren.

Nachzucht im Terrarium

In der freien Natur sind die Männchen den Weibchen in der Paarungszeit zahlenmäßig oft überlegen, und der Wettbewerb dürfte eine Voraussetzung für eine erfolgreiche Fortpflanzung sein. In Gefangenschaft gelingt die Zucht zuweilen schon mit einem einzigen Paar, und wenn nicht, kann man sie durch Hinzunahme von weiteren Männchen befördern. Bei manchen Arten kann eine frühe Paarung als »Katalysator« für andere Pärchen dienen. Sind die Männchen jedoch zu zahlreich, wird die Paarung erschwert. Zu viele Weibchen können ebenfalls die Fortpflanzung behindern, und manche Froschweibchen fressen die Eier ihrer Geschlechtsgenossinnen auf.

Tropische Arten vermehren sich zu fast allen Jahreszeiten, wenn die Haltungsbedingungen in Ordnung sind. Arten aus der gemäßigten Zone haben im allgemeinen einen festen saisonalen Fortpflanzungszyklus und brauchen eine Abkühlungsperiode; im Terrarium sind meist zwei Monate bei 7–8 °C angemessen. Ein Kasten mit leicht feuchtem Moos, aufgestellt an einem frostfreien Platz, genügt für die Überwinterung terrestrischer Arten. Oder man füllt das normale Terrarium teilweise mit einer Moosschicht. Vorher sollte man das Wasser ablassen. Einige wasserlebende Arten können die Winterpause ebenfalls in ihrem gewohnten Aquaterrarium einlegen.

Zur Vorbereitung auf die Abkühlungsphase gibt man den Amphibien mindestens eine Woche vor der Überwinterung kein Futter mehr, sofern sich ihr Appetit nicht von selbst verringert hat. Nach der Winterpause wird die Temperatur allmählich gesteigert – Tiere aus gemäßigten Breiten reagieren schon auf den normalen Temperaturanstieg und die längeren Tage im Frühjahr. Diese Maßnahmen und die Bereitstellung einer ausreichenden Wasserstelle lösen für gewöhnlich das Fortpflanzungsverhalten aus. Ein wirksamer Auslöser kann auch das Besprühen sein.

Arten, die im Freileben Trocken- und Regenzeiten kennen, laichen nach der Regenzeit ab. In diesen

Fällen genügt das normale Besprühen nicht immer – man muß eine regelrechte Regenperiode simulieren. Dazu kann man eine »Regenkammer« verwenden. Dieser Behälter muß einen geeigneten Laichplatz für die jeweilige Art aufweisen, je nachdem wo die Eier abgelegt werden: in Gruben, in Schaumnestern auf Ästen, auf Blättern, die am Wasser überhängen, an Grashalmen über dem Wasser, in wassergefüllten Bromelien oder unter Holzstücken.

Betreuung der Eier und der Jungtiere

Viele adulte Amphibien neigen zum Kannibalismus und sollten deshalb von den Eiern und Jungen abgesondert werden. Die Larven einiger Arten sind ebenfalls Kannibalen und müssen einzeln aufgezogen werden. Am Ende einer verlängerten Fortpflanzungszeit fallen die Alttiere zuweilen über die ausschlüpfenden Larven her. Manche Wassermolche, die ihre Eier an Wasserpflanzen anheften und mit zusammengefalteten Blättern abdecken, fressen den eigenen Laich. Um das zu verhindern, muß man entweder die Pflanzen mit dem Laich entfernen oder die Molche besonders gut füttern. Salamandereier, die an Land abgelegt werden, kann man mit etwas Substrat in einen kleinen Behälter überführen. Bestimmte Frosch- und Kröteneier sollte man zum Wasserteil hin verlagern, damit die Kaulquappen ihn mühelos erreichen können. Legen Sie den Laich auf einen Klumpen feuchtes Küchenpapier, der von Wasser umgeben ist. Die Eier der Baumsteigerfrösche bedürfen einer speziellen Behandlung (siehe S. 166–169).

Künstliche Aufzucht von Baumsteigerkaulquappen in Einzelboxen. Für den täglichen Wechsel ist ein zweiter Satz von Behältern (mit abgestandenem Wasser) erforderlich. Dieses Verfahren ist aufwendig, verhindert aber Kannibalismus.

F & A ...

◆ *Soll man die Elterntiere oder die Eier ausquartieren, wenn beide getrennt werden müssen?*

Findet das Ablaichen in der normalen Behausung der adulten Tiere statt, sollte man die Eier in einen gesonderten Behälter überführen; wenn nicht, können die Eier an Ort und Stelle bleiben, und die Eltern werden in ihr angestammtes Terrarium zurückversetzt. Achtung: Vor dem Entfernen der Alttiere kein Wasser nachfüllen – manche Arten könnten ertrinken.

◆ *Kommt Spermaverhaltung auch bei Amphibien vor?*

Ja, bei einigen Salamanderarten mit innerer Befruchtung. Das Sperma wird gespeichert und später für die Befruchtung der Eier verwendet.

◆ *Wie lang dauert die Metamorphose?*

Beides hängt von der Temperatur und der Artzugehörigkeit ab. Bei manchen wüstenbewohnenden Fröschen verwandeln sich die Kaulquappen innerhalb einiger Tage, weil die Laichtümpel rasch austrocknen. In kühleren Breiten können die Larven oder Quappen sogar überwintern, und die Metamorphose findet im nächsten Frühjahr statt.

◆ *Was geschieht bei der Metamorphose?*

Salamanderlarven verlieren ihre äußeren Kiemen und die Seitenlinienorgane. Auch das Skelett wird leicht umgebildet. Die Schwanzflossen bilden sich zurück, und die Durchlässigkeit der Haut verändert sich. Die Froschlurche büßen den Schwanz ein. Die Raspelzähne der Larven werden abgestoßen, und das Maul vergrößert sich. Der lange Pflanzenfresserdarm verkürzt sich in Anpassung an die tierische Nahrung. Die Gliedmaßen entwickeln sich, zuerst die Hinter- und dann die Vorderbeine.

◆ *Wie zieht man die Kaulquappen von Fröschen auf?*

Stellen Sie rechtzeitig Schlüpf- und Aufzuchtbecken bereit. Diese können ganz einfach sein, doch sie müssen reichlich Platz bieten – bei Gemeinschaftsaufzucht nicht mehr als 20–30 Quappen in einem 60 × 30 cm großen Behälter. Zur Wasserqualität siehe S. 142/143. Tauschen Sie jede Woche ein Viertel des Wassers aus; lassen Sie das Austauschwasser zwecks Entchlorung 24 Stunden unbedeckt abstehen. Algen zum Abweiden entwickeln sich bei guter Beleuchtung. Verhindern Sie die Entstehung von »grünem Wasser« (Verfärbung durch freischwimmende Algen), indem Sie Wasserflöhe einsetzen (siehe »Futter und Fütterung«, S. 150/151). Die Wasserflöhe vermehren sich und können als Futter für Molchlarven (oder adulte Tiere) verwendet werden. Sehen Sie ein kleines Floß vor, das die Fröschchen besteigen können.

◆ *Müssen die Larven der Schwanzlurche anders gefüttert werden als die Kaulquappen?*

Als Kaulquappen bezeichnet man nur die Larven der Froschlurche. Larven, die sich an Land umwandeln, fressen Insekten oder Würmer, aber keine Algen oder Infusorien (siehe dazu »Futter und Fütterung«, S. 150/151).

Gesundheit und Krankheiten

Die Auswahl gesunder Amphibien ist oft schwierig. Das Trauma des Fangs und Transports kann Krankheiten auslösen oder verschlimmern, und das Zusammenpferchen der Tiere hat manchmal eine Ammoniakvergiftung durch den eigenen Kot zur Folge. Als Käufer sind Sie kaum in der Lage, das normale Verhalten der Tiere zu beobachten; die meisten Amphibien sind scheu und nachtaktiv und verstecken sich tagsüber oder »kleben« am Glas. Kaufen Sie keine Tiere aus einem verschmutzten und überbesetzten Behälter, vor allem dann nicht, wenn er tote Exemplare enthält. Meiden Sie abgemagerte Tiere oder solche mit abgeriebenem Maul oder anderen Hautschäden. Manche Amphibien sind von Hause aus schlank; Abmagerungen erkennt man an vorstehenden Knochen und einem eingefallenen Bauch. Die meisten Amphibien mit Ausnahme der Kröten sollten eine feuchte, glänzende Haut haben. Achten Sie auch auf runzlige, knapp anliegende Haut und »eingeklemmte« Gliedmaßenmuskeln; beides deutet auf Austrocknung hin.

Vorbeugung und Hygiene

Aquarien, die einmal Fische oder andere Tiere beherbergt haben, sollten vor der Wiederverwendung gründlich sterilisiert und ausgewaschen werden. Substratmaterial kann man durch Erhitzen sterilisieren – außer Moos, das kräftig ausgespült oder, besser noch, 4–5 Wochen lang eingefroren werden sollte. Zur Vorbehandlung von Pflanzen siehe S. 22–25. Bromelien oder andere wasserhaltende Pflanzen sollte man mehrmals mit sauberem Wasser abspülen. Wasserpflanzen kauft man im Zoogeschäft (nicht der Natur entnehmen!), und sie werden vor dem Einsetzen ebenfalls gut abgespült. Unzureichende Hygiene und Überbesatz ziehen Gesundheitsprobleme nach sich. Verschmutzung kann zur Ansammlung von giftigem Ammoniak führen und die rasche Ausbreitung von Krankheitserregern und Parasiten fördern. Der Austausch von stark verschmutzten Einrichtungsgegenständen genügt nicht. Das Terrarium muß mit einer Bleichmittellösung (3 %) gereinigt und anschließend gründlich ausgewaschen werden, damit

Verbreitete Amphibienkrankheiten

Bei vielen Erkrankungen ist eine Behandlung durch den Tierarzt vorgeschrieben. Ein Arzt kann Ihnen erklären, was Sie selbst tun dürfen.

»Red-Leg«-Krankheit

Symptome: Diese Infektionskrankheit äußert sich meist in Form von Hautrötungen und Hautblutungen an den Hinterbeinen und am Bauch; daraus entstehen Geschwüre. (Man beachte, daß rote Flecken an diesen Körperstellen bei einigen Arten zur normalen Färbung gehören.)
Erläuterungen: Dies ist die häufigste bakterielle Infektion. Sie ist sehr ansteckend, kann auf alle Körperteile übergreifen und führt zu einer Blutvergiftung und zum Tod. Antibiotika (lokal angewendet oder oral verabreicht) sind angezeigt. Eine Sofortbehandlung mit einer Fischmedizin auf Kupferbasis kann Abhilfe schaffen.

Bakterielle Tuberkulose

Symptome: Im Endstadium ist die Haut mit Knoten bedeckt, die schließlich aufbrechen. Auch geschwollene Augen kommen vor.
Erläuterungen: Befällt vor allem geschwächte Tiere und greift zuerst innere Organe an. Kein wirksames Heilmittel bekannt. Gewöhnlich schon weit fortgeschritten, wenn sich äußere Symptome zeigen.

Samtkrankheit (wie bei tropischen Fischen)

Symptome: Grauer schleimiger Belag, vor allem bei wasserlebenden Arten.
Erläuterungen: Verursacht durch parasitäre Protozoen, etwa *Oodinium* und *Trichodina*. Mittel zur Behandlung erhält man in Zoofachgeschäften.

Spindelbeinsyndrom

Symptome: Zu beobachten bei Fröschen unmittelbar nach der Metamorphose (Baumsteiger und andere Arten). Die Vorderbeine sind dünn und unbrauchbar und können mißgebildet sein.
Erläuterungen: Ursache unbekannt. Kommt offenbar nach intensiver Zucht vor. Die wahrscheinlichste Erklärung ist ein unbekannter Ernährungsmangel beim Muttertier. Die Krankheit ist unheilbar.

◄ Ein Madagassischer Riedfrosch *(Heterixalus madagascariensis)* mit einem Maulgeschwür, das auf eine bakterielle Infektion zurückzuführen ist. Ursache ist oft ständiges Scheuern am Glas.

Ernährungsmängel

Symptome: Vielerlei Zustände, von metabolischen Knochenkrankheiten (siehe S. 44/45), eingeschränkter Fruchtbarkeit und Augenbeschwerden bis zu Appetitmangel, allgemeiner Apathie und Wachstumsstörungen.
Erläuterungen: Die Mängel können durch eine abwechslungsreiche Ernährung mit entsprechenden Vitamin- und Kalziumgaben behoben werden. Die genaue Ursache ist oft schwer festzustellen. Zu reichliche Verfütterung von Mehlwürmern, rohem Rindfleisch und Wachsmottenlarven ist problematisch. Große Arten, die in engen Terrarien und mit zu eiweiß- und fettreicher Kost gefüttert werden, neigen zur Fettleibigkeit.

Darmvorfall

Symptome: Davon sind vorwiegend fettleibige Weibchen der größeren Froscharten betroffen. Eine rosige Fleischmasse ragt mehr oder weniger weit aus der Kloake heraus.
Erläuterungen: Behandlung durch den Tierarzt erforderlich. Schmieren Sie die betroffene Körperpartie mit einem aseptischen Gel ein, und packen Sie das Tier in feuchtes Küchenpapier, um eine Austrocknung zu verhindern.

Vergiftung

Symptome: Von Hyperaktivität bis zur Lähmung der Hinterbeine. Betroffene Tiere (besonders Frösche) versuchen sich zu bewegen, sacken aber mit ausgestreckten Hinterbeinen gleich wieder zusammen.
Erläuterungen: Ursachen sind Desinfektionsmittel, ungeeignete Medikamente, zuviel Ammoniak (verschmutzte Unterkunft), schlechte Wasserqualität (vor allem bei Larven) und Hautgifte anderer Arten. Weitere Ursachen sind Erkrankungen und innere Verletzungen. Isolieren Sie das Tier in einem sauberen Behälter unter ständigem Zufluß von entchlortem und richtig temperiertem Wasser, bis es wieder Nahrung aufnimmt. Die beste Behandlung ist die Prophylaxe.

Gewöhnliche Pilzkrankheiten

Symptome: Bei wasserlebenden Arten ein weißer, pelziger Belag; bei Landbewohnern ein brauner Schleim. In beiden Fällen können sich Geschwüre bilden.
Erläuterungen: Amphibienhaut infiziert sich leicht, insbesondere wenn sie vorgeschädigt ist. Unsaubere Haltung führt ebenfalls häufig zu Hautinfektionen.

keine Rückstände bleiben. Haushalts- und Aquariendesinfektionsmittel sind für Amphibien gefährlich.

Eingewöhnung und Quarantäne
Manchmal gewöhnen sich Tiere nur schlecht ein; oft stimmen dann die Größe und die Einrichtung des Terrariums nicht. Versteckplätze sind lebenswichtig. Ein Glasbecken kann die Insassen irritieren, die sich das Maul aufscheuern oder verletzen; das gilt insbesondere für springfreudige Frösche, etwa der Gattung *Rana*. Neuzugänge sollte man so wenig wie möglich stören, und gegebenenfalls werden die Beckenwände abgedeckt, bis sich die Tiere beruhigt haben. Appetitmangel oder Gewichtsabnahme trotz guter Fütterung ist ein Warnzeichen. Überprüfen Sie die Haltungsbedingungen (Temperatur, Feuchtigkeit, Beleuchtung, Wasserqualität usw.). Ist alles in Ordnung, sollten Sie anderen Ursachen nachgehen: Parasitenbefall, Schikanen durch Mitinsassen oder Unverträglichkeit infolge Hautgiften anderer Arten. Andere mögliche Faktoren sind ungewohnte Nahrung oder falsche Fütterungszeiten.
Nachzuchten sind durchweg relativ gesund, doch eine Quarantäne von 30 Tagen ist ratsam. Bei Wildfängen sollten es 60 oder mehr Tage sein; manche Krankheitserreger haben einen langen Lebenszyklus. Amphibien ohne Quarantänebehandlung dürfen nicht zu eingewöhnten Tieren hinzugesetzt werden, vor allem nicht zu nachgezogenen. Die Quarantäne ist lästig, doch nur so lassen sich teure Verluste und die Neueinrichtung des Terrariums verhindern.

Behandlung von Krankheiten
Für den Anfänger ist eine exakte Diagnose das größte Problem. Die Amphibienkrankheiten sind noch nicht gründlich erforscht, und eine kompetente Beratung ist oft schwer zu finden. Bestimmte Erkrankungen darf man nicht selbst behandeln – die Konsultation eines Tierarztes wird angeraten. Unterschiedliche Medikamente sind für unterschiedliche Erreger angezeigt, denn in Kulturen, die aus Abstrichen angesetzt werden, können mehrere Typen vorhanden sein. Ein weißer watteartiger Belag im und am Maul kann beispielsweise durch Pilze oder Bakterien – oder durch beide – verursacht sein. Viele Terrarianer verwenden aquaristische Heilmittel, aber ein Anfänger sollte dies nicht versuchen. Erkrankte Amphibien müssen sofort in einem besonderen Behälter isoliert werden. Es empfiehlt sich, nach der Ausquartierung des Patienten auch seine Mitinsassen herauszunehmen und das Terrarium gründlich zu reinigen, um das Infektionsrisiko zu verringern.

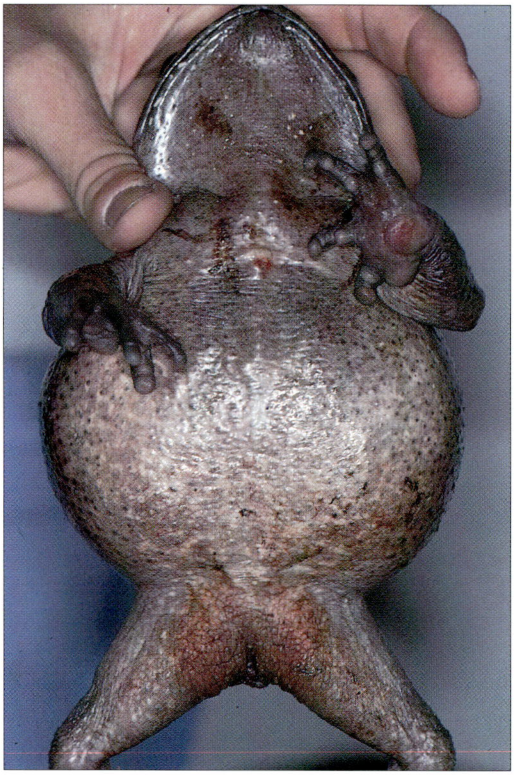

Eine Blombergkröte *(Bufo blombergi)* mit einer »Red-Leg«-Infektion an der Innenseite der Oberschenkel. Die Infektion kann an allen Körperstellen auftreten, ist ansteckend und verläuft zuweilen tödlich.

Wie die Reptilien werden auch die Amphibien häufig von Parasiten befallen (siehe S. 40–42). Ein gebräuchliches Mittel ist Fenbendazol, das allerdings nicht gegen Bandwürmer hilft. Einige Bandwurmmittel sind für Amphibien gefährlich – befragen Sie den Tierarzt. Neuanschaffungen in Quarantäne sollten stets eine Wurmkur machen. Amphibien beherbergen in ihrem Darm zahllose Protozoen, die zumeist harmlos sind, doch manche Arten können Schaden anrichten, wenn das Tier gestreßt ist. Unter solchen Umständen entwickeln sich zuweilen sekundäre Bakterien-, Pilz- und Virusinfektionen. Für eine genaue Bestimmung sind Kotproben notwendig. Der Tierarzt verschreibt dann ein geeignetes Medikament. Bestimmte Protozoen können Darmbeschwerden, etwa einen Darmkatarrh, verursachen.

F & A...

◆ *Wie verabreiche ich einem Amphibium seine Medizin?*

Bei kleinen Amphibien erfordert die orale Verabreichung mit einer Plastikpipette viel Geschick; die Kiefer der kleinen Tiere sind sehr zerbrechlich. Bei größeren Tieren erweist sich eine Kreditkarte als praktisch zum Öffnen des Mauls. Für wasserlebende Arten können Sie das Medikament ins Wasser geben. Bei Bodenbewohnern wird es aufgestrichen oder aufgetupft. Pulverisierte Mittel haften meist besser.

◆ *Wie sieht die Quarantäne für Amphibien aus?*

Kranke Tiere muß man stets einzeln in Quarantäne versetzen, um einer gegenseitigen Infizierung vorzubeugen, selbst wenn sie offenbar an derselben Krankheit leiden. Ein Plastikbecken ist ideal – es ist leicht und einfach zu reinigen. Die Einrichtung ist sparsam: Wegwerfsubstrat, wegwerfbare oder leicht zu sterilisierende Unterschlupfboxen und abwaschbare Plastikpflanzen. Eine dicke Schicht aus ungebleichtem, feuchtem Küchenpapier ergibt einen guten Bodenbelag, der die Entnahme von Kotproben erleichtert, die man möglichst bald analysieren lassen sollte. Der Behälter darf nicht austrocknen. Besprühen Sie das Substrat bei Bedarf, und stellen Sie eine flache Schale mit sauberem, entchlortem Wasser bereit, in die der Patient hineinsteigen kann. Stören Sie ihn so wenig wie möglich, und decken Sie den Behälter ab, um den Quarantänestreß zu reduzieren.

◆ *Kann ich Pilzinfektionen selbst behandeln?*

Ja. Für eine Sofortbehandlung verwendet man eine Wasserstoffsuperoxidlösung (50 %), mit der die betroffenen Stellen betupft werden. Wasserbewohnende Arten werden 10 Minuten lang in einer Malachitgrünlösung (0,05 %) gebadet (ein Mittel aus der Aquaristik).

◆ *Kann man das Spindelbeinsyndrom behandeln?*

Nein. Die Entwicklung der Mißbildung ist irreversibel, doch verschiedene Vorbeugemaßnahmen wurden vorgeschlagen: Vitaminisierung der Futterinsekten bei jeder Fütterung, eine Beleuchtung mit UVB-Licht über dem Kaulquappenbecken, Anreicherung des Kaulquappenfutters mit pulverisierten Jodkörnern (für Vögel) und eine eiweißreiche Ernährung der Kaulquappen. Keine dieser Methoden hat sich bei Tests als wirklich wirksam erwiesen, und es läßt sich nicht voraussagen, ob das Syndrom ohne die Behandlung auftreten wird. Es taucht unberechenbar in aufeinanderfolgenden Gelegen oder sogar innerhalb eines einzigen Geleges auf.

◆ *Warum schwellen Frösche an und sterben?*

Starkes Anschwellen des Hinterleibs (und der Gliedmaßen) wird gewöhnlich durch Stoffwechselstörungen, etwa Nierenschäden, ausgelöst. Ursachen können eine bakterielle Infektion, Würmer, Chemikalien oder auch eine Überdosis Vitamin D3 sein. Ein zusätzlicher Faktor ist wahrscheinlich eine unsaubere Haltung. Die Krankheit ist schwer zu behandeln und verläuft oft tödlich.

◆ *Schadet es meinen Amphibien, wenn sie mit dem Futter versehentlich Steinchen aufnehmen?*

Amphibien verschlucken gelegentlich Steinchen oder andere Gegenstände, die an der Zunge oder an der Beute haften. Sie werden meist ohne Beschwerden wieder ausgeschieden, doch wenn sie sich zusammenballen, müssen sie operativ entfernt werden – keine praktikable Lösung bei kleinen Amphibien. Beugen Sie durch ein geeignetes Substrat vor, und plazieren Sie das Futter nie direkt auf den Bodengrund.

◆ *Darf man antiseptische Mittel aus der Humanmedizin für Amphibien verwenden?*

Nein. Viele dieser Mittel sind für Amphibien gefährlich. Besorgen Sie sich vom Tierarzt zur Behandlung kleinerer Verletzungen ein nicht cytotoxisches Antiseptikum, etwa eine 0,75prozentige Chlorhexidinlösung oder ein anderes unschädliches Präparat.

◆ *Wie führe ich eine Wurmbehandlung durch?*

Fadenwürmer (Nematoden) werden in der Regel mit Fenbendazol bekämpft, verschrieben vom Tierarzt, der auch die Dosierung festlegt. Da manche Bandwurmmittel für Amphibien gefährlich sind, ist fachmännische Beratung unerläßlich. Wurmkuren sollten in einem Quarantänebecken durchgeführt werden, weil so die Kontamination der Dauerunterkunft ausgeschlossen ist.

Spindelbeinsyndrom bei Baumsteigerfröschen. Die 8förmige Körpergestalt, die oft mit dieser Krankheit einhergeht, wird schon erkennbar, bevor sich die abnormen Vorderbeine entwickeln.

Amphibienarten

Die meisten Amphibien sind nachtaktiv und scheu und manchmal unscheinbar gefärbt – nicht gerade ideale Eigenschaften für Terrarientiere. Faszinierend ist jedoch ihr Fortpflanzungsverhalten, das ihnen eine treue Anhängerschaft unter den Terrarienfreunden sichert. Jede Art hat ihren eigenen Reiz, und nicht wenige sind wahre »Kleinode«. Zahlreiche Arten sind zwar »schleimig« (ein Wort, das oft fälschlicherweise auf sämtliche Reptilien und Amphibien angewandt wird), aber damit schützen sie sich lediglich vor Austrocknung und zuweilen auch gegen Freßfeinde.

Verhältnismäßig wenige Amphibienarten werden groß. Schwanzlurche sind selten länger als 20 cm, Froschlurche messen im Schnitt höchstens 10 cm – der Körper der letzteren ist allerdings eher breit als lang. Trotz ihrer geringen Größe benötigen viele wegen ihres Springvermögens eine geräumige Unterkunft. Die Gattung *Rana* und einige andere Arten wurden aus diesem Grund nicht aufgenommen, doch auch so ist die Auswahl noch groß genug. Bei richtiger Pflege werden viele dieser Geschöpfe über 10 Jahre alt, und manche können sogar ein Alter von 20 Jahren erreichen.

Viele Amphibien scheiden durch ihre Haut Giftstoffe aus; einige, zumal die Baumsteigerfrösche, sind extrem giftig, wenn sie als Wildfänge zu uns kommen. Mit ihnen muß man vorsichtig umgehen, und Kinder dürfen sie überhaupt nicht berühren. Generell sollte man Amphibien nur dann anfassen, wenn es unbedingt nötig ist, denn sie leiden schnell an Überhitzung.

Blauer Baumsteigerfrosch *(Dendrobates azureus)* – siehe S. 166.

Echte Kröten FAMILIE: BUFONIDAE

Diese große Familie umfaßt mehr als 20 Gattungen. Am bekanntesten ist in Liebhaberkreisen die Gattung *Bufo*, die »eigentlichen« Kröten. Die rund 250 *Bufo*-Arten sind weit verbreitet, vom Regenwald über Halbwüsten bis zum Hochgebirge. Die meisten sind Dämmerungs- und Nachttiere, die sich am Tage in feuchte Verstecke zurückziehen. Einige wenige Arten sind auch tagsüber munter und nehmen zwischendurch Sonnenbäder. Alle sind, obzwar vorwiegend Bodenbewohner, gute Kletterer – das Terrarium muß ausbruchsicher sein. Die meisten Kröten besitzen einen plumpen Körper mit rauher, warziger Haut, doch es gibt auch solche mit stachliger oder glatter Haut. Die Tiere können giftige Hautsekrete ausscheiden. Viele *Bufo*-Arten werden nachweislich 20 Jahre alt oder noch älter.

Die Färbung der Eichenkröte *(Bufo quercicus)* schwankt zwischen einem fast einheitlichen Schwarz bis zu einem Grau mit dunklen Flecken und farbigen Warzen. Ein heller Rückenstreifen, wie hier zu sehen, ist arttypisch.

Wechselkröten *(Bufo viridis)* pflanzen sich alljährlich im Frühling in flachen, warmen Teichen fort. Für die Zucht eignet sich am besten eine Freilandanlage oder ein umfunktioniertes Gewächshaus.

Eichenkröte

Bufo quercicus. Diese Art, die hauptsächlich in den südöstlichen Küstenebenen der USA vorkommt, ist mit nur 3 cm die kleinste Kröte des Landes. Eichenkröten sind faszinierende und vielfach ungemein ansprechende Geschöpfe, doch als Terrarientiere nicht so beliebt wie die größeren Arten. Gleichwohl werden sie des öfteren eingeführt oder nachgezogen. Im Unterschied zu den meisten Kröten sind sie überwiegend tagaktiv, aber in ihrem angestammten Lebensraum nur schwer aufzufinden. Sie fühlen sich schon in einem kleinen Terrarium wohl, doch die Nachzucht gelingt eher in einem geräumigen Behälter, im Freiland oder in einem umfunktionierten Gewächshaus. Da sie sich nicht an der Einrichtung vergreifen, ist eine dekorative Bepflanzung möglich. Einzelne Tiere legen unter ihren Versteckplätzen kleine Unterschlupfe an, die sie regelmäßig aufsuchen. Die Männchen haben eine dunklere Kehle als die Weibchen.

Im Freileben wird die Paarung durch heftige, warme Regengüsse ausgelöst, und sie findet meist zwischen April und September statt. Seichte Tümpel oder Teiche dienen als Laichplatz. Im Vergleich zu vielen Krötenarten und anderen Amphibien setzen die Eichenkröten nur eine recht bescheidene Zahl von Eiern ab – nicht mehr als 600–700.

Wer die Zucht im Terrarium versuchen will, muß den Tieren eine Wasserstelle zur Verfügung stellen. Nach einer kühlen Periode muß man tüchtig sprühen, um einen Regenschauer zu imitieren. Der Laich wird in ein vorbereitetes Aufzuchtbecken überführt (siehe »Zucht«, S. 154/155). Die Kaulquappen sollte man mit Flockenfutter für Aquarienfische ernähren. Das Aufzuchtbecken darf nicht überbesetzt sein.

Wechselkröte

Bufo viridis. Das Verbreitungsgebiet dieser Art erstreckt sich über weite Teile Mittel-, Süd- und Osteuropas sowie bis Zentral- und Südasien und Nordafrika. Voll ausgewachsene Exemplare werden bis 10 cm lang. Färbung und Zeichnung sind sehr variabel. Die attraktivsten Formen haben eine blasse, fast weiße Grundfarbe mit unregelmäßigen grünen Abzeichen und gelegentlich roten Flecken. Die nordafrikanischen Spielarten sind meist braun gefärbt; das Grün ist oft dunkel oder auch kaum zu erkennen. Die Kröte ist in Europa geschützt, und die im Zoohandel erhältlichen Exemplare stammen wahrscheinlich aus Nordafrika. Nachzuchten werden hin und wieder angeboten – erkundigen Sie sich möglichst nach ihrer Herkunftsregion, weil die Winterabkühlung entsprechend angepaßt werden muß.

Wechselkröten pflanzen sich im Terrarium nicht so ohne weiteres fort; die Zucht gelingt eher in einem

F&A…

◆ *Bekommt man Warzen, wenn man eine Kröte anfaßt, oder ist das nur ein Aberglaube?*

Das ist reiner Aberglaube. Die Hautsekrete werden nur unter extremer Streßbelastung produziert und verursachen keine Warzen. Der Kontakt mit offenen Wunden führt jedoch zu Hautreizungen, ebenso der mit Augen und Mund (alle Schleimhäute). Kröten sollte man nur behutsam anfassen, wenn es unbedingt notwendig ist, und die elementaren Hygienemaßregeln sind zu beachten.

◆ *Kann man Echte Kröten im Freiland halten?*

Agakröten brauchen nachts Wärme und sollten auch wegen des »Fluchtrisikos« besser im Haus gehalten werden. Eichen- und Wechselkröten kann man im Freien halten, wenn das Klima günstig ist. Das Freilandterrarium muß ausbruchsicher und vor Raubfeinden geschützt sein. Es sollte mit einem kleinen Tümpel und mehreren sonnengeschützten Versteckplätzen, einem sandigen Bodenbereich zum Graben und geeigneten Gewächsen ausgestattet werden.

◆ *Wie überwintere ich Wechselkröten?*

Stecken Sie die träge gewordenen Kröten in eine durchlüftete Box mit leicht feuchtem Moos oder Fallaub, und bringen Sie sie in einem frostfreien Raum unter. Bei einer Überwinterung im Freiland sollten Sie alles Wasser ablassen und den Überwinterungsplatz durch Laub, Stroh, Styroporplatten usw. zusätzlich schützen.

◆ *Was versteht man unter »Zuchtstagnation«?*

Dieser Theorie zufolge züchten manche Amphibien, die in kurzlebigen Wasserstellen ablaichen, nicht ein zweites Mal im selben Terrarium. Die Umsetzung in eine neue Unterkunft oder der Austausch des Bodengrunds vor der Paarungszeit kann Abhilfe schaffen.

◆ *Wie viele Kaulquappen kann man gemeinsam unterbringen?*

Eine Überbesetzung ist zu vermeiden; ein 60 × 30 × 30 cm großes Becken dürfte 30 Kaulquappen ausreichend Platz bieten. Das gilt jedoch nicht für Agakröten (siehe S. 164), die fortpflanzungsfreudige »Schädlinge« sind und deshalb nicht nachgezogen werden sollten.

Freilandterrarium mit einem Wasserbecken (mindestens 30×30×8 cm) oder in einem Gewächshaus. Die Männchen sind kleiner als die Weibchen und haben in der Fortpflanzungszeit lockere Hautfalten an der Kehle und Brunstschwielen an den Fingern. Das Paarungsverhalten wird durch eine allmähliche Steigerung der Temperatur, der Photoperiode und der Besprühung ausgelöst. Die gewaltige Laichmasse kann zu einem Problem werden, da unbefruchtete Eier faulen und das Wasser verseuchen. Man entnehme die gewünschte Eiermenge und überführe sie in ein vorbereitetes Aufzuchtbecken. Die Umwandlung der Kaulquappen erfolgt nach 2–3 Monaten.

F & A…

◆ *Kann man Agakröten mit anderen Terrarientieren vergesellschaften?*

Nein. Sie sind für andere Arten giftig und fressen nahezu alles, was sich bewegt, sogar kleinere Artgenossen. Man sollte nur ungefähr gleich große Exemplare zusammen halten.

◆ *Wie halte ich Agakröten von der Fortpflanzung ab, weil ich mich nicht mit 30 000 Kaulquappen abgeben möchte?*

Um die Vermehrung zu verhindern, hält man Männchen und Weibchen getrennt, und als zusätzliche Vorsichtsmaßnahme verzichte man auf eine Wasserstelle. Unter keinen Umständen darf man jemals Agakröten oder deren Quappen in die freie Natur entlassen!

Terrarienhaltung
Eichen-, Wechsel- und Agakröte

TERRARIENGRÖSSE Nur fäulnisresistente Behälter

Eichenkröte 75×30×30 cm für 5–6 Exemplare.

Wechselkröte 90×30×40 cm für 3–4 Exemplare.

Agakröte Mindestens 120×40×40 cm für 2–3 Exemplare.

SUBSTRAT

Eichenkröte Lockerer Sand- oder Lehmboden mit einem feuchten Bereich, der 25 % des Terrariums ausmacht.

Wechselkröte Sandboden mit einem feuchteren Bereich (Sand, zerkleinertes Torfmoos oder Rindenmulch), der 25 % des Terrariums ausmacht.

Agakröte Lockerer Sand oder Lehm mit Moosabdeckung. Die Tiere machen viel Schmutz; das Substrat muß häufig ausgetauscht werden.

EINRICHTUNG

Eichenkröte Mehrere Verstecke an verschiedenen Stellen. Holzstücke, Steine und Pflanzen erwünscht. Kleines Wassergefäß. Hin und wieder leicht besprühen.

Wechselkröte Verstecke im trockenen und im feuchten Bereich. Pflanzen müssen Trockenheit vertragen. Kleines Wassergefäß. Abends leicht besprühen.

Agakröte Mehrere Versteckplätze, einige in einem mäßig feuchten Bereich. Große Wasserschale für gelegentliche Bäder. Täglich leicht besprühen – Nässe ist jedoch zu vermeiden. Widerstandsfähige Pflanzen (in Töpfen) fakultativ.

TEMPERATUR

Eichenkröte 18–26 °C am Tag, 13–15 °C in der Nacht. Photoperiode: 14 Stunden.

Wechselkröte 21–25 °C am Tag, mindestens 13 °C in der Nacht. Photoperiode: 14 Stunden.

Agakröte 25 °C am Tag, 20–21 °C in der Nacht. Photoperiode: 14 Stunden.

ZUCHTBEDINGUNGEN Agakröten gelten in manchen Regionen als »Schädlinge« und werden in Gefangenschaft selten nachgezogen. Man verzichtet am besten auf die Zucht. Die Weibchen legen 30 000 Eier, die sich schwerlich bewältigen lassen.

Eichenkröte Das Terrarium muß hell erleuchtet sein; ebenso wichtig ist ein Wasserbecken (mindestens 30×30×8 cm). Temperaturabsenkung 8–9 Wochen lang auf 10 °C, dann das Becken durch starkes Besprühen auffüllen. Photoperiode: normale Tageslichtdauer.

Wechselkröte Wasserbecken wie bei Eichenkröte. Nördliche Tiere: 5–7 °C über 10–12 Wochen. Südliche Tiere: 10 °C über 8–9 Wochen. Photoperiode: normale Tageslichtdauer.

FÜTTERUNG

Eichen- und Wechselkröte Bestäubte Insekten, Regenwürmer.

Agakröte Aufgetaute Nagetiere und Hühnchenteile, verabreicht mit wedelnder Pinzette; bestäubte Insekten.

AUFZUCHT

Eichenkröte 1 Gelege im Jahr mit 600–700 Eiern. Gewünschte Eiermenge in ein gesondertes Becken überführen. Haltung bei 20 °C über 15–18 Tage.

Wechselkröte 1 Gelege im Jahr mit 12 000 Eiern. Gewünschte Eiermenge in ein gesondertes Becken überführen. Haltung bei 18–19 °C über 15–18 Tage.

Agakröte

Bufo marinus. Die Agakröten, deren eigentliche Heimat in Mittel- und Südamerika sowie Südtexas liegt, sind vor allem dadurch bekannt geworden, daß sie in Australien (und anderswo) als Schädlinge gelten, wo sie zur Bekämpfung des Zuckerrohrkäfers angesiedelt wurden; sie haben jedoch bestimmte heimische Kleintierarten derart dezimiert, daß man die Kröten ihrerseits mit biologischen Mitteln zu kontrollieren versucht. Agakröten sind groß (bis 23 cm lang) und trotz ihrer düsteren braunen Färbung bei Terrarianern beliebt. Sie sind recht häufig im Handel und vergleichsweise preiswert. Doch Vorsicht: Die Tiere können, wenn sie sich bedroht fühlen, einen starken Giftstoff aus ihren Ohrdrüsen ausscheiden. Werden sie sehr gereizt, spritzen sie das Gift bis einen Meter weit, Kinder und Haustiere muß man von ihnen fernhalten. Fassen Sie sie nur an, wenn es unumgänglich ist; bei normalem, behutsamem Anfassen setzen sie kein Gift frei, doch hinterher muß man sich stets die Hände gründlich waschen. Der Laich und die Kaulquappen enthalten ebenfalls Giftstoffe und müssen genauso vorsichtig behandelt werden. Wie die anderen Echten Kröten benötigen die Agakröten eine Wasserstelle nur zur Fortpflanzung, aber sie setzen sich manchmal in eine Wasserschale, wenn ihre Haut zu trocken geworden ist. Eine zusätzliche Heizung ist normalerweise entbehrlich,

▲ Agakröten *(Bufo marinus)* sind düster gefärbt, aber wegen ihrer stattlichen Größe und ihres Wesens beliebt. Sie werden schnell zahm und warten auf die Fütterung. Bei einer Bedrohung sondern sie ein starkes Gift ab – also möglichst nicht anfassen!

doch da die Tiere relativ hohe Nachttemperaturen verlangen, muß man sie hierzulande in der Wohnung halten.

Die Weibchen sind viel größer als die Männchen, die sich in der Paarungszeit Brunstschwielen an den Vorderbeinen zulegen und »trillernde« Rufe ausstoßen. Offenbar hat kaum jemand versucht, die Art nachzuziehen – Zuchtberichte liegen jedenfalls nicht vor. Der Laich enthält rund 30 000 Eier; die Aufzucht der zahllosen Kaulquappen wäre eine Mammutaufgabe. Wenn ein Weibchen ablaicht, könnte die Aufzucht einiger weniger Nachkommen vielleicht gelingen. Unerwünschter Nachwuchs darf keinesfalls ausgesetzt werden; die Tiere können, wie in Australien, ganze Ökosysteme ruinieren und andere Arten, sogar Kleinsäuger, erheblich schädigen. Aus diesem Grund und wegen der riesigen Eierzahl sollte der Liebhaber die Agakröten überhaupt nicht züchten.

Baumsteiger-frösche

FAMILIE: DENDROBATIDAE

Das Erdbeerfröschchen *(Dendrobates pumilio)* mißt nur etwa 2,5 cm. Die Zucht ist schwierig; die Eier müssen bei den Elterntieren bleiben.

Die Baumsteiger aus Mittel- und Südamerika werden auch Farb-, Färber- oder Pfeilgiftfrösche genannt; sie verfügen über einen der stärksten natürlichen Giftstoffe, die wir kennen. Insbesondere drei Arten *(Phyllobates terribilis, P. aurotaenia* und *P. bicolor)* wurden von den Ureinwohnern Kolumbiens zum Vergiften von Blasrohrpfeilen verwendet. Die Sekrete eines einzigen Fröschchens reichen für 50 Pfeilspitzen aus, und schon der Kontakt mit einer winzigen Giftspur kann einen Menschen töten. Baumsteiger, die in Gefangenschaft leben und ihrer aus giftigen Insekten bestehenden Naturkost beraubt sind, verlieren am Ende ihre Giftigkeit. Vor allem deshalb ist offenkundig noch kein Terrarianer zu Schaden gekommen. Die leuchtende Warnfärbung macht die Froschzwerge für Terrarianer besonders attraktiv.

Nur sehr wenige Arten tragen einen volkstümlichen Namen. Am häufigsten im Handel sind *Dendrobates pumilio, D. auratus, D. azureus, D. tinctorius, D. reticulatus, D. leucomelas* und *Phyllobates bicolor.*

Manche Arten kommen in mehreren Farbspielarten vor. Wegen der daraus folgenden taxonomischen Unsicherheit faßt man einige Arten gern zu Gruppen zusammen. Geschlechtsreife Weibchen sind im allgemeinen etwas größer und plumper als die Männchen, und die Männchen bestimmter Arten haben auf den Vordergliedmaßen größere »Platten«. Die rufenden Männchen erkennt man an ihrem aufgeblähten Kehlsack. Doch in einigen Fällen kann sich die Geschlechtsbestimmung nur am Verhalten orientieren. Im Gegensatz zu den meisten Amphibien sind die Baumsteigerfrösche tagaktiv, und es ist faszinierend, ihr Fortpflanzungsverhalten zu beobachten.

Werbung und Paarung

Bei richtiger Pflege lassen sich viele Baumsteigerfrösche leicht zur Fortpflanzung bringen; sie müs-

F&A...

◆ *Ist es gefährlich, Baumsteigerfrösche anzufassen?*

Wildfänge verlieren im Terrarium mit der Zeit ihre Giftigkeit, und Nachzuchten verfügen über gar keine Hautgifte mehr. Dennoch sollte man die Tiere so wenig wie möglich anfassen. Ziehen Sie Wegwerfhandschuhe an, oder locken Sie die Fröschchen in einen kleinen Behälter.

◆ *Wie oft sollten Baumsteiger gefüttert werden?*

Mit Vitaminpulver bestäubte Fruchtfliegen oder Grillen können täglich verfüttert werden, sofern nicht Futterinsekten in größerer Zahl über Nacht ungefressen im Terrarium verbleiben. Beim täglichen Besprühen werden oft weitere Insekten, die sich in den Pflanzen versteckt haben, zu Boden gespült.

◆ *Ist die Fortpflanzung jahreszeitlich bedingt?*

Viele Arten vermehren sich das ganze Jahr über. *Eppipedobates tricolor* und *Dendrobates ventrimaculatus* sind besonders vermehrungsfreudig und sehr bald »ausgebrannt«, wenn man die Zucht nicht beschränkt. Man kann sie zu »bremsen« versuchen, indem man alle 4–5 Monate eine etwas kühlere und trockenere Phase mit verkürzter Photoperiode einschiebt. Extrem warmes Wetter, bei dem man keine Beleuchtung braucht, kann die Fortpflanzung hemmen, aber auch verhängnisvoll sein (siehe dazu »Spindelbeinsyndrom«, S. 157 und 159).

Terrarienhaltung

TERRARIENGRÖSSE Mindestens 60×30×45 cm für ein Paar oder Trio der kleineren Arten. Mehr Höhe fördert das Pflanzenwachstum und schafft mehr Klettermöglichkeiten. Für größere Arten mindestens 75×45×60 cm.

SUBSTRAT Feuchtigkeitsspeichernd

EINRICHTUNG Regenwaldterrarium. Korkrinde, Treibholz, Wasserfälle und geeignete Pflanzen als Dekor und Deckung. (Bromelien und ähnliche Pflanzen brauchen einen Wasserabzug an der Basis.) Ein unbepflanzter Bereich an der Vorderseite dient als Fütterungsplatz.

FEUCHTIGKEIT 90 %. Verwenden Sie eine Benebelungsanlage, oder sprühen Sie täglich mit lauwarmem Wasser. Überschüssiges Wasser muß abgesaugt oder abgeleitet werden.

TEMPERATUR 23–27 °C am Tag, 20–21 °C in der Nacht.

FÜTTERUNG Bestäubte Fruchtfliegen, Grillen, grüne Blattläuse, gelegentlich kleine Wachsmottenlarven, Enchyträen o. ä. Springschwänze eignen sich für Jungtiere der kleineren Arten. Die Frösche gewöhnen sich an eine regelmäßige Fütterung am frühen Abend.

Dendrobates leucomelas trägt die klassischen Warnfarben, Gelb und Schwarz. Diese Art kommt auch in einer orangefarbenen und schwarzen Form vor.

sen vor allem gut genährt und gesund sein. Ihr Sozialverhalten ist eines der faszinierendsten in der gesamten Amphibienwelt, und die Werbung kann ein paar Stunden oder mehrere Tage dauern. Einem rufenden Männchen nähert sich eine paarungswillige Partnerin, die dann seinen Rücken »bepfotet« und es mit der Brust vorwärts stößt. Bei einigen Arten umklammert das Männchen den Kopf des Weibchens. Rivalisierende Männchen anderer Arten vollführen eine ritualisierte Umklammerung und versuchen einander auf den Boden zu drücken. Daraus ergibt sich gewöhnlich ein Ringkampf. Ähnliche Verhaltensweisen kann man bei Weibchen beobachten: Das »unterdrückte« Weibchen bleibt eine Weile ausgestreckt liegen, während die Siegerin das Männchen umwirbt. Es pflanzt sich ein einzelnes Paar fort, oder ein Weibchen läßt sich mit 2, 3 oder 4 Männchen ein. Vorsicht: Wenn mehrere Weibchen zusammen leben, fressen sie häufig die Eier ihrer Geschlechtsgenossinnen.

Die meisten Baumsteiger suchen sich einen abgeschiedenen Platz zum Ablaichen, doch manchmal werden die Eier auch auf Blättern oder sogar auf dem Boden abgesetzt. Einrichtungsgegenstände mit einer glatten, sauberen Oberfläche, etwa flache Kunststoffdeckel oder eine Petrischale, stellen im Terrarium ideale Laichplätze dar. Man muß aber auch für etwas Deckung sorgen; dazu eignen sich halbierte Kokosnußschalen, kleine Plastikröhren, große Plastikblätter oder Blumentöpfe mit einem ausgeschnittenen Einschlupfloch. Eine grüne oder schwarze Plastikunterlage innerhalb der »Laichhöhle« erleichtert die Entnahme der Eier.

Was die Zucht von Baumsteigerfröschen in Menschenobhut angeht, lassen sich 3 Gruppen unterscheiden:

Zuchtbedingungen

GELEGEGRÖSSE 12–15 Gelege im Jahr mit je 1–30 Eiern je nach Art und anderen Faktoren (Alter und Größe des Weibchens usw.) sind möglich, doch das wäre zuviel und würde die Frösche überfordern.

AUFZUCHT

Gruppe 1 Sie umfaßt *Dendrobates auratus, D. azureus, D. leucomelas, D. tinctorius, D. truncatus, Eppipedobates trivittatus, E. tricolor, Phyllobates vittatus, P. lugubris, P. terribilis, P. bicolor* und *Colostethus*-Arten: Eier in eine Petrischale oder einen ähnlichen Behälter mit lauwarmem Wasser überführen, das nur ihre Basis benetzt. Nicht untertauchen. Wasserstand aufrechterhalten und Behälter abdecken, damit die Feuchtigkeit konstant bleibt. Die Kaulquappen schlüpfen nach 9–14 Tagen bei 26–28 °C, doch Nachtabsenkung auf 21 °C möglich.

Gruppe 2 Sie umfaßt *D. histrionicus, D. pumilio* und *D. lehmanni:* Eier dort belassen, wo sie abgesetzt wurden, und von den Eltern betreuen lassen.

Gruppe 3 Sie umfaßt *D. ventrimaculatus, D. reticulatus, D. fantasticus, D. imitator* und *D. quinquevitattatus:* Wie bei Gruppe 1.

Gruppe 1 ist die größte und umfaßt Arten, deren Eier künstlich erbrütet werden können. Im Freileben werden die frischgeschlüpften Kaulquappen in kleine Tümpel transportiert. Bleiben sie im Terrarium, werden sie zwar ebenfalls transportiert, aber die Nachkommen sind meist kleinwüchsig.
Gruppe 2 ist am kleinsten. Die Eier werden auf Blättern und nicht an vorbereiteten Laichplätzen abgesetzt und die Kaulquappen zu wassergefüllten Bromelien getragen und dort abgelegt. Die Weibchen besuchen die Quappen regelmäßig und füttern sie mit unbefruchteten Eiern; deshalb bezeichnet man diese Arten als Oophagen (Eierfresser). Die Zucht stellt uns vor praktische Probleme: Die Männchen sind sehr territorial und benötigen ein geräumiges Terrarium. Die künstliche Aufzucht ist schwierig, aber möglich, wenn man getrocknetes Hühnereigelb verwendet. Wahrscheinlich ist es besser, die Eier im Terrarium zu belassen und die Aufzucht den Elterntieren zu überlassen.
Gruppe 3 zeigt ein unterschiedliches Fortpflanzungsverhalten. Die Eier können entnommen werden wie bei Gruppe 1 oder bleiben im Terrarium wie bei Gruppe 2. Die Entnahme ist vermutlich besser. Von den Eltern aufgezogene Kaulquappen sind bei der Metamorphose durchweg unterentwickelt, erreichen aber schließlich die volle Körpergröße. Die Jungfrösche brauchen sehr kleines Futter.

Pflege und Fütterung der Kaulquappen

Sobald die Quappen sich von der Gallerte befreit haben und umherschwimmen, überführt man sie in einzelne Plastikbehälter, die 1,5 cm hoch mit entchlortem Wasser von 25 °C gefüllt sind. Die Quappen fressen in der Nacht; das Futter sollte also am späten Abend gereicht werden. Am nächsten Tag fische man die Tierchen heraus und setze sie in Behälter mit sauberem Wasser, das 24 Stunden abgestanden ist. Die meisten nehmen eine feingemahlene Mischung aus gleichen Teilen Fischflocken- und Fischkraftfutter an. Eine Prise pulverisierte Sepialschale und Multivitaminpulver kann man zusetzen. Rühren Sie das Futter vorsichtig um, so daß es zum Boden absinkt, damit die Kaulquappen es dort fressen und nicht an der Wasseroberfläche,

Männchen und Weibchen von *Dendrobates azureus.* Die leuchtend blaue Färbung ist bei Fröschen höchst ungewöhnlich, und deshalb ist diese Art besonders begehrt. Die große Nachfrage schlägt sich auch im Preis für die Fröschchen nieder.

Ein Baumsteigerweibchen der Art *Dendrobates reticulatus* trägt zwei frischgeschlüpfte Kaulquappen auf dem Rücken und transportiert sie zur nächstgelegenen Wasserstelle. Die Quappen können in winzigen Wassermengen – nicht mehr als ein Teelöffelvoll – überleben.

F& A...

◆ *Sollten unbefruchtete Eier entfernt oder mit einem Pilzmittel behandelt werden?*

Nein. Unbefruchtete Eier, selbst solche mit Pilzbefall, infizieren normalerweise keine gesunden Eier. Entfernt man sie, können sie befruchtete Eier schädigen und ihren Inhalt über sie ergießen. Pilzmittel gelten als schädlich für das Nervensystem. Dieser Defekt zeigt sich dann bei den Jungfröschen.

◆ *Muß man Kaulquappen getrennt aufziehen?*

Die Kaulquappen vieler Arten sind Kannibalen und müssen deswegen einzeln aufgezogen werden. Zumindest bei zwei Arten, *D. auratus* und *D. truncatus,* sind jedoch Quappen aus demselben Gelege schon gemeinsam in kleinen Becken aufgezogen worden. Kaulquappen verschiedener Arten sollte man nicht vermischen.

wo sie Luft schlucken würden. Stechmückenlarven, rote Mückenlarven, Wasserflöhe und anderes Lebendfutter können Parasiten enthalten und sollten gemieden werden.

Die Umwandlung dauert, je nach Artzugehörigkeit und Temperatur, 8–12 Wochen; bei höheren Temperaturen fallen die Nachkommen kleiner aus. Wenn alle Gliedmaßen vorhanden sind und der Schwanz sich teilweise zurückgebildet hat, setze man die Kleinen in ein kleines Becken mit einem Belag aus rundkörnigem Aquarienkies und einer Wasserhöhe von 1,5 cm um.

Sind aus den Kaulquappen Fröschchen geworden, verschwindet der Schwanz. In diesem Stadium werden die Tiere in kleine Klarsichtboxen mit einem feuchten Substrat aus Küchenpapier oder Moos umquartiert, bis sie zu fressen beginnen. Dann kommen sie in ein Aufzuchtterarium, das ähnlich ausgestattet ist wie die Unterkunft der Alttiere, doch Versteckplätze und ein paar Pflanzenteile als Deckung enthält. Kleines Futter ist notwendig.

Nachfolgende Doppelseite: Die Goldenen Blattsteigerfrösche *(Phyllobates bicolor)* sind die zweitgiftigste Baumsteigerart. Jungtiere wie diese verlieren bei Terrarienkost ihre Giftigkeit.

Unken

FAMILIE: DISCOGLOSSIDAE
GATTUNG: *BOMBINA*

Diese kleinen, robusten Froschlurche sind seit vielen Jahrzehnten bei Terrarianern sehr beliebt und recht einfach zu pflegen. Die Unken sind zwar vorwiegend dämmerungsaktiv, aber oft auch tagsüber munter, vor allem in der Fortpflanzungszeit. Sie suchen ihre Nahrung in seichtem Wasser und tauchen ab, um Wasserinsekten zu erhaschen. Bekannt sind sie für den »Unkenreflex« (siehe S. 140/141), der sich jedoch in Gefangenschaft verliert. Werden sie angegriffen, scheiden die Drüsen auf dem Rücken eine giftige weiße Substanz aus. Der Grad der Giftigkeit ist nicht genau bekannt. Die Zunge ist scheibenförmig und am Mundboden festgewachsen, so daß sie zum Nahrungserwerb nicht herausgestoßen werden kann. Deshalb ergreifen die Unken ihr Futter mit den Kiefern und stopfen es sich mit den Vorderfüßen ins Maul. Serviert man das Futter in einem Napf, dann lernen die Tiere, daraus zu fressen – das ist praktisch, denn so wird verhindert, daß Insekten ertrinken und das Wasser verunreinigen. Unken fühlen sich auch im Freiland wohl.

Die Gattung besteht aus nur 4 Arten. Die zierliche, bis 5 cm lange Rotbauchunke *(Bombina bombina)* ist in Mittel- und Osteuropa sowie in Teilen Asiens heimisch. Die Oberseite ist braun gefärbt und unregelmäßig grün gefleckt, die Unterseite orangefarben oder rot mit dunklen Flecken. Die ungefähr gleich große Gelbbauchunke *(B. variegata)* ist in Mittel- und Südeuropa verbreitet. Sie hat eine graue, braune oder olivgrüne Oberseite mit auffälligen Warzen und einen gelben bis orangefarbenen Bauch mit grauen oder schwarzen Flecken. Die Chinesische Rotbauchunke *(B. orientalis)* aus Korea und Ostchina ist, seit die europäischen Arten unter Schutz stehen, immer häufiger im Handel und außerdem leicht nachzuziehen. Sie ist mit 7–8 cm etwas größer als die anderen und hat einen hellgrünen Rücken mit schwarzen Flecken sowie einen rot-schwarz gemusterten Bauch. Die größte Art ist die bis 9 cm lange Riesenunke *(B. maxima)* aus Vietnam und Südchina. Ihre Färbung ähnelt der der Chinesischen Rotbauchunke, aber sie trägt noch mehr Warzen auf dem Rücken.

Paarungsrufe

In der Laichzeit bekommen die Männchen dickere Vordergliedmaßen, Brunstschwielen und eine rauhere Rückenhaut. Die Weibchen sind von Hause aus etwas größer und plumper. Wenn im Frühling

F&A...

◆ *Wie halte ich bei der Aufzucht von Kaulquappen das Wasser sauber?*

Werden die Kaulquappen in Boxen aufgezogen, fangen Sie sie behutsam mit einem Kescher heraus, um sie in ähnliche Behälter mit entchlortem und gleich temperiertem Wasser umzusetzen. Wenn die Quappen in einem kleinen Aquarium gepflegt werden, kann man den Schmutz absaugen und das Wasser teilweise austauschen. Nachgefülltes Wasser sollte 24 Stunden abgestanden sein und die gleiche Temperatur haben wie das Aquariumwasser.

◆ *Fressen Unken ihre eigenen Kaulquappen?*

Ja; deshalb sollten die Eier entnommen werden.

◆ *Wie oft soll man Unkenquappen füttern?*

Die Kaulquappen und Jungtiere sollten täglich gefüttert werden. Bleibt Futter im Wasser zurück, wird die Portion am folgenden Tag etwas verkleinert. Wird das gesamte Futter in wenigen Stunden verzehrt, gibt man etwas mehr.

◆ *Läßt sich die Färbung der Unken durch das Futter oder die Haltungsbedingungen beeinflussen?*

Die Bauchseite von Nachzuchten ist im allgemeinen etwas blasser gefärbt als die von Wildfängen. Um die Färbung zu intensivieren, fügen manche Pfleger dem Flockenfutter für die Kaulquappen zerstoßene Farbkörnchen (für Kanarienvögel) bei. Die gleiche Wirkung kann man mit gefriergetrockneten Salinenkrebschen erzielen.

Eine Gelbbauchunke *(Bombina variegata)* zeigt ihre Warnfärbung. Man fasse die Tiere so wenig wie möglich an, und wasche sich hinterher sofort die Hände.

das Licht und die Temperatur zunehmen, lassen die Männchen ihre Paarungsrufe ertönen, um die Weibchen auf sich aufmerksam zu machen. Ein paarungswilliges Weibchen läßt sich besteigen und umklammern. Das Ablaichen folgt 12–24 Stunden später. Kleine Eier (etwa 2 mm) werden einzeln oder in Klümpchen auf den Pflanzen abgesetzt. Sie sollten in ein vorbereitetes Aufzuchtbecken überführt werden; bei einer großen Eiermenge sind mehrere Behälter erforderlich. Die Kaulquappen nehmen schon bald Nahrung in Form von Wasserflöhen oder Tubifex auf. Dieses Futter kann jedoch Krankheiten übertragen; deshalb ist ein proteinreiches Fischflockenfutter sicherer. In den späteren Entwicklungsstadien kann man zwischendurch auch rohes mageres Rindfleisch oder Rinderherz verabreichen, aber nicht gefressenes Fleisch muß nach 12 Stunden entfernt werden.

Nach 4 Wochen haben die Kaulquappen alle 4 Gliedmaßen ausgebildet und beginnen mit der Metamorphose. Jetzt sollten sie in einen Behälter mit einem abfallenden Kiesbodenbelag umgesetzt werden. So können die Unkenkinder auf dem »Hang« aus dem Wasser kriechen. Sie sollten bei der gleichen Temperatur gehalten werden wie die Kaulquappen. Feuchtes Küchenpapier oder Schaumgummi sind ein brauchbares Substrat, das leicht ausgewechselt werden kann, wenn es verschmutzt ist. Die kleinen Unken verspeisen kleine Grillen und Fruchtfliegen, doch besonders nahrhaft sind grüne Blattläuse. Wenn die Tiere 1 Monat alt sind, sollte man die Grillen anfangs zweimal in der Woche mit Vitamin- und Kalziumpulver bestäuben. Jungtiere, die bis dahin offensichtlich nicht recht gedeihen wollen, werden abgesondert und einzeln aufgezogen.

Chinesische Rotbauchunken *(Bombina orientalis)*, die aus der freien Natur stammen, sind leuchtender gefärbt als Nachzuchten. Bei guter Fütterung werden sie mit 8–9 Monaten geschlechtsreif.

Terrarienhaltung

TERRARIENGRÖSSE 90 × 40 × 40 cm für 6–8 Exemplare. Durch eingeklebten 5 cm breiten Glasstreifen unterteiltes Aquaterrarium; Wasserteil 40 × 40 × 3 cm.

SUBSTRAT Landteil mit lockerem Sandboden und Torfmoosauflage.

EINRICHTUNG Landteil: mehrere Korkrindenverstecke, Bepflanzung nach Wunsch. Täglich besprühen, damit das Substrat leicht feucht bleibt. Wasserteil: Bepflanzung mit Wasserpest *(Elodea)*.

TEMPERATUR 18–25 °C am Tag, 12–15 °C in der Nacht. Photoperiode: normale Tageslichtdauer (wenn das Terrarium in einem hellen Raum steht) oder 14 Stunden (wenn das nötige Licht von einer Leuchtstoffröhre kommt).

WINTERABKÜHLUNG Reichlich Substrat und Moos zum Einwühlen bereitstellen.

B. orientalis und ***B. maxima*** 10 °C über 8–12 Wochen. Photoperiode: normale Tageslichtdauer.

B. bombina und ***B. variegata*** 4–6 °C über 8–12 Wochen. Photoperiode: normale Tageslichtdauer.

FÜTTERUNG Insektenfresser. Bestäubte Grillen, gelegentlich Mehlwürmer, Wiesenplankton.

ZUCHT 1–2 Gelege im Jahr mit bis zu 100 Eiern. Aufzuchtbecken mit 5 cm hohem abgestandenem Wasser bei 21–23 °C. Die Kaulquappen schlüpfen nach 2–5 Tagen und liegen auf dem Boden, bis der Dottersack aufgezehrt ist. Danach weiden sie Algen ab; Wasserstand auf 10–15 cm erhöhen.

Laubfrösche FAMILIE: HYLIDAE

Diese Familie umfaßt mehr als 450 Arten in etwa 37 Gattungen und bewohnt vielerlei Lebensräume. Die meisten Laubfrösche sind Baumtiere und haben verbreiterte Fingerkuppen, die als Saugnäpfe dienen. Einige Arten sind jedoch terrestrisch, andere halbaquatisch. Viele geben gute Terrarientiere ab.

Laubfrosch

Hyla arborea. Dies ist der eigentliche Laubfrosch, der hierzulande fast jedem Kind vertraut ist und früher, bevor er unter Schutz gestellt wurde, eines der beliebtesten Terrarientiere überhaupt war. Sein Verbreitungsgebiet erstreckt sich von Westeuropa, mit Ausnahme der Britischen Inseln, bis zum Kaspischen Meer. Obwohl er nur 5 cm lang wird, braucht er als Baumbewohner eine geräumige Unterkunft. Er ist zwar vorwiegend nachtaktiv, sonnt sich aber gern tagsüber. Die Färbung ist variabel; die Frösche sind normalerweise blattgrün, können sich aber bräunlich oder hellbeige verfärben. Das Quaken der Männchen ist an stillen Sommerabenden oft kilometerweit zu hören. Die ideale Behausung für diese Art ist eine abgedeckte Freilandanlage oder ein entsprechend eingerichtetes Gewächshaus, vor allem wenn man züchten möchte. Die Männchen sind etwas kleiner als die Weibchen und haben eine lockere Haut und eine gelbgetönte Kehle. Die Laichzeit beginnt gewöhnlich im April, wenn die Tageslänge und die Tag- und Nachttemperaturen stimmen. Schwere Regenfälle lösen oft die Laichtätigkeit aus, auch wenn die Tiere selbst nichts vom Regen abbekommen. Die Eier werden verstreut einzeln oder in Laichklümpchen an die Beckenwände oder an Wasserpflanzen angeheftet und sollten zur Aufzucht entfernt werden. Für das Aufzuchtbecken empfiehlt sich eine leichte Durchlüftung oder ein Bodenfilter, doch auch ein partieller Wasserwechsel ist notwendig. Eine helle Lampe über dem Becken regt den Algenwuchs an, der den Kaulquappen als Nahrung dient, zusammen mit fein zerkleinertem Flockenfutter, Futtertabletten und Grünzeug (Petersilie und Salat). Decken Sie den Behälter mit einem Drahtgeflecht ab, um die Jungfrösche am Herausklettern zu hindern, und stellen Sie ihnen kleine Flöße oder Rampen zur Verfügung, sobald sich die Vorderbeine entwickeln. Die Fröschchen sollten in einem bepflanzten Feuchtterrarium aufgezogen und mit bestäubten kleinen Insekten gefüttert werden. Die Jungtiere sind eher tagaktiv und profitieren offenbar von schwachem UVB-Licht.

Weitere Arten mit ähnlichen Pflegeansprüchen

Ein rufender männlicher Carolina-Laubfrosch *(Hyla cinerea)*. Diese nordamerikanische Art hat den geschützten heimischen Laubfrosch in der Terraristik weitgehend ersetzt.

sind der Mittelmeer-Laubfrosch *(H. meridionalis)*, der Carolina-Laubfrosch *(H. cinerea)*, der Bellende Laubfrosch *(H. gratiosa)*, der Graue Laubfrosch *(H. versicolor)* und der Pazifik-Laubfrosch *(H. regilla)*.

Korallenfinger

Litoria (früher *Hyla*) *caerula*. Dieser hübsche Frosch aus Australien und Neuguinea hat einen rundlichen, etwa 10 cm langen Körper und stämmige Gliedmaßen. Nachzuchten sind recht häufig im Handel. Die Normalfarbe ist ein leuchtendes, wachsartiges Grün, doch dunkelgrüne, braune oder fast blaue Spielarten kommen vor, vereinzelt auch weiße Flecken. Die Korallenfinger sind zwar dämmerungs- bis nachtaktiv und sollten gewöhnlich am späten Abend gefüttert werden, aber manchmal fressen sie auch tagsüber, vor allem nach dem Besprühen.

Korallenfinger *(Litoria caerula)*. Diese Art übersommert in Trockenzeiten. Die Haut wird nicht abgestoßen, sondern dient als trockene Schutzhülle, die Wasserverluste verhindert.

Terrarienhaltung

Laubfrosch, Korallenfinger, Rotaugen-Laubfrosch und Beutelfrosch

TERRARIENGRÖSSE Fäulnisresistentes Material

Laubfrosch Ein Freilandterrarium ist am besten: mindestens 150 × 45 × 60 cm für 3 Männchen und 2 Weibchen; Wasserteil 60 × 60 cm, mindestens 13 cm tief.

Korallenfinger 90 × 45 × 75 cm für 1–2 Paare, Wasserteil 2–3 cm tief.

Rotaugen-Laubfrosch und Beutelfrosch 60 × 60 × 75 cm für 6–7 Exemplare; Wasserteil 60 × 20 × 8 cm.

SUBSTRAT Feuchtigkeitsspeichernd, Abdeckung durch eine Torfschicht.

EINRICHTUNG Verzweigter Kletterbaum, Verstecke, Korkrindenschwarten und Pflanzen. Korallenfinger brauchen besonders kräftige Zweige.

TEMPERATUR Schwache Leuchtröhre mit vollem UVB-Spektrum erforderlich.

Laubfrosch 18–26 °C am Tag, 12–18 °C in der Nacht. Photoperiode: 14 Stunden.

Korallenfinger 22–27 °C am Tag, 18 °C in der Nacht. Photoperiode: 14 Stunden.

Rotaugen-Laubfrosch und Beutelfrosch 22–27 °C am Tag, 20–22 °C in der Nacht. Photoperiode: 14 Stunden.

FEUCHTIGKEIT	Täglich besprühen
Laubfrosch	70–75 %
Korallenfinger	80 %
Rotaugen-Laubfrosch	85 %
Beutelfrosch	75–85 %

ZUCHTBEDINGUNGEN

Laubfrosch 3 Monate Überwinterung bei 8–10 °. Photoperiode: normale Tageslichtdauer.

Korallenfinger Das tägliche Einnebeln 4–6 Wochen lang einstellen und die Temperatur auf höchstens 23 °C absenken. Wassertiefe 8 cm. Photoperiode: 10 Stunden.

Rotaugen-Laubfrosch Feuchtigkeit 8–10 Wochen lang auf 65–70 % reduzieren, dann stark besprühen, bis die normale Feuchtigkeit (85 %) wieder erreicht ist. Photoperiode: 11 Stunden.

Beutelfrosch Etwas trockenere Periode (65–70 % Feuchtigkeit) von 3–4 Wochen. Photoperiode: 10 Stunden.

FÜTTERUNG Bestäubte Insekten, auch Fluginsekten (Schmeißflieden, Nachtfalter usw.). Korallenfinger nehmen sogar nestjunge Mäuse, doch höchstens 1 in 14 Tagen.

ZUCHT Haltung in separatem Aufzuchtbecken mit 8–10 cm tiefem Wasser. Wasser regelmäßig erneuern.

Laubfrosch 1–2 Gelege im Jahr mit je 150–300 Eiern. 10–20 Tage lang bei 20–26 °C pflegen.

Korallenfinger 3–4 Gelege im Jahr mit je 150–300 Eiern. 10–20 Tage lang bei 24 °C pflegen.

Rotaugen-Laubfrosch 2 Gelege im Jahr mit je 20–75 Eiern. 7–10 Tage lang bei 25–27 °C pflegen.

Beutelfrosch 2–3 Gelege im Jahr mit je bis zu 200 Eiern; die Jungen schlüpfen in einer Bruttasche des Weibchens.

Der Rotaugen-Laubfrosch *(Agalychnis callidryas)* ist unverwechselbar. Die roten Augen und die kontrastreiche Färbung sind eindrucksvoll, doch man sieht sie kaum in der Nacht, wenn die Frösche munter sind.

Die Männchen sind gewöhnlich etwas kleiner als die Weibchen und haben eine graue, leicht runzlige Kehlhaut. Eine Übersommerungsperiode fördert das Ablaichen. Soll die Fortpflanzung in einem gesonderten Becken stattfinden, kann man die Frösche umsetzen, sobald sie »erwachen«. Dabei sollte man die Temperatur nach und nach wieder auf Normalwerte bringen. Eine Beregnungsanlage kann bei dieser Art ebenfalls von Nutzen sein (siehe »Zucht«, S. 154/155). Die Eier kommen bis zum Schlüpfen in ein geräumiges Aufzuchtbecken. Die Kaulquappen werden genauso gepflegt und gefüttert wie die des Laubfrosches (s. o.). Die Umwandlung dauert meist etwa 32 Tage. Die Jungfrösche benötigen ähnliche Bedingungen wie die Alttiere.

Rotaugen-Laubfrosch
Agalychnis callidryas. Obwohl diese attraktiven Frösche aus den Regenwäldern des mittelamerikanischen Tieflands ausgesprochene Nachttiere sind, erfreuen sie sich größter Beliebtheit. Die Oberseite ist hellgrün, die Unterseite weißlich. Die Körperseiten sind mit blauen und weißen Querbändern verziert. Orangefarbene Füße und große rote Augen vervollständigen das spektakuläre Erscheinungsbild. Die Frösche werden 7 cm lang; die Weibchen sind größer als die Männchen. Die langen, schlanken Gliedmaßen sind mit »Haftscheiben« ausgestattet. Im Terrarium verbringen die Tiere den Tag mit eng angezogenen Beinen zusammengekauert auf einem Blatt oder an einer Glasscheibe und wirken so wie ein grüner »Klecks«, der im Laubwerk nur schwer auszumachen ist.
Wie die meisten tropischen Arten können die Rotaugen-Laubfrösche zu jeder Jahreszeit ablaichen, doch die Fortpflanzung läßt sich dadurch stimulieren, daß man das Einnebeln reduziert, um ein etwas trockeneres Milieu zu schaffen, und dann kräftig sprüht. Unter korrekten Bedingungen beginnen die Männchen zu rufen und nach den Weibchen zu haschen. Die Eier werden über dem Wasser auf einem Blatt, an einem Stengel oder Zweig oder sogar an einer Glaswand abgesetzt. Der Laich sollte zweimal täglich sanft eingenebelt werden, damit er nicht austrocknet. Die Kaulquappen lassen sich einfach ins Wasser fallen. Befindet sich der Laichklumpen nicht direkt über dem Wasser, sollte man eine große Wasserschale unter ihm aufstellen.

Die Kaulquappen werden herausgefangen und in ein bepflanztes Becken mit 15 cm hohem Wasser von 26–27 °C überführt – wärmer als für andere Laubfroscharten. Gepflegt und gefüttert werden die Quappen wie üblich, doch im frühen Stadium sind Infusorien notwendig (siehe unter den anderen Laubfröschen in diesem Kapitel und die Angaben zur Fütterung von Amphibienlarven S. 150/151).
Weitere Laubfrösche, die ähnliche Haltungsansprüche stellen, sind *Phyllomedusa*-Arten, *Hyla ebraccata* und *Hyla leucophyllata.*

Beutelfrosch

Gastrotheca riobambae. Die auch als Taschenfrosch bezeichnete Art stammt aus Mittelamerika, hauptsächlich aus Ecuador. Beutelfrösche sind keine so ausgeprägten Baumbewohner wie die übrigen Laubfrösche, sondern klettern lieber in der niedrigen Vegetation umher. Die Färbung ist variabel; der Rücken ist hellbraun bis grün und trägt braune Längsstreifen. Die Tiere sind vorwiegend dämmerungs- und nachtaktiv und ertragen tiefere Temperaturen als die für sie empfohlenen; man kann sie im Freiland halten, sofern sie vor Frost geschützt sind. Sie machen sich Versteckplätze zunutze, verbringen aber den Tag häufig auf Zweigen, Rinde oder an Glaswänden. Eine Beleuchtung ist erforderlich, wenn das Terrarium bepflanzt ist. Die Frösche selbst brauchen sie nicht unbedingt, doch man kann sie bei Licht besser beobachten.

Wegen ihres ungewöhnlichen Fortpflanzungsverhaltens sind Beutelfrösche interessante Pfleglinge. Adulte Weibchen werden etwa 7 cm lang und tragen auf dem hinteren Rücken eine aus Hautfalten gebildete hufeisenförmige Bruttasche. Bei manchen Vertretern der Gattung machen die Eier in dieser Bruttasche eine vollständige Entwicklung durch; bei der genannten Art und einigen anderen ist sie allerdings nur partiell. Die Männchen sind etwas größer als die Weibchen und haben einen dunklen Kehlsack.

Beutelfrösche können sich das ganze Jahr über vermehren, aber man kann das Laichverhalten durch eine Trockenperiode auslösen, indem man das Sprühen einstellt. Abgelaicht wird an Land. Das klammernde Männchen erzeugt eine weißliche Flüssigkeit, die es mit den Hinterbeinen schaumig schlägt. Das Weibchen wölbt das Hinterteil hoch, und die ausgestoßenen Eier gleiten auf die Bruttasche zu, die das Männchen mit den Zehen offen hält. Dann bewegt es abwechselnd die Hinterbeine, um die Eier in die Tasche zu stoßen. Die Kaulquappen entwickeln sich in der Tasche; nach 5–6 Wochen werden sie als Klumpen unter der Haut sichtbar. Um die Quappen freizusetzen, steigt das Weibchen ins Wasser und hält die Tasche mit einem Zeh offen. Die Nachkommen sollte man herausfangen und in ein Aufzuchtbecken mit Wasser von 22–24 °C umquartieren.

Der Beutelfrosch *(Gastrotheca riobambae)* wurde so benannt, weil die Weibchen sich auf dem Rücken einen »Brutbeutel« zulegen, in dem sie die sich entwickelnden Kaulquappen umhertragen.

F& A...

◆ *Sind Laubfrösche für Anfänger geeignet?*

Ein Anfänger kann Arten aus gemäßigten Breiten wie *Hyla arborea* und *H. cinerea* ohne weiteres pflegen. Für tropische Arten braucht man etwas Erfahrung.

◆ *Kann ich verschiedene Laubfroscharten vergesellschaften?*

Nein. Es könnten Bastarde entstehen, und ein Korallenfinger vergreift sich womöglich an kleineren Mitinsassen.

◆ *Wie überwintere ich europäische Laubfrösche?*

Draußen – sie graben sich in weichen Boden oder in Laubstreu ein. Man sollte die Stelle mit Fallaub, altem Stroh oder Styroporplatten zusätzlich schützen. Drinnen – man kann sie in ein kleines Terrarium mit reichlich Laubstreu oder Moos setzen und dann in einen frostfreien Raum bringen. Siehe auch S. 163.

◆ *Welches Geschlechterverhältnis ist für die Zucht von Rotaugen-Laubfröschen günstig?*

In der Regel 2 Männchen und 1 Weibchen. Die Größe des Terrariums ist maßgeblich dafür, wie viele Bewohner man in ihm unterbringen kann. Bedenken Sie, daß Überbesetzung Verunreinigung und Krankheiten zur Folge hat.

◆ *Was passiert, wenn unfruchtbare Eier in die Bruttasche des Beutelfrosches gelangen?*

Diese und unterentwickelte oder tote Embryonen schabt das Weibchen mit der Zehe weg, wenn die lebenden Kaulquappen freigesetzt werden.

◆ *Kann ich eine große Zahl von Kaulquappen gemeinsam aufziehen?*

Bei Überbesatz produzieren Kaulquappen wahrscheinlich Wachstumshemmer; deshalb ist es besser, kleinere Stückzahlen in mehreren Boxen oder Becken aufzuziehen. Als Faustregel gilt, daß 20–30 Kaulquappen eine 60 × 30 cm große Wasseroberfläche benötigen.

Hornfrösche

FAMILIE: LEPTODACTYLIDAE
GATTUNG: *CERATOPHRYS*

Diese südamerikanischen Amphibien stehen in dem Ruf, daß sie nahezu alles fressen, sogar ihre eigenen Finger. Sie messen 2,5–22 cm und haben einen massigen, rundlichen Körper, einen großen Kopf und ein breites Maul. Die Rückenfärbung ist eine Mischung aus Hell- bis Dunkelgrün, Rot und Braun. Der deutsche Name bezieht sich auf die hörnerartigen Fortsätze über jedem Auge, die bei den insgesamt 7 Arten unterschiedlich stark ausgeprägt sind. Am bekanntesten sind der Schmuckhornfrosch *(C. ornata)*, der Chaco-Hornfrosch *(C. cranwelli)*, der Kolumbianische Hornfrosch *(C. calcarata)* und der Surinam-Hornfrosch *(C. cornuta)*. Sie alle werden in den USA kommerziell nachgezüchtet. Viele Tiere im Handel sind Hybriden, was die Artbestimmung erschwert.

Hornfrösche müssen einzeln gehalten werden, denn kleinere und sogar gleich große Mitinsassen sind vor ihnen nicht sicher. Bei einem geeigneten Bodengrund wühlen sie sich die meiste Zeit halb ein. Da jedoch bei ihrem Riesenappetit reichlich Kot anfällt, ist meist eine klinisch karge Einrichtung vorzuziehen. In diesem Fall verkümmert der Grabtrieb. Das normale Tageslicht reicht gewöhnlich aus, und bei warmer Unterbringung ist eine Zusatzheizung überflüssig.

Die Männchen sind ein wenig kleiner als die Weibchen und oft auffälliger gefärbt und haben eine

F & A…

◆ *Wie oft müssen Hornfrösche gefüttert werden?*

Adulte Frösche verfetten leicht; 1 Maus alle 7–14 Tage genügt. Frisch umgewandelte Jungfrösche sollte man jeden 2. Tag füttern. Wenn sie heranwachsen, bekommen sie seltener größere Portionen. Bei dieser Verpflegung sind sie mit 12–18 Monaten ausgewachsen. Jungtiere, die man zu häufig füttert, werden zu früh geschlechstreif (ab 6 Monaten) und legen Gewicht als Fett und nicht in Form von Muskeln und Knochen zu.

◆ *Kann ich meinem Hornfrosch Goldfische geben?*

Der Frosch wird die Fische bestimmt fressen, doch davon ist abzuraten, da Goldfische oft Parasiten beherbergen.

◆ *Ist grobkörniger Aquarienkies als Bodengrund geeignet?*

Nein. Wird Kies verschluckt, kann er den Verdauungstrakt des Frosches blockieren und zum Tod führen.

◆ *Wie fange ich meine Hornfrösche, wenn das Terrarium gereinigt werden muß?*

Kleine Exemplare kann man von hinten mit beiden Händen umschließen und dann in einen sauberen Behälter mit etwas abgestandenem Wasser umsetzen. Für größere Tiere verwendet man am besten eine Plastikschaufel.

Terrarienhaltung

TERRARIENGRÖSSE 45×30×30 cm für ein Einzeltier

SUBSTRAT Aus hygienischen Gründen eine Lage feuchtes Küchenpapier oder Schaumstoff; in einem großen Terrarium ein 8 cm hoher, feuchtigkeitsspeichernder Bodengrund aus Laubstreu oder Moos, der häufig ausgewechselt wird. Manche Terrarianer halten die Frösche in 1 cm hohem Wasser.

EINRICHTUNG Korkrindenverstecke, robuste Topfpflanzen, Wasserschale zum Baden.

TEMPERATUR 25–30 °C am Tag, 22–24 °C in der Nacht. Photoperiode: 12–14 Stunden.

FEUCHTIGKEIT 80 %. Terrarium täglich besprühen.

FÜTTERUNG Große Insekten, ausgewachsene Mäuse und sogar Eintagsküken. Kalziumzusätze.

ZUCHTBEDINGUNGEN Tiere 3 Wochen lang nicht füttern, dann die Temperatur allmählich auf 15 °C absenken und die Photoperiode auf 8 Stunden verkürzen. Zusätzlich 10 cm hohes Substrat zum Eingraben einbringen und leicht austrocknen lassen. Nach 8 Wochen wird der Prozeß umgekehrt und nach und nach der Normalzustand wiederhergestellt. Die Frösche werden in den nächsten 4 Wochen alle 3–4 Tage gefüttert und dann in eine Regenkammer gesetzt. Das Wasser sollte dort 28–29 °C warm und 3,5 cm tief sein – Hornfrösche ertrinken schnell, wenn das Wasser zu tief ist.

ZUCHT 1–2 Gelege im Jahr mit bis zu 5000 Eiern. Sie bleiben 24–36 Stunden in einem vorbereiteten Behälter mit 22–25 cm hohem chlorfreiem Wasser, das die gleiche Temperatur aufweist wie das Wasser der Regenkammer und mit einem Bodenfilter versehen ist.

dunkle, lockere Kehlhaut. In der Laichzeit bilden sich an ihren Vorderfüßen Brunstschwielen zum Ergreifen der Weibchen aus. Um das Ablaichen anzuregen, muß man eine »Regenzeit« simulieren; das gelingt am besten in einer Regenkammer (siehe »Zucht«, S. 154/155). Achten Sie auf kannibalistische Anwandlungen – selbst Geschlechtspartner sind davor nicht sicher. Die Männchen rufen einige Tage lang, bevor die Umklammerung beginnt.

Nach dem Ablaichen können die Eier in der Kammer bleiben; das Elternpaar wird ausquartiert und der Wasserstand erhöht. Oder man nimmt die Eier heraus und überführt sie in ein Aufzuchtbecken. Die Kaulquappen sind ausgemachte Kannibalen und sollten möglichst separat untergebracht werden. Bei Verwendung von Einzelboxen muß das Wasser täglich gewechselt werden; bei einem Gemeinschaftsbecken sind ein Bodenfilter und ein partieller Wasseraustausch angezeigt. Die Kaulquappen verspeisen große Mengen Tubifex oder Rote Mückenlarven, Salinenkrebschen und Rindfleischstreifen. Bei optimaler Pflege messen sie nach 4 Wochen 9 cm und haben schon Hinterbeine und schwache Farben. Sobald die Vorderbeine erscheinen, brauchen sie »Flöße« aus Kork oder Styropor, die sie erklettern können. Die Jungfrösche werden einzeln in Plastikbechern mit durchlöchertem Deckel und einem Substrat aus feuchtem Küchenpapier aufgezogen, das täglich ausgetauscht wird. Die Schwänze bilden sich nach wenigen Tagen zurück. Man füttert die Fröschchen mit bestäubten Insekten, dann mit nestjungen Mäusen und Hühnchenfleischstückchen.

Hornfroschbabys sind ebenso aggressiv wie adulte Tiere. Nach der Metamorphose müssen sie getrennt aufgezogen werden.

Ein ausgewachsener Surinam-Hornfrosch *(Ceratophrys cornuta)*. Diese schnellwüchsigen Frösche benötigen zusätzliche Kalziumgaben.

Taub- und Wendehalsfrösche FAMILIE: MICROHYLIDAE

Taubfrösche (hier *Dyscophus antongilii*) sondern unter Streß ein weißes Hautsekret ab, das bei Berührung Schwellungen verursacht. Man trage stets Handschuhe, und fasse die Tiere vorsichtig an.

Die Familie Microhylidae (Engmaulfrösche), der die Taub- und Wendehalsfrösche angehören, umfaßt über 50 Arten, die mit Ausnahme von Europa und Teilen Nordamerikas fast weltweit verbreitet sind. Viele Arten haben keine Zähne und leben hauptsächlich von Termiten und Ameisen. Nur wenige Arten sind gründlicher erforscht.

Taubfrösche

Dyscophus-Arten. Diese plumpen, bedächtigen landbewohnenden Frösche aus Madagaskar sind tagaktiv, graben sich aber tagsüber ein. Ihr Farbspektrum reicht vom leuchtenden Rotorange bei *D. antongilii* bis zum unscheinbareren Rotbraun bei *D. guineti* und *D. insularis*. Die erstgenannte Art ist im Anhang A der neuen EU-Artenschutzverordnung aufgeführt, aber Nachzuchten mit entsprechenden Papieren sind nach wie vor erhältlich. Die größten Exemplare der Art werden etwa 10 cm lang; die anderen Arten bleiben kleiner. Obgleich alle Taubfrösche recht einfach zu halten sind, ist ihre Zucht schwierig. Die Weibchen sind größer als die Männchen, und die von *D. antongilii* und *D. guineti* verfügen über kräftigere Schwimmhäute. Bei *D. guineti* tragen die Männchen meist eine dunkle Rückenzeichnung, während der Rücken der Weibchen häufiger ein rotes Netzmuster zeigt. Die Männchen von *D. insularis* haben einen schwarzen Kehlsack und zuweilen mehr dunkle Flecken auf dem Bauch.

Zur Auslösung des Laichverhaltens ist eine Beregnungsanlage erforderlich (siehe »Zucht«, S. 154/155, und unter Hornfröschen, S. 178/179). Die Eier bleiben im Wasser der Regenkammern oder kommen in ein Aufzuchtbecken. Die Kaulquappen sind Filtrierer und sollten mit fein gemahlenem Fischflockenfutter und Infusorien ernährt werden. Eine sanfte Filterung oder Durchlüftung und ein häufiger Wasserwechsel sind notwendig, wenn Hunderte von Kaulquappen gemeinsam gehalten werden. Bei Beginn der Meta-

F&A...

◆ *Ist die Schaffung von Zuchtbedingungen nur für die Zucht erforderlich, oder erkranken oder sterben die Frösche ohne sie?*

Nein. Es ist einfach so, daß sich die Tiere ohne die Zuchtbedingungen nicht vermehren. Das schadet aber nicht ihrer Gesundheit, denn auch in der freien Natur wird das Ablaichen oft durch widrige Umstände nicht ausgelöst, und die Frösche müssen warten, bis die Zuchtbedingungen stimmen. Wenn Sie nicht züchten wollen, können Sie auf die entsprechenden Maßnahmen verzichten.

◆ *Sollte das Terrarium bei der Zuchtvorbereitung völlig trocken sein?*

Für Taubfrösche sollte der Bodengrund feucht bleiben, und auch ein kleines Wassergefäß darf nicht fehlen. Für Wendehalsfrösche sollte man das Terrarium 6–7 Wochen lang austrocknen lassen und dann bei leichter Temperatursteigerung kräftig besprühen; reicht das nicht aus, braucht man eine Beregnungsanlage (siehe »Zucht«, S. 154/55). Die Frösche brauchen in der Trockenzeit eine feuchte Unterbodenschicht. Mit einem kleinen Trichter, den man ins Substrat steckt, gelangt lauwarmes Wasser in die unterste Schicht. Bei Bedarf nachfüllen.

◆ *Wie sieht eine Belüftung für Kaulquappen aus?*

Ein Ausströmerstein, angeschlossen an eine kleine Durchlüfterpumpe, sollte im Aufzuchtbecken installiert werden. Zubehör erhält man in jedem Zoogeschäft.

◆ *Was sind die besten Bedingungen für Jungfrösche?*

Eine verkleinerte Ausgabe des Terrariums für Adulttiere – Gemeinschaftshaltung möglich. Täglich füttern.

morphose muß man den Fröschchen kleine Flöße oder Rampen zur Verfügung stellen, weil sie sonst ertrinken. Schwaches UVB-Licht kann sich als günstig erweisen.

Wendehalsfrösche

Phrynomerus-Arten. Diese plumpen, 5 cm langen Frösche, die vielfach in eine eigene Familie gestellt werden, können in ihrer Heimat südlich der Sahara lange Trockenzeiten überstehen, indem sie sich in den weichen Boden eingraben. Der Zweistreifen-Wendehalsfrosch *(P. bifasciatus)* und der Rotrücken-Wendehalsfrosch *(P. microps)* werden recht häufig angeboten. Die erstgenannte Art ist dunkelbraun bis schwarz gefärbt und hat auf dem Rücken zwei rote Längsstreifen und rot gefleckte Beine. Bei der zweiten Art ist der Rücken rot, und die Männchen zeigen oft eine schwarze Kehle und eine dunklere Bauchfärbung. Die Männchen sind kleiner als die Weibchen.

Das Ablaichen wird durch die Regenzeit angeregt. In Gefangenschaft gelingt die Zucht nur selten; bei einer Gruppe von 8 oder 9 Tieren dürfte sich ein Erfolg eher einstellen als bei paarweiser Haltung. Die Eier werden in ein vorbereitetes Aufzuchtbecken überführt, oder man beläßt sie in den Regenkammern und quartiert die Alttiere aus. Die frischgeschlüpften Kaulquappen hängen senkrecht im Wasser. Sie werden wie die Taubfrösche gefüttert; Licht fördert das Infusorienwachstum. Eine Durchlüftung ist notwendig, wenn zahlreiche Kaulquappen zusammen leben.

Terrarienhaltung
Taub- und Wendehalsfrösche

TERRARIENGRÖSSE 75 × 40 × 40 cm für 2 Taub- oder 4–6 Wendehalsfrösche. Aquaterrarium mit Land- und Wasserteil (8 cm tief).

SUBSTRAT

Taubfrösche Lockerer Lehmboden, 8 cm hoch, mit einer Moosauflage.

Wendehalsfrösche Lockerer Sandboden, 15 cm hoch, vermischt mit zerkleinertem Torfmoos.

EINRICHTUNG Wasserpflanzen; niedrige Pflanzen auf dem Landteil nach Wunsch. Korkrindenverstecke auf dem Landteil. Ausstiegsrampen im Wasser.

TEMPERATUR 24–26 °C am Tag, 22 °C in der Nacht. Photoperiode: 12–14 Stunden. Schwache Leuchte mit UVB-Licht, vor allem für kleinwüchsige Pflanzen.

FEUCHTIGKEIT 75 %. Substrat täglich besprühen.

ZUCHTBEDINGUNGEN Temperatur auf 22 °C absenken und nicht mehr sprühen. Nach 6 Wochen normale Tagestemperaturen wieder herstellen und mit dem Einnebeln beginnen. Die Frösche in eine Regenkammer umsetzen und das Terrarium kräftig besprühen (Überschwemmung durch eine Drainage verhindern). Ein paar Tage abwarten, bis das Ablaichen erfolgt. Wenn das Männchen zu rufen aufhört und der Laichvorgang ausbleibt, werden die Frösche wieder ins Terrarium verbracht oder das Sprühen eingestellt.

FÜTTERUNG Bestäubte Insekten

ZUCHT

Taubfrösche Bis zu 3 Gelegen im Jahr mit je 1000–1500 Eiern. Sie bleiben mehrere Tage bei 28 °C in einem Becken mit 10 cm hohem Wasser oder in der Regenkammer. Bei Verwendung einer Regenkammer können die Jungen in ein Aufzuchtbecken überführt werden.

Wendehalsfrösche Bis zu 3 Gelegen im Jahr mit je 400–1500 Eiern. Aufzucht wie bei Taubfröschen.

Krötenfrösche

FAMILIE: PELOBATIDAE

Die Mitglieder dieser Familie verlangen eine etwas speziellere Pflege und Unterbringung und setzen beim Terrarianer einige Erfahrung voraus. Wegen ihrer grabenden und heimlichen Lebensweise sind sie nicht so populär wie viele andere Frösche, aber zum Ausgleich geben sie interessante Beobachtungsobjekte ab.

Knoblauchkröte

Pelobates fuscus. Die Knoblauchkröte, die vorwiegend nachtaktiv ist und bis 8 cm lang wird, ist eine der 4 europäischen Krötenfroscharten und in weiten Teilen Europas bis zum Aralsee verbreitet. Die Färbung ist variabel; die Oberseite kann grau, gelb gemustert oder hellbraun und dunkler gefleckt, gestreift oder marmoriert sein. Man kann die Art im Freiland oder in einem umfunktionierten Gewächshaus halten.

Die Weibchen sind ein wenig größer und plumper als die Männchen. In der Laichzeit im Frühjahr bil-

Die Knoblauchkröte *(Pelobates fuscus)* vergräbt sich in Löchern, die sie mit den harten »Schaufeln« an den Hinterbeinen ausschachtet. Man verwende ein Substrat, das ihr das Graben ermöglicht.

Terrarienhaltung
Knoblauchkröte und Zipfelfrosch

TERRARIENGRÖSSE

Knoblauchkröte 90×40×40 cm für ein Paar. Ein Drittel des Terrariums sollte ein 10 cm tiefer Wasserteil ausmachen.

Zipfelfrosch 75×30×40 cm für ein Einzeltier.

SUBSTRAT

Knoblauchkröte Sandiger, 10 cm hoher Bodengrund mit einem kleinen, mäßig feuchten Bereich.

Zipfelfrosch Lehm und Moos, bedeckt mit einer 5 cm dicken Laubstreuschicht.

EINRICHTUNG

Knoblauchkröte Korkrindenverstecke im trockenen und feuchten Bereich. Ein paar Wasserpestbüschel *(Elodea)* im Wasserteil. Hin und wieder besprühen.

Zipfelfrosch Einige Korkrindenverstecke auf dem Boden. Am Abend zweimal besprühen.

TEMPERATUR

Knoblauchkröte 18–28 °C am Tag, 12–18 °C in der Nacht. Photoperiode: 14 Stunden.

Zipfelfrosch 24–26 °C am Tag, 24 °C in der Nacht. Photoperiode: 12 Stunden.

FEUCHTIGKEIT

Knoblauchkröte Geringe Feuchtigkeit

Zipfelfrosch 80–90 %

ZUCHTBEDINGUNGEN

Knoblauchkröte Überwinterung über 8–12 Wochen bei Dunkelheit und 7 °C.

Zipfelfrosch In einem langen Becken mit einem Wasserteil von 45×30×8 cm. Wasserstand 2–3 Wochen lang auf 2,5 cm und Temperatur auf 20 °C absenken, dann allmählich Rückkehr zum Normalzustand. Frösche einsetzen und kräftig sprühen, damit sich der Wasserteil füllt. Photoperiode: 10 Stunden.

FÜTTERUNG

Knoblauchkröte Bestäubte Insekten, Regenwürmer.

Zipfelfrosch Bestäubte Insekten, gelegentlich Mäuse oder rohe, magere Rindfleischstreifen.

ZUCHT

Knoblauchkröte 1 Gelege im Jahr mit bis zu 800 Eiern. 7 Tage lang bei 16 °C halten.

Zipfelfrosch 2 Gelege im Jahr mit je bis zu 600 Eiern. 12 Tage lang bei 23–24 °C halten.

den die Männchen eine große ovale Drüse an der Außenseite der Oberarme und helle Knötchen an Unterarmen und Händen aus. Sobald sich die Paare umklammert halten, sollte man alle überzähligen Männchen entfernen. Die Eier werden in kurzen, dicken Schnüren abgesetzt und sollten in ein vorbereitetes Aufzuchtbecken überführt werden, das einen ähnlichen Wasserstand und gleiche Temperaturen wie das Standardterrarium aufweist (weiteres siehe »Zucht«, S. 154/155). Die Kaulquappen können gemeinsam aufgezogen werden.
Andere Arten mit ähnlichen Haltungsansprüchen sind die Syrische Schaufelkröte *(P. syriacus)*, der Messerfuß *(P. cultripes)*, die Marokkanische Schaufelkröte *(P. varaldii)* und *P. punctatus*, der Äste oder Rinde zum Klettern braucht.

Zipfelfrosch

Megophrys nasuta. Diese nachtaktive Art aus Thailand, Malaysia und der indoaustralischen Inselwelt gehört ebenfalls zu den Krötenfröschen und wird deshalb auch Zipfelkrötenfrosch genannt. Sie ist bei Terrarianern beliebt und wird häufig angeboten. Ihr braunes Gewand ist eine gute Tarnung im Fallaub. Die Zipfelfrösche sind recht robust. Die Weibchen werden fast 15 cm lang, die Männchen manchmal nur halb so groß.
Vor einem Zuchtversuch müssen beide Geschlechter gut genährt sein. Eine Regenkammer ist sinnvoll, andernfalls sollte man das Pärchen in ein separates Becken setzen, das dem gewohnten Terrarium ähnelt. Nach dem Ablaichen werden die Elterntiere entfernt. Die Eier kleben gewöhnlich am Dach von Korkrindenröhren oder Holzstegen direkt über der Wasseroberfläche, und die Kaulquappen lassen sich von dort an Fäden ins Wasser hinab. Sie werden mit Infusorien und sehr feingemahlenen Fischfutterflocken ernährt. Wenn sich die Gliedmaßen entwickeln, senkt man den Wasserspiegel und bringt kleine Flöße oder Rampen ein. Die Jungfrösche werden getrennt in kleinen belüfteten Behältern bei etwa 23 °C aufgezogen, auf einem Substrat aus feuchtem Küchenpapier. Man füttert sie mit bestäubten kleinen Insekten.

F & A…

◆ *Woher haben die Knoblauchkröten ihren Namen?*

Wenn sie beunruhigt werden, sondern sie ein nach Knoblauch riechendes Sekret ab. Es kann die Haut reizen, vor allem wenn sie verletzt ist.

◆ *Brauchen die Kaulquappen eine Filteranlage?*

Wie bei allen Kaulquappen muß auch hier das Wasser saubergehalten werden. Von starken Filterpumpen können sie eingesaugt werden. Besser ist ein sanfter Bodenfilter und regelmäßiger Wasserwechsel.

◆ *Kann ich für den Landteil Schaumstoff als Substrat verwenden?*

Manche Pfleger benutzen ihn zusammen mit Korkrindenverstecken, aber er muß häufig gereinigt werden. Außerdem können sich die Frösche in ihm nicht eingraben wie in einem normalen Bodengrund.

◆ *Welche Laubstreu eignet sich als Substratmaterial für Zipfelfrösche?*

Eichen- und Buchenblätter sind langlebig; unerwünschte Insekten kann man durch Erhitzen abtöten.

◆ *Sind Zipfelfrösche Kannibalen?*

Ja, in hohem Maße. Die Tiere sollten außerhalb der Laichzeit einzeln gehalten werden.

Der Zipfelfrosch *(Megophrys nasuta)* ist an seinem kantigen Kopf, dem spitzen Maul und den »Zipfelhörnern« sofort zu erkennen. Er fühlt sich im Terrarium wohl, doch die Tiere kommen oft durch Vernachlässigung auf dem Transport sehr geschwächt bei uns an.

Krallenfrösche und Wabenkröten

FAMILIE: PIPIDAE

Diese Froschlurche sind gekennzeichnet durch einen abgeplatteten Körper und kräftige Hinterbeine mit Krallen an den 3 inneren Zehen. Sinnesorgane, insbesondere in der Maulumgebung, sind bei der Nahrungssuche behilflich; sie sind wichtiger als die Augen in den trüben Gewässern, die die Tiere bewohnen.

Krallenfrosch

Xenopus laevis. Mit 10–12 cm ist dieser Krallenfrosch (genauer: Glatter Krallenfrosch) der größte afrikanische Vertreter der Familie. Er wurde früher für Schwangerschaftstests verwendet, war und ist aber zugleich ein beliebtes Terrarientier. Die Grundfarbe ist gewöhnlich Braun, manchmal mit unregelmäßigen dunkleren Flecken; die Unterseite ist hell und oft dunkel gefleckt. Albinoformen sind häufig im Handel. Der Krallenfrosch toleriert ein großes Temperaturspektrum, doch im Terrarium sollte man Extreme vermeiden. Entwichene oder ausgesetzte Exemplare haben sich in einigen Regionen fest etabliert und sind zu Schädlingen geworden, die die Kaulquappen und die Fischbrut heimischer Arten dezimieren.

Die Weibchen sind größer als die Männchen und haben um die Kloake 3 kleine Fortsätze. Bei den Männchen entwickeln sich in der Laichzeit Brunstschwielen an den Fingern. Das Laichritual verläuft bei allen Pipiden gleich – mit Abweichungen bei den ebenfalls zur Familie gehörenden Wabenkröten der Gattung *Pipa*.

F&A...

◆ *Darf man Krallenfrösche ohne weiteres anfassen?*

Die Haut gilt nicht als giftig, doch Amphibien sollte man tunlichst nicht anfassen – es bekommt ihnen nicht (siehe dazu S. 140/141). Man fängt sie am besten mit einem Netz heraus, da sie sehr schlüpfrig sind. Aus einem nicht abgedeckten Becken können sie herausklettern.

◆ *Kann ich für Krallenfrösche Futtertabletten verwenden?*

Im Handel sind Tabletten oder Preßlinge für wasserlebende Frösche und kleine Schildkröten. Für Zwergkrallenfrösche sollte man die Tabletten zerkleinern. Werden sie nicht angenommen, muß man auf diese Futtersorte verzichten.

◆ *Kann man Krallenfrösche mit anderen Arten vergesellschaften?*

Das ist nicht ratsam. Kleinere Mitinsassen könnten gefressen werden, und wenn sie verschont bleiben, fressen sie ihrerseits womöglich den Krallenfroschlaich.

◆ *Soll man das Futter für Krallenfrösche bestäuben?*

Das ist schwierig beim Futter für solche wasserlebenden Tiere. Gelegentlich verabreichte Rindfleischhäppchen kann man mit Vitamin- und Kalziumpulver einreiben.

▶ Ein albinotischer Krallenfrosch *(Xenopus laevis)*. Wie alle seine Verwandten laicht er unter Wasser ab und verspeist nahezu alle Lebewesen, die in sein Maul passen.

Terrariumhaltung
Krallenfrosch und Zwergkrallenfrosch

TERRARIENGRÖSSE

Krallenfrosch 75×30×40 cm großes Becken für 1–2 Tiere, Wasserhöhe ca. 15–20 cm.

Zwergkrallenfrosch 90×30×40 cm großes Becken für 6–10 Tiere, Wasserhöhe 25–27 cm.

SUBSTRAT Kies bei Bepflanzung notwendig.

EINRICHTUNG Verstecke in Form von halbierten Blumentöpfen, Steinen, Moorkienholz. Flöße für Krallenfrösche. Aquarienpflanzen für Zwergkrallenfrösche. Schwache Beleuchtung.

TEMPERATUR Wasser 20–26 °C

ZUCHTBEDINGUNGEN 2–3 Wochen bei 20 °C für beide Arten, dann:

Krallenfrosch Wassertemperatur 6–7 Tage lang auf 28 °C erhöhen. Wasserstand auf 10 cm absenken und dann Wasser von 10 °C auf normale Höhe auffüllen.

Zwergkrallenfrosch Wassertemperatur 6–7 Tage lang auf 26–27 °C erhöhen.

FÜTTERUNG Regenwürmer, Tubifex, Rote Mückenlarven, Wasserkrebse und Wasserinsekten.

ZUCHT In einem vorbereiteten Aufzuchtbecken.

Krallenfrosch 2 Gelege im Jahr mit je 500–600 Eiern. 2–3 Tage lang bei 21–26 °C halten.

Zwergkrallenfrosch 2 Gelege im Jahr mit je 700–1000 Eiern. Bei 26–27 °C halten, im Laufe von 3–4 Tagen allmählich auf 25 °C absenken.

Das sich umklammernde Paar schwimmt in einem vertikalen Kreis. Sobald es mit dem Bauch nach oben die Wasseroberfläche erreicht, setzt das Weibchen die Eier frei, die vom Männchen befruchtet werden. Die Vorführung wird wiederholt, bis der Laichvorgang abgeschlossen ist. Man sollte die Eier sofort herausfischen, weil sie sonst von den Eltern gefressen werden.
Die Kaulquappen haben am Maul 2 Barteln und sind Filtrierer. Sie bekommen Infusorien, zermahlene Fischfutterflocken, pulverisiertes Eigelb, Aufzuchtfutter für Fische; keine größeren Brocken verfüttern (Filtrierer können ersticken) und nicht überfüttern, weil sonst das Wasser verschmutzt. Die Umwandlung dauert ungefähr 2,5 Monate.
Ähnlich gepflegt werden der Kenia-Krallenfrosch *(X. borealis)* und der Nigeria-Krallenfrosch *(S. tropicalis)*.

Zwergkrallenfrosch
Hymenochirus boettgeri. Diese nur 3,5 cm langen Wasserfrösche aus Westafrika, die genauer Böttger-Zwergkrallenfrösche heißen, bekommt man eher in der Aquarien- als in der Terrarienabteilung. Sie sind billig und recht einfach zu pflegen, und sie können in Gruppen von 6–10 Tieren gehalten werden. Die vorwiegend braune Grundfarbe ist dunkler gefleckt, und der Körper ist mit kleinen stachligen Knötchen übersät. Albinos sind häufig. Die Augen sitzen nicht ganz so hoch auf dem Kopf wie bei *Xenopus*.
Das Becken muß dicht abgedeckt sein, denn sonst klettern die Fröschchen heraus. Als Abdeckung verwendet man ein Drahtgeflecht (nicht aus Zink oder Aluminium). Wenn eine Heizung erforderlich ist, nehme man einen Aquarienheizer. Manche Pfleger bedecken den Boden mit Kies, doch andere bevorzugen einen kahlen Behälter.

Wird kein Bodenfilter installiert, muß das Wasser mindestens einmal in der Woche zur Hälfte ausgetauscht werden. Selbst bei Filterung ist ein regelmäßiger Teilwasserwechsel nötig.
Die Männchen sind kleiner und schlanker als die Weibchen und entwickeln unmittelbar hinter der Achselhöhle eine gelbe Schwellung. Bei guter Fütterung können die Tiere das ganze Jahr über ablaichen. Dabei »zirpen« die Männchen und packen die Weibchen um die Hüfte. Die 1–2 Tage andauernde Umklammerung kann sich wochenlang wiederholen, bevor es zum Ablaichen kommt. Dieser Vorgang ist charakteristisch für die Unterwasser-»Akrobaten«, wie er beim Krallenfrosch beschrieben wurde.
Die Eier sollten den Eltern weggenommen werden. Die Kaulquappen sind Fleischfresser und bekommen anfangs Infusorien, die man in einem gesonderten Behälter kultivieren kann (siehe »Futter und Fütterung«, S. 150/151). Dann geht man zu Wasserflöhen und Hüpferlingen, Roten Mückenlarven und Tubifex über. Nach der Metamorphose werden die Kleinen ähnlich ernährt wie die Alttiere.
Eine verwandte Art mit gleichen Ansprüchen ist *H. curtipes* aus dem Kongogebiet.

Wabenkröten
Pipa-Arten. Die Wabenkröten bewohnen in Südamerika ähnliche Lebensräume wie die Krallenfrösche. Die eigentliche Wabenkröte *(P. pipa)*, die zur Unterscheidung auch Surinamesische Wabenkröte genannt wird, ist mit 13–15 cm die größte Art. Zwergwabenkröten *(P. parvalhoi* und *P. parva)* werden ebenfalls manchmal angeboten.
Wegen ihres ungewöhnlichen Aussehens und Fortpflanzungsverhaltens ist die Wabenkröte ein faszinierendes Beobachtungsobjekt. Der Körper ist flach und fast rechteckig, der Kopf beinahe dreieckig. Die Gliedmaßen sind familientypisch, doch die Finger enden in sternförmigen Sinnesorganen – Krallen fehlen. Rücken, Seiten, Bauch und Lippen sind mit Körnchen besetzt. Die sehr kleinen Augen sitzen hoch auf dem Kopf, wie bei den meisten Pipiden. Die Tiere sind überwiegend grau bis braun und auf der Unterseite heller gefärbt. Obwohl sie das Wasser nicht verlassen, empfiehlt sich eine luftdurchlässige Abdeckung.
Die Weibchen sind geringfügig größer als die Männchen. In Paarungsstimmung entwickelt sich

Eine weibliche Wabenkröte *(Pipa pipa)* trägt Eier auf dem Rücken. Die meisten Pipiden haben einen flachen Körper und kräftige Hinterbeine, doch hier sind diese Merkmale besonders stark ausgeprägt.

um ihre Kloake eine ringförmige Schwellung, und auch der Rücken schwillt an. Die Männchen stoßen Klicklaute aus. Das Laichritual ähnelt dem der Krallenfrösche, doch die Eier werden durch eine dehnbare Röhre ausgestoßen, die aus der Kloake des Weibchens ausgestülpt wird, wenn das Paar die Wasseroberfläche erreicht. Das Männchen befruchtet die Eier und verteilt sie auf der Rückenhaut der Partnerin, wo sie in winzige einzelne »Brutwaben« (daher der Name Wabenkröte) eingeschlossen werden, in denen die Jungen schlüpfen. Bei den beiden Zwergarten kommen die Kaulquappen vor der Metamorphose zum Vorschein und beenden ihre Entwicklung im Wasser; bei *P. pipa* erscheinen 12–20 Wochen nach dem Ablaichen voll ausgebildete Fröschchen.

Wabenkröten werden nicht häufig nachgezogen; sie pflanzen sich in einem kleinen Becken kaum fort. Ein Zuchterfolg gelingt eher bei den Zwergwabenkröten. Kaulquappen und Jungfrösche müssen herausgefangen und in einen gesonderten Behälter umgesetzt werden, denn sonst fressen die Eltern sie auf. Sie sind, wie die Krallenfrösche, Filtrierer und können gemeinsam aufgezogen werden. Sie brauchen ähnliches, aber kleineres Futter als die Alttiere.

Terrarienhaltung
Wabenkröten

TERRARIENGRÖSSE

P. pipa Ein mindestens 120×45×45 cm großes Becken für ein Paar oder Trio, Wasserhöhe 43 cm.

P. carvalhoi* und *P. parva Ein mindestens 60×30×40 cm großes Becken für 2–3 Paare, Wasserhöhe 11 cm.

SUBSTRAT Kies

EINRICHTUNG Moorkienholz als Unterschlupf. Schwache Beleuchtung.

TEMPERATUR Wasser

P. pipa Um 26 °C

P. carvalhoi* und *P. parva 23–26 °C

ZUCHTBEDINGUNGEN Temperatur 7 Tage lang um 2–5 °C senken, dann Normaltemperatur wiederherstellen. Bei einem Mißerfolg wird die Temperatur abermals gesenkt und die Hälfte des Wassers abgelassen; nach 7 Tagen normale Wasserhöhe und 2–3 Tage danach die normale Temperatur wiederherstellen.

FÜTTERUNG Regenwürmer, Tubifex, Rote Mückenlarven, Wasserkrebse und -insekten.

ZUCHT 2–3 Gelege im Jahr mit je bis zu 200 Eiern. Kaulquappen in Aufzuchtbecken umsetzen.

F & A…

◆ *Wie viele Krallenfrösche kann man gemeinsam halten?*

Krallenfrösche hält man am besten paarweise. Ein zusätzliches Männchen kann das Ablaichen stimulieren, sollte aber zu Beginn des Laichvorgangs entfernt werden. 7–8 Zwergkrallenfrösche lassen sich gemeinsam pflegen, doch es ist ratsam, nicht laichende Tiere zu entfernen; sie könnten die Eier der anderen fressen. Wabenkröten werden als Paar oder Trio gehalten.

◆ *Ist eine Filterpumpe verwendbar?*

Ja, aber eine Wasserturbulenz muß vermieden werden. Der Filter wird beim Ablaichen abgestellt, bis man die Eier gesammelt hat, damit sie nicht eingesaugt werden.

◆ *Muß auch ein Bodenfilter während des Ablaichens abgestellt werden?*

Nein. Bodenfilter erzeugen einen konstanten Wasserstrom und fördern nützliche Bakterien, die Abfallprodukte verwerten. Das Abschalten tötet die Bakterien und läßt Giftstoffe entstehen.

◆ *Wie oft sollten Krallenfrösche gefüttert werden?*

Alle Krallenfrösche sollte man in allen Lebensphasen täglich füttern. Sie sind gefräßig und vertilgen fast alle Lebewesen, die in ihr Maul passen.

◆ *Wie lange leben Krallenfrösche?*

Bei richtiger Pflege können die größeren Arten 15 Jahre alt werden; die kleineren leben nicht ganz so lange.

◆ *Fressen sich Zwergkrallenfrösche gegenseitig auf?*

Da der Laichvorgang mehrere Wochen dauern kann, fressen weit entwickelte Kaulquappen Eier und kleinere Quappen. Um das zu verhindern, sollten die verschiedenen Altersstufen getrennt werden.

◆ *Wie lang dauert die Metamorphose bei Zwergkrallenfröschen?*

Das hängt von der Temperatur ab: Bei rund 26 °C dürfte es 12 Wochen dauern. Die Jungfrösche nehmen dann Lebendfutter auf. Bei Überbesetzung verlangsamt sich das Wachstum der Kaulquappen (das gilt auch für andere Arten). Die Geschlechtsreife tritt mit etwa 2 Jahren ein.

◆ *Was ist das günstigste Geschlechterverhältnis bei Wabenkröten?*

2 Männchen und 1 Weibchen, doch man sollte das überzählige Männchen herausfangen, sobald das Paar abzulaichen beginnt, damit die Eier nicht aufgefressen werden.

◆ *Kann man ein Wabenkrötenbecken bepflanzen?*

Lieber nicht. Die kräftigen Schwimmbewegungen der Tiere würden die Pflanzen schon bald entwurzeln.

Goldfröschchen

FAMILIE: MANTELLIDAE
GATTUNG: *MANTELLA*

Diese reizenden tagaktiven Fröschchen aus Madagaskar sind überaus begehrt. Sie sind meist Bodenbewohner, doch zumindest eine Art, *Mantella laevigata,* klettert auch auf Bäume. Ausgewachsene Tiere messen nur 18–31 mm. In Gefangenschaft sind nur wenige Arten nachgezogen worden. Die bekannteste davon ist das eigentliche Goldfröschchen *(M. aurantiaca);* die anderen besitzen keine deutschen Namen und werden meist wissenschaftlich bezeichnet: *M. cowani, M. laevigata, M. expectata, M. pulchra* usw. Die Taxonomie ist ungeklärt und wird durch Farbspielarten noch unübersichtlicher.

Die hier gegebene Pflegeanleitung gilt für die meisten Goldfröschchen, aber einige der erst neuerdings entdeckten Arten (z.B. *M. »loppei«* und *M. bernhardi)* müssen noch genauer erforscht werden. In Madagaskar gibt es mehrere getrennte Klimazonen, und die Temperaturen werden durch die Höhenlagen stark beeinflußt. Man meide Extreme; wildlebende Tiere verfügen über mehr Umweltressourcen, die ihnen die Anpassung erleichtern, als Tiere in Menschenobhut. Die Aufrechterhaltung der richtigen niedrigen Temperaturen kann bei einer hohen Umgebungstemperatur schwierig sein, vor allem in der Abkühlungsphase. Goldfröschchen sind gesellig und können in Gruppen von etwa 6 Exemplaren gehalten werden. Männchen »ringen« miteinander, bekämpfen sich aber nicht; Verletzungen kommen nicht vor. Man kann mit einem Pärchen züchten, doch Zuchtgruppen (bis zu 4 Männchen auf 1 Weibchen) erbringen meist bessere Resultate. Die Weibchen sind etwas größer und plumper als die Männchen, doch das augenfälligste Geschlechtskriterium ist die geblähte Kehltasche der rufenden Männchen. Bei Arten mit blasser Unterseite, etwa *M. aurantiaca,* kann man das Geschlecht dadurch bestimmen, daß man sie in einen kleinen Klarsichtbehälter mit einem Tropfen Wasser setzt. Wenn sich die Tiere an die Seiten pressen, werden bei Männchen oft 2 weiße Linien unter der Bauchhaut sichtbar.

Das Goldfröschchen *(Mantella aurantiaca)* wird am häufigsten gepflegt. Seine grelle Färbung deutet auf Giftigkeit hin, von der man nicht weiß, ob sie in Gefangenschaft abnimmt.

Laichgruben

Abgelaicht wird in kleinen selbstgegrabenen Höhlen im Moos, meist unter dem Versteckplatz. Man kann aber auch ein Plastikrohr (Durchmesser 2,5 cm) verwenden, das mit einem Ende schräg ins Wasser ragt und mit Moos fixiert wird. In der Laichzeit muß eine hohe Feuchtigkeit aufrechterhalten werden. Erfolgt die Eiablage in einem Rohr, krabbeln die Kaulquappen ins Wasser; oder man nimmt das Rohr mit den Eiern heraus und überführt es in ein anderes Terrarium. Man fange die Kaulquappen 3 Tage nach dem Schlüpfen heraus und setze sie in ein Aufzuchtbecken, das 8 cm hoch mit Wasser von 20–21 °C gefüllt ist. Die Hälfte des Wassers wird alle 3–4 Tage gegen abgestandenes Wasser mit der gleichen Temperatur ausgetauscht. Aquarienpflanzen tragen zur Verbesserung der Wasserqualität bei. Überbesatz ist zu vermeiden; man rechnet 10 Kaulquappen auf ein 25×20×20 cm großes Becken. Zur Fütterung siehe unter Baumsteigerfröschen, S. 168/169. Die Umwandlung dauert 5–6 Wochen. Die Jungfrösche müssen sofort das Wasser verlassen können, sobald die Vorderbeine erscheinen. Wenn sich die Hinterbeine entwickeln, sollte man kleine Flöße oder Rampen bereitstellen. Eine luftdurchlässige Abdeckung verhindert Ausreißversuche. Man quartiere die Fröschchen in ein Terrarium um, das dem der Alttiere gleicht, und versorge sie mit winzigem Lebendfutter.

F & A…

◆ *Sind Goldfröschchen giftig?*

Die grelle Färbung läßt das vermuten, doch exakte Erkenntnisse liegen noch nicht vor. Die Haut von *M. madagascariensis* enthält Alkaloide, die denen bestimmter Baumsteigerarten ähneln. Von Vögeln werden Goldfröschchen verschmäht; sie müssen also unangenehm schmecken. Andere Froscharten, die mit *Mantella*-Wildfängen zusammen gehalten wurden, sind gestorben, vermutlich durch Gift. Es ist ungeklärt, ob die Giftigkeit in der Gefangenschaft abnimmt.

◆ *Sind Goldfröschchen für Anfänger geeignet?*

Eigentlich nicht. Sie sind zwar nicht schwer zu halten (wohl aber zu züchten), doch teuer und meist nur als Wildfänge erhältlich. Es gibt kaum Literatur über sie, abgesehen von *M. aurantiaca* und *M. madagascariensis,* den am häufigsten angebotenen Arten. Ein Anfänger sollte sein Glück zunächst mit Rotbauchunken oder Laubfröschen versuchen.

Mantella expectata aus dem relativ trockenen Südwesten Madagaskars hat noch keinen volkstümlichen Namen. Der Fortpflanzungstrieb wird durch eine kurze »Regenzeit« stimuliert.

Terrarienhaltung

TERRARIENGRÖSSE 90×40×40 cm für 6–8 bodenlebende Tiere. Wasserteil oder Wasserbecken (15×25×1,3 cm). *M. laevigata* und andere Baumbewohner brauchen ein höheres Terrarium (mindestens 75 cm hoch).

SUBSTRAT Feuchtigkeitsspeichernd mit Moosauflage.

EINRICHTUNG Bepflanzung fakultativ. Kleine Korkrindenhöhlen oder andere Verstecke in Wassernähe.

TEMPERATUR Man verwende eine schwache UV-Leuchte und vermeide ein Ansteigen der Temperatur. Photoperiode: 12–14 Stunden.

M. laevigata Höchstens 25–26 °C am Tag, mindestens 21 °C in der Nacht.

Andere 20–24 °C am Tag, 13–15 °C in der Nacht.

FEUCHTIGKEIT 85 %. Gute Durchlüftung wichtig.

ZUCHTBEDINGUNGEN Temperatur auf 20 °C und Feuchtigkeit auf etwa 55 % absenken, und zwar 6–8 Wochen lang; Photoperiode auf 10 Stunden verkürzen. Dann 2 Wochen lang leicht sprühen, anschließend stark sprühen und Beleuchtungsdauer wieder verlängern, um das Ablaichen anzuregen. Überschüssiges Wasser absaugen.

FÜTTERUNG Kleine bestäubte Insekten.

ZUCHT Eier und einen Teil des Substrats in einen kleinen Behälter überführen, der so viel Wasser enthält, daß es die Laichmasse fast berührt. Das Wasser sollte 10–14 Tage lang die gleiche Temperatur wie das Normalterrarium aufweisen.

M. laevigata 2–3 Gelege im Jahr mit je bis zu 10 Eiern.

Andere 2–3 Gelege im Jahr mit je 20–60 Eiern.

Ruderfrösche FAMILIE: RHACOPHORIDAE

Die Mitglieder dieser Familie fallen durch ihr ungewöhnliches Laichverhalten auf, und einige *Rhacophorus*-Arten sind zudem wegen ihrer Gleitflüge berühmt geworden – sie werden deshalb auch als Flugfrösche bezeichnet. Im Handel tauchen nur wenige Arten auf.

Grauer Baumfrosch

Chiromantis xerampelina. Diese baumlebende Art ist im südlichen und östlichen Afrika heimisch. Die größten Exemplare können 9 cm lang werden. Die langen, schlanken Gliedmaßen tragen an den Fingern und Zehen Haftscheiben; mit den opponierbaren inneren Fingern können sich die Frösche an Zweigen festhalten. Der graue oder hellbraune Rücken ist variabel dunkel gefleckt – ein hervorragendes Tarnkleid im Geäst. Tagsüber kann die Färbung von Dunkelgrau zu fast Weiß wechseln, vor allem bei heißem Wetter. Der Bauch ist pinkfarben, Kehle und die Hautfalte im Nacken sind weiß, oft mit dunklen Tupfen. Die Tiere sind an trockene Hitze angepaßt und aalen sich stundenlang in der Sonne.

Die Männchen sind viel kleiner als die Weibchen und haben weiße Brunstschwielen am 1. und 2. Finger. Das Ablaichen geschieht gewöhnlich nachts. Die sich umklammernden Paare suchen sich einen passenden Zweig, meist über einem Gewässer. Das Weibchen scheidet aus den Eileitern ein Sekret aus, das es mit den Hinterbeinen schaumig schlägt. Nach etwa 15 Minuten beginnt das Absetzen der Eier, die in das Schaumnest »eingerührt« werden. Zwischen den Nestbausitzungen steigt das Weibchen manchmal zum Wasser hinab, um Feuchtigkeit aufzunehmen. Zuweilen bauen zwei oder mehr Weibchen ein großes Gemeinschaftsnest. In der zweiten Nacht fügen sie eine weitere Schaumschicht hinzu. Die Oberfläche wird hart und verhindert die Austrocknung. Nach mehreren Tagen beginnt die Kruste zu zerfallen, und beim darauffolgenden simulierten Regenguß purzeln die Kaulquappen ins Wasser, um ihre Entwicklung abzuschließen. Durch Besprühen der Schaummasse wird dieser Vorgang gefördert.

Die Kaulquappen sollten in ein vorbereitetes Aufzuchtbecken umgesetzt werden (siehe »Zucht«, S. 154/155). Die Metamorphose dauert ungefähr 10 Wochen. Die Jungfrösche pflegt man in einem Terrarium, das dem der Alttiere ähnelt, aber ein wenig feuchter ist.

Terrarienhaltung
Grauer Baumfrosch und Flugfrosch

TERRARIENGRÖSSE

Grauer Baumfrosch 60×60×90 cm für 2 Paare, 60×25×8 cm großer Wasserteil, entweder permanent oder nur in der Laichzeit.

Flugfrosch Mindestens 150×90×120 cm für 1–2 Paare, mit mindestens 60×45×8 cm großem permanentem Wasserteil.

SUBSTRAT Feuchtigkeitsspeichernd

EINRICHTUNG Zweige und Pflanzen, zum Teil am Wasser überhängend; Verstecke auf dem Boden. Graue Baumfrösche brauchen eine kleine Wasserschale.

TEMPERATUR

Grauer Baumfrosch Um 26 °C am Tag, 23 °C in der Nacht. UV-Leuchte und Wärmestrahler. Photoperiode: 14 Stunden.

Flugfrosch 26–27 °C am Tag, 24–25 °C in der Nacht. Schwache UV-Leuchte. Photoperiode: 14 Stunden.

FEUCHTIGKEIT 90–95 %. Täglich besprühen.

ZUCHTBEDINGUNGEN Normale Temperaturen beibehalten, aber mit dem Sprühen 6–8 Wochen lang aussetzen, damit das Terrarium austrocknet. Dann kräftig sprühen, um die Wasserstelle aufzufüllen. Photoperiode: 12–14 Stunden.

FÜTTERUNG Bestäubte Insekten

ZUCHT

Grauer Baumfrosch 2–3 Gelege im Jahr mit je bis zu 200 Eiern. Laichmasse besprühen, um das Schlüpfen zu stimulieren, dann die Kaulquappen 4–6 Tage in Wasser halten, bei den gleichen Lufttemperaturen wie im Terrarium der Alttiere.

Flugfrosch 2–3 Gelege im Jahr mit je 30–80 Eiern. 4–6 Tage lang im Wasser halten, bei den gleichen Lufttemperaturen, wie sie im Terrarium der Alttiere herrschen.

Ähnlich zu pflegen sind *C. petersi* und *C. rufescens*.

Flugfrosch

Rhacophorus nigropalmatus. Dieser hübsche, 10 cm lange Frosch ist in 4 oder 5 Unterarten in Thailand, Malaysia und Sumatra verbreitet. Mit seinen ausgedehnten Spannhäuten an Fingern und Zehen kann er Gleitflüge ausführen. Der Rücken ist grün und oft weiß gefleckt. Die Tiere haben einen kräftigen Appetit und verspeisen kleinere Frösche und sogar Echsen. Sie benötigen unbedingt eine geräumige Unterkunft, denn sonst könnten sie sich bei ihren Gleitflügen verletzen. Ideal ist ein umfunktioniertes Gewächshaus.
Die Männchen sind kleiner als die Weibchen und tragen in der Laichzeit Brunstschwielen an den Daumen. Wie ihre Verwandten bauen die Flugfrösche Schaumnester im Gezweig über dem Wasser. Zur Pflege der Kaulquappen und Jungfrösche siehe »Zucht«, S. 154/155).
Weitere Arten mit ähnlichen Ansprüchen sind der Weißbart-Ruderfrosch *(Polypedates [früher Rhacophorus] leucomystax)*, dem das Gleitflugvermögen abgeht, und der Java-Flugfrosch *(R. reinwardti)*. Letzterer ist kein besonders gutes Terrarientier.

Flugfrösche *(Rhacophorus nigropalmatus)* sind die größten Vertreter ihrer Gattung. Sie haben einen guten Appetit und fressen sogar kleine Echsen und andere Frösche. Man darf sie also nicht zu kleineren Mitinsassen setzen.

F & A…

◆ *Warum schwitzen meine Grauen Baumfrösche bei hohen Temperaturen?*

Das ist eine Anpassung an trockene Hitze; durch »Schwitzen« entsteht Verdunstungskälte. Durch die Haut wird normalerweise nur wenig Feuchtigkeit abgegeben. Auch der Kot enthält sehr wenig Flüssigkeit; dadurch wird Feuchtigkeit konserviert.

◆ *Sollte man überzählige Männchen in der Laichzeit entfernen?*

Das ist nicht nötig. In der Natur beteiligen sich überzählige Männchen am gemeinsamen Laichgeschäft, und sie können tatsächlich einige Eier befruchten.

◆ *Ist bei den Schaumnestbauern eine Beregnungsanlage sinnvoll?*

Im allgemeinen nicht – die lange Trockenperiode und das anschließende Sprühen und die erhöhte Feuchtigkeit regen die Tiere gewöhnlich zum Ablaichen an. Die Beregnung ist jedoch angebracht bei *Rhacophorus*-Arten, wenn das normale Stimulanz versagt. Eine Anleitung zum Bau einer Regenkammer findet man auf S. 154/155.

◆ *Wie weit können Flugfrösche »segeln«?*

Einige Arten können angeblich 15 m weit gleiten – die Weite hängt von der Höhe und Länge des verfügbaren Raums ab. Die Frösche brauchen viel Platz, um ihr Gleitvermögen ohne Verletzungsgefahr demonstrieren zu können.

◆ *Benötigen Flugfrösche einen Wärmestrahler?*

Diese Arten nehmen keine Sonnenbäder wie der Graue Baumfrosch und würden in zu großer Nähe eines Strahlers austrocknen. Verwendet man allerdings einen Strahler als Wärmequelle (abgeschirmt durch die Glasabdeckung), dürfte er keinen Schaden anrichten (siehe »Beleuchtung und Feuchtigkeit«, S. 144/145).

Ried- und Streifenfrösche

FAMILIE: HYPEROLIIDAE

Die Ried- und Streifenfrösche, die früher der Ruderfroschfamilie zugerechnet wurden, bewohnen Afrika südlich der Sahara. Ihre Haltung ist einfach. Viele Riedfrösche sind kaum erforscht, doch einige werden schon seit Jahren eingeführt. Nur 3 der rund 20 Streifenfroscharten *(Kassina)* kommen häufiger in den Handel.

Marmorierter Riedfrosch

Hyperolius marmoratus. Dies ist wahrscheinlich die bekannteste Art der Gattung. Ausgewachsene Tiere (ab dem 6. oder 7. Monat) messen nur etwa 2,5 cm und sind weiß, beige, grün, rot oder gelb gefleckt oder gestreift und haben rote Schenkel und Füße. Jungfrösche sind einheitlich gefärbt und adulte Männchen manchmal braun. Mit ihren langen, schlanken Gliedmaßen und ihren Haftscheiben können die Tiere sehr behende klettern. Sie sind dämmerungs- bis nachtaktiv und nicht sonderlich giftig.

F& A…

◆ *Sind Marmorierte Riedfrösche schon für Anfänger geeignet?*

Ja. Sie gedeihen in einem bepflanzten Terrarium ebenso gut wie in einem kleineren hygienischen Behälter. Man wähle möglichst junge Exemplare – sie verlangen ähnliche Lebensbedingungen und haben eine höhere Lebenserwartung.

◆ *Braucht das Aufzuchtbecken einen Filter?*

Ja – einen Bodenfilter. Andere Typen saugen Eier und Kaulquappen ein, falls das Ansaugrohr nicht abgeschirmt ist.

◆ *Wie pflegt man die Kaulquappen der Ried- und Streifenfrösche?*

Man hält sie in 25–26 °C warmem Wasser, das häufig gegen abgestandenes und entchlortes Wasser der gleichen Temperatur ausgetauscht wird. Gefüttert werden sie mit Algen, pulverisierten Fischfutterflocken und Aquarienpflanzen. Riedfrösche wandeln sich mit etwa 2 Monaten, Streifenfrösche mit 5 Monaten um.

Terrarienhaltung
Marmorierter Riedfrosch und Rotbeiniger Streifenfrosch

TERRARIENGRÖSSE

Marmorierter Riedfrosch 60 × 40 × 40 cm für 6 Tiere, mit einem 15 × 15 × 5 cm großen Wasserteil.

Rotbeiniger Streifenfrosch 60 × 60 × 60 cm für ein Paar, mit einem 20 × 15 × 5 cm großen Wasserteil.

SUBSTRAT Feuchtigkeitsspeichernd, mit einer Moosauflage für den Bodengrund.

EINRICHTUNG Feuchtes Tropenterrarium mit Kletterzweigen und Korkrinde; dekorative Pflanzen. Im Wasserteil einige Aquarienpflanzenbüschel.

TEMPERATUR Schwache UV-Leuchte, vor allem für ein bepflanztes Terrarium.

Marmorierter Riedfrosch 23–28 °C am Tag, 20 °C in der Nacht. Photoperiode: 12–14 Stunden.

Rotbeiniger Streifenfrosch 21–27 °C in der Nacht, 21 °C am Tag. Photoperiode: 12–14 Stunden.

FEUCHTIGKEIT Täglich besprühen

Marmorierter Riedfrosch 90 %

Rotbeiniger Streifenfrosch 60–65 %

ZUCHTBEDINGUNGEN

Marmorierter Riedfrosch Feuchtigkeit 1–2 Wochen lang auf 80 % reduzieren. Normale Temperatur und Photoperiode beibehalten.

Rotbeiniger Streifenfrosch Frösche in eine 90 × 30 × 30 cm große Regenkammer mit 10–13 cm hohem Wasser umsetzen. Normale Temperatur und Photoperiode beibehalten. Oder das Terrarium kräftig besprühen, um die Feuchtigkeit auf 90–95 % zu erhöhen.

FÜTTERUNG Kleine bestäubte Insekten

ZUCHT Laich in ein bepflanztes Aufzuchtbecken überführen und dort 3–5 Tage lang bei 24 °C halten. Unbefruchtete Eier absaugen, die zu faulen oder zu verpilzen beginnen.

Marmorierter Riedfrosch Bis zu 7 Gelegen im Jahr mit je 200 Eiern.

Rotbeiniger Streifenfrosch 2–3 Gelege im Jahr mit je bis zu 300 Eiern.

Ein rufender Marmorierter Riedfrosch *(Hyperolius marmoratus)* hat seine Schallblase mächtig aufgebläht. Marmorierte Riedfrösche werden häufig einfach unter dem Gattungsnamen angeboten.

Der Rotbeinige Streifenfrosch *(Kassina maculata)* zeigt in Ruhestellung die rote Färbung seiner Oberschenkel und Leistengegend.

Die Männchen besitzen eine meist graue Schallblase, die manchmal orange gesprenkelt ist. Frisch importierte Exemplare laichen im nördlichen Winter (November bis März) ab, doch Nachzuchten können sich zu jeder Zeit fortpflanzen. Die Männchen sind vielfach territorial und konkurrieren um günstige »Rufplätze«, kämpfen aber nicht miteinander. Nach der Umklammerung steigt das Paar ins Wasser, wo die Eier verstreut oder in Klumpen an Pflanzen abgesetzt werden. Man entnehme die Eier und ersetze den Wasserbehälter für weitere Laichvorgänge. Die Kaulquappen können gemeinsam aufgezogen werden und bekommen pulverisiertes Fischflockenfutter, zerkleinerte Tubifexwürmer und Algen.

Rotbeiniger Streifenfrosch

Kassina maculata. Diese südafrikanische Art wird oft als *Hylambates maculata* klassifiziert, weil sie Haftscheiben besitzt und baumlebend ist (die meisten Streifenfrösche sind Bodentiere). Der bis zu 8 cm lange Frosch ist sehr ansprechend. Die braune Oberseite trägt große dunkle Flecken, die jeweils hell gesäumt sind. Die Innenseiten der Oberschenkel und die Leistengegend sind leuchtend rot, und die blasse Bauchhaut ist körnig. Die Tiere sind gewöhnlich nachtaktiv, kommen aber zum Fressen manchmal auch tagsüber hervor. Oft drängen sie sich in einer Ecke zusammen.

Die Geschlechter sind ungefähr gleich groß. Die Männchen erkennt man an einer Kehlplatte über der geschrumpften Schallblase. Diese Platte ist vielfach gelb, und meist ist eine schwarze Pigmentierung der Schallblase sichtbar. Bei paarungsbereiten Weibchen bilden sich Papillen um die Kloake. Die Regenkammer sollte mit Ausstiegshilfen zum Verlassen des Wassers und zum Verstecken ausgestattet sein, etwa einer Steininsel an einer Seite mit Korkrindenhöhlen und Treibholz. Der »Regen« sollte vom späten Abend bis zum frühen Morgen anhalten. Die Männchen wetteifern heftig um »Rufplätze«. Aquarienpflanzen erleichtern das Einsammeln der Eier; für nachfolgende Laichvorgänge sind neue Pflanzen notwendig.

Ähnlich zu pflegen sind der Senegal-Streifenfrosch *(K. senegalensis)* und *K. wealii,* zwei terrestrische Arten, die Versteckplätze auf dem Substrat brauchen.

Molche und Salamander

FAMILIEN: SALAMANDRIDAE UND AMBYSTOMATIDAE

Molche und Salamander brauchen nur eine einfache Unterkunft, weshalb sie bei vielen Terrarianern so beliebt sind. Die meisten Arten sind scheu, nachtaktiv und düster gefärbt, doch einige Tagtiere zeigen eine reizvolle Färbung. Hohe sommerliche Temperaturen können zu einem Problem werden, wenn keine Kühlvorrichtung verfügbar ist. Bei trockenwarmem Wetter verkriechen sich diese Schwanzlurche und übersommern, stellen also ihre Aktivitäten weitgehend ein. Gelegentliche hohe Temperaturen (um 26 °C) schaden ihnen nicht, sofern sie nicht länger andauern.

Grünlicher Wassermolch

Notophthalmus viridescens. Diese vorwiegend im Wasser lebende Art aus dem östlichen Nordamerika ist ein altbewährtes Terrarientier. Man unterscheidet 3 oder 4 Unterarten. Ungewöhnlich ist, daß die Jungtiere nach der Metamorphose ein »Rotmolch«-Stadium durchmachen. Sie sind dann orange bis rot gefärbt und mit kleinen schwarzen Ringen verziert, die sich beim Heranwachsen in rote Flecken verwandeln. Die höchstens 10–11 cm langen adulten Tiere sind olivgrün bis braun und haben unterschiedlich viele schwarze Tupfen und rote, meist schwarzgeränderte Flecken. Die Unterseite ist gelb bis orange und fein schwarz gesprenkelt. Die Hinterbeine sind groß und kräftig.
Paarungsbereite Männchen tragen Brunstschwielen an den Hinterbeinen und auf dem Schwanz einen Hautkamm, der viel höher ist als bei den plumpen Weibchen. Die männliche Kloake ist halbkugelförmig, die weibliche eher kegelförmig und weiter vorstehend. Das Ablaichen erfolgt nach der Umklammerung. Die Eier müssen den Alttieren weggenommen werden.
Bei der Metamorphose, 2–3 Monate später, müssen die Larven das Wasser verlassen können. Man senke den Wasserstand und stelle Flöße oder Ausstiegshilfen bereit, oder man überführt die Larven in eine Kinderstube mit feuchtem Substrat, das mit Moos abgedeckt wird. Die jungen »Rotmolche« werden mit winzigem Lebendfutter ernährt. Dieses Stadium dauert bis zu 3 Jahren, kann aber umgangen werden, wenn man die Larven im Wasser aufzieht.
Weitere Arten mit ähnlichen Pflegeansprächen sind der Mexikanische Wassermolch *(N. meridionalis)* und der Gestreifte Wassermolch *(N. perstriatus).* Beide tolerieren leicht höhere Temperaturen.

Ein junger Grünlicher Wassermolch *(Notophthalmus viridescens)* bringt bis zu 3 Jahren als »Rotmolch« zu – eine auffällig gefärbte und rein terrestrische Form.

F & A ...

◆ *Wodurch unterscheiden sich Molche und Salamander?*

Aus wissenschaftlicher Sicht besteht kein Unterschied. Im allgemeinen Sprachgebrauch bezeichnet man Arten, die sich im Wasser fortpflanzen und deren Larven sich im Wasser entwickeln, als Molche und solche mit einer mehr terrestrischen Lebensweise als Salamander. Die Benennungen werden nicht ganz einheitlich verwendet.

◆ *Sind Molche gesellig?*

Man kann mehrere Exemplare in einem großen Terrarium und bei ausreichender Ernährung gemeinsam halten; am verträglichsten ist ein Paar. Unterarten sollte man nicht vermischen, ebensowenig Alttiere und Eier oder Larven, da die adulten Tiere ausgesprochene Kannibalen sind.

◆ *Einige meiner Grünlichen Wassermolche haben ihre Beine verloren – ist das schlimm?*

Wassermolche schnappen nach allem, was sich bewegt, und so werden manchmal auch die Beine von Mitinsassen abgebissen. Die Beine wachsen wieder nach, normalerweise ohne Probleme.

◆ *Nehmen Feuerbauchmolche Futtertabletten an?*

Wasserlebende Tiere fressen Tabletten nur im Wasser. Man kann einen Versuch machen, der jedoch nicht immer gelingt.

Feuerbauchmolch

Cynops pyrrhogaster. Diese manchmal als Japanischer Feuerbauchmolch bezeichnete Art aus Japan und Ostchina ist dunkelbraun und hat einen blaßroten bis karmesinroten Bauch, der unregelmäßig dunkel gefleckt ist. Der Schwanz ist seitlich zusammengedrückt. Feuerbauchmolche sind recht robust und langlebig und leicht nachzuziehen. Sie halten sich zwar vorwiegend im Wasser auf, gehen aber am Ende der Fortpflanzungszeit freiwillig an Land. Das Terrarium kann man im Sommer ins Freie stellen, oder man bringt die Tiere in einem Freilandterrarium mit einer Wasserstelle unter. Am besten füttert man sie, wie alle Wassermolche, im Wasser; an Land nehmen sie nur Lebendfutter an, das sich bewegt. Die Jungtiere kann man auf einem feuchten Substrat aufziehen, doch nach 4–5 Monaten gehören sie in ein Wasserbecken. Mit etwa 2 Jahren werden sie geschlechtsreif. Jungmolche sind hervorragende Kletterer, selbst auf glatten Oberflächen; ihr Terrarium muß also gut abgedichtet sein.

Adulte Exemplare messen 10–12 cm. Die Männchen bilden einen breiteren Schwanzkamm und einen blauen Schimmer ab den Körperseiten und am Schwanz aus. Das Werbeverhalten ist komplex und umfaßt einen »Tanz«, der dazu führt, daß das Weibchen ein vom Männchen abgesetztes Samenpaket aufnimmt. Die Eier werden ungefähr einen Tag nach der Paarung abgelegt und an Wasserpflanzenblätter geheftet, die über dem Laich zusammengefaltet werden. Die Eier entnimmt man am einfachsten mitsamt der ganzen Pflanze, die wieder ersetzt wird.

Andere Arten mit ähnlichen Pflegeansprüchen sind der Zwergfeuerbauchmolch *(C. orientalis)*, der Schwertschwanzmolch *(C. ensicauda)* und der Hongkong-Warzenmolch *(Paramesotriton hongkongensis)*.

Spanischer Rippenmolch

Pleurodeles waltl. Mit einer Durchschnittslänge von 25–28 cm ist diese Art, die von der Iberischen Halbinsel und aus Nordmarokko stammt, der größte europäische Salamandride. Der Rücken ist düster braun bis olivgrün gefärbt und dunkler gemustert. Gelbe bis orangefarbene Höckerchen an den Seiten enthalten Giftzellen; sie werden von den Rippenspitzen durchstoßen, um das Gift freizusetzen. Die Rippenenden sind bei manchen Exemplaren sichtbar. Gleichwohl sind Rippenmolche relativ harmlos, wenn man behutsam mit ihnen

Feuerbauchmolche *(Cynops pyrrhogaster)* füttert man, wie alle Wassermolche, am besten im Wasser, denn dort können sich Insekten nicht verstecken wie auf dem Bodengrund.

umgeht. Kleine Kinder sollten sie jedoch nicht anfassen dürfen.
Paarungswillige Männchen sind schlanker als die Weibchen und haben eine geschwollene Kloake, dickere Gliedmaßen, oft einen rot angehauchten Rücken, einen etwas längeren Schwanz und dunkle Brunstschwielen an den Innenseiten der Vorderbeine. Die Paarung kann zu allen Jahreszeiten stattfinden, häufig nach einer kurzen kühlen Periode oder einer leichten Austrocknung. Auch helles Licht scheint ein Anreiz zu sein, doch es darf die Temperatur nicht erhöhen. Die Molche sollten kräftig besprüht und die fortpflanzungsbereiten Paare in einen Behälter mit höherem Wasserstand und Wasserpflanzen umquartiert werden. Wenn sich bei den Larven die äußeren Kiemen zurückzubilden beginnen, sollte man den Wasserstand senken und einen Landteil einrichten, auf den die Jungtiere steigen können. Die Metamorphose erfolgt 10–16 Wochen nach dem Schlüpfen.
Ähnlich zu pflegen ist der kleinere Poiretische Rippenmolch *(P. poireti)* aus dem südlichen Marokko.

Bergmolch
Triturus alpestris. Diese in Europa weitverbreitete, aber geschützte Art war früher als Terrarientier sehr beliebt, kommt jedoch inzwischen fast nur noch als Nachzucht in den Handel. Neotenie (die Beibehaltung jugendlicher Merkmale bei geschlechtsreifen Tieren) kommt bei Populationen aus höheren Lagen des öfteren vor. Die ungemein widerstandsfähigen Bergmolche können vielfach

Terrarienhaltung
Grünlicher Wassermolch, Feuerbauch-, Rippen- und Bergmolch

TERRARIENGRÖSSE

Grünlicher Wasser-, Feuerbauch- und Bergmolch 90 × 30 × 30 cm für 6 Exemplare.

Rippenmolch Mindestens 90 × 40 × 45 cm für ein adultes Paar.

SUBSTRAT Landteil: Lehmboden mit einer Moosschicht. Wasserteil: Bodenbelag aus Aquarienkies.

EINRICHTUNG Aquaterrarium mit einem 10 cm tiefen Wasserteil und Wasserpflanzen. Bepflanzung des Landteils fakultativ. Korkrindenverstecke im Landteil.

TEMPERATUR 17–22 °C am Tag, 15 °C in der Nacht. Photoperiode: 14 Stunden. Schwache UV-Leuchte für die Pflanzen. Nicht verwenden, wenn dadurch die Temperatur zu sehr ansteigt.

ZUCHTBEDINGUNGEN Normale Tageslichtdauer

Grünlicher Wasser-, Feuerbauch- und Bergmolch 3–6 Wochen bei 10–12 °C bei südlicheren Arten. Andere: 6–8 Wochen bei mindestens 7 °C.

Rippenmolch Temperatur 3–6 Wochen lang auf 7–10 °C senken, dann allmählich wieder auf 20 °C erhöhen. Kräftig sprühen und das Paar in einen Behälter mit 25 cm hohem Wasser umsetzen.

FÜTTERUNG Nacktschnecken, Regenwürmer, bestäubte Grillen.

ZUCHT

Grünlicher Wasser-, Feuerbauch- und Bergmolch 1 Gelege im Jahr mit bis zu 200 Eiern im Laufe mehrerer Wochen. In ein Aufzuchtbecken überführen und 20–35 Tage lang in Wasser von 17 °C halten.

Rippenmolch 1 Gelege im Jahr mit 350–1000 Eiern. In ein Aufzuchtbecken überführen und 3–10 Tage in Wasser von 17 °C halten.

ständig im Wasser gehalten werden und fühlen sich auch in einem Freilandterrarium mit einem Teich wohl.
Sie gehören zu den schönsten Vertretern der Gattung. Im Hochzeitskleid der Männchen intensivieren sich die Farben: Die graue Oberseite wird schwarzblau und nimmt im Wasser eine dunkle Marmorierung an. Die unteren Körperseiten sind weiß bis hellblau. Beine, Flanken, Gesicht und Schwanz zeigen kontrastierende dunkle Flecken, und im Frühjahr entwickelt sich ein schwarz-weiß gebänderter Rückenkamm. Die Weibchen sind oberseits einheitlich braun und an den Seiten und am Schwanz unauffällig gefleckt. Beide Geschlechter haben eine gelbe bis orangefarbene Unterseite.
Andere *Triturus*-Arten, bei denen stets die Schutzbestimmungen zu beachten sind, werden auf ähnliche Weise gepflegt. Beim Marmormolch *(T. marmoratus)* und anderen Arten und Unterarten aus südlicheren Breiten muß man für einen Winterschutz sorgen.

Der Krokodilmolch *(Tylototriton verrucosus)* gedeiht in einem gut bepflanzten Terrarium bei etwas höheren Temperaturen, als bei anderen Molcharten üblich.

Krokodilmolch
Tylototriton verrucosus. Diese Art, die zur Unterscheidung von den anderen Mitgliedern der Gattung eigentlich Geknöpfter Krokodilmolch genannt werden müßte, ist in Westchina, Birma, Thailand, Nepal und Indien beheimatet. Sie wird zwar recht oft importiert, aber ihr Biotop und ihre Taxonomie sind noch wenig erforscht. Die meisten Exemplare sind braun gefärbt und tragen auf dem Kopf, auf dem Rücken und an den Seiten erhöhte orangegelbe Drüsenreihen.
Früher meinte man, die Krokodilmolche müßten kühl gehalten werden, doch in England haben sie sich beispielsweise bei sommerlichen Zimmertemperaturen wohl gefühlt und sogar fortgepflanzt. Ihr Behälter sollte dicht mit Indischem Farn *(Ceratopteris thalictroides)* und Schaumkraut *(Carda-*

mine lyrata) bepflanzt werden, die inner- und außerhalb des Wassers gedeihen. Man muß sie regelmäßig beschneiden, um Freiräume für die Tiere zu schaffen, die gern im Farn umherklettern.
Obwohl sie zuweilen tagsüber munter sind, benötigen sie kein starkes Licht, doch eine über dem Terrarium angebrachte Leuchtstoffröhre kann für die Pflanzen notwendig werden. Im Winter sind die Molche weniger aktiv und nehmen auch weniger Nahrung auf.
Die Zucht ist nicht ganz einfach. Eine Überwinterung reicht als Paarungsanreiz nicht aus. Stellt sich in der ersten Fortpflanzungszeit kein Erfolg ein, versuche man es in der nächsten bei leicht erhöhten Temperaturen. Eine kleine Kreiselpumpe, auf deren Schlauch eine Gießkannentülle aufgesetzt wird, kann im Wasserteil installiert und zur Simulierung von Regen 5–6 Tage lang betrieben werden.
Die Eier werden etwa 12 cm über dem Wasser an Blättern abgelegt, doch man sollte auch unter Wasser nach ihnen suchen. Die Larven gedeihen bei 29 °C am Tag und 21 °C in der Nacht. Sie fressen offenbar nur nachts und verstecken sich tagsüber zwischen den Pflanzen. Bei Temperaturen unter 17 °C können sie die Nahrungsaufnahme einstellen und sterben. Die Metamorphose erfolgt in der Regel 10–12 Wochen nach dem Schlüpfen.

Tigersalamander

Ambystoma tigrinum. Das Verbreitungsgebiet dieser beliebten Salamander, auch Tigerquerzahnmolche genannt, erstreckt sich von Kanada bis Mexiko. Sie sind in einigen US-Bundesstaaten geschützt, aber nach wie vor erhältlich. Mit einer adulten Länge von 30 cm sind sie die größten bodenlebenden Salamander. Ihre Färbung – gelbe Flecken, Streifen oder Tupfen auf dunklem Grund – ist sehr variabel, selbst innerhalb der einzelnen Unterarten, von denen es 12 gibt. Tigersalamander sind versteckt lebende, dämmerungs- bis nachtaktive Geschöpfe, können aber so zutraulich werden, daß sie Futter von der Pinzette annehmen und Ausschau halten nach dem Pfleger, der ihnen das Futter bringt. Sie sind sehr gefräßig und hinterlassen also auch viel Kot; das Substrat muß häufig gesäubert und ausgetauscht werden. Um die Tiere besser beobachten zu können, sollte man nur eine schwache Beleuchtung installieren, die die Temperatur im Terrarium nicht erhöht.
Tigersalamander leben nur während der Fortpflanzungszeit im Wasser. Ein leichter Temperatur-

Der Tigersalamander *(Ambystoma tigrinum)* hat einen gewaltigen Appetit. Deswegen wird der Bodengrund schnell schmutzig und muß häufig ausgewechselt werden.

Terrarienhaltung
Krokodilmolch, Tiger- und Feuersalamander

TERRARIENGRÖSSE Abdeckung aus Drahtgeflecht.

Krokodilmolch	90×30×40 cm für 6 Exemplare.
Tigersalamander	90×30×30 cm für ein Paar.
Feuersalamander	90×30×30 cm für 6 Exemplare.

SUBSTRAT Feuchtigkeitsspeichernd, mit Moosdecke.

EINRICHTUNG

Krokodilmolch Wie für Tigersalamander, aber statt Wasserschale ein 8 cm tiefer Wasserteil, bepflanzt mit Indischem Farn und Schaumkraut; die Pflanzen wachsen aus dem Wasser heraus und sollten regelmäßig zurückgeschnitten werden.

Tigersalamander Korkrindenverstecke auf dem Landteil, Bepflanzung möglich. Wasserschale mit einem Durchmesser von 13–15 cm und 2,5 cm tief. Regelmäßig besprühen.

Feuersalamander Wie bei Tigersalamander, aber statt Wasserschale ein 3,5 cm tiefer Wasserteil mit Ausstiegshilfe.

TEMPERATUR

Tiger- und Feuersalamander 20–22 °C am Tag, mindestens 10 °C in der Nacht.

Krokodilmolch 24–27 °C am Tag, 15 °C in der Nacht.

FEUCHTIGKEIT

Krokodilmolch	85 %
Tiger- und Feuersalamander	70 %

ZUCHTBEDINGUNGEN

Krokodilmolch 15–17 °C am Tag, 12–15 °C in der Nacht über 8–12 Wochen. Photoperiode: 10 Stunden

Tigersalamander 9–10 Wochen Überwinterung bei 3 °C. Photoperiode: normale Tageslichtdauer.

Feuersalamander Tiere aus nördlichen und mittleren Breiten: 12–16 Wochen Überwinterung bei 5–8 °C. Photoperiode: normale Tageslichtdauer. Tiere aus südlicheren Breiten überwintern meist nicht, werden aber einige Wochen lang träge.

FÜTTERUNG

Krokodilmolch und Feuersalamander Regenwürmer, Nacktschnecken, bestäubte Insekten.

Tigersalamander Regenwürmer, kleine Schnecken, Nacktschnecken, bestäubte Insekten, nestjunge Mäuse (für große Exemplare).

ZUCHT

Krokodilmolch Eierlegend. 3 Gelege im Jahr mit je 20 Eiern. 30 Tage lang in Einzelbehälter mit abgestandenem Wasser von 24 °C halten.

Tigersalamander Eierlegend. 1–2 Gelege im Jahr mit je 350–400 Eiern. In ein gesondertes Becken umsetzen und 2–10 Tage lang in Wasser von 8–10 °C halten.

Feuersalamander Lebendgebärend. 1–2mal im Jahr bis zu 70 weit entwickelte Larven. In kleinen Einzelbehältern mit abgestandenem Wasser von 20 °C halten, bis nach etwa 12 Wochen die Metamorphose beginnt.

anstieg weckt sie gewöhnlich aus der Winterruhe. Nördliche und bergbewohnende Populationen paaren sich von März bis Juni, südliche von Dezember bis Februar und südwestliche von Juli bis August. Sie können sich an unseren nördlichen Winter anpassen, so daß sie überwintern, wenn Lebendfutter knapp ist. Paarungswillige Männchen haben eine geschwollene Kloake, und die Weibchen werden meist dicker. Man kann sie in einem Wasserbecken oder in einem Aquaterrarium mit Land- und Wasserteil unterbringen. Das Wasser sollte mindestens 15 cm tief und mit reichlich Wasserpflanzen ausgestattet sein. Die Eier werden einzeln oder in Klumpen an Steinen, Pflanzen usw. abgesetzt und in ein vorbereitetes Aufzuchtbecken überführt. Die Larven sind Kannibalen und werden am besten einzeln aufgezogen, sobald sie zu wachsen beginnen. Sie bekommen zunächst Infusorien, dann Wasserflöhe, Hüpferlinge und Rote Mückenlarven, schließlich Regenwürmer. Andere *Ambystoma*-Arten stellen ähnliche Ansprüche.

F& A...

◆ *Kann man Krokodilmolche in einem Tropenaquarium halten?*

Obwohl sie in Zoogeschäften oft in dieser Form angeboten werden, sollte man sie nicht in einem richtigen Aquarium halten. Sie sind halbaquatisch und brauchen nur zur Fortpflanzung seichtes Wasser.

◆ *Sind Krokodilmolche giftig?*

Wie viele Amphibien erzeugen sie Hautgifte, wenn sie angegriffen werden. Angeblich können die Rippen die Giftdrüsen an den Seiten durchstoßen, wie es die Rippenmolche tun. Beachten Sie die üblichen Vorsichtsmaßregeln, und lassen Sie Kinder die Tiere nicht anfassen.

◆ *Kann ich das Schlüpfen und die Metamorphose bei Tigersalamandern beschleunigen?*

Durch höhere Temperaturen werden diese Zeiten verkürzt, aber die Larven gedeihen nicht recht. Man behält besser die empfohlene Temperatur bei und wartet ab.

Der Feuersalamander *(Salamandra salamandra)* ist robust und kann in einem geräumigen Freilandterrarium gehalten werden. Er braucht aber Schattenplätze und Frostschutz.

Feuersalamander

Salamandra salamandra. Dieser kontrastreich schwarz und gelb gefärbte Salamander ist seit langem ein beliebtes Terrarientier. Er ist in Mittel- und Südeuropa und Kleinasien in 11 Unterarten weit verbreitet und besiedelt schattige, feuchte Landstriche, meist in der Nähe von Bächen und in Höhen bis 1600 m. Er ist ungewöhnlich langlebig und widerstandsfähig. Die grelle Färbung warnt vor giftigen Hautausscheidungen. Am bekanntesten sind gelb gefleckte oder gestreifte Formen; ganz schwarze Tiere sind selten.

Feuersalamander brauchen nur eine schlichte Unterkunft. Normale Temperaturen und Tageslicht reichen aus; über 25 °C fühlen sie sich unbehaglich, und bei warmem Wetter nehmen sie meist weniger Nahrung auf. Niedrige Temperaturen hemmen andererseits nicht unbedingt den Nahrungserwerb; nur wenn es sehr kalt ist, stelle man die Fütterung ein.

Die Weibchen sind durchweg etwas länger und schwerer gebaut als die Männchen. Bei fortpflanzungswilligen Männchen schwillt die Kloake an. Die Paarung kann fast das ganze Jahr über stattfinden, und die Tragdauer beträgt oft mehrere Monate. Ein etwas trockeneres Milieu während der Überwinterung und anschließendes Besprühen im Frühling lösen häufig den Paarungstrieb aus. Die Weibchen bringen ihre Nachkommen im Wasser zur Welt – weit entwickelte Larven mit 4 Gliedmaßen und Kiemenbüscheln. Tiere aus Hochlagen können auch voll umgewandelte Jungsalamander gebären. Um kannibalischen Gelüsten vorzubeugen, sollte man die Larven einzeln in kleinen Behältern aufziehen. Sie brauchen gewöhnlich größeres Futter als Infusorien (siehe »Futter und Fütterung«, S. 150/151). Die Metamorphose dauert bis zu 3 Monaten, der Eintritt der Geschlechsreife etwa 3–4 Jahre. Die Jungen werden nach der Umwandlung in ein kleines Feuchtterrarium ohne Wasserteil umgesetzt.

Axolotl

Ambystoma mexicanum. Diese robusten wasserlebenden Querzahnmolche, die sich bei Terrarianer großer Beliebtheit erfreuen, sind in ihrer Heimat Mexiko stark gefährdet, werden aber für Labor- und Liebhaberzwecke in großer Zahl gezüchtet. Die 30 cm lang werdenden Tiere sind auf

der Oberseite dunkelgrau bis schwarz und auf der Unterseite hellgrau gefärbt. Die Haut fühlt sich wie Samt an, und der Schwanz ist breit und flossenähnlich. Mehrere Farbmutationen – gescheckt, golden, schwarz und albinotisch – werden häufig angeboten. Die 4 Gliedmaßen sind ziemlich schwach entwickelt, und beiderseits des Kopfes sitzen jeweils 3 fransenartige Kiemenäste. Axolotl sind neotonisch – die adulten Tiere behalten Larvenmerkmale (äußere Kiemen) bei.
Mit 1 Jahr werden sie geschlechsreif. Die Männchen besitzen zu beiden Seite der Kloake vergrößerte Hautfalten, die in der Fortpflanzungszeit anschwellen. Diese dauert oft von November bis Juni. Adulte Exemplare sollten über den Winter voneinander getrennt und im Frühling wieder vereint werden. Die äußere Befruchtung erfolgt mit Hilfe von Spermatophoren (Samenkapseln), die das Männchen absetzt.
Die Eier werden wenige Stunden nach der Befruchtung an Pflanzen oder am Boden abgelegt. Man überführe sie in kleinere Behälter mit niedrigem Wasserstand. Ein regelmäßiger Teilwasserwechsel verhindert Verunreinigungen und Bakterienbefall. Die Larven ernährt man mit kleinem Lebendfutter.
Ähnlich zu pflegen, allerdings in einem größeren Becken, sind der Kleine Armmolch *(Siren intermedius)*, der 60 cm lang wird, der Zweizehen-Aalmolch *(Amphiuma means)* und der Gefleckte Furchenmolch *(Necturus maculosus)*.

Terrarienhaltung

TERRARIENGRÖSSE	Ein 60×30×30 cm großes wassergefülltes Glasbecken für 1 Paar.
SUBSTRAT	Aquarienkies
EINRICHTUNG	Wasserpflanzen
TEMPERATUR	Höchstens 20 °C am Tag, mindestens 10 °C in der Nacht.
ZUCHTBEDINGUNGEN	5 °C über 8–12 Wochen.
FÜTTERUNG	Regenwürmer, Mückenlarven, kleine Fische, Wasserinsekten, Grillen, gelegentlich rohe, magere Rindfleischstückchen.
ZUCHT	1 Gelege im Jahr mit bis zu 600 Eiern. In einem Becken mit 8 cm hohem abgestandenem Wasser von maximal 20 °C 14–15 Tage lang halten.

Ein leukistischer Axolotl *(Ambystoma mexicanum)* ist begehrt, weil er im Unterschied zu echten Albinos nicht rote, sondern schwarze Augen hat.

F & A...

◆ *Stimmt es, daß Feuersalamander Gift verspritzen können?*

Das Giftspritzen hat man unter Laborbedingungen ausgelöst, indem man die Tiere durch einen simulierten Angriff reizte. Terrarianer sind, soweit bekannt, noch nie geschädigt worden, doch man sollte die Tiere so wenig wie möglich anfassen und sich hinterher die Hände waschen. Kinder und Haustiere sollten außerdem von Feuersalamandern ferngehalten werden, die man auch nicht mit anderen Arten vergesellschaften darf.

◆ *Sind frischgeschlüpfte Axolotl Kaulquappen oder Larven?*

Strenggenommen sind Kaulquappen die Larvenstadien von Froschlurchen. Als Larven bezeichnet man die Nachkommen von Schwanzlurchen (Molche und Salamander).

◆ *Sind die jungen Axolotl Kannibalen?*

Kannibalismus kommt bei einer Gemeinschaftsaufzucht der Larven vor. Die »frühreifen« Larven greifen gern ihre kleineren Geschwister an. Man sollte sie entfernen und einzeln aufziehen.

◆ *Kann man beim Axolotl die Metamorphose herbeiführen?*

Das ist durch die Verabreichung von Thyroxin gelungen. Auch ein sehr langsames Austrocknen soll dies bewirken, aber dann muß man mit Verlusten rechnen. Diese Art ist gefährdet und sollte deswegen stets in ihrer Normalform gehalten werden.

Artenschutzbestimmungen

Die Ein- und Ausfuhr, der Erwerb, die Weitergabe und die Haltung von Amphibien und Reptilien werden durch eine Vielzahl von Gesetzen, Bestimmungen und Verordnungen geregelt. Da sich die Situation häufig ändert, ist es wichtig, daß man sich rechtzeitig kundig macht. Unkenntnis des Gesetzes ist niemals eine ausreichende Entschuldigung. Alle erforderlichen Genehmigungen sollten vom ursprünglichen Importeur stammen, doch wenn Sie ein Tier erwerben, das im WA-Anhang I oder im Anhang A der EU-Artenschutzverordnung (s.u.) aufgeführt ist, müssen Sie einen Nachweis verlangen, daß der Kauf legal erfolgt.

Die nachstehenden Informationen betreffen die Schutzbestimmungen auf internationaler und nationaler Ebene. Die meisten Bestimmungen beziehen sich auf drei große Problemfelder: Unterbindung des Schmuggels; Überwachung der Entnahme von Wildtieren aus ihrem angestammten Lebensraum; Verhinderung des Aussetzens von nicht einheimischen Arten in einem fremden Ökosystem, das dadurch nachhaltig gestört werden kann, wie es etwa auf die Agakröte in Australien zutrifft (siehe S. 165).

Vorschriften für den Transport lebender Tiere sind mit dem internationalen Verband der Luftverkehrsgesellschaften IATA (Sitz: Montreal) vereinbart worden. Die großen Luftverkehrsgesellschaften und Luftfrachtunternehmen können Auskunft erteilen, was bei der Beförderung von Amphibien und Reptilien zu beachten ist.

Internationale Gesetzgebung

Das Übereinkommen über den internationalen Handel mit gefährdeten Arten (Convention on International Trade in Endangered Species, kurz CITES) wurde 1975 in Washington unterzeichnet und wird deshalb oft »Washingtoner Artenschutzübereinkommen« (WA) genannt. Ihm sind inzwischen mehr als 130 Staaten beigetreten. Neue Regelungen können auf Konferenzen beschlossen werden, die ungefähr alle zwei Jahre stattfinden. Das WA enthält drei Anhänge (Artenlisten), die den Handel je nach Gefährdungsgrad mehr oder weniger stark einschränken.

Anhang I: Von der Ausrottung bedrohte Arten, die nicht im Freileben gefangen und nicht international gehandelt werden dürfen. Nachzuchten können mit einer Genehmigung erworben und gehalten werden. Der Käufer muß auf einer solchen CITES-Bescheinigung bestehen, wenn er eines dieser Tiere mit nach Hause nehmen will.

Anhang II: Arten, die als durch den kommerziellen Wildtierhandel gefährdet gelten. Ihre Ein- und Ausfuhr ist genehmigungspflichtig. Dafür ist der Importeur verantwortlich. Der Handel wird kontrolliert, und wenn er überhandzunehmen droht, werden weitere Beschränkungen für einzelne Arten eingeführt.

Anhang III: Arten, die in einem Land selten, aber in einem anderen zahlreich vorkommen; Beschränkungen betreffen dann nur die ersteren, doch nicht die letzteren und werden von den jeweils betroffenen Ländern festgelegt.

Viele Arten, die nicht als gefährdet gelten, sind in den Listen des WA nicht verzeichnet und können frei eingeführt werden. Importe müssen von einer Gesundheitsbescheinigung des Herkunftslandes begleitet sein.

Nationale und übernationale Gesetzgebung

Die einzelnen Länder können zusätzliche Regelungen einführen, um einheimische Arten zu schützen und den Handel mit Tieren aus anderen Ländern zu kontrollieren.

Europa

In der neuen EU-Artenschutzverordnung, die am 1. Juni 1997 in Kraft getreten ist, werden die Arten in vier Anhängen erfaßt, die im wesentlichen den WA-Anhängen entsprechen.

Anhang A: Alle Arten des WA-Anhangs I sowie einige Arten aus Anhang II und geschützte Arten, die nicht dem WA unterliegen. Wildfänge dürfen nicht zu kommerziellen Zwecken importiert werden. Nachzuchten benötigen für den Verkauf oder die Weitergabe zwischen Privatpersonen eine Genehmigung.

Anhang B: Alle Arten des WA-Anhangs II sowie einige andere (auch solche, die nicht im WA aufgeführt sind). Der Importeur braucht eine Einfuhr- und Ausfuhrgenehmigung.

Anhang C: Alle Arten des WA-Anhangs III. Der Importeur muß der abfertigenden Zollstelle nur das vorgeschriebene Ausfuhrdokument des Herkunftslandes und eine vorbereitete Einfuhrmeldung vorlegen.

Anhang D: Alle anderen Arten, die in so großer Zahl eingeführt werden, daß eine Überwachung gerechtfertigt ist. Hier genügt eine Einfuhrmeldung.

In den verschiedenen europäischen Staaten sind neben der grundlegenden EU-Artenschutzverordnung noch weitere Vorschriften zu beachten, in Deutschland zum Beispiel die Bundesartenschutzverordnung, das Tierschutzgesetz und die Naturschutzgesetze der einzelnen Länder.

Wer als Terrarianer nicht das Risiko eingehen will, sich strafbar zu machen, sollte sich im Zweifelsfall bei der zuständigen Naturschutzbehörde oder beim Bundesamt für Naturschutz nach dem neuesten Stand der Dinge erkundigen. Er darf jedoch davon ausgehen, daß er seine Amphibien oder Reptilien in einem soliden Zoogeschäft legal erwirbt und gegebenenfalls die erforderliche CITES-Bescheinigung erhält, für die übrigens eine zusätzliche Gebühr zu entrichten ist.

Begriffserläuterungen

Adult: Ausgewachsen, geschlechtsreif.
Aktivkohle: Aus Kohle oder anderen Stoffen hergestelltes Material, das in Filteranlagen Schadstoffe aus dem Wasser entfernt.
Amplexus: Umklammerung der Geschlechspartner vor und während der Kopulation.
Aquaterrarium: Ein Wasserbecken mit »Inseln« oder ein Terrarium mit getrenntem Wasser- und Landteil.
Aquatisch: Im Wasser lebend.
Art (Spezies): Die Grundeinheit der belebten Natur: eine Gruppe von Lebewesen, die genetisch weitgehend übereinstimmen und sich untereinander uneingeschränkt fortpflanzen können. Die wissenschaftlichen (lateinischen) Artnamen sind stets zweiteilig; Unterarten tragen einen dreiteiligen wissenschaftlichen Namen.
Autotomie: »Selbstverstümmelung« als Form des Schutzverhaltens. Das Abwerfen von Körperteilen an »Sollbruchstellen«, insbesondere das Abwerfen des Schwanzes bei vielen Echsenarten.

Barteln: Fadenförmige Fortsätze am Maul
Bodenfilter (Unterbodenfilter): Ein unter dem Bodengrund angebrachter Filter, der das eingesaugte Wasser reinigt.
Brille: Eine durchscheinende Schuppe über den Augen einer Schlange.

Chromatophoren: Farbstoffträger in der Haut.
CITES: Abkürzung von Convention on International Trade in Endangered Species; dieses »Übereinkommen über den internationalen Handel mit gefährdeten Arten« regelt den Umgang mit den in 3 Anhängen aufgeführten Tier- und Pflanzenarten durch ein Genehmigungsverfahren (»CITES-Bescheinigungen«).

Dystokie: Eierverhaltung; die Zurückhaltung von Eiern im Körper von weiblichen Reptilien.

Eierlegend: siehe ovipar und ovovipar.
Ektotherm: So nennt man Tiere, die ihre Körperwärme von außen, aus der Umgebungstemperatur, beziehen. Gleichbedeutend mit wechselwarm oder poikilotherm.

Femoralporen: Poren auf der Innenseite der Oberschenkel bei vielen Echsenarten.
Filtrierer: Lebewesen, die sich dadurch ernähren, daß sie winzige Futterpartikel aus dem Wasser herausfiltern.

Grünes Wasser: Wasser, das große Mengen von einzelligen grünen Algen und anderen Infusorien (s. d.) enthält.

Heliotherm: So werden Tiere bezeichnet, die ihre Körpertemperatur mit Hilfe der Sonneneinstrahlung regulieren.
Hemipenes (stets im Plural verwendet): »Halbpenisse«; das zweiteilige Begattungsorgan der männlichen Reptilien.
Herpetologie: Der Wissenschaftszweig der Zoologie, der sich mit den Amphibien und Reptilien befaßt.
Hybriden: Nachkommen von Eltern mit verschiedenem Erbgut, gewöhnlich von solchen, die verschiedenen Arten angehören.
Hygrometer: Feuchtigkeitsmesser.

Infusorien: Aufgußtierchen; mikroskopisch kleine Organismen, die in mit organischen Stoffen angereichertem Wasser vorkommen.
Inkubation: Die Periode zwischen der Eiablage und dem Ausschlüpfen der Kaulquappen oder Larven.

Jacobsonsches Organ: Ein mit der Nasenhöhle verbundenes Organ der Amphibien und vieler Reptilien, das die Geruchswahrnehmung verstärkt; auch als Vomeronasalorgan bezeichnet.

Kaulquappen: Die Larven der Froschlurche.
Kiel: Eine scharfkantige, meist langgezogene Erhebung auf dem Rückenpanzer betimmter Schildkröten oder auf den Schuppen mancher Reptilien.
Kiemen: Atmungsorgane von Wassertieren, auch von wasserlebenden Kaulquappen und Larven.
Kloake: Körperöffnung, aus der Kot, Urin, Eier und Sperma austreten.
Korkrinde: Meist röhrenförmige oder in Längsrichtung halbierte Rindenstücke der Korkeiche; im Handel oft auch als Zierkork bezeichnet.

Laich: Von einer gallertartigen Masse umgebene Amphibieneier, die einzeln, in Klumpen oder in Schnüren abgesetzt werden.
Larven: Jugendstadium der Amphibien zwischen dem Schlüpfen aus dem Ei und der Metamorphose (s. d.). Bei Schwanzlurchen spricht man grundsätzlich von Larven, während die Larven der Froschlurche meist Kaulquappen genannt werden.
Lebendgebärend: siehe vivipar.
Leukistisch: So nennt man die weißliche Färbung der Haut – im Unterschied zu albinotisch (angeborener Mangel an dunkleren Pigmenten).

Metamorphose: Umwandlung oder Verwandlung; der Übergang von der Larve zum Volltier.
Moorkienholz: Aus Mooren stammende, oft bizarr geformte Wurzelholzstücke, die so schwer sind, daß sie im Wasser nicht nach oben treiben.

Neotenie: Die Beibehaltung von Merkmalen des Larvenstadiums (Kiemen usw.) bei geschlechtsreifen Amphibien. Neotenische Tiere können sich gleichsam als Larven fortpflanzen.

Ovipar: Eierlegend; Fortpflanzung durch Eier, aus denen außerhalb des Mutterleibs die Larven schlüpfen.
Ovovivipar: Eierlegend, nur scheinbar lebendgebärend; Fortpflanzung durch Eier, die bis zum Schlüpfen im Körper des Weibchens bleiben, so daß es den Anschein hat, als würden fertige Larven geboren.

Photoperiode: Die Zeit innerhalb eines 24-Stunden-Tages, in der das Terrarium beleuchtet wird. Beleuchtungsdauer und Lichtmenge haben Einfluß auf die Gesundheit der meisten Reptilien und können sich auch auf das Fortpflanzungsverhalten auswirken.
pH-Wert: Maßzahl für die Azidität und Alkalität des Wassers. Die Skala reicht von 1 (sehr sauer) bis 14 (sehr alkalisch); 7 ist ein neutraler Wert und bezeichnet reines Wasser.
Pigmente: In den Zellen vorkommende Farbstoffe.
Poikilotherm: Wechselwarm; korrekte Bezeichnung für sogenannte »kaltblütige« Tiere, deren Körpertemperatur von der jeweiligen Umgebungstemperatur abhängig ist. Gleichbedeutend mit ektotherm.
Präanalporen: Afterporen; Poren an der Kloake (After) bei vielen Echsenarten.
Probiotikum: Ein Gemisch aus Bakterien, Enzymen, Elektrolyten und Vitaminen, das als Mittel gegen Austrocknung, Streß und eine geschä-

digte Darmfauna nach einer Antibiotikabehandlung verwendet werden kann.
Protozoen: Meist mikroskopisch kleine tierische Einzeller.

Red leg: »Rotes Bein«; eine schwere bakterielle Infektion bei Fröschen, deren erstes Symptom eine Rötung der Hinterbeine ist.

Salmonellose: Eine durch Bakterien der Gattung *Salmonella* hervorgerufene Infektionskrankheit, die bei mangelnder Hygiene auch von Reptilien und Amphibien übertragen werden kann.
Sepiaschale: Kalkreicher Rückenschulp der Tintenfische *(Sepia)*.
Solitär: Einzeln lebend, ungesellig.
Spermatophore: Samenpaket, -träger oder -kapsel, wird von den männlichen Molchen und Salamandern abgesetzt und von den Weibchen aufgenommen.
Substrat: Unterlage oder Untergrund; alle Materialien, die den Bodenbelag des Terrariums bilden.

Taxonomie: Die Erforschung der Verwandtschaftsbeziehungen unter den Lebewesen und deren Gliederung in natürliche Einheiten (Taxa).
Terrestrisch: Bodenbewohnend.
Territorial: So bezeichnet man Tiere, die Eigenbezirke (Territorien oder Reviere) besetzen und gegen Eindringlinge verteidigen.
Toxin: Giftstoff.
Tragzeit: Die Zeit zwischen der Befruchtung und der Eiablage bzw. der Geburt der Jungen.

Übersommerung: Sommerruhe bei sehr großer Hitze; die Tiere verfallen in eine Art Trockenstarre mit stark herabgesetzten Körperfunktionen.
Überwinterung: Winterruhe (kein echter Winterschlaf) der Amphibien und Reptilien aus kühleren Klimazonen; sie fallen in eine Kältestarre, in der die Körperfunktionen auf ein Minimum reduziert sind.
Ultraviolettes Licht, UV-Licht: Ein Bestandteil des natürlichen Lichts, der die Wellenlängen von 285 bis 400 nm umfaßt, unterhalb der Schwelle des sichtbaren Lichts. UVA-Licht (400–320 nm) und UVB-Licht (320–260 nm) sind für Reptilien lebensnotwendig; UVC-Licht (260–200 nm) ist für alle Lebewesen gefährlich.
Unkenreflex: Ein Abwehrverhalten der Unken, die sich bei einer Bedrohung auf den Rücken drehen und ihre grell gefärbte Unterseite zur Schau stellen.

Vermiculit: Durch Erwärmung stark aufgeblähte Glimmererde, wie sie als Blähton im Gartenbau verwendet wird. Das Material ist steril und saugfähig.
Vivarium: Allgemeine Bezeichnung für Behältnisse, in denen lebende Tiere untergebracht werden.
Vivipar: Lebendgebärend; so werden Tiere genannt, die lebende Nachkommen zur Welt bringen, die sich im Mutterleib entwickelt haben und von der Mutter ernährt wurden.

Warnfärbung: Besonders grelle und/oder kontrastreiche Farben, die Freßfeinde abschrecken sollen.
Wechselwarm: siehe poikilotherm.
Wildfang: Tier, das in seiner Heimat aus dem natürlichen Lebensraum entnommen wurde.

Zwangsfütterung: Künstliche Nachhilfe bei der Fütterung von Tieren, die die Nahrung verweigern (besonders Schlangen).

Literatur

Gruber, Ulrich: **Amphibien und Reptilien,** Franckh-Kosmos, Stuttgart 1994

Henkel, Friedrich-Wilhelm und Wolfgang Schmidt: **Terrarien,** Ulmer, Stuttgart 1997

Herrmann, Hans-Joachim: **Das Terrarium für den Anfänger,** Tetra, Melle 1994

Nietzke, Günther: **Die Terrarientiere,** 2 Bände, Ulmer, Stuttgart 1989/1996

Nietzke, Günther: **Fortpflanzung und Zucht der Terrarientiere,** Landbuch, Hannover 1983

Rimpp, Kurt: **Das Terrarium, Terrarientiere halten und pflegen,** Ulmer, Stuttgart 1993

Schmitz, Siegfried: **Terrarientiere,** BLV, München 1997

Stettler, Paul H.: **Handbuch der Terrarienkunde,** Franckh-Kosmos, Stuttgart 1986

Trutnau, Ludwig: **Terraristik,** Ulmer, Stuttgart 1994

Bildnachweis

ABKÜRZUNGEN

AOL	Andromeda Oxford Ltd
BL	Bill Love/Blue Chameleon Ventures
DA	D. Allison
DMD	David M. Dennis
FLPA	Frank Lane Picture Agency Ltd
JM	Joe McSharry
M&PF	Michael & Patricia Fogden
OSF	Oxford Scientific Films Ltd
PF	Paul Freed
R&VD	Robert & Valerie Davies

Titelseite BL; **4** BL; **6–7** AOL; **7** BL; **8** R&VD; **9** BL; **11** JM; **12** R&VD; **13** JM; **14** AOL; **16** DA; **18 o** Bush Herpetological Supply; **18 u** AOL; **19** AOL; **21 l** AOL; **21 r** Bush Herpetological Supply; **22–23** AOL; **24** DA; **25** AOL; **26** DA; **27** DMD; **28** PF; **29** R&VD; **30** E. & D. Hosking/FLPA; **32** AOL; **33** PF; **35 o** R&VD; **35 u** BL; **36** James Robinson/OSF; **38–39** DMD; **40** PF; **42** Zig Leszczynski/Animals Animals/OSF; **43 l** Courtesy of A. Meredith/S. Redrobe; **43 r** Stephen J. Divers; **44 o** PF; **44 u** Courtesy of A. Meredith/S. Redrobe; **45** Stephen J. Divers; **47** S. Maslowski/FLPA; **48** Rafi Ben-Shahar/OSF; **50** BL; **51** BL; **52–53** Dave Travis; **54** DA; **57** Jonathan Plant; **58** Tom Ulrich/OSF; **59** BL; **61 o** Steve Turner/OSF; **61 u** Zig Leszczynski/Animals Animals/OSF; **62–63** R&VD; **63–64** PF; **66** BL; **67** Zig Leszczynski/Animals Animals/OSF; **68–70** BL; **71** PF; **73** DMD; **74–75** BL; **77** Michael Leach/OSF; **79** DA; **80** Zig Leszczynski/Animals Animals/OSF; **81** K. G. Preston-Mafham/Premaphotos Wildlife; **82–83** BL; **84** Susan C. L. Fogden/M&PF; **85** DMD, **86–87** M&PF; **89** Zig Leszczynski/Earth Scenes/OSF; **90** PF; **91** DA, **92** PF; **93–94** DA; **95** R. A. Preston-Mafham/Premaphotos Wildlife; **97** PF; **98** K. G. Preston-Mafham/Premaphotos Wildlife; **100** BL, **101–102** PF; **103** BL; **104** Danté Fenolio; **106** BL; **108–109** BL; **110** JM, **111** BL; **113** JM; **114** BL; **115 M** BL; **115 u** BL; **117–118** BL; **119** DMD, **120** M&PF; **121** DMD; **122** R&VD; **123** DMD; **125** DMD; **126** Jonathan Plant; **127** R&VD; **129** DMD; **131** DMD; **132** BL; **135** PF; **136–137** DMD; **139** Heather Angel/Biofotos; **140** BL; **141** JM; **143–144** DA; **145** Bush Herpetological Supply; **146** Jonathan Plant; **147** Mike Linley/OSF; **148** DA; **152** B. Borrell/FLPA; **153** DMD; **155** R&VD; **156** PF; **158** PF; **159** R&VD; **161–162** PF; **163** FLPA; **165** DMD; **166–167** M&PF; **168** John Netherton/OSF; **169** M&PF; **170–171** JM; **172** R&VD; **173** M&PF; **174** DMD; **175–176** BL; **177** PF; **179 r** BL; **179 u** DMD; **180** JM; **182** G. Synatzschke/OSF; **183** Danté Fenolio; **185** Heather Angel/Biofotos; **186** PF; **188** PF; **189** Dave Travis; **191** Zig Leszczynski/Animals Animals/OSF; **193 o** M&PF; **193 r** BL; **194** DMD; **195** Chris Mattison/FLPA; **196–197** BL; **198** DMD; **200** M&PF; **201** Michael Fogden/OSF

Grafiken: Julian Baker und Richard Lewington

Die Autoren und der Verlag danken Gordon und Mandy Bloomfield von The Pet Shop (Faringdon, GB); ferner John und Jackie Forsythe, Paul Hoskisson, Dr. Charles Pain, Dr. Stephen Bloye, Dr. Steven Garvie, Bob Worthington, Birdquest International (Bolton, GB), Central Reptiles (Dudley, GB) Lakeland Wildlife Oasis (Milnthorpe, GB) und MC Tropicals (Widnes, GB).

Register

A

B